普通高等院校经济管理类“十四五”应用型精品教材

【物流系列】

供应链管理

第2版修订版

王叶峰 主编

李肖钢 吴桥 邹德玲 副主编

郑静 参编

SUPPLY CHAIN
MANAGEMENT

机械工业出版社
CHINA MACHINE PRESS

图书在版编目（CIP）数据

供应链管理 / 王叶峰主编．—2 版（修订本）．—北京：机械工业出版社，2020.12（2025.7 重印）
（普通高等院校经济管理类“十四五”应用型精品教材・物流系列）

ISBN 978-7-111-66934-0

I. 供… II. 王… III. 供应链管理－高等学校－教材 IV. F252.1

中国版本图书馆 CIP 数据核字（2020）第 228083 号

本书分为上下两篇，共 12 章。上篇由第一章至第三章组成，分别阐述了供应链的基本知识、供应链的设计与构建、供应链合作与业务外包。下篇由第四章至第十二章组成，首先概述了供应链管理的基本内容，介绍了供应链管理方法，然后对供应链管理下的采购管理、生产管理、库存管理、信息管理以及供应链契约管理、供应链金融管理、供应链管理下的绩效管理等内容进行了论述。

本书适用于普通高校物流管理、物流工程、电子商务、信息管理与信息系统等专业的教学，也可供相关企业工作人员学习使用。

出版发行：机械工业出版社（北京市西城区百万庄大街 22 号 邮政编码：100037）

责任编辑：施琳琳	责任校对：殷 虹
印　　刷：固安县铭成印刷有限公司	版　　次：2025 年 7 月第 3 版第 11 次印刷
开　　本：185mm×260mm 1/16	印　　张：20.5
书　　号：ISBN 978-7-111-66934-0	定　　价：59.00 元

客服电话：（010）88361066 68326294

修订版前言

PREFACE

随着“互联网+”（包括云计算、大数据和物联网等）的发展，供应链及供应链管理理论与方法成为当今激烈的全球市场竞争中生存与发展的一个重要武器，是赢得市场竞争优势的一种最新的手段，已得到国内外企业的广泛应用，并得到我国实业界、学术界以及政府的广泛重视。近年来，我国政府高度重视现代供应链创新发展。2017年，国务院办公厅印发了《关于积极推进供应链创新与应用的指导意见》，对我国供应链创新发展做出全面部署；2018年，商务部、工业和信息化部等八部门联合下发《关于开展供应链创新与应用试点的通知》，在全国范围内开展供应链创新与应用试点；2019年，发改委等部委发布《关于推动物流高质量发展促进形成强大国内市场的意见》，明确提出促进物流供应链创新发展，并提出了五种供应链创新类型。在实践方面，粤港澳大湾区等将加快把供应链产业发展纳入发展规划，优化公共服务，营造产业和区域间协同发展的良好环境；大企业则不断加强与上下游企业的协同和整合，完善自身供应链体系，一批整合能力强、协同效率高的供应链平台正在形成。

深入、系统地掌握供应链及供应链管理的概念、内容、运作方法，对实现供应链整体绩效具有十分重要的意义。本书分为上下两篇：上篇是供应链基础（第一章至第三章），内容包括：供应链概述，供应链的设计与构建，供应链合作与业务外包；下篇是供应链管理（第四章至第十二章），内容包括：供应链管理概论，供应链管理方法，供应链管理下的采购管理、生产管理、库存管理和信息管理，供应链契约管理，供应链金融管理以及供应链管理下的绩效管理。

本次修订更加凸显实用特色，除对第2版的文字表述进行了压缩和精简外，还更新了几乎所有案例，并新增了第十一章“供应链金融管理”。第2版修订版继续以知识、能力、素质协调发展为指导思想，以培养学生自主学习能力为首要任务，以案例分析贯穿教材始终为编写方针，重点突出以下特色。

1. 精心策划，体系完整

本书在体系结构上经过编者的深思熟虑，以保证供应链管理体系的完整性，在结构体系与内容的安排上体现了由简单到复杂、由易到难的渐进过程。

2. 内容简洁，有较强的针对性

本书突出供应链管理的核心理论和方法，注重实用性和教学效果，较多地采用模块化的结构设置，具体模块有学习目标、案例导入、实例阅读等。

3. 具有可操作性，便于采用新教学方法

第2版修订版保留了各章后面的实训内容，以培养学生独立思考、团队合作解决问题的实际动手能力，力求使学生的知识结构紧密适应经济与社会发展的需要，有利于教师采用微课或慕课的教学方法。

4. 体现现实性，有利于学生自主学习

根据当前学生的实际情况，本书的编写力求语言简洁通俗，结构科学严谨，并配以丰富的实例阅读、复习思考、案例分析、参考文献等内容，便于教师教学和学生自主学习。

5. 与时俱进，内容新颖

本书参考国际上最新的教材、专著及相关权威期刊论文，真正做到与时俱进，力争把新颖的内容呈现给读者，为此，第2版修订版选取的案例也体现了时代性，补充并完善了每章的复习思考题，并增加了“供应链金融管理”一章。

本书第2版修订版由王叶峰担任主编，李肖钢、吴桥、邹德玲为副主编。王叶峰编写了第一、四、九、十、十一和十二章，邹德玲编写了第二、三章，李肖钢编写了第五、八章，吴桥编写了第六、七章。王叶峰博士负责本书的统稿工作。本书能够再版，要感谢王凤山教授和叶素文老师在第1版中付出的努力。此外，机械工业出版社的编辑为本书的出版付出了辛勤的劳动。同时，本书还参考了国内外的许多论著，借鉴了众多学者的学术见解，案例素材主要来源于一些网页内容，在此一并表示感谢！书中难免有不足之处，敬请读者和同人不吝赐教。

编者
2020年10月

第 2 版前言

PREFACE

随着“互联网 +”(包括云计算、大数据和物联网等）的发展，供应链及供应链管理理论与方法成为当今激烈的全球市场竞争中生存与发展的一个重要武器，是赢得市场竞争优势的一种最新的手段，已得到国内外企业的广泛应用，并得到我国实业界和学术界的广泛重视。因此，深入、系统地掌握供应链及供应链管理的概念、内容、运作方法，对实现供应链整体绩效具有十分重要的意义。本书分为上下两篇：上篇是供应链基础（第一章至第三章)，内容包括：供应链概述，供应链的设计与构建，供应链合作与业务外包；下篇是供应链管理（第四章至第十一章)，内容包括：供应链管理概论，供应链管理方法，供应链下的采购管理、生产管理、库存管理、信息管理，供应链契约管理，供应链绩效管理。

本书第 2 版更加凸显实用特色，除对第 1 版的文字表述进行了压缩和精简外，还更新了第 1 版绝大部分的案例，并新增了第十章“供应链契约管理”的内容。本书第 2 版沿袭第 1 版的以知识、能力、素质协调发展为指导思想，以培养学生自主学习能力为首要任务，以案例分析贯穿教材始终的编写方针，重点突出以下特色。

1. 精心策划，体系完整

本书在体系结构上经过编者的深思熟虑，保证供应链管理体系的完整性，在结构体系与内容的安排上体现了由易到难的渐进过程。

2. 内容简洁，有较强的针对性

本书突出供应链管理的核心理论和方法，注重实用性和教学效果，较多地采用模块化的结构设置，具体模块有学习目标、案例导入、实例阅读等。

3. 具有可操作性，便于采用新教学方法

本书第 2 版在各章后面增加了具体的实训内容，以培养学生独立思考、团队合作解决问题的实际动手能力，力求使学生的知识能力结构紧密适应经济与社会发展的需要，有利于教师采用微课或慕课的教学方法。

4. 体现现实性，有利于学生自主学习

根据当前学生的实际情况，本书的编写力求语言简明通俗，结构科学严谨，并配以丰富的实例阅读、复习思考、案例分析、参考文献等内容，便于教师教学和学生自主学习。

5. 与时俱进，内容新颖

本书参考国际上最新的教材与专著及相关权威期刊论文，真正做到与时俱进，力争把新颖的内容呈现给读者，为此，本次再版选取的案例也体现了时代性，补充完善了每章的复习思考题，并增加了“供应链契约管理”一章内容。

本书编写的具体分工：王叶峰编写了第一、四、九、十和十一章，邹德玲编写了第二、三章，李肖钢编写了第五、八章，吴桥编写了第六、七章，郑静编写了第九章。王叶峰博士负责本书的统稿工作。在本书编写过程中，楼百均、李秋正提出了许多宝贵意见。本书能够再版，要感谢王凤山教授和叶素文老师在第 1 版工作中付出的努力。此外，机械工业出版社的编辑为本书的出版付出了辛勤的劳动。同时，编者还参考了国内外许多论著，借鉴了众多学者的学术见解，书中的案例素材主要来源于一些网页内容，在此一并表示感谢！书中难免有不足之处，敬请读者和同人不吝指教。

编者

2015 年 8 月

SUGGESTION

教学建议

教学目的

“供应链管理”课程是物流管理本科专业的一门必修的专业核心课程，共 2 学分，计 32 学时。本课程的主要内容包括对企业供应链相关理论的阐述和对实际运作的讲析，突出案例教学和合作性教学。通过学习这门课程，学生可以掌握供应链管理的基本知识，树立全球竞争意识，掌握供应链管理的方法和手段，以培养发现问题、分析问题和解决问题的能力，从而为学习后续课程、培养高级管理人才打下坚实的基础。

与先修、后续课程的关系

本课程的先修课程为管理学、物流学导论等，后续课程为仓储与采购管理等。供应链管理课程与物流学课程、仓储与采购管理课程在部分内容上有交叉，建议教师对此的处理原则是：对物流学课程中涉及的供应链内容进行泛讲，而对仓储与采购管理课程中关于仓储和库存等的相关内容进行精讲，包括相关的公式推导和具体运用。

教学方法及手段建议

教学方法

本课程是一门实践性和技能性较强的课程。因此，为确保教学效果，教师应采用灵活多样的教学方法。

1. 课堂讲授法

由主讲教师根据教学大纲的要求系统地进行课堂讲授，目的是向学生传授系统的供应链管理理论与实务，同时传授本学科最前沿的新知识。

2. 案例法

通过案例教学，使学生更清楚地理解基本概念，同时也使学生通过合作式学习，深入体会供应链管理理论在企业发展实际中的应用，从而更好地掌握解决企业供应链管理问题的方法。

3. 合作性教学与微课或慕课相结合

本课程改变以往单纯由教师进行理论讲授的教学组织形式，通过组建教师团队，集体备课，采用“大班授课、小班讨论”的合作性教学模式。对于一些重点、难点内容，尤其是一些基本概念，录制微课视频，便于学生随时进入课程网站下载并观看学习。将学生小组对具体讨论内容的学习和探索贯穿于整个教学过程，每隔两周进行一次讨论。本课程合作教学的大致流程如下：

第一步，大班课老师讲授供应链的理论知识和基本原理，并布置好讨论课的作业和具体内容；

第二步，学生在上讨论课之前，事先做好准备，提供 PPT 和书面报告；

第三步，教师组织学生在课上围绕主题进行讨论，教师进行引导，并做好相应的批阅记录；

第四步，学生根据讨论课反馈的情况修改自己的作业，撰写讨论课笔记，并为下一次讨论做好准备。

教学手段

教师可根据教学内容制作电子讲稿，利用多媒体、PPT、微课、课程网站、网络等现代教育技术手段对教学内容以及重点、难点，尤其是基本概念的理解问题，进行讲解和说明。实践性教学是本课程教学环节的一个重要内容，主要包括案例教学、课堂练习以及课外合作性学习必须完成的作业。通过理论与实践相结合的教学方式，使学生更好地系统掌握供应链管理的基本理论知识和操作实务，运用相关知识解决企业供应链管理中存在的一般问题。

课程成绩评定办法

本课程成绩由平时考勤、讨论课表现、研究报告汇报和期末理论考试四部分构成，其中平时考勤主要考核学生到课情况和课堂纪律情况，讨论课表现主要考核学生预习和作业完成情况、讨论课笔记及测验情况。独立完成作业和自学相关的知识是学生有准备地参加讨论和深入掌握供应链理论与方法的关键。因此，本课程要求教师在讲授完各章节内容后，都要布置一定量的思考题、练习题和自学内容。对作业和自学情况的评分将作为学生期末成绩考核的依据之一。

理论讲授与合作式教学研讨课时分配

周　次	章次 / 讨论	教学内容	课　时
1	第一章	供应链概述	2
2	第二章	供应链的设计与构建	2
3	项目化实训	供应链的设计	2
4	第三章	供应链合作与业务外包	2
5	第四章	供应链管理概论	2
6	项目化实训	供应链合作伙伴的选择	2
7	第五章	供应链管理方法	2
8	第六章	供应链管理下的采购管理	2
9	项目化实训	供应链环境下的采购管理	2
10	第七章	供应链管理下的生产管理	2
11	第八章	供应链管理下的库存管理	2
12	项目化实训	供应链环境下的生产管理	2
13	第九、十章	供应链管理下的信息管理，供应链契约管理	2
14	第十一章	供应链金融管理	2
15	项目化实训	供应链管理下的库存管理	2
16	第十二章	供应链管理下的绩效管理	2
合　计			32

目录 CONTENTS

PART 1 上篇

供应链基础

第一章 CHAPTER 1

供应链概述

|学习目标|

1. 了解供应链的产生。
2. 理解供应链的含义及特征。
3. 熟悉供应链的流程。
4. 掌握供应链的类型及供应链中的牛鞭效应。

|案例导入|

拼多多的供应链

1. 企业简介

拼多多成立于2015年9月，是国内主流的手机购物App。用户通过该App发起和其他用户的拼团，以更低的价格拼团购买商品。拼多多旨在凝聚更多人的力量，用更低的价格买到更好的产品，使用户体验更多的实惠和乐趣。2018年7月26日，拼多多在美国上市（2019年9月7日，中国商业联合会、中华全国商业信息中心发布2018年度中国零售百强名单，拼多多排名第3位）。

2. 拼多多的流量

腾讯是拼多多的第二大股东，在双方的战略合作中，腾讯（主要是微信）给予了拼多多流量、技术、资金、支付等全方位的资源支持。2017年，拼多多平均获得客户的成本只有11元，反观腾讯的另一个电商巨头——京东，其平均获得客户的成本超过了

200 元，拼多多对流量的使用效率堪称奇迹。

3. 拼多多的供应链

能管好流量，并不意味着一定能做好供应链，因为两者的管理理念截然不同。拼多多的流量经营是一种“轻”模式，是借平台、借资源，是最有效的方式，企业只是一个流量转化工具，不依赖自身创造流量，这就是微信之于拼多多的价值所在。供应链的经营却完全不同，是一种彻头彻尾的“重”模式，拼多多要构建闭环供应链，必须要完全掌控入驻商家管理、交易结算、物流运转、商务谈判等环节，其间所要投入的人力、物力、资金和时间等成本无法估量。以千人团队的规模经营全国市场的流量是完全可能的，但做供应链，团队规模至少得再扩大一个数量级。

“拼多多未来的成败，供应链是最关键的因素，”一位怡亚通供应链高管说，“阿里巴巴、京东、怡亚通、拼多多，是目前下沉市场中的4家重要企业，与其他3家相比，拼多多的供应链积累是最薄弱的，因为它既没有怡亚通遍布全国300多个城市的分销网络，也没有阿里巴巴零售通与村淘的协同体系，更没有京东对供应链上游的强大话语权。在线上线下融合加速的大趋势下，留给拼多多改善供应链体系的时间不长了，但整合供应链的难度远远高于流量的获取。”这个观点也许道出了拼多多目前最大的软肋。因此，供应链将是拼多多的战略管理重点。

整合供应链就必然会优胜劣汰，清退不合规的商家，打假便成为重要的手段，但商家未必认可这种手段，如频频出现的商家围堵拼多多上海总部事件，就是商家最激进的抗议行为。这种纠纷不但恶化了平台与商家的关系，坐实了平台售假的事实，而且事件经网络发酵、传播后，给拼多多的品牌带来了巨大的负面影响。这是拼多多最不愿看到的结果。打假逼退大量不合格商家，也许只需要很短的时间，但新商家的引进和成长需要的周期会更长。在青黄不接时期，如何保证网站的成交金额持续快速增长？打假成了一个不可避免、无法低调处理且损失惨重的环节，这是拼多多供应链网络的第一难。

整合拼多多供应链的第二难是时间和成本。拼多多仅用3年时间，就积累了3亿多用户，每个季度的流量几乎呈指数级增长，但供应链的整合无法像流量增长一样迅速，而是逐步积累，呈线性增长。怡亚通用了8年才建成一个融合2 000多个品牌、40万SKU，覆盖300个主要城市、5.2亿消费者的供应链网络。为了给消费者提供质量绝对有保证的好产品，怡亚通亲自对接每一个品牌商，整合了商品自出厂起，到总代理、二级代理、批发商、零售终端等各级渠道，承担了商品的仓储、调拨、配送、结算、品控、售后等一站式服务，其中需要克服的困难已远远超出绝大多数企业的能力范畴。如果企业做不到这点，就无法兑现产品和服务品质的承诺。

阿里巴巴和京东已经证明，用纯线上的模式是无法服务好下沉市场用户的，要黏住用户，就必须将线上线下充分融合。拼多多的网上流量很快会到达天花板，把矛头调转向下，是未来必须采取的战略，而这一切都将依赖于其供应链体系的建设。但是，品牌线下的供应链环节众多，利益纠葛烦琐。拼多多要花多少时间和成本才能建立一个能与阿里巴巴、怡亚通、京东3家抗衡的供应链体系？尤其是在拼多多已经上市，资金和信息完全透明的情况下，又有几个投资人愿意长时间承担亏损风险，持续投入一个数年也未必能见效的项目？

百货业的转型就是“八仙过海，各显神通”，有些是服务的改变，有些是在建筑方面加以体现，有些会设置一些潮流的东西吸引顾客。海雅集团就有1个购物中心和6家百货店，它们各有不同的定位。有些门店数量太多的话，可能会转变为折扣店，这种渠道跟电商正好融合。

资料来源：https://www.iyiou.com/p/77934.html.

|思考题|

1. 如何整合拼多多的供应链？

2. 你认为拼多多应该如何构建供应链？

第一节 供应链的含义与特性

供应链涵盖了从供应商的供应商到客户的客户之间有关最终产品或服务的形成和交付的一切业务活动。供应链不仅包括制造商和原材料供应商，也包括批发商、零售商和客户本身。在一个组织内部，供应链涵盖实现客户需求的所有职能，包括新产品开发、采购、生产、分销、财务和客户服务等。不论企业是否有“供应链”的意识，供应链都是客观存在的。

一、供应链的提出及演进

“供应链”这一名词直接译自英文的“supply chain”，最早出现在20世纪80年代左右，也就是说，供应链的提法在欧美发达国家也只有40年左右的历史。

最初，供应链仅被视为制造企业内部的一个物流过程，它所涉及的主要是物料采购、库存、生产和分销诸部门的职能协调问题，最终目的是优化企业内部的业务流程，降低物流成本，从而提高经营效率。这种传统的观念局限于企业的内部操作层，注重企业的自身资源利用目标。

随着企业经营模式的进一步发展，供应链的概念范围扩大到供应链的外部环境。人们对供应链的认识从企业内部扩展到企业之间，将供应商纳入供应链的范畴，把供应链与采购、供应管理相关联，用来表示与供应商之间的关系。还有人将分销商等分销渠道里的实体纳入供应链中。这种观点仅仅局限于制造商和供应商之间、制造商和分销商之间的关系及各企业的独立运作，忽略了与外部供应链成员企业的联系，往往会造成企业间的目标冲突。

后来，人们对供应链的认识不断加深、拓宽，供应链的长度从企业内部延伸到企业外部，从单个企业一方面向上延伸到供应商以及供应商的供应商，另一方面向下延伸到客户以及客户的客户直到最终的消费者；其后发展起来的供应链管理理念关注与其他企业的联系，关注供应链企业的外部环境，并将用户、消费者纳入供应链的范围，认为供应链是一个涵盖了整个产品"运动"过程的范畴。同时，越来越多的人认为供应链应更加注重围绕核心企业的网链关系，这样对供应链的认识就从线性的"单链"转向非线性的"网链"，形成了一个关于网链的看法。供应链的结构则从"单链"扩展到"网链"，这是供应链在更大范围内更为系统的概念（见图 1-1）。

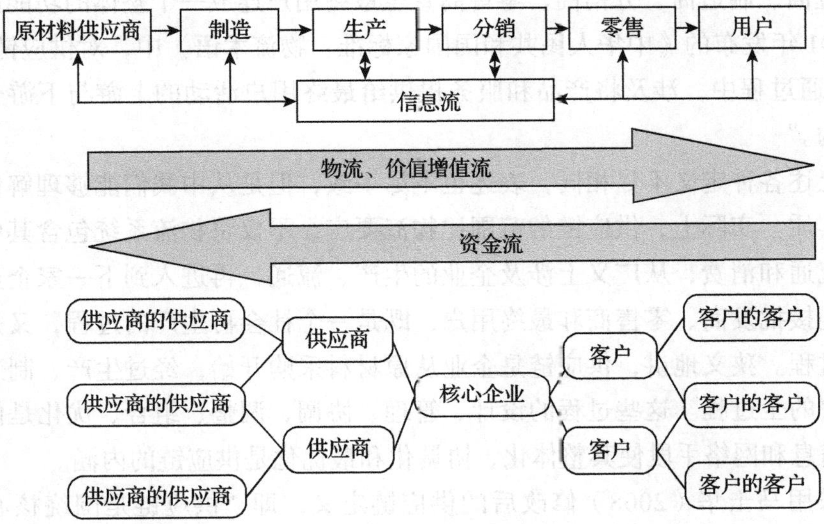

图 1-1　供应链结构图

二、供应链的内涵

供应链的概念被提出以后，经历了一个发展过程，随着人们对这一概念的认识逐步加深，许多学者给出了不同的定义。由于供应链的概念提出的时间不长，所以供应链的定义尚不一致，概念尚不统一。

美国供应链专家汉德菲尔德和尼茨（Handfield and Niches，1998）认为："供应链包括了从原材料阶段一直到将最终产品送到最终顾客手中，与物品流动以及伴随的信息流动有关的所有活动。"史蒂文斯（Stevens，1999）认为："通过增值过程和分销渠道控制从供应商的供应商到用户的流就是供应链，它开始于供应的源点，结束于消费的终点。"哈里森（Harrison，1999）将供应链定义为："供应链是执行采购原材料，将它们转换为中间产品和成品，并且将成品销售到用户的功能网链。"《英汉物流管理辞典》认为："供应链是产品从生产者到消费者的整个流通过程，供应链也称销售链，如果强调客户，则称为需求链。"美国物流管理协会对供应链管理下的定义是："供应链管理是以提高企业个体和供应链整体的长期绩效为目标，对传统的商务活动进行总体的战略协调，对特定公司内部跨职能部门边界的运作和在供应链成员中跨公司边界的运作进行战术控制的过程。"

英国经济学家马丁·克里斯托弗（Martin Christopher，1992）曾经预言，21 世纪的市场竞争将不再是企业与企业之间的竞争，而是供应链与供应链之间的竞争，任何一家企业只有与其他企业结成供应链，才有可能取得竞争的主动权。

国内学者陈国权（1999）认为："企业从原料和零部件采购、运输、加工制造、分销直至最终送到顾客手中的这一过程被看成一个环环相扣的链条，这就是供应链。"马士华（2000）认为："供应链是围绕核心企业，通过对信息流、物流、资金流的控制，从采购原材料开始，制成中间产品以及最终产品，最后由销售网络把产品送到消费者手中的将供应商、制造商、分销商、零售商直至最终用户连成一个整体的功能网链结构。"我国在2001年发布的《中华人民共和国国家标准：物流术语》中，对供应链的定义是："生产及流通过程中，涉及将产品和服务提供给最终用户活动的上游与下游企业所形成的网链结构。"

尽管上述各种定义不尽相同，表述也不尽一致，但是从中我们能够理解供应链的基本内容和实质。实际上，供应链的范围比物流要广，不仅将物流系统包含其中，还涵盖了生产、流通和消费，从广义上涉及企业的生产、流通，再进入到下一家企业的生产和流通，并连接批发商、零售商和最终用户，既是一个社会再生产的过程，又是一个社会再流通的过程。狭义地讲，供应链是企业从原材料采购开始，经过生产、制造，到销售至终端用户的全过程。这些过程的设计、管理、协调、调整、组合、优化是供应链的主体；通过信息和网络手段使其整体化、协调化和最优化是供应链的内涵。

本书采用马士华（2008）修改后的供应链定义，即"供应链是围绕核心企业，通过对工作流（work flow）、信息流（information flow）、物料流（physical flow）、资金流（funds flow）的协调与控制，从采购原材料开始，制成中间产品以及最终产品，最后由销售网络把产品送到消费者手中的将供应商、制造商、分销商、零售商，直至最终用户连成一个整体的功能网链结构"。这个概念强调了供应链的战略伙伴关系，它包含所有加盟的节点企业，从原材料的供应开始，经过链中不同企业的制造加工、组装、分销等过程直到最终用户。它不仅是一条连接供应商到用户的物料链、信息链、资金链，而且是一条增值链，物料在供应链上因加工、包装、运输等过程而增值，给相关企业乃至整个社会都带来收益。

在供应链的定义中需要明确以下几个问题。

首先，供应链由其中的节点所组成，这些节点是指供应链中的实体，包括法律实体、功能实体和物理实体。法律实体是指合法存在的机构，功能实体是指法律实体内的具体部门，物理实体是指具体的地址，如某个仓库、码头等。这些实体跨越了生产领域和流通领域，包括产品或服务的生产、交换和消费，它们在整个过程中环环相扣，错综复杂，形成一种链状结构或网状结构。

其次，保证产品或服务在供应链中传递涉及供应链中的实体所进行的各项活动。它是从原材料采购到成品，从制造商、批发商、经销商、零售商直至消费者之间的营销渠道。不过，这个渠道并不是一条各节点按顺序排列的直线，而是由众多不同的企业，其中包括供应商的供应商和客户的客户共同构成的一个复杂的供应网络。

最后，必须以系统的观点来看待供应链及其实体间的相互关系，即它们之间的互动关系、依赖关系以及共同完成产品或服务的供需平衡关系。供应链的定义强调了供应链的战略伙伴关系，各种物料在供应链上移动，供应链上的贸易伙伴将在充分共享信息的基础上，提高反应速度，消除非增值过程，生产出具有高客户价值的产品，给相关企业带来收益。

三、供应链的构成要素

供应链是一个网链结构，由围绕核心企业的供应商、供应商的供应商、制造商、分销商、零售商、客户、客户的客户等组成。一家企业是一个节点，节点企业和节点企业之间是一种需求与供应关系。这些基本要素构成了复杂的供应链。

（1）供应商，指给生产厂家提供原材料或零部件的企业。

（2）制造商，即厂家。制造产品是产品生产的最重要环节，厂家负责产品生产、开发和售后服务等。

（3）分销商，指为实现将产品送到经营所涉及的地理范围的每一个角落而设的产品流通代理企业。

（4）零售商，是将产品销售给消费者的企业。

（5）客户，即用户，指最终的消费者。

供应链的构成要素及联系如图 1-2 所示。

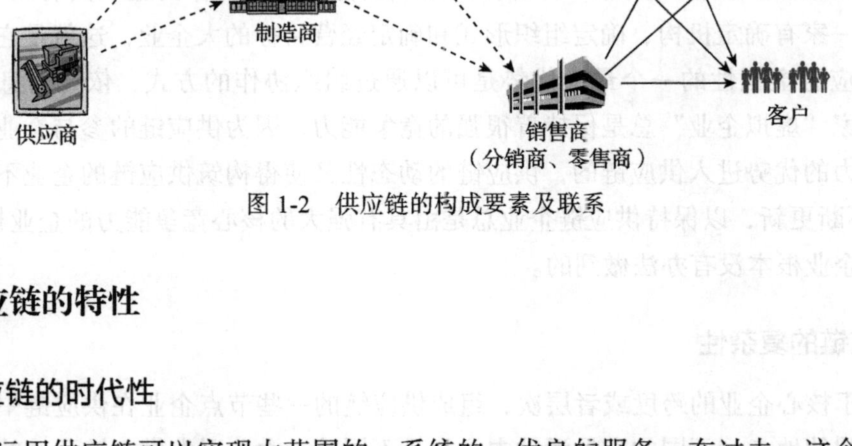

图 1-2　供应链的构成要素及联系

四、供应链的特性

（一）供应链的时代性

现今运用供应链可以实现大范围的、系统的、优良的服务。在过去，这个愿望是很难实现的。网络经济时代的信息技术，尤其是互联网这个公众平台的形成，使信息跨越过去封闭的界限进行传递成为可能，也使信息共享成为可能，这就把供应链从过去两个环节之间的短链延伸成跨越整个社会再生产的长链成为可能。这就是供应链的时代特点。

（二）供应链的远程性

供应链的出现和经营运作的远程化有关。20 世纪 80 年代之后，经济全球化的步伐大大加快，大工业化时代的专业分工向国际分工深化。一个产品从原材料开始到用户为止，原材料来自全世界，生产协作企业分布于全世界，用户需求遍布于全世界，这种远程化的结果，需要有新的供应方式。远程性是供应链的一个非常重要的特点。如果仅在一个小范围的区域之中，构建供应链的意义就不是很大了。现在多数成功运作的供应链跨越许多国家，因此，远程性的另一种表述就是跨国性。

（三）供应链的动态性

供应链不是传统认识所形成的"建立牢固的供需关系""固定产需衔接"方式，也不是在流通领域中广泛应用的固定的连锁关系，而是一个随时在择优、优化的系统。供应链的节点企业并不是"从一而终"的，而是根据自己的核心竞争能力，不但作为这一个供应链的某个链接或节点，同时也身许于另一个供应链作为一个链接或节点。供应链中的企业都是在众多企业中被筛选出的合作伙伴，合作关系是非固定性的，也是在动态中调整的。供应链需要随目标的转变而转变，随服务方式的变化而变化，因此它随时处在一个动态调整过程中，这就使得供应链具有明显的动态性。

（四）供应链的虚拟性

供应链是以网络信息技术为纽带建立起来的，是虚拟经济的一个典型应用。供应链实际上是一家虚拟的大企业，它所做的事情，过去是要依靠一家集团企业、一家托拉斯实体企业去做的，现在则是靠一种协作的组织去做。这个协作的组织具有相对稳定性，而并不是一家有确定机构、确定组织形式和确定经营目标的大企业，这就是它的虚拟性所在。供应链虚拟性的一个最大优势是可以通过组织协作的方式，依托信息网络的支持，使这家"虚拟企业"总是保持着很强的竞争能力，因为供应链的参与企业都是以核心竞争能力的优势进入供应链的，供应链的动态性又使得构筑供应链的企业不断"优胜劣汰"，不断更新，以保持供应链企业总是由具有强大的核心竞争能力的企业构筑而成。这是实体企业根本没有办法做到的。

（五）供应链的复杂性

相对于核心企业的跨度或者层次，组成供应链的一些节点企业在供应链中在不同的时间、不同的地点、不同的交易活动中往往是不同的，由此引发供应链活动的不规范和不可预测。同时，供应链往往由多个、多种类型甚至多国的企业构成，所以纵横交错、组成复杂的状态决定了供应链结构模式和运作模式必然是十分复杂的。不少供应链是跨国、跨地区和跨行业的组合。各国的政体、法律、人文、地理、习惯、风俗都有很大差异，经济发达程度、物流基础设施、物流管理水平和技术能力等也有很大不同，而供应链操作又必须保证其目的的准确性、行动的快速响应性和服务的高质量，这就产生了供应链复杂性的特点。

（六）供应链的协调性

供应链的形成、存在、重构，都是基于一定的市场需求而发生的，并且在供应链的运作过程中，用户的需求拉动是供应链中信息流、产品、服务流、资金流运作的驱动源。节点企业可以是这个供应链的成员，同时又是另一个供应链的成员，众多的供应链形成交叉结构，增加了协调管理的难度。但是，由于供应链本身就是一个整体合作、协调一致的系统，它有多个合作者，像链条似的环环连接在一起，大家为了一个共同的目的或目标，必须协调动作，紧密配合。每个供应链成员企业都是“链”中的一个环节，都要与整个链的动作一致，绝对服从于全局，做到方向一致、行动也一致，因而协调性是供应链的特点之一。

（七）供应链的增值性

供应链的特点还表现在它是一个高度一体化的、提供产品和服务的增值过程。所有的生产运营都是将一些资源进行转换和组合，增加适当的价值，然后把产品分送到顾客手中。制造业主要通过物理形式的转变，生产出有形的产品来实现增值；物流系统主要对产品、服务和顾客进行重新分布，在分送的过程中可以通过重新包装或重新分割尺寸而产生价值，也可以通过在商店集中展示汇集在一起的多种产品而增加价值；信息供应商组织并独立提供适合顾客使用的数据。由于供应链时代的竞争建立在高水平的、紧密的战略发展规划之上，这就要求供应链中的各个合作者必须共同讨论战略目标及其实现方法和手段，共同提高绩效，获得双赢，实现供应链的增值。

五、供应链的流程

供应链包含一系列流程，这些流程发生在一个组织内部或供应链中不同组织之间，它们结合在一起共同实现客户对产品的需求。供应链一般包括物资流通、商业流通、信息流通、资金流通四个流程，四个流程有各自不同的功能以及不同的流通方向。

（一）物资流通

这个流程主要是物资（商品）的流通过程，是一个发送货物的程序。该流程的方向是由供应商经由制造商、批发商与物流商、零售商等指向消费者。由于长期以来企业理论都是围绕产品实物展开的，因此目前物资流程被人们广泛重视。

（二）商业流通

这个流程主要是买卖的流通过程，指接受订货、签订合同等的商业流程。该流程的方向是在供应商与消费者之间双向流动。目前商业流通形式趋于多元化：既有传统的店铺销售、上门销售、邮购的方式，又有通过互联网等新兴媒体进行购物的电子商务形式。

（三）信息流通

这个流程是商品及交易信息的流通。该流程的方向也是在供应商与消费者之间双向流动。过去人们往往把重点放在看得到的实物上，因而信息流通一直被忽视。

（四）资金流通

这个流程就是货币的流通，为了保障企业的正常运作，必须确保资金的及时回收，否则企业就无法建立完善的经营体系。该流程的方向是由消费者经由零售商、批发商与物流商、制造商等指向供应商。

第二节　供应链的类型

由于供应链主导企业、主导产品、流通渠道等不同，实际运作的供应链各有特色，有多种类型。为了更好地认识供应链，我们可以从不同角度对供应链进行划分。根据不同的划分标准，我们可以把供应链分为不同的类型。

一、根据发展进程划分

从制造企业供应链的发展进程来看，我们可以将供应链划分为内部供应链和外部供应链两类。

内部供应链是指企业内部产品生产和流通过程中所涉及的采购部门、生产部门、仓储部门、销售部门等组成的供需网络，是将采购的原材料、零部件，通过生产和销售等环节传递到制造企业的用户的过程。企业基于计算机及其局域网的物料需求计划（material requirements planning，MRP）、制造资源计划（manufacturing resource planning，MRP Ⅱ）等管理信息系统的建立与发展最初就是由于企业内部供应链的需要而产生的。

外部供应链则是指企业外部的，与企业相关的产品生产和流通过程中涉及的原材料供应商、生产厂商、储运商、零售商以及最终消费者组成的供需网络。外部供应链注重与外部资源、其他企业的合作和联系，注重供应链的外部环境的变化对核心企业的影响，它偏向于供应链中不同企业的制造、组装、分销、零售等过程，即将原材料转换成产品并送到最终用户的整个过程。基于互联网、内联网、外联网的企业资源计划（enterprise resource planning，ERP）管理系统，其形成就是为满足供应链外部扩展的需要，进而使供应链管理涉及扩展企业与合作伙伴、共享信息、协同运作问题的解决。

内部供应链和外部供应链的联系在于二者共同组成了企业产品从原材料到成品再到消费者的供应链。可以说，内部供应链是外部供应链的缩小化。如对于制造厂商，其采购部门就可以被看作外部供应链中的供应商。它们的区别只在于外部供应链范围大，涉及企业众多，企业间的协调更困难。

二、根据稳定性划分

从供应链存在的稳定性来看，我们可以将供应链分为稳定的供应链和动态的供应链两种。

稳定的供应链是指构成供应链的具有供需关系的节点企业之间的关系相对稳定。这主要取决于市场需求的稳定性，需求单一的市场组成的供应链，其动态性较弱、市场稳定性较强、市场脉搏容易把握。

对于需求变化相对频繁、复杂的市场环境下组成的供应链，其动态性必然较高，因为需求的变化，必然导致供需关系的变化，进而导致供应链的变化。在实际运作中，需要根据不断变化的需求，相应地改变供应链的组成，对供应商和用户进行重新选择。

供应链的稳定性是相对的，而动态性是绝对的。基于相对稳定、单一的市场需求而组成的供应链稳定性较强，而基于相对频繁变化、复杂的需求而组成的供应链动态性较强，因此，在实际管理运作中，需要根据不断变化的需求，相应地改变供应链的组成。

三、根据供应链容量和用户需求划分

根据供应链容量和用户需求的关系，我们可以将供应链划分为平衡的供应链和倾斜的供应链（见图 1-3）。

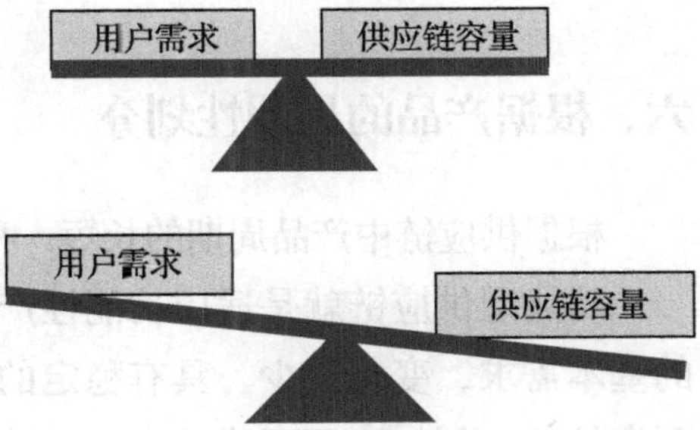

图 1-3　平衡的供应链和倾斜的供应链

在资源一定时，每一个供应链都具有一定的、相对稳定的设备容量和生产能力（所有节点企业能力的综合，包括供应商、制造商、运输商、分销商、零售商等），但用户需求处于不断变化的过程中。

当供应链的容量能满足用户需求时，供应链处于平衡状态，我们称之为平衡的供应链。平衡的供应链可以实现各主要职能（采购 / 低采购成本、生产 / 规模效益、分销 / 低运输成本、市场 / 产品多样化和财务 / 资金周转快）之间的均衡。而当市场变化加剧，造成供应链成本增加、库存增加、浪费增加等现象时，企业不是在最优状态下运作，供应链则处于倾斜状态。同样，当供应链的能力远远超过市场用户的需求时，节点企业利润增加受阻，运营状态受到影响，供应链的平衡状态被打破，趋于倾斜状态，供应链需要自然调节，寻求新的平衡。

四、根据功能划分

根据供应链的功能（物理功能和市场中介功能），我们可以把供应链划分为两种：有效性供应链（efficient supply chain）和反应性供应链（responsive supply chain）。

有效性供应链主要体现供应链的物理功能，即以最低的成本将原材料转化成零部件、半成品、产品，以及在供应链中的运输等。

反应性供应链主要体现供应链的市场中介功能，即把产品分配到满足用户需求的市场，对未预知的需求做出快速响应等。

五、根据管理的研究对象划分

根据供应链管理的研究对象，我们可以把供应链分为企业供应链和产品供应链。

企业供应链是与某企业相关的供应链，比如沃尔玛公司的供应链。在每家企业里，不同的部门在物流中都参与了增值活动。例如，采购部门是资源的来源部门，制造部门是直接增加产品价值的部门，配送部门负责管理客户订单和送货，工程设计部门负责一般产品的设计和个性化产品的设计，它们都参与了增值活动。这些部门被视为供应链中业务流程中的内部顾客和供应商。

产品供应链是与某一特定产品或项目相关的供应链，比如某种品牌饮料的供应链。又如，一家生产汽车的公司，其供应商网络包括上千家企业，为其供应从钢材、塑料等原材料到变速器、刹车等复杂装配件的多样产品。在产品供应链上，系统的广告效应和行业的发展会引导对该产品的需求。

六、根据产品的周期性划分

根据供应链中产品周期的长短，我们可以把供应链分为功能型供应链和创新型供应链。

功能型供应链就是适应功能性产品而构建的供应链。功能型产品一般用于满足用户的基本需求，变化很少，具有稳定的、可预测的需求和较长的生命周期，但它们的边际利润较低，例如日用百货等。对于功能型产品，由于市场需求比较稳定，比较容易实现供求平衡。对各成员企业来说最重要的是如何利用供应链上的信息协调它们之间的活动，降低其生产、运输、库存等方面的费用，以使整个供应链的费用降到最低，从而提高效率。

创新型供应链就是适应创新型产品而构建的供应链。创新型产品对市场来说很新，因此需求的不确定性很高，一般不可预测，生命周期也较短，例如时装等。一旦产品畅销，其单位利润就会很高，随之会引来许多仿造者，因而基于创新的竞争优势会迅速消失，因此，这类产品无论是否畅销，其生命周期均较短。这类产品的供应链应该考虑的是响应速度和柔性，只有响应速度快、柔性程度高的供应链才能适应多变的市场需求，而实现速度和柔性的费用则退为其次。

正因为这两种产品的不同，才需要有不同类型的供应链去满足不同的管理需要。对于一种产品来说，特别是功能型产品，从其产生投放市场直到过时淘汰，一般都要经历几个典型的生命阶段，即引入、成长、成熟、衰退四个阶段。在产品生命周期的各个阶段中，产品有其明显区别于其他阶段的特征，对供应链的要求有所不同。所以，对同一产品在生命周期的不同阶段中，要注意控制内容和侧重点，采取相应的供应链策略。

七、根据分布范围的不同划分

根据供应链分布范围的不同，我们可以把供应链分为集团供应链和全球网络供应链。

集团供应链就是在集团内部所组成的供应链。一个集团可以在不同的地点进行产品制造并且对过程实现集中控制，通过自有的区域和本地仓库网络配送产品。在这种情况下，由于业务活动涉及许多企业（或部门），因此成为一种形式上的集团供应链。在供应链中，每家公司都有自己的位置，公司有一个流向下游的客户的供给链和从上游流下的供应商的供应链。大量的信息需要快速传递，供应链上业务流程也必须集成。现代企业要更有效地运作和保持竞争力，就必须有效地管理集团内公司及其供应商和客户，增强通过信息技术与它的客户和供应商沟通的能力。

全球网络供应链就是在全球范围内所形成的供应链。互联网的应用以及电子商务的出现，彻底改变了商业方式，也改变了现有供应链结构。在全球网络供应链中，企业的形态和边界将产生根本性的改变，整个供应链的协同运作将取代传统的电子订单，供应商与客户之间信息的沟通与协调将是一种交互式的协同工作。此时，有可能会出现新的组织模式，即虚拟企业——若干成员企业为共同获得某个市场机会的优势而组成暂时的经营实体。机会一旦消失，虚拟企业即告解散。它不是一家具有独立法人资格的企业，而是各成员企业的全部或部分资源动态组合而成的一种组织，是企业之间的动态联盟，是全球网络供应链资源整合的一种形式。成员企业可以集中精力发展其关键资源和核心能力，成员间优势互补、风险共担、成果共享，并且可以根据市场机会，借助全球网络供应链迅速实现企业资源的重组，创造出具有高弹性的竞争优势。

八、根据运作方式的不同划分

根据供应链运作方式的不同，我们可以把供应链分为推动式供应链和拉动式供应链。

推动式供应链模式是传统的供应链模式，指根据商品的库存情况，将商品推销给顾客。在传统的推动模式中，商品是被"推向"顾客的。而在拉动式供应链模式中，消费者是供应链的开端，因此也叫需求驱动模式。

推动式供应链是根据长期预测进行生产决策，利用订单来预测需求，其流程是：生产商—零售配送中心—零售商店—消费者购买商品。

拉动式供应链的生产是由需求驱动的，是顾客需求而不是预测决定生产，其流程是：消费者购买商品—零售商店—零售配送中心—生产商。

与推动式供应链模式相比，拉动式供应链模式具有以下优势：

（1）支持产品的不断变化。

（2）缩短交货周期。

（3）改进质量，降低单位成本。

（4）提高经营效率。

（5）全面衡量业绩，更易于实施控制。

供应链上的推拉边界将推动流程和拉动流程区别开来。例如，在戴尔公司，PC 机组装线的起点就代表推拉边界。PC 机组装前的所有流程是推动流程，而组装过程和此后的所有流程均是对顾客需求的反应，因而是拉动流程（见图 1-4）。

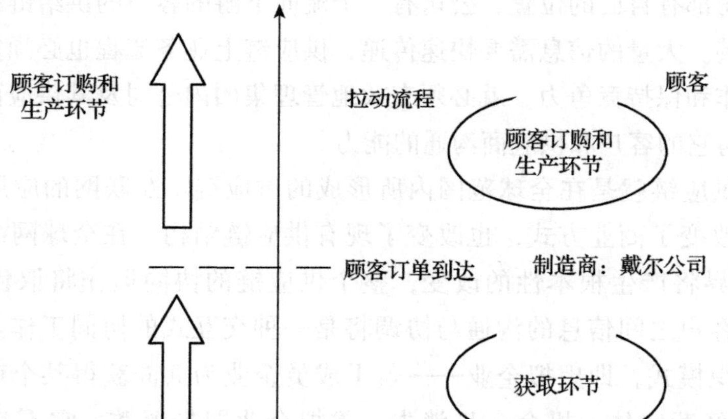

图 1-4　戴尔公司的供应链推动流程和拉动流程

第三节　供应链中的牛鞭效应

在供应链上，常常存在着预测不准确、需求不明确、供给不稳定、企业间合作性与协调性差等问题，造成了供应缺乏、生产与运输作业不均衡、库存居高不下、成本过高等现象。引起这些问题的原因有许多，主要原因之一是牛鞭效应。

一、牛鞭效应的含义及影响

供应链的有效运作受很多因素制约，例如组织结构、信息渠道、地域分布、行业特征等。但是，其中最根深蒂固的影响因素当属牛鞭效应。

(一) 牛鞭效应的含义

牛鞭效应（bullwhip effect）也叫信息曲解（information distortion）现象。牛鞭效应是供应链上的一种需求变异放大（方差放大）现象，是信息流从最终客户端向原始供应商端传递时，无法有效地实现信息的共享，使得信息扭曲而逐级放大，进而导致需求信息出现越来越大的波动。

这种信息扭曲的放大作用在图形显示上很像一根甩起的赶牛鞭，因此被形象地称为牛鞭效应。最下游的客户端相当于鞭子的根部，而最上游的供应商端相当于鞭子的梢部，在根部的一端只要有一个轻微的抖动，传递到末梢端就会出现很大的波动。在供应链上，这种效应越往上游，变化就越大，距终端客户越远，影响就越大。这种信息扭曲如果和企业制造过程中的不确定因素叠加在一起，将会导致巨大的经济损失。

(二) 牛鞭效应的影响

牛鞭效应导致需求信息失真，扭曲的信息使供应链中的成员对市场和顾客的预测出现偏差。如果不能缓解牛鞭效应，很可能导致企业领导者决策失误。可以说，牛鞭效应所带来的危害程度要超过一般管理者的预期。牛鞭效应及其引发的失调对供应链的运营业绩有较大的负面影响，不仅增加了成本，降低了反应能力，而且不利于在供应链内部建立合作伙伴关系，从而导致整个供应链利润下滑。

对市场的响应速度而言，牛鞭效应表明，越是处于供应链后端，企业响应速度越慢。其结果是，当市场需求增加的时候，供应商往往无法支持制造商，而当市场需求放缓时，供应商则往往继续过量生产，造成库存积压。由于牛鞭效应，伴随着过量生产的是整个供应链的生产能力过度膨胀。一旦经济不景气，整个供应链被迫大幅削减人员，面临停滞风险。

对整个宏观经济而言，牛鞭效应可以解释为什么有些行业比另一些行业提前衰退或滞后复苏。对半导体行业而言，供应链前端的芯片制造业先于后端的设备制造业衰退，而后者则滞后于前者复苏。对于单个企业而言，当经济复苏的时候，不但要调动自身的生产能力，更重要的是动员各级供应商。这是因为由于牛鞭效应，后端供应商往往受到更大的经济影响，面临更大的财政压力，从而更难也更不情愿扩张生产能力。在行业腾飞、经济景气时，往往由于后端供应商没法及时扩张而影响整个供应链的销售业绩。

二、产生牛鞭效应的原因

实例阅读 1-1

宝洁公司（P&G）在研究“尿不湿”的市场需求时发现，该产品的零售数量相当稳定，波动性并不大。但在考察分销中心向它订货的情况时，波动性明显增大，分销中心人员称他们是根据汇总销售商订货的需求量订货的。

宝洁公司进一步研究后发现，零售商往往根据对历史销量及现实销售情况的预测，确定一个较客观的订货量，但为了保证这个订货量及时可得，能够适应顾客需求增量的变化，他们通常会在向批发商订货时将预测订货量增大一些，批发商出于同样的考虑，也会在汇总零售商订货量的基础上再加一定的量向销售中心订货。这样，虽然顾客需求量并没有大的波动，但零售商和批发商订货后，订货量就一级级地放大了。

在供应链的运作过程中，许多制造企业经常会发现商品的顾客需求较稳定，变化不大，但是上游供应商往往比下游供应商维持更高的库存水平。这种越往供应链上游走，需求波动程度越大的现象，正是供应链中的牛鞭效应。

资料来源：HAUL L , PADMANABHAN V , SEUNGJIN W. Information Distortion in a Supply Chain: The Bullwhip Effect[J]. Management Science, 2004, 50(12): 1875–1886.

产生牛鞭效应的原因主要有以下几个方面。

（一）供应链的组织结构不合理

一般地说，供应链越长，处于同一节点的企业越多，供应商离消费者越远，对需求的预测越不准确。同时经过各环节的传递及各企业安全库存的多层累加，需求资讯的扭曲程度越大，牛鞭效应越明显。供应链中的各个企业是独立的个体，存在各自的利益目标，因此供应链上参与者的利益目标和供应链最优化决策往往是互相制约和影响的，最终导致代理方在传递信息时按照自己最优而委托方次优的标准进行选择。

（二）需求预测不准确

企业一般都利用过去的市场需求来预测未来的市场需求，这样就很容易导致需求信号被不断放大。供应链中的每个节点企业都会对其生产日程、生产能力、存货控制，以及物料需求进行计划和预测，因此，供应链中任何一个买方发现产品需求量在某个时期增加时，都会认为这是未来需求增加的预兆，从而就会大幅度地增加订货量。在传统的运作模式中，上游企业一般依靠下游企业所提供的信息和数据做出预测与决策，因此上游企业的库存控制将受到扭曲信息的损害，这样重复下去，就呈现逐步放大的趋势，即多重预测是导致牛鞭效应的一个关键因素。

（三）限量供应和短缺博弈

当供应商的生产能力不能满足潜在的需求时，会根据买方的订货量限额配给，买方为了得到更多的配额，就会提高订货量，从而超出实际的需求。其实，即使供应量充足，只要买方认为可能发生缺货，就可能采取以上策略。当需求大于供应时，理性的决策是按照订货量比例分配现有供应量。当产品供不应求时，制造商常根据顾客订购的数量按照一定的比例进行限量供应，客户会在订购时夸大实际的需求量；当供不应求的情况得到缓和时，订购量便会突然下降，同时大批客户会取消他们的订单。对潜在的限量供应进行的博弈，会使顾客产生过度反应。此时，销售商为了获得更大份额的配给量，故意夸大其订货需求是在所难免的，这引发他们扩大订货量。但当需求降温或短缺结束后，大的订货量又突然消失，造成了需求预测和判断的失误。这种由于短缺博弈导致的需求信息的扭曲最终会导致牛鞭效应。

（四）价格波动

制造商通常会进行周期性促销，比如给予价格折扣或数量折扣、发放优惠券等，这些优惠实质上是一种间接的价格优惠。当制造商的价格处于低水平时（通过折扣或其他促销手法），顾客常会购买比自己实际所需要的大得多的数量；当制造商的价格恢复正常水平时，顾客由于有足够的库存，因此在其库存消耗完之前，他们不会再次购买。结果，顾客的购买模式并不能反映他们的消费模式，并且使其购买数量的波动较其消耗量波动大，从而产生牛鞭效应。

（五）批量订购

在供应链中，每家企业都会向上游企业订货，并且会对库存进行一定程度的监控。由于入库的物料在耗尽以后，企业不能马上从其供应商那里获得补给，因此，企业经常都会进行批量订购，在再次发出订购之前保持一定的存货。同时，考虑到订货费用受到订货价格折扣和是否满载等物流费用的影响，分销商通常是在一个订货周期内将货物订购汇总到一定数量后再向供应商发出订货。如果企业的顾客都采用定期批量订购模型，则会产生牛鞭效应；如果所有顾客的订购周期均匀分布，则牛鞭效应的影响就会最小。然而，这种理想状态极少存在。订单通常都是随机分布，甚至是相互重叠的。当顾客的订货周期重叠时，很多顾客会在同一时间订货，需求高度集中，从而导致牛鞭效应高峰的出现。

（六）缺少协作、库存失衡

供应链上缺少协作，无法实现存货互通有无和转运调拨，只能各自持有高额库存。企业订货常采用最大库存策略，在一个周期或者汇总到一定数量后再向供应商整批订货，这使其上游供应商看到的是一个不真实的需求量。同时，零售商和分销商面对价格波动剧烈、促销与打折活动、供不应求、通货膨胀、自然灾害等情况，往往会采取加大库存量的做法，使订货量远远大于实际的需求量，这些情况都会导致牛鞭效应。

三、弱化牛鞭效应的对策

由于牛鞭效应是从下游客户端逐级向上游转嫁风险的结果，因而它会危害整个供应链的运作，导致总库存增加、生产无序和失衡、业务流程阻塞、资源浪费、成本加重、市场混乱和风险增大。因此，企业必须尽力消除需求信息的扭曲和失真现象以弱化牛鞭效应。

（一）简化供应链结构，使销售渠道下沉

供应链的水平层次和垂直规模的参与者越多，信息被加工的次数就越多，被扭曲的程度也就越大。如在服装行业中，由于广泛采取批发的大流通营销模式，导致供应链层级数量加大，不仅严重影响了市场需求信息的有效传递，而且增加了不必要的物流成本、库存成本、销售成本等，大大降低了服装供应链的反应速度和运作效率。因此，弱化牛鞭效应的一个有效策略就是简化供应链的结构，使销售渠道下沉，发展直销或连锁经营以及开展网络化销售。

（二）加强信息共享，保障供应链信息畅通

加强信息共享，是减小牛鞭效应最有效的措施之一。供应链成员之间通过互联网 / 电子数据交换（electronic data interchange，EDI）来实现实时交流和共享信息，为供应链各阶段提供实际的关于顾客需求的全部信息，减少和消除信息的不对称性，准确把握下游的实际需求。这是因为，采用信息技术后，需求信息的传递由原来的线形结构变为网状结构，即供应链中的每个成员不仅接受其直接下游传来的订单信息，同时还接受来自最终顾客的需求信息。每个成员利用流向自己的各种信息来预测实际需求和向上游企业的订货量，能够有效地避免由多头预测引起的信息失真。

（三）订货分级管理

从供应商的角度看，并不是所有销售商（批发商、零售商）的地位和作用都是相同的。按照帕累托定律，他们有的是一般销售商，有的是重要销售商，有的是关键销售商，而且关键销售商的比例大约占 20%，却实现了 80% 的销量。这就是经济学中的"二八定律"。因此，供应商应根据一定标准将销售商进行分类，对不同的销售商划分不同的等级，对他们的订货实行分级管理，比如对于一般销售商的订货实行满足管理，对于重要销售商的订货进行充分管理，对于关键销售商的订货实现完美管理，这样就可以通过管住关键销售商和重要销售商来减少需求变异的概率；在供应短缺时，可以优先确保关键销售商的订货。供应商还可以通过分级管理策略，在合适的时机剔除不合格销售

商，维护销售商的统一性和渠道管理的规范性。

（四）缩短提前期

一般来说，订货提前期越短，订量越准确，因此缩短订货提前期是降低牛鞭效应的一个好办法。根据沃尔玛的调查，提前 26 周进货，需求预测误差为 40%；提前 16 周进货，需求预测的误差为 20%；在销售时节开始时进货，需求预测的误差为 10%。由于通过多频度、小数量联合送货方式，实现实需型订货，可以使需求预测的误差进一步降低，所以缩短提前期能够显著地降低牛鞭效应。

（五）规避短缺情况下的博弈行为

面临供应不足时，供应商可以根据顾客以前的销售记录来进行限额供应，而不是根据订购的数量，这样就可以防止销售商为了获得更多的供应而夸大订购量。在供不应求时，销售商对供应商的供应情况缺乏了解，博弈的程度就很容易加剧。与销售商共享供应能力和库存状况的有关信息能减轻销售商的忧虑，从而在一定程度上可以防止他们参与博弈。但是，共享这些信息并不能完全解决问题，如果供应商在销售旺季来临之前能帮助销售商做好订货工作，他们就能更好地设计生产能力和安排生产进度以满足产品的需求，从而降低产生牛鞭效应的机会。

（六）建立伙伴关系，合理分担库存

供需双方在战略联盟中相互信任，公开业务数据，共享信息和业务集成，采取上下游间分享预测数据并使用相似的预测方法进行协作预测，来提高预测的准确性。这样，相互都了解对方的供需情况和能力，避免了短缺情况下的博弈行为，从而降低了产生牛鞭效应的机会。供应商根据历史资料和当前环境进行分析，适当削减订货量，同时为保证需求，还可以使用联合库存和联合运输方式多批次发送，这样，在不增加成本的前提下，也能够保证订货需求的满足。供应商、分销商和零售商采用联合库存的方式合理地分担库存，一旦某处出现库存短缺，可立即从其他地点调拨转运来保证供货。这样做既防止了需求变异的放大，又体现了共担风险，降低了整体库存，可有效地抑制牛鞭效应。

四、重视信息技术在消除牛鞭效应中的特殊作用

信息技术是可以消除牛鞭效应的。例如，在企业内部采用 ERP 和 APS 系统，在企业间采用供应链管理（supply chain management，SCM）系统，运用互联网 /EDI 技术，开展电子商务，对各个信息系统进行集成，实现企业间的业务数据集成和信息共享，应用供应链协同技术使供应链上下游企业间实现业务流程整合，共同协作开展业务，都能

有效地消除牛鞭效应。

（1）采用 SCM 系统中的协同计划、预测与补货（collaborative planning，forecasting and replenishment，CPFR）、供应商管理库存（vender managed inventory，VMI）和 SMI 等技术，就能实时地获得下游的真实需求信息，及时、准确地进行订货，消除预测不准和批量订货等造成的牛鞭效应。

（2）采用互联网 /EDI、电子商务和企业应用集成（EAI）等技术，能实现业务信息的及时传递与共享、上下游间业务过程的整合与紧密衔接，有效消除由价格补货、环境变异和短缺博弈等造成的牛鞭效应。

（3）运用供应链协同、分销商一体化 DI 和 VIM 等技术，能够减少库存失衡，在企业间实现库存共享与转运调拨，使它们无须再各自持有高额库存。

（4）运用 APS 管理系统、第三方物流（third party logistics，3PL）和第四方物流（4th party logistics，4PL）技术，通过计划的优化与准确性或业务外包来缩短采购的提前期，消除牛鞭效应。

信息技术对消除牛鞭效应起到了不可替代的作用。然而，任何先进的系统都是按照人的指令去运行的，任何先进的技术也是为人服务的，如果没有正确的方针策略，只有先进的技术和系统，也无法真正消除牛鞭效应。因此，消除牛鞭效应最重要的因素是上下游企业间建立紧密的伙伴关系，只有在供需双方相互信任、利益共享和风险共担的基础上，才能公开各自的业务数据，共享信息和业务过程，也只有在企业达成这种伙伴关系的前提下，利用先进的信息技术和信息管理系统，才能有效地消除各种因素的影响，真正地消除牛鞭效应。

实例阅读1-2

利用信息管理技术来消除牛鞭效应

雀巢与家乐福在确立了亲密伙伴关系的基础上，采用各种信息技术，由雀巢为家乐福管理它所生产产品的库存（VMI）。雀巢为此专门引进了一套 VMI 信息管理系统，家乐福也及时为雀巢提供其产品销售的 POS 数据和库存情况，通过集成双方的管理信息系统，经由互联网 /EDI 交换信息，就能及时掌握客户的真实需求。为此，家乐福的订货业务情况为：每天 9:30 以前，家乐福把货物售出与现有库存的信息用电子形式传送给雀巢公司；9:30～10:30，雀巢将收到的数据合并至供应链管理 SCM 系统中，依实际库存量计算出可行的订货量，产生建议订单；10:30，雀巢再将该建议订单用电子形式传送给家乐福；10:30～11:00，家乐福确认订单并对数量与产品项目进行必要的修改之后回传至雀巢；最后在 11:00～11:30，雀巢依照确认后的订单进行拣货与出货，并按照订单规定的时间交货。这样，由于及时地共享了信息，上游供应商对下游客户的需求了如指掌，无须再放大订货量，有效地消除了牛鞭效应。

资料来源：https://www.docin.com/p-2195074300.html.

本章小结

“供应链”这一名词最早出现在20世纪80年代左右。起初供应链仅被视为制造企业内部的一个物流过程，随着企业经营模式的进一步发展，供应链的概念范围扩大到供应链的外部环境。现在人们对供应链的认识从线性的“单链”转向非线性的“网链”，形成了一个关于网链的看法。

供应链主要是围绕核心企业，通过对工作流（work flow）、信息流（information flow）、物料流（physical flow）、资金流（funds flow）的协调与控制，从采购原材料开始，制成中间产品以及最终产品，最后由销售网络把产品送到消费者手中。所以，供应链是一种将供应商、制造商、分销商、零售商，直至最终用户连成一个整体的功能网链结构。供应链涵盖了从供应商的供应商到客户的客户之间有关最终产品或服务的形成和交付的一切业务活动。

供应链是一个网链结构，由围绕核心企业的供应商、供应商的供应商、制造商、分销商、零售商、用户、用户的用户等组成。一个企业是一个节点，节点企业和节点企业之间是一种需求与供应关系。供应链具有时代性、远程性、动态性、虚拟性、复杂性、协调性、增值性等特性。供应链一般包括物资流通、商业流通、信息流通、资金流通四个流程。这些流程发生在一个组织内部或供应链中不同组织之间，它们结合在一起共同实现客户对产品的需求。

根据不同的划分标准，我们可以将供应链分为不同类型。根据制造企业供应链的发展过程，可以将供应链划分为内部供应链和外部供应链；根据供应链的稳定性，可以将供应链分为稳定的供应链和动态的供应链；根据供应链容量和用户需求的关系，可以将供应链划分为平衡的供应链和倾斜的供应链；根据供应链的功能，可以把供应链划分为有效性供应链和反应性供应链；根据供应链管理的研究对象，可以把供应链分为企业供应链和产品供应链；根据供应链中产品的周期长短，可以把供应链分为功能型供应链和创新型供应链；根据供应链分布范围的不同，可以把供应链分为集团供应链和全球网络供应链；根据供应链运作方式的不同，可以将供应链划分为推动式供应链和拉动式供应链。

牛鞭效应是供应链上的一种需求变异放大（方差放大）现象，是信息流从最终客户端向原始供应商端传递时，无法有效地实现信息的共享，使得信息扭曲而逐级放大，导致需求信息出现越来越大的波动。这种信息扭曲的放大作用在图形显示上很像一根甩起的赶牛鞭，因此被形象地称为牛鞭效应。牛鞭效应导致需求信息失真，扭曲的信息使供应链中的成员对市场和顾客的预测出现偏差。如果企业不能缓解牛鞭效应，就会导致其领导者决策失误，造成库存积压。产生牛鞭效应的原因主要有：供应链的组织结构不合理，需求预测不准确，限量供应和短缺博弈，价格波动，批量订购，缺少协作、库存失衡，等等。

弱化或消除牛鞭效应的主要方法有：简化供应链结构，使销售渠道下沉；加强信息共享，保障供应链信息畅通；订货分级管理；缩短提前期；规避短缺情况下的博弈行为；建立伙伴关系，合理分担库存；稳定价格，缩短回款期限。另外，要重视信息技术在消除牛鞭效应中的特殊作用。

复习思考

1. 供应链的含义与特点是什么？你是如何理解的？
2. 供应链与产业链、价值链含义的区别与联系有哪些？
3. 供应链的类型是如何划分的？
4. 如何观察发生在供应链中的流程？
5. 供应链中牛鞭效应的含义是什么？它有哪些影响？
6. 产生牛鞭效应的原因主要有哪些？怎样才能弱化牛鞭效应？

案例分析

小红书供应链：海外直采＋自营保税仓

1. 企业简介

小红书是一个生活方式平台和消费决策入口，创始人为毛文超和瞿芳。截至 2019 年 1 月，小红书的用户总数已超过 2 亿，其中 70% 的用户是 90 后。在小红书社区，用户可以通过文字、图片、视频笔记，分享年轻人的正能量和美好生活。小红书通过机器学习对海量信息和人进行精准、高效的匹配。小红书旗下还设有电商业务，2017 年 12 月 24 日，小红书电商被《人民日报》评为“中国品牌”。在近两年内，很多年轻人被小红书上的各种产品所吸引，一旦开启购买模式，就根本停不下来，创造了“国民种草机”的社交电商模式。现如今，小红书已经拥有 1 亿用户并完成了新的一轮超过 3 亿美元的融资。但是，2019 年 7 月 29 日，多家安卓应用商店下架小红书 App。2019 年 8 月 3 日上午，继安卓应用商店后，小红书在苹果的 App Store 内也无法被搜索下载，小红书经过整改后于 10 月重新上架。

2. 小红书的供应链构成

小红书之所以选择自营模式，是因为在跨境电商中，商品的真假问题是用户最关心的方面。而目前跨境电商的供应链还不成熟，只有通过自营，才能在最大程度上保证商品品质。

（1）小红书的供应商。在货源方面，小红书的商品主要来自品牌商和大型贸易商。目前与小红书建立战略合作伙伴关系的有澳大利亚保健品品牌 Blackmores、日本最大的药妆集团麒麟堂等。除品牌商外，小红书还和大型贸易商合作，这样可以快速扩展商品品类。

（2）小红书的库存。自营 B2C 电商，必须要先买断商品，这无疑会存在库存风险。而小红书的优势在于：一方面，基于小红书社区大数据（发布笔记、点赞、评论等）挑选商品，预判销售；另一方面，小红书福利社采取闪购模式，有 95% 的商品会在上架 2 小时内卖完，商品周转期最长为 2 周，所以库存压力比较小。

在海关和国家出入境检验检疫局全程严格把控海外货品的情况下，小红书通过跨境电商保税仓发货给国内用户。目前，小红书在郑州和深圳保税区，拥有仓库面积在全国跨境电商中排名第二的自营仓库。使用保税仓发货，一是可以保证商品品质，二是可以免去用户等待商品从国外飞到国内的这段时间。“目前用户在小红书上下单之后，基本上等待2～3天就可以收到货。”

（3）小红书的用户定位。国内的购物主力为年轻女性，她们也特别喜欢分享和晒幸福。小红书充分利用用户的这一消费和社交特点打造了这一平台。据调查，小红书上年龄在18～30岁的用户高达87%，主要分布在沿海城市。小红书的内容覆盖了时尚穿搭、护肤美妆、旅游攻略等年轻女性感兴趣的话题。根据艾媒咨询的《2018Q1中国跨境电商季度监测报告》，小红书的跨境市场份额只有5.6%，排名第五，远低于第一名考拉26%的市场份额。但是，小红书App下载量一直稳居跨境海淘类App的榜首。

3. 小红书跨境电商的全流程

（1）首先需要在海关处备案，商品经严格的商品检验检疫通过后，才被允许销售。

（2）采购团队进行采购，通过国际物流运输到机场、港口。在与机场、港口海关交接后，货物被装进海关监管车，送入保税仓。

（3）到达保税区后，保税区海关人员会对监管车开关锁、盖监印。关锁为一次性，有唯一号码，证明这些货物在运输过程中密封完好。

（4）从监管车上卸货，进入仓库待检区，清点，报关，对品名和数量进行查验。

（5）报关通过的商品就可以上架了。

（6）用户在App端下单之后，商品信息首先会被推送给海关商检系统（这就是用户需要填写身份证信息的原因），经过海关审批和商检审批之后，即可分检和包装。

（7）商品出库之前，海关部门还会对包装好的商品进行监装和随机商品抽查，确保装进去的商品和订单是相符的。

（8）之后由快递车运出保税区，并最终送抵用户手中。

4. 小红书供应链存在的问题

中国电子商务研究中心发布的《2017年度中国电子商务行业年度系列报告》公布了“2017年全国跨境电商用户满意度TOP10榜”，其中，蜜芽、网易考拉海购、丰趣海淘分居前三位，而小红书则垫底，用户满意度较差，获“不建议购买”评级。此外，小红书以46.54%的比例位列投诉榜第一。看起来如日冲天的小红书究竟存在哪些问题呢？

（1）品控不严。很多消费者投诉的问题都是产品的质量问题，比如有用户投诉在小红书上购买的美妆产品和专卖店产品的质量存在区别，涂在脸上有不良反应；有些电子产品刚使用就坏了，项链货不对板等问题；还有一些商品存在假货和虚假销售的问题，导致消费者权益得不到有力保障。

（2）信息泄露。多个用户反映，她们在小红书注册信息和消费后，个人信息与购买的产品信息就被泄露给不法分子和其他平台。不法分子掌握了用户在小红书上的信息，以产品质量不合格为由对用户进行诈骗。2017年，有将近50名小红书用户因为信息泄露问题，被骗约80万元。2018年9月，类似问题又爆发，有人自称是小红书客服人员，用赔付圈套骗取用户钱财。此前已经有报道，顾客在小红书上买衣服被骗5万元，还被开通4个借贷平台。

对此，小红书回应，信息可能是由第三方商家或快递环节泄露的。

（3）售后服务不佳。当在小红书平台上购物后，无论产品出现什么问题，都要找售后客服，平台方未能给出让人满意或者合理的解决方法，导致很多顾客对平台的信任度下降，影响了用户的再次购买。消费者花钱买教训，只能自认倒霉，下次不再购买。

资料来源：https://www.cyzone.cn/article/127705.html；https://www.pos7.com/19960.html.

| 案例思考 |

1. 请画出小红书的供应链构成简图。

2. 请从供应链视角分析并解决小红书存在的问题。

第二章

CHAPTER 2

供应链的设计与构建

| 学习目标 |

1. 了解供应链的基本模型及设计的基本原则。
2. 理解不同供应链模型的运行机制。
3. 熟悉有效性供应链和功能性供应链的差异。
4. 掌握产品供应链构建的基本步骤、功能性产品和革新性产品在设计供应链上的区别。

| 案例导入 |

小米的供应链模式

1. 背景

小米是一家创立于2010年的公司，在2013年8月实现新一轮融资时，其估值为100亿美元。它是排在腾讯、阿里巴巴、百度后面的中国第四大互联网公司，在硬件公司排名中，则仅次于联想集团。在拥有上千个品牌，老手、高手、强手如林的中国手机市场上，在Moto、诺基亚等世界手机“巨无霸”先后被人收购的年代，小米的成功源于它的供应链模式，因此，其供应链模式毫无争议地成为2013年的十大创新模式之一。

2. 模式解读

（1）产品定位：小米采取侧翼战为主要战略形式，定位在手机“发烧友”这个市场（“为发烧友而生”）。它是苹果的补缺者。

（2）营销模式：小米最重要的营销策略是饥渴营销模式，即消费者有钱也未必能买到小米手机。小米在“粉丝经济”的互联网时代完全依靠社交媒体，走的是电商路线，成本大大降低，具有超高的性价比，但仍然有利润。

（3）盈利模式：小米卖手机所获得的利润并不高，关键是卖增值服务、衍生产品，同时依赖打造互联网平台盈利。2013 年，小米还推出了一系列“粉丝”需求的产品，包括小米盒子、电视、路由器等。可以预测，未来的小米将依托“粉丝经济”，卖的是智能生活。

（4）供应链模式：C2B 预售 + 电商模式交易渠道扁平化 + 快速供应链响应 +“零库存”策略是小米的供应链模式。C2B 预售：在供应链资金流上得到重要保障的同时，从传统的卖库存模式变革成卖 F 码，而且采用的是饥渴营销模式。整个交易过程彻底扁平化，消费者只有通过线上途径才可购买。然后小米通过需求集约驱动整个后端供应链，后端的供应链组织大概在 2～3 周内满足该需求。这种供应链模式对于小米来说几乎是“零库存”管理，每一个动态的库存都属于顾客。

3. 行业价值

小米作为互联网思维颠覆传统行业供应链模式的革新者，将传统手机这一“重资产供应链组织模式”转变为“轻资产供应链组织模式”。

资料来源：https://m.huxiu.com/article/25604/1.html.

| 思考题 |

试结合当年的时代背景分析小米供应链运营模式的成功。

第一节 供应链设计的内容及原则

为了提高供应链运作的绩效，企业必须通过良好的设计，建立一个高效、精简的供应链，从而提高竞争力，而不合适的供应链组织设计则会浪费企业有限的资源。因此，作为供应链运作的一个重要环节，供应链的设计问题应该被重视。

一、供应链设计的内容

战略层面的供应链设计的主要内容包括：供应链成员及合作伙伴选择、网络结构设计以及建立供应链运行平台等。

（一）供应链成员及合作伙伴选择

一个供应链是由多个供应链成员组成的。供应链成员包括为满足客户需求，从原产地到消费地，供应商或客户直接或间接相互作用的所有公司和组织。可见，供应链是非常复杂的，因此关于供应链成员及合作伙伴的选择是供应链设计应首先考虑的问题。

（二）网络结构设计

供应链网络结构主要由供应链成员、网络结构变量和供应链间工序连接方式 3 个方面组成。为了使非常复杂的网络更易于设计和合理分配资源，有必要从整体出发进行网络结构设计。

（三）建立供应链运行平台

供应链上节点企业之间的合作是以信任为基础的。信任关系的建立和维持除了需要各个节点企业的真诚和信任之外，还必须建立一个共同运行平台，其主要包括：协调机制、信息开放与交互方式、生产物流的计划和控制体系、库存的总体布局、资金结算方式、争议解决机制等。

二、供应链设计的原则

（一）总体原则

在供应链的设计过程中，应遵循一些基本的原则，以保证供应链的设计和重建能满足供应链管理思想得以实施和贯彻的要求。

1. 自顶向下和自底向上相结合的设计原则

在系统建模设计方法中，存在两种设计方法，即自顶向下和自底向上的方法。自顶向下的方法是从全局走向局部的方法，而自底向上的方法是从局部走向全局的方法；自顶向下是系统分解的过程，而自底向上则是一种集成的过程。在设计一个供应链系统时，往往是先由主管高层做出战略规划与决策，规划与决策的依据来自市场需求和企业发展规划，然后由下层部门实施决策，因此供应链的设计是自顶向下和自底向上的综合。

2. 简洁性原则

简洁性是供应链的一个重要原则，为了能使供应链具有灵活、快速响应市场的能力，供应链的每个节点都应是简洁的、具有活力的、能实现业务流程的快速组合。比如企业对于供应商的选择就应遵循少而精的原则，通过和少数供应商建立战略伙伴关系，减少采购成本，推动实施准时化采购法和准时生产。生产系统的设计更应以精细思想（lean thinking）为指导，努力实现从精细的制造模式转向精细的供应链这一目标。

3. 集优原则（互补性原则）

供应链的各个节点的选择应遵循强强联合的原则，达到实现资源外用的目的。每家企业只集中精力致力于各自核心的业务，就像一个独立的制造单元（独立制造岛），这些所谓单元化的企业具有自我组织、自我优化、面向目标、动态运行和充满活力的特点，能够实现供应链业务的快速重组。

4. 协调性原则

供应链业绩好坏取决于供应链合作伙伴关系是否和谐，因此建立战略伙伴关系的合作企业关系模型是实现供应链最佳效能的保证。席酉民教授认为和谐是描述系统是否形成了充分发挥系统成员和子系统的能动性、创造性及系统与环境的总体协调性的重要标志。只有和谐而协调的系统才能发挥最佳的效能。

5. 动态性（不确定性）原则

不确定性在供应链中随处可见。由于不确定性的存在，导致需求信息扭曲。因此企业要预见各种不确定因素对供应链运作的影响，减少信息传递过程中的信息延迟和失真，解决降低安全库存总是和服务水平提高之间的矛盾，增加透明性，减少不必要的中间环节，提高预测的精度和时效性，以降低不确定性的影响。

6. 创新性原则

创新设计是系统设计的重要原则，没有创新性思维，就不可能有创新的管理模式，因此在供应链的设计过程中，创新性是一个很重要的原则。要创建一个创新的系统，企业就要敢于打破各种陈旧的思维框框，用新的角度、新的视野审视原有的管理模式和体系，进行大胆的创新设计。进行创新设计，要注意几点：一是创新必须在企业总体目标和战略的指导下进行，并与战略目标保持一致；二是要从市场需求的角度出发，综合运用企业的能力和优势；三是发挥企业各类人员的创造性，集思广益，并与其他企业共同协作，发挥供应链的整体优势；四是建立科学的供应链和项目评价体系及组织管理系统，进行技术经济分析和可行性论证。

7. 战略性原则

企业对于供应链的建模应有战略性观点，通过战略的观点考虑减少不确定影响。从供应链的战略管理的角度考虑，供应链建模的战略性原则要体现供应链发展的长远规划和预见性，供应链的系统结构发展应和企业的战略规划保持一致，并在企业战略指导下进行。

（二）具体原则

从微观管理的角度，企业在实际应用中，应注意供应链设计的一些具体原则。

1. 总成本最低原则

成本问题是企业经营活动中的重要内容。现实中常出现成本悖论问题，即各种活动的成本的变化模式常常表现出相互冲突的特征。解决冲突的办法是平衡各项成本使其达到整体最优，在供应链设计时要进行总成本分析，判断哪些因素具有相关性，从而使总成本最低。

2. 多样化原则

供应链设计的一条基本原则就是要将不同的产品提供给不同的客户，同时提供不同的服务水平。这就要求企业将适当的商品在恰当的时间、恰当的地点传递给恰当的客户。一般的企业分拨多种产品，因此要面对各种产品的不同的客户要求。不同的产品特征、不同的销售水平，也就意味着企业要在同一产品系列内采用多种分拨战略，比如在库存管理中，就要区分出销售速度不同的产品，销售最快的产品应放在位于最前列的基层仓库，依次摆放。

3. 推迟原则

推迟原则就是分拨过程中运输的时间和最终产品的加工时间应推迟到收到客户订单之后。这一思想避免了企业根据预测在需求没有实际产生的时候运输产品（时间推迟）以及根据对最终产品形式的预测生产不同形式的产品（形式推迟）。

4. 合并原则

在战略规划中，企业将运输小批量合并成大批量，具有明显的经济效益。但是同时企业要平衡由于运输时间延长而可能造成的客户服务水平下降与订单合并的成本节约之间的利害关系。通常当运量较小时，合并的概念对制定战略最有用。

5. 标准化原则

标准化的提出解决了满足市场多样化产品需求与降低供应链成本的问题。例如，生产中的标准化可以通过可替换的零配件、模块化的产品和给同样的产品贴加不同的品牌标签来实现。这样可以有效地控制供应链渠道中必须处理的零部件、供给品和原材料的种类。服装制造商不必去存储众多客户需要的确切号码的服装，而是通过改动标准尺寸的产品来满足消费者的要求。

第二节 供应链设计的影响因素

供应链本身是一系列在业务上相互关联的企业在共同利益基础上结成的网络，其突出特点是系统性，体现了现代企业集成的管理思想和管理方法。要实现供应链的有效运作，在进行供应链设计时，企业必须全面考虑相关因素对供应链的影响，从结构上合理安排核心企业和非核心企业、主体企业与非主体企业、供应商、制造商以及销售商等，明确相互之间的层级关系、各企业及其相关部门之间的整体协调性。

一、需求性质对供应链设计的影响

需求是指对有能力购买并且愿意购买某个具体产品的欲望。所以对企业而言，了解客户的需求不仅仅是估计有多少人愿意购买本企业的产品，更为重要的是，其中有多少人是愿意购买并且有能力购买的，否则，对需求的估计本质上就不是准确的。

供应链的原理说明了企业的生产经营活动是由需求信息引发的。没有需求，就无所谓供给。根据需求是否稳定，我们可以将需求分为稳定需求和不稳定需求，当然，这种“稳定”只是一个相对的概念。事实上，能够被容易预测的产品是极少的（这种容易预测的条件通常是一个产品的趋势是完全确定的，并且市场中不存在竞争关系或竞争关系确定不变）。对于稳定需求的预测通常比较可靠，因此企业可以保持较高的客户服务水平，而不会因为缺货造成客户不满，丧失销售良机，所以这类企业的供应链组织设计的重点应放在降低成本上，而对于不稳定需求的预测常常会有失误，导致企业不得不将不合时宜的产品降价处理或由于缺货而失去销售机会。所以企业应将供应链组织设计的重点放在提高响应速度上。

二、产品生命周期对供应链设计的影响

产品生命周期（product life cycle，PLC）是指产品的市场寿命，即一种新产品从开

始进入市场到被市场淘汰的整个过程。关于产品生命周期的讨论，大多数都把一种典型产品的销售历史描绘成一条S形曲线（见图2-1）。这条曲线分为四个阶段，即引入阶段、成长阶段、成熟阶段和衰退阶段。

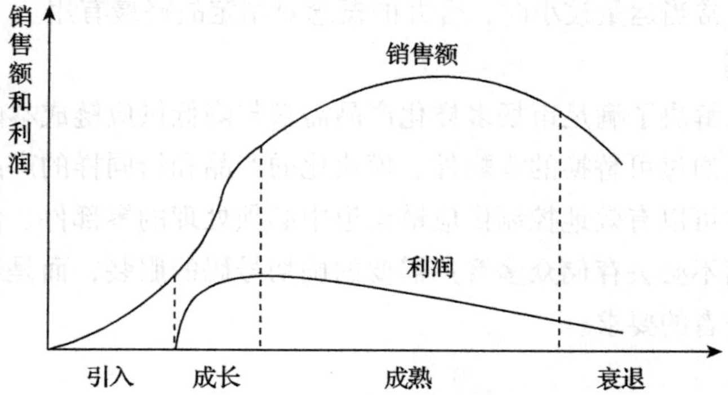

图2-1 产品生命周期曲线

对应各个不同的阶段，就企业战略和企业潜力而言，都有不同的机会和问题。同样，存货的可得性以及企业服务方案中的响应时间都会随着市场机会及其面临的竞争形势而变化。因此，在产品生命周期的不同阶段中，物流的需求也是不断变化的。

（一）引入阶段对供应链设计的影响

引入阶段是产品被引入市场时销售缓慢增长的时期。在新产品引入阶段中，企业需要提供高度的产品可得性和物流灵活性。因为引入阶段的利润很低，最初新产品要在市场上获得立足之地，能够满足客户随时可以获得产品的需求就显得至关重要，企业必须迅速而又可靠地提供产品。然而，由于新产品缺乏可靠的历史资料，因此企业的计划都是建立在未雨绸缪的基础之上，时刻面临着不确定性的挑战。如果存货短缺或递送不稳定，就会引起客户的不满，这使得企业不得不在物流活动上进行大量的投资，以保证存货的可得性。此时，供应链的设计必须适应产品种类和有关库存单位的变化。具体的运输、仓储等需求将会随着产品种类的扩大而扩大，因而要求供应链系统具有更大的灵活性。同时，产品种类的扩大将会需要特殊的生产设备和运输设备，如冷藏火车等，这又增加了供应链系统的复杂性。

（二）成长阶段对供应链设计的影响

成长阶段是产品被市场迅速接受和利润大量增加的时期。在生命周期的成长阶段中，产品取得了一定程度的市场认可，并且销量也变得清晰。此时，物流活动的重点也从集中人力、物力和财力以提供客户所需的服务，转变成为寻求更趋于平衡的服务和成本绩效。对于企业，关键就是要尽可能实现收支平衡的销量，然后提高市场份额。处于这种成长期的企业具有很好的机会去设计供应链以获取利润。

如果企业想提高对客户需求的反应能力，就必须付出一定的代价，进而面临较高的物流成本。有些企业未能正确地评估服务水平对其成本投入的影响，从而导致了不现实的顾客期望，这无疑是一种盲目的策略。

（三）成熟阶段对供应链设计的影响

成熟阶段是因为产品已被大多数潜在购买者所接受而造成的销售减慢的时期。在产品生命周期的成熟阶段中，市场竞争趋于激烈化，由于某种产品的成功往往会引来各种替代品的竞争和竞争对手的仿效。作为响应，企业就会调整价格和服务，以提供独特的增值服务，努力使主要客户保持忠诚度。因此，企业相应地会在供应链的各项活动上投入更多的费用，确保向关键客户提供特殊的服务。

在这一阶段中，传统的分销渠道会变得模糊而复杂，使得各种业务关系不得不重新定位。产品可以通过批发商、经销商、零售商等多重安排，甚至可以从制造商处直接被运往零售商处。而在有些情况下，产品则可以完全绕过传统的零售商，直接被运往客户处。这类处在变化中的活动需要供应链支持系统进行大量的调整。

为了能在产品生命周期的成熟阶段调整多重分销渠道，许多企业建立了配送仓库。它们建立仓库网络的目的，就是要有能力满足来自不同渠道的各种服务要求。在成熟阶段中，将产品直接递送到多个客户的任务，通常涉及各种配送方案。在多渠道的条件下，递送到每个目的地的产品流量一般都比较小，并且企业需要为特殊的客户提供特殊的服务。由此可见，成熟阶段的竞争状态增加了供应链的复杂性，提高了作业要求的灵活性。

（四）衰退阶段对供应链设计的影响

衰退阶段是产品销售下降的趋势增强和利润不断下降的时期。当一种产品进入完全衰退阶段时，成长阶段和成熟阶段的盛景就结束了。当一种产品即将消亡的时候，企业所面临的抉择是放弃该产品还是继续进行持续有限的配送。因此，企业一方面要继续相应的递送业务；另一方面当产品被市场抛弃时又不至于冒太大的风险。此时，作为企业的目标之一，如何最大限度地降低风险比最大限度地降低成本显得更为重要。

当然，产品生命周期理论将产品的整个生命周期人为地划分为四个阶段多多少少有些抽象和简单，但是，它毕竟为供应链该如何设计提供了根据客户需求（服务需求）进行调整的大致范围。一般来说，新产品的引入需要高水准的活动和灵动性，以适应计划生产量的迅速变化；在生命周期的成长阶段和成熟阶段中，企业的重点将转移到服务与成本的合理化上；在衰退阶段中，企业要对作业活动（尤其是物流活动）重新定位，使风险处于最低限度。此外，供应链必须维持灵活性，能在特定的时间段进行调整，以对抗竞争性的活动。这就要求企业有清晰的思路，也就是要了解市场上的客户究竟需要什么，以及该如何满足客户的这种需求。

从以上分析中可以看出，产品生命周期对供应链的活动有着非常重要的影响，其中最关键的就是产品生命周期的长短。生命周期越短，说明产品的成长期和成熟期越短暂，产品很快就会进入完全衰退期，这就意味着客户对产品的需求变化速度快。因此，供应链的灵活性和反应速度就成为企业的主要目标；产品生命周期越长，说明产品进入完全衰退期的速度越慢，这就意味着客户对产品的需求比较稳定，变化不是很大，此时，尽量降低供应链的成本就成为企业的主要目标。

三、产品多样性对供应链设计的影响

所谓产品多样性是指产品线中所包含的产品品目的多少。如何确定产品线的最佳长度，是每个产品线经理都必须面临的主要问题之一。如果产品线经理能够通过增加产品品目来增加利润的话，那就说明现有的产品线太长。

一般而言，产品线具有不断延伸的趋势。生产能力过剩会促使产品线经理开发新的产品品目，分销商和零售商也希望企业的产品线更为全面，以满足不同客户的需求。为了追求更高的销量和利润，企业也希望能增加产品线上的产品品目。

但是，无法避免的问题是，当产品品目增加后，设计费、仓储费、运输费及新产品品目的促销费也会上涨。企业就不得不考虑开发新产品品目的成本与潜在的利润之间的关系。因此，产品多样性的高低将影响客户服务、库存成本、生产成本等一系列因素，从而影响供应链组织设计的目标。多样性高的产品通常要满足许多种不同的需求，所以为了使客户满意，客户响应速度是非常重要的；多样性低的产品由于需求变化不大，所以对企业来说，降低成本是最关键的。

四、不同产品类型对供应链设计的影响

营销大师菲利普·科特勒将产品定义为“能提供给市场，以引起人们注意、使用、获得或消费，从而满足某种欲望或需要的一切东西”。他认为产品的概念包含两个层次，分别为：核心利益，即顾客真正所购买的基本服务或利益，能将企业提供的产品与竞争者所提供的产品区别开来；潜在产品，即产品最终可能会实现的全部附加部分和新转换部分，指出了产品可能的发展趋势。从产品的概念可以看出，产品是作为满足某种需求的众多手段中的一种，所以了解客户对产品的真正需求是非常重要的。

以不同的特征为基础，我们可以将产品分成不同的类型。例如，根据产品的耐用性和有形性，可以将产品分为非耐用品、耐用品和服务等种类；也可根据消费者的购买习惯，将产品分为方便品、选购品、特殊品和非渴求品四大类；根据需求的稳定性、产品生命周期、产品多样性、边际贡献率、订货提前期、平均缺货率等因素，将产品分为两种类型：功能性产品和革新性产品。功能性产品一般是指能满足客户的基本需求，变化较少，因而需求稳定、产品生命周期较长的产品，比如香皂、牙膏、洗发水之类的日常消费品都属于功能性产品。但功能性产品需求的稳定性通常会吸引竞争者不断加入，从而导致边际利润降低。为了提高利润，许多企业会寻求产品式样或技术上的革新来刺激消费者的购买欲，以便获得一定时期的竞争优势。革新性产品的变化很大，边际利润较

高，比如时装。但无论企业是进行技术还是样式上的革新，竞争者都会很快纷纷模仿，令率先革新的企业的竞争优势越来越微弱，这种仿效使企业面临着革新的压力，因而产品生命周期短，再加上产品的多样性高，更进一步导致了产品的需求难以预测。下面以立邦涂料为例，说明不同类型的产品对供应链设计的影响（见表 2-1）。

表 2-1 立邦公司涂料产品的主要特征

项 目	立邦涂料	项 目	立邦涂料
需求类型	稳定	边际贡献率	15%～20%
产品生命周期	5 年以上	订货提前期	3～6 个月
产品多样性	低	平均缺货率	2% 左右

边际贡献是指产品扣除自身可变成本后给企业所做的贡献，它首先用于回收企业的固定成本，如果还有剩余则为利润。边际贡献率是指边际贡献在销售收入中所占的百分比 [边际贡献率 =（价格 – 可变成本）/ 价格]，它反映出产品给企业做出贡献的能力。在此，边际贡献率反映了由于缺货减少导致销售增加而引起的利润增加，因此可以反映库存管理的水平。

根据以往的销售数据，市场对涂料的需求一般比较稳定，因此立邦公司是根据历史销售数据来进行需求预测的。涂料产品的生命周期通常都比较长，一般均在 5 年以上。涂料产品的多样性较低，还是以立邦涂料为例，涂料仅包括内墙涂料、外墙涂料、木器漆和自喷漆 4 种类型，从表 2-1 中可以看出，产品类型较少，多样性低。由于需求稳定，提前期较长，一般为 3～6 个月。缺货率是指缺货的数量与顾客需求数量之比。换句话说，该衡量方法用来表示一种产品可否按需要装运交付给客户。当需求超过产品可得性时就会发生缺货。缺货率就是用来衡量一种特定的产品需求超过其可得性的次数。将全部产品的缺货率汇总起来，就可以反映一家企业实现其基本服务承诺的状况。而立邦公司的平均缺货率仅为 2% 左右，是很低的。涂料的边际贡献率为 15% 左右。

从上述分析来看，涂料这种产品需求稳定，生命周期长，多样性低，缺货率低，同时边际贡献率低，应属于功能性产品。

第三节 供应链模型及设计策略

了解和掌握供应链的结构模型是有效指导供应链设计的必要工作。从节点企业与节点企业之间关系的角度来考察，供应链模型主要包括链状模型、网状模型、核心企业网状模型结构三种。

一、供应链的基本模型

（一）链状模型

有一种供应链的结构是链状的，供应链的各成员企业构成链条结构的各个节点，物流、资金流、信息流构成供应链的连线（见图 2-2）。供应链运行通过前馈的信息流（需方向供方移动，比如订货合同、加工单、采购单等）和反馈的物流及信息流（供方向需方的物料流及伴随的供给信息流，比如提货单、入库单等），将供应商、制造商、分销商、零售商及最终用户连成一个整体，对整个供应链系统进行计划、协调、操作、控制和优化等各种活动。这一链状结构被称为链状模型Ⅰ。链状模型Ⅰ清楚地表明产品的最初来源是自然界，比如矿山、油田、橡胶园等，最终去向是用户。产品因用户需求而生产，最终被用户所消费。产品从自然界到用户经历了供应商、制造商和分销商三级传递，并在传递过程中完成了产品加工、产品装配形成等转换过程。被用户消费掉的最终产品仍回到自然界，完成物质循环，如图 2-2 中的虚线所示。

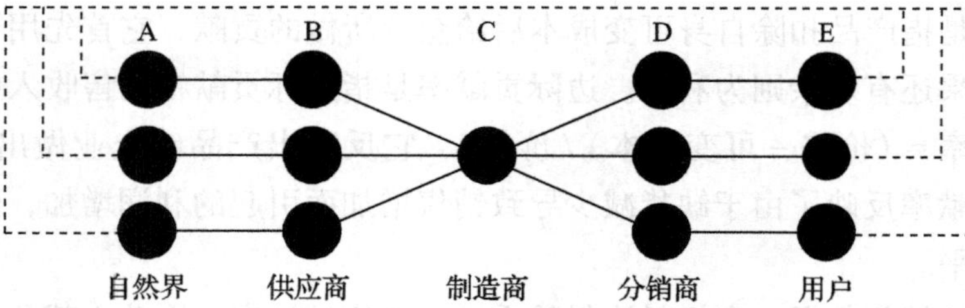

图 2-2　链状模型Ⅰ

链状模型Ⅰ只是一个简单的静态模型，表明供应链的基本组成和轮廓概貌，进一步地可以被简化成链状模型Ⅱ（见图 2-3）。

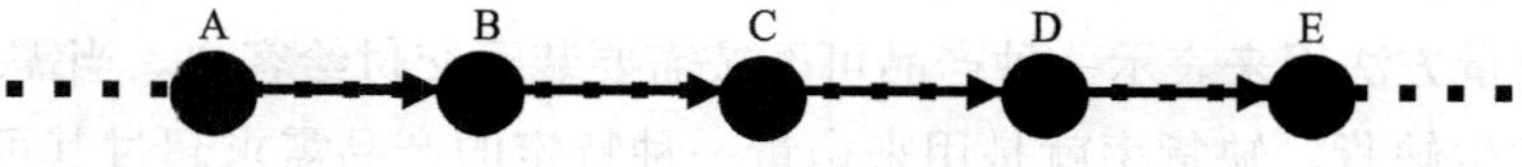

图 2-3　链状模型Ⅱ

链状模型Ⅱ是对链状模型Ⅰ的进一步抽象，它把商家都抽象成一个个的点，称为节点，并用字母或数字表示。节点以一定的方式和顺序连接成一串，构成一条供应链。在链状模型Ⅱ中，若假定 C 为制造商，则 B 为供应商，D 为分销商；同样地，若假定 B 为制造商，则 A 为供应商，C 为分销商。在链状模型Ⅱ中，产品的最初来源（自然界）、最终去向（用户）以及产品的物质循环过程都被隐含抽象掉了。从供应链研究便利的角度来讲，把自然界和用户放在模型中没有太大的作用。链状模型Ⅱ着力于对供应链中间过程进行研究。

1. 供应链的方向

在供应链上除了物流（产品流）和信息流外，还存在着资金流。物流的方向一般都是从供应商流向制造商，再流向分销商。在特殊情况下（如产品退货），产品在供应链上的流向与上述方向相反。但由于产品退货属非正常情况，退货的产品也非本书严格定义的产品，所以本书将不予考虑。我们依照物流的方向来定义供应链的方向，以确定供应商、制造商和分销商之间的顺序关系。链状模型Ⅱ中的箭头方向即表示供应链的物流方向，即供应链的方向。

2. 供应链的级

在链状模型Ⅱ中，定义 C 为供应链的核心企业，即制造商时，从其上游企业来看，可以相应地认为 B 为一级供应商，A 为二级供应商，而且还可递推定义三级供应商、四级供应商；同样，可以认为 D 为一级分销商，E 为二级分销商，并递推定义三级分销商、四级分销商。一般地讲，一家企业应尽可能考虑多级供应商或分销商，这样有利于从整体上了解供应链的运行状态。

（二）网状模型

链状模型Ⅰ及链状模型Ⅱ代表的只是一种抽象的供立链，并不具有代表性。因为，现实中的产品供应关系是十分复杂的，一个厂商一般会与多个厂商相互联系，也就是说，在链状模型Ⅱ中，C 的供应商可能不止一家，而是有 $B_1, B_2, \cdots, B_n$ 等 n 家，分销商也可能有 $D_1, D_2, \cdots, D_m$ 等 m 家。动态地考虑，C 也可能有 C_1，C_2，…，C_k 等 k 家，这样链状模型Ⅱ就转变为一个网状模型（见图 2-4）。网状模型更能说明现实世界中产品的复杂供应关系。在理论上，网状模型可以涵盖世界上的所有厂家，把所有厂家都看作其上面的一个节点，并认为这些节点存在着联系。当然，这些联系有强有弱，而且在不断地变化着。通常，一个厂家仅与有限个厂家相联系，但这并不影响我们对供应链模型的理论设定。网状模型对供应关系的描述性很强，适合于对供应关系的宏观把握。

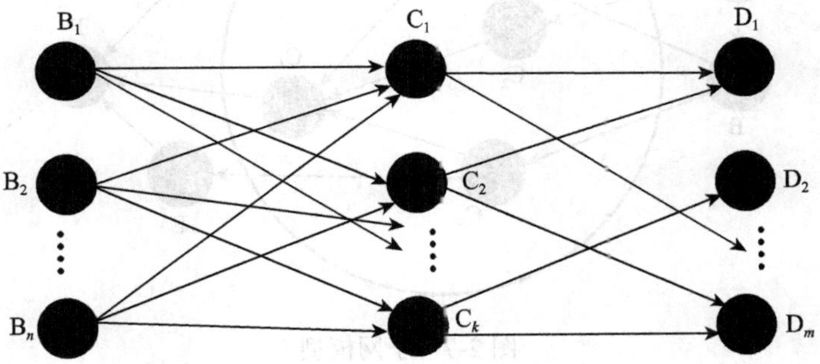

图 2-4　网状模型

1. 入点和出点

在网状模型中，物流的流动具有方向性，从上游的一家节点企业流向下游的另一家节点企业。物流从某些节点补充流入，又从某些节点分流流出。我们把物流进入的节点称为入点，把物流流出的节点称为出点。在图 2-2 所示的供应链中，入点相当于矿山、油田、橡胶园等原始材料提供商，出点相当于用户。在图 2-3 中 A 节点为入点，E 节点为出点。对于那些既为入点又为出点的节点企业，出于对网状供应链表达的简化，将代表这家企业的节点一分为二，变成两个节点：一个为入点，另一个为出点，并用实线将其框起来。如图 2-5 所示，A_1 为入点，A_2 为出点。同样，如有的厂家对于另一个厂家而言既为供应商又为分销商，也可将这个厂家一分为二（一个节点表示供应商，另一个节点表示分销商），甚至一分为三或更多，也用实线将其框起来。如图 2-6 所示，B_1 是 C 的供应商，B_2 是 C 的分销商。

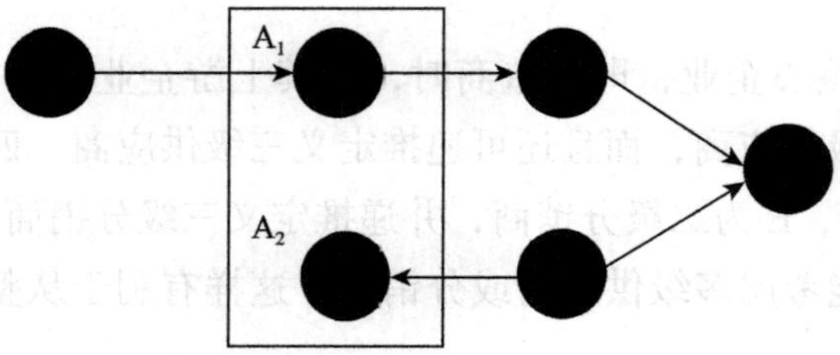

图 2-5 包含入点和出点的厂商

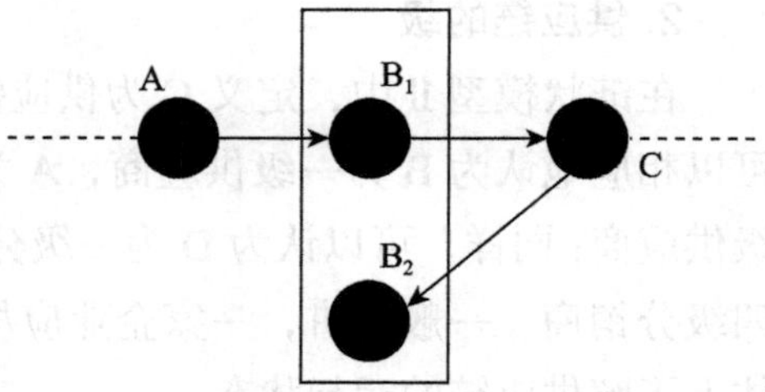

图 2-6 包含供应商和分销商的厂商

2. 子网

有些厂家规模非常大，内部结构也非常复杂，与其他厂家相联系的只是其中一个部门，而且内部也存在着产品供应关系，用一个节点来表示这些复杂关系显然不行，这就需要将表示这个厂家的节点分解成很多相互联系的小节点，这些小节点构成一个网，该网被称为子网（见图 2-7）。在引入子网概念后，研究图 2-7 中 C 与 D 的联系时，只需考虑 C_1 与 D 的联系，而不需要考虑 C_2、C_3、C_4 与 D 的联系，这就简化了无谓的研究。子网模型对企业集团是很好的描述。

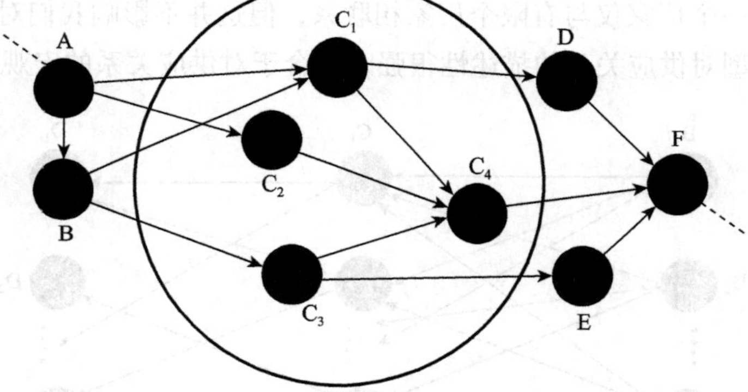

图 2-7 子网模型

3. 虚拟企业

借助以上对子网模型的描述，我们可以把供应链网上为了完成共同目标通力合作并实现各自利益的这样一些厂家形象地看作一个厂家，这就是虚拟企业（见图 2-8）。虚拟企业的节点用虚线框起来。虚拟企业是在经济交往中，一些独立企业为了共同的利益和目标在一定时间内结成的相互协作的利益共同体。虚拟企业组建和存在的目的就是获取相互协作而产生的效益，一旦这个目的已完成或利益不存在，虚拟企业即不复存在。

（三）核心企业网状供应链模型

在核心企业网状供应链中，存在一家核心企业，在供应链的组建及运行过程中起着主导作用。

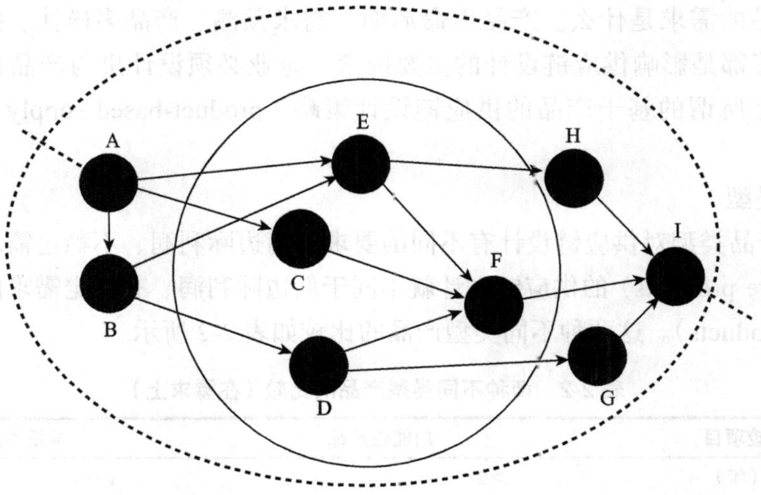

图 2-8　虚拟企业的网状模型

核心企业的价值认同方式、管理理念及组织、信息模式对整个供应链的相应方面有着绝对性的影响，从某种程度上说，这一供应链是围绕核心企业的运作而建立起来的。

具有这种地位和能力的核心企业往往是那些控制了产品的核心技术，或拥有知名品牌，抑或具有极强研发能力和渠道控制能力的企业。

生产企业方面的例子像日本的丰田公司、美国的宝洁公司以及中国的海尔集团等。非生产企业方面的例子像耐克公司、李宁公司的运动系列等。

这种特殊的供应链表现在供应链的组织结构图上时，其明显的特征就是供应链的核心级一般只有一个节点。这种供应链的抽象网状图如图 2-9 所示。

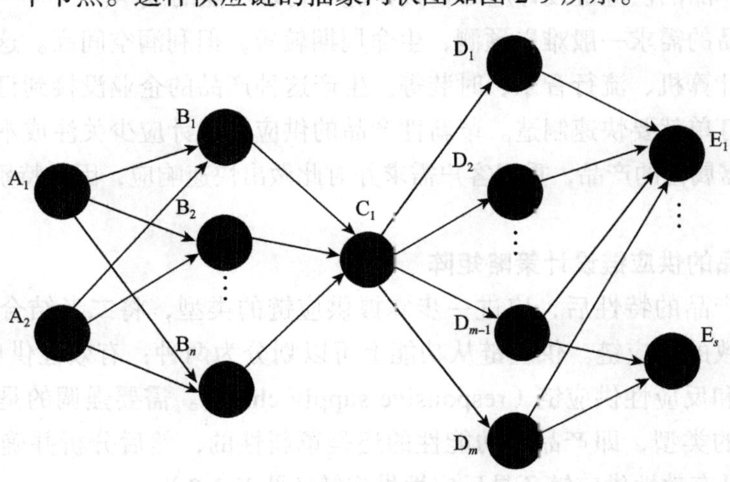

图 2-9　核心企业网状供应链结构模型

二、供应链的设计策略

（一）基于产品的供应链设计策略

费舍尔（Fisher）认为供应链的设计要以产品为中心。供应链的设计首先要明白用户对企业产品的需求是什么。产品生命周期、需求预测、产品多样性、提前期和服务的市场标准等都是影响供应链设计的重要因素。企业必须设计出与产品特性一致的供应链，也就是所谓的基于产品的供应链设计策略（product-based supply chain design，PBSCD）。

1. 产品类型

不同的产品类型对供应链设计有不同的要求，高边际利润、不稳定需求的革新性产品（innovative products）的供应链设计就不同于低边际利润、有稳定需求的功能性产品（functional products）。这两种不同类型产品的比较如表 2-2 所示。

表 2-2 两种不同类型产品的比较（在需求上）

比较项目	功能性产品	革新性产品
产品生命周期（年）	>2	1～3
边际贡献率	5%～20%	20%～60%
产品多样性	低（每个目录 10～20 个）	高（每个目录上千个）
预测的平均边际错误率	10%	40%～100%
平均缺货率	1%～2%	10%～40%
季末降价率	0	10%～25%
按订单生产的提前期	6 个月～1 年	1 天～2 周

由表 2-2 可以看出，功能性产品的需求具有稳定性、可预测性。这类产品的生命周期较长，但它们的边际利润较低，经不起高成本供应链的折腾。功能性产品一般用于满足用户的基本要求，如生活用品（柴米油盐）、男式套装、家电、粮食等，其特点是变化很少；功能性产品的供应链设计应尽量减少链中物理功能的成本。

革新性产品的需求一般难以预测，生命周期较短，但利润空间高。这类产品是按订单制造的，如计算机、流行音乐、时装等。生产这种产品的企业没接到订单之前不知道干什么，接到订单就要快速制造。革新性产品的供应链设计应少关注成本而更多地关注向客户提供所需属性的产品，重视客户需求并对此做出快速响应，因此特别强调速度和灵活性。

2. 基于产品的供应链设计策略矩阵

在了解了产品的特性后，应进一步掌握供应链的类型，将二者结合，从而设计出与产品需求一致的供应链。供应链从功能上可以划分为两种：有效性供应链（efficient supply chain）和反应性供应链（responsive supply chain）。需要强调的是，一定要先分析并确定产品的类型，即产品是功能性的还是革新性的，然后分析并确定供应链的类型，即供应链是有效性供应链还是反应性供应链（见表 2-3）。

表 2-3 有效性供应链和反应性供应链的比较

比较项目	有效性供应链	反应性供应链
基本目标	以最低的成本供应可预测的需求	对无法预测的需求做出尽可能快的响应，使缺货、降价、废弃最小化
制造策略	保持较高的设备利用率	配置缓冲库存，柔性制造

（续）

比较项目	有效性供应链	反应性供应链
库存策略	实现高周转率，保持整个链中库存最低	配置零部件或成品的缓冲库存
提前期	在不增加成本的前提下压缩前置期	积极投资以缩短前置期
供应商选择依据	主要根据成本和质量	主要根据速度、柔性和质量
产品设计策略	最大化绩效和最小化成本	用模型设计以尽可能地减少产品差别

通过以上分析，可以得出如表 2-4 所示的矩阵，管理者可以根据该矩阵来判断企业的供应链流程设计是否与产品类型相一致，这就是基于产品的供应链设计策略。功能性产品具有用户已接受的功能，能够根据历史数据对未来或季节性需求做出较准确的预测，产品比较容易被模仿，其边际利润低。与功能性产品相匹配的供应链应当尽可能地降低链中的物理成本，扩大市场占有率。因此，对于功能性产品，应采取有效性供应链。革新性产品追求创新，不惜一切努力来满足用户差异化需求。这类产品往往具有某些独特的、能投部分用户所好的功能，由于具有创新性且不易被模仿，因而其边际利润高，在产品供货中强调速度、灵活性和质量，甚至供应商会主动采取措施，宁可增加成本进行大量投资以缩短提前期。对创新功能产品的需求是很难做出准确预测的，因此，追求降低成本的有效性供应链对此是不适应的，这时只有反应性供应链才能抓住产品创新机会，以速度、灵活性和质量方面的优势获取高边际利润。

表 2-4 产品类型与供应链设计策略矩阵

	功能性产品	革新性产品
有效性供应链	匹配	不匹配
反应性供应链	不匹配	匹配

当然，产品与供应链之间是否匹配并非绝对，匹配与不匹配也会随着情况的变化而发生变化。从理论上，我们很容易得出有效性供应链匹配功能性产品、反应性供应链匹配革新性产品的判断，但实践中，由于市场行情、用户需求、企业经营状况等因素的影响，匹配和不匹配也是相对的。一方面，原本相匹配的产品和供应链可能变成不相匹配的。例如，对于革新性产品采取反应性供应链，这时二者是匹配的。随着时间的推移，革新性产品的创新功能也会被模仿，一旦革新性产品变成功能性产品，如果仍选用反应性供应链，原来匹配的情形就会相应变成不匹配的情形。另一方面，原本不匹配的产品和供应链随着情况的变化也可能变成匹配的。比如，企业进行产品开发时，由于市场信息不灵，不知对手已推出相同的产品而将自己刚刚开发出的功能性产品误认为是革新性产品，并错误地使用反应性供应链，这时就会产生不匹配的情况（见矩阵左下角）。如果企业在原有产品的基础上开发出新的功能，这类功能性产品在一段时间内对某些用户可能表现出革新性的特征，企业选用反应性供应链，这时不匹配的情况就变成匹配的情况（见矩阵右下角）。相反，如果在产品表现出革新性特征时，企业没有认

清形势，却错误地选用了有效性供应链，就会造成新的不匹配（见矩阵右上角）。所以随着诸多因素的变化，匹配与不匹配也会随时发生变化，关键在于企业能否随即做出调整。

3. 基于产品的供应链设计策略

产品有不同的特点，供应链有不同的功能，只有两者相匹配，才能起到事半功倍的效果。企业应当根据产品的不同设计不同的供应链。革新性产品和功能性产品的供应链设计策略有一定的差异。费舍尔认为，功能性产品的供应链管理应尽量减少链中物理功能的成本，如订单流程和付款机制、仓库和交货、产品质量保证系统控制的自动化等。反应性供应链应最大限度地控制货物过量或不足现象的发生，虽然反应性供应链在货物物理交货上不是成本最低的，但有效地扩充高价值革新性产品的销量或缩减其存货，将为供应链带来更大的利润。

（1）适用于功能性产品的有效性供应链。有效性供应链管理的主要目标是缩减成本，以争取成本最低。为此，许多企业都积极地探索缩减成本的新方法。但是，一般而言，功能性产品对价格的变化是非常敏感的，如果企业能压低供应商的价格而抬高成品的价格，就会使企业的利润发生巨大的变化，这又使得企业和供应商、分销商之间不可避免地存在着竞争关系。在这种供应链关系的竞争模式中，其实固定的是利润，制造商与供应商和分销商之间的价格谈判只不过是争夺所占利润的份额。而通过合作，制造商、供应商和分销商可以通过共同努力以缩减整个供应链体系的成本，虽然每个人所占的份额没有改变，但由于总利润的增加，使得每个人的利润也同时增加了。因此，供应链中的所有实体应为一个共同的目标而努力，互相协作，共享利益，共担风险。

（2）适用于革新性产品的反应性供应链。对于革新性产品来讲，最大的难题在于需求的不确定性，这同样也是反应性供应链所面临的问题。企业首先应该承认不确定性是革新性产品所固有的。因此，企业在生产革新性产品时，必须接受其不确定性。否则，如果产品的需求是可预测的，就谈不上产品的革新性，就无法产生企业所期望的高额利润。

在确信存在不确定性的前提下，企业应想方设法降低其不确定性。企业可以提前寻找新的市场信号，尽量让不同的产品采用相同的零部件，或缩短提前期以产生一个更加精确可靠的预测，提高供应链的灵活性，这样可以按单生产，使得供需一致。一旦企业降低或尽可能地避免了不确定性，就可以利用缓冲库存或过剩能力来对抗企业剩下的不确定性。

库存是对抗不确定性的一种保险措施，企业可以通过建立一定数量的原材料、在制品和产成品的库存来应对不确定性，几乎所有的生产者都拥有一定的库存。一般企业为了减少成本会不断地缩减库存量，但库存量的缩减势必要影响到对客户的最终服务。为了恢复服务水平，企业就应对供应商或分销商施加更大的压力以改进自身的性能指标。反应性供应链的主要目标是快速响应不确定性需求以降低缺货成本和削价成本，也就是要提高客户服务水平。因此，缓冲库存的存在对于产品类型为革新性产品的企业是必需的。库存成本的高低不应成为企业的焦点，否则会导致企业一方面想同供应商、分销商加强合作，从而降低库存成本；另一方面又想避免供应商、分销商过多地了解产品信息，从而增加利润和提高自身的客户服务水平，陷入互相矛盾的境地。此时，企业应该将重点放在加快响应速度上。

（二）基于成本核算的供应链设计策略

1. 基于成本核算的供应链设计的模型假设

如何设计供应链，如何选择节点，是供应链管理的基础。这里用成本优化算法来进行供应链的设计。为了便于分析供应链成本，对有关供应链成本核算做如下假定。

假定 1：节点企业以 $i = 1, 2, \cdots, n$ 表示（其中供应链层次以 $a = 1, 2, \cdots, A$ 表示，一个层次上节点企业的序号以 $b = 1, 2, \cdots, B$ 表示，所以一个节点 i 可以表示为 $A\times B$），如图 2-10 所示。

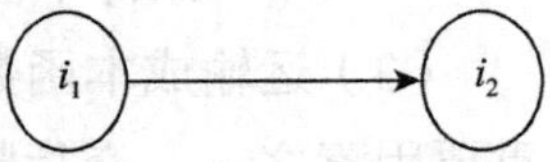

图 2-10　节点示意图

假定 2：物料单位成本随着累积单位产量的增加和经验曲线的作用而降低。成品、零部件、产品设计、质量工程的改善都可能使单位物料成本降低。

假定 3：假定从一个节点企业到另一个节点企业的生产转化时间在下一个节点企业的年初。

假定 4：当一个节点企业在年初开始生产时，上一节点企业的工时和原材料成本根据一定的技术指数转化为此节点企业的初值。

假定 5：在全球供应链管理中，围绕核心企业核算成本，汇率、通货膨胀率等转换为核心企业所在国家的标准。

2. 供应链成本结构及其函数

供应链成本主要包括：物料成本、劳动力成本、运输成本、设备成本和其他可变成本等。其成本函数分别构造如下。

（1）物料成本函数（materials cost function）。从假定 2 可知，物料成本随累积产量的增加而降低，供应链的总物料成本为

$$M_{it} = m_i im_{it} y_{it} \int_0^n n_i^{f_i} \mathrm{d}n_t$$

式中　M_{it}——i 节点企业在 t 年生产 n_t 产品的总物料成本（时间转化为当地时间）；

m_i——i 节点企业的第一个部件的物料成本（时间坐标轴的开始点）；

im_{it}——i 节点企业 t 年的物料成本的通货膨胀率；

y_{it}——i 节点企业 t 年的产量；

n_t——第 t 年内的累计产量；

f_i——$\lg(F_i) / \lg(2)$，其中 F_i 为物料成本经验曲线指数，$0\leqslant F_i\leqslant 1$；

n——累计单位产量，$n = 1, 2, \cdots, n_t$。

（2）劳动力成本函数（labor cost function）。供应链的节点企业可能分布在本国的不同地方，也可能分布在世界各地，各地的劳动力价值、成本无法统一衡量，这里直接以工时为基础计算供应链的劳动力成本。

$$L_{it}=l_i il_{it} y_{it}\int_0^n n_i^{g_i}\mathrm{d}n_t$$

式中 L_{it}——i 节点企业在第 t 年（时间转化为当地时间）生产 n_t 产品的总劳动成本；

l_i——i 节点企业的单位时间劳动成本；

il_{it}——i 节点企业 t 年的单位工时的通货膨胀率；

n_t——第 t 年内的累计产量；

g_i——$\lg(G_i)/\lg(2)$，其中 G_i 为劳动力学习经验曲线指数，$0\leqslant G_i\leqslant 1$；

n——累计单位产量，$n=1, 2, \cdots, n_t$。

（3）运输成本函数（transportation cost function）。运输成本是影响供应链总成本的重要因素之一，交货频率和经济运输批量都决定着运输成本的大小。假定从节点 i 到节点 m 的单位成本为 S_{im}，is_{it} 为 i 节点企业 t 年运输的通货膨胀率，m 节点在第 t 年的累计需求为 d_{mt}，所以供应链的总运输成本为 T_{it}，用公式可表示为

$$T_{it}=\sum_{m=1}^{m}S_{im}is_{it}d_{mt}$$

（4）设备和其他可变成本函数（utilities and other variable cost function）。假定 u_i、v_i 分别代表 i 节点企业的一个单位的设备和其他可变成本（如管理费用等），其通货膨胀率指数分别为 iu_{it} 和 iv_{it}，在 t 年 i 节点企业生产 n_t 单位产品的总的设备和可变成本为

$$U_{it}=(u_i\, iu_{it}+v_i\, iv_{it})n_t$$

（5）供应链的总成本函数（total cost function）。以上成本都是针对一定时间轴上可能的 i 节点企业的组合，在时间 T 内相关的节点 i 组成一个节点组合序列，用 k 表示，所有可能的节点组合序列用 K 表示，对于每一个节点组合序列 k，供应链的总成本 $TC(k)$ 表示为

$$TC(k)=\sum_{t=1}^{T}\left\{\sum_{i\in k}(M_{it}+L_{it}+T_{it}+U_{it})e_{it}PU_{it}\right\}$$

式中 M_{it}、L_{it}、T_{it}——意义同上；

e_{it}——汇率（i 节点企业对核心企业的汇率）；

P——企业确定的销售价格；

U_{it}——i 节点企业在 t 年的现值折扣率；

k——一个节点组合序列。

而一个节点组合序列的平均单位成本用下式表示

$$CAU(k)=TC(k)/N_T$$

式中 N_T——节点企业的总数量。

第四节　供应链的构建

供应链的构建是供应链运作的基础和前提，供应链运作是指从供应商的供应商到客户的客户之间有关产品或服务的形式和交付的一切业务活动。供应链不仅包括制造商和零件、原材料供应商，也包括批发、分销商、零售商和客户本身。实际上，供应链中所有信息、物料和资金的流动都会产生成本。因此，供应链的构建状况如何，对供应链运作成功与否有着至关重要的影响。

一、供应链的构建过程

不同行业、不同产品的供应链具有各自的特点，但由于均以产品位置为中心，因此，在其供应链的构建过程中，有诸多相同之处。根据系统生命周期法的一般原理，供应链的构建过程一般要经过：分析市场竞争环境，总结并分析企业现状，供应链的战略设计，分析供应链系统组成，分析和评价技术的可能性，供应链的详细设计，供应链的配置和实施，供应链性能评价及再设计等 8 个步骤。其步骤模型图如图 2-11 所示，这里以基于产品的供应链设计为例，简要论述供应链构建的一般步骤。

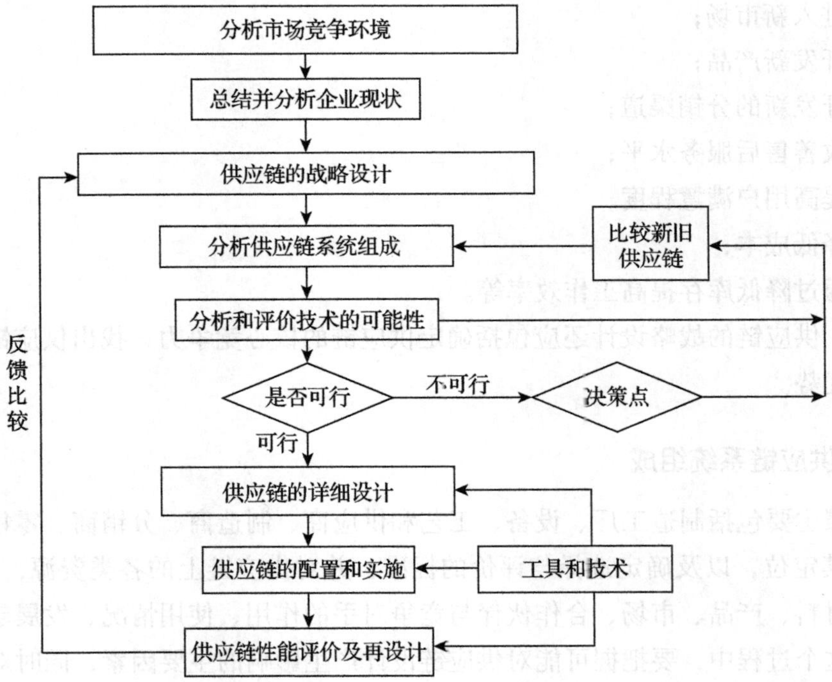

图 2-11　供应链构建的步骤

（一）分析市场竞争环境

针对企业所处的市场竞争环境分析，即分析企业特定产品和服务的市场竞争环境，了解市场需求什么样的产品；市场各类主体，如用户、零售商、生产商和竞争对手的状况如何。这样做的目的在于找到针对哪些产品市场开发供应链才有效，分析市场特征的过程要向卖主、用户和竞争者进行调查，提出诸如“用户想要什么？他们在市场中的分量有多大？”之类的问题，以确认用户的需求和因卖主、用户、竞争者产生的压力。这一步骤的输出是每一产品按重要性排列的市场特征，同时对于市场的不确定性要有分析和评价。

（二）总结并分析企业现状

这个步骤主要分析企业供需管理的现状（如果企业已经有供应链管理，则分析供应链的现状），其目的不在于评价供应链设计策略的重要性和合适性，而是着重研究供应链开发的方向，分析、找到、总结企业存在的问题及影响供应链设计的阻力等因素。

（三）供应链的战略设计

该步骤从战略上定义供应链的作用范围和内容，确定供应链的任务、功能和目标。其主要目标在于获得高用户服务水平和低库存投资、低单位成本两个目标之间的平衡，同时还应包括以下目标：

（1）进入新市场；
（2）开发新产品；
（3）开发新的分销渠道；
（4）改善售后服务水平；
（5）提高用户满意程度；
（6）降低成本；
（7）通过降低库存提高工作效率等。

此外，供应链的战略设计还应包括确定供应链的核心竞争力，找出供应链的设计有哪些竞争优势。

（四）分析供应链系统组成

该步骤主要包括制造工厂、设备、工艺和供应商、制造商、分销商、零售商及用户的选择及其定位，以及确定选择与评价的标准，并对供应链上的各类资源，如供应商、用户、原材料、产品、市场、合作伙伴与竞争对手的作用、使用情况、发展趋势等进行分析。在这个过程中，要把握可能对供应链设计产生影响的主要因素，同时对每一类因素产生的风险进行分析研究，给出风险规避的各种方案，并将这些方案按照所产生作用的大小进行排序。

（五）分析和评价技术的可能性

供应链框架建立之后，需要对供应链设计的技术可行性、功能可行性、运营可行性、管理可行性进行分析和评价。这不仅仅是某种策略或改善技术的推荐清单，也是开发和实现供应链管理的第一步，它在可行性分析的基础上，结合本企业的实际情况为开发供应链提出技术选择建议和支持。这也是一个决策的过程，如果认为方案可行，就可进行下面的设计；如果认为方案不可行，就要重新进行设计。

（六）供应链的详细设计

根据总体规划要求，企业要决定如何构建供应链，决定供应链的配置，详细设计每一个功能单元，要考虑到每一个具体细节，以及供应链的每一个环节执行什么样的流程。因此，这一过程需要解决以下关键问题：

（1）供应链的成员组成（供应商、设备、工厂、分销中心的选择与定位、计划与控制）。

（2）原材料的来源问题（包括供应商、流量、价格、运输等问题）。

（3）生产设计（需求预测、生产什么产品、生产能力、供应给哪些分销中心、价格、生产计划、生产作业计划和跟踪控制、库存管理等问题）。

（4）分销任务与能力设计（产品服务于哪些市场、运输、价格等问题）。

（5）信息管理系统设计。

（6）物流管理系统设计等。

在供应链设计中，要广泛地应用许多工具和技术，其中包括：归纳法、集体解决问题、流程图、模拟和设计软件等。

（七）供应链的配置和实施

规划和设计的最终目标是付诸实施。实施阶段要对供应链的软硬件系统实施配置，包括办公环境、资金、人员、技术、信息系统的配置等，并实际运行供应链。

（八）供应链性能评价及再设计

供应链构建完成以后，应通过一定的方法、技术进行测试检验或试运行，如不行，返回第三步重新进行设计，使供应链不断适应经常变化的业务环境；如果没有什么问题，就可以实施供应链管理了。

二、供应链的构建应该注意的问题

在供应链的构建中，必须注意以下几个问题。

（一）客户优先

客户是供应链中唯一真正的资金流入点，任何供应链都只有一个唯一的收入来源——客户。因此，供应链的构建首先要保证客户优先的原则。客户服务由客户开始，也以客户终止，客户最能感受到供应链中复杂的、相互的全部效应。供应链的构建必须具有高度的柔性和快速响应能力，能够满足客户现实需求和潜在需求。

（二）定位明确

供应链由原材料的供应商、制造商、分销商、零售商、物流与配送商及消费者组成。一条富有竞争力的供应链要求组成供应链的各成员都具有较强的竞争力，不管每个成员为整条供应链做什么，都应该是专业化的，而专业化就是优势。在供应链中总会有处于从属地位的企业。任何企业都不可能包揽供应链的所有环节，它必须明确自己在供应链中的定位优势，根据自己的优势来确定自己的位置，制定相关的发展战略。例如，企业对自己的业务活动进行调整和取舍，着重培养自己的业务优势等。

（三）防范风险

由于受到自然和非自然因素的影响，供应链的运作实际上也存在着不确定性和风险。供应链中的库存控制就是一例。保持库存的道理是显而易见的，库存是保险，是对抗不确定性的一项措施。为了达到为客户服务的目标，必须有足够的库存（安全库存），这样即使上游过程出现问题，也不至于影响客户服务。因此，在供应链的构建中应对各种风险因素进行度量和说明，了解各种不确定性因素对系统所产生的影响，并制定相应的防范措施。

本章小结

战略层面的供应链设计的主要内容包括：供应链的成员及合作伙伴选择、设计网络结构以及建立供应链运行平台等。供应链应遵从一定的基本原则：①自顶向下和自底向上相结合的设计原则；②简洁性原则；③集优原则（互补性原则）；④协调性原则；⑤动态性（不确定性）原则；⑥创新性原则；⑦战略性原则。

在供应链的设计过程中，应注意需求性质、产品生命周期、产品多样性、不同产品类型相关因素对其的影响。

为了有效指导供应链的设计，应从企业与企业之间关系的角度考查几种供应链的结构模型。①供应链的链状模型Ⅰ、Ⅱ。它们表明产品的最初来源是自然界，比如矿山、油田、橡胶园等，最终去向是用户。②供应链的网状模型。它反映了现实世界中产品的复杂供应关系。③核心企业网状结构的供应链模型。

设计和运行一个有效的供应链，可以采取基于产品的供应链设计、基于成本核算的供应链设计策略等相应策略。

供应链的设计要以产品位置为中心，即应设计出与产品特性一致的供应链。产品的供应链设计步骤有：第 1 步，分析市场竞争环境；第 2 步，总结并分析企业现状；第 3 步，供应链的战略设计；第 4 步，分析供应链系统组成；第 5 步，分析和评价技术的可能性；第 6 步，供应链的详细设计；第 7 步，供应链的配置和实施；第 8 步，供应链性能评价及再设计。

复习思考

1. 比较供应链的链状模型和网状模型的差异。你能否在现实经济中举例说明？
2. 如何实现基于产品的供应链的设计？
3. 简述供应链设计原则和基本思想。
4. 试述集中供应链设计的策略。

案例分析

惠普喷墨系列打印机的供应链

惠普喷墨系列打印机于1988年上市，此后曾经是惠普公司最成功的产品，销量稳步上升，1990年销售了60万台，销售额约为4亿美元。不幸的是，随着销售额的上升，库存也随之不断上升，惠普配送中心的货盘上摆满了喷墨打印机。但是，欧洲分公司为了保证各种产品的供货让用户满意，还要进一步增加库存水平。因此．每个季度来自欧洲、亚太地区和北美三地的生产部、物料部与配送部的代表聚在一起，讨论这个问题，而他们相互冲突的目标阻止了他们在这个问题上达成共识。每家公司都有解决问题的不同方法。生产部门不想卷入，声称这仅是“物料问题”，但又总是指责产品类型的持续增长；分销公司的抱怨、不满则来自需求预测的准确性，他们认为不能仅仅因为温哥华分部不能制造正确数量的正确产品，而让分销公司去跟踪和储存库存。欧洲分销公司甚至建议对额外的存储空间收费，直接把空间反租给温哥华分部，而不是把成本分摊在运送的全部产品中。最后，温哥华分部的物料经理总结认为：“问题来源于公司，不能用非生产性的资产来运营公司，必须用更少的库存去满足顾客的需求。”

目前主要存在两个问题。第一个问题是找出一种好方法，既能尽可能减少库存，又能随时满足顾客对各种产品的需求；第二个问题更棘手，需要各个部门对正确的库存水平达成一致意见，这就需要开发一个设置和实施库存目标的持续方法．并让所有部门采纳签字。欧洲的情况特别紧迫，欧洲配送中心某些产品版本的可获得性水平正在下降，而一箱又一箱的喷墨系列打印机在过去的几个月里又都被运到了欧洲，欧洲配送中心已经没有空间去储存温哥华分部的产品了。

1. 背景

惠普公司由威廉·休利特和戴维·帕卡德于1939年创立，总部位于加州帕洛阿尔托市。公司在随后50年里稳步发展，产品从电子测试测量设备到计算机及其外围产品，后者成为公司的拳头产品。1990年惠普在全球有50个运营机构，收益达132亿美元，净收入达7.39亿美元。

在惠普六大产品组中，惠普的计算机外围产品位居第二，1990年收益为41亿美元，每个产品组的分机构是该产品系列的战略事业单元，产品包括打印机、磁盘、绘图仪、终端、网络产品等。计算机外围产品组已经为其大多数产品确定了技术标准，并进行了革新，如在喷墨打印机和系列绘图仪中采用了可回收的打印头。这些创新推动了外围产品组的成功，其最成功的产品——激光打印机就是一个很好的例子，同时外围产品组也被公认为具有寻找和高利润地开拓市场机会的能力。

2. 打印机零售市场

1990 年全球共销售了 1 700 万台小工作组打印机和个人打印机，销售额约为 100 亿美元。打印机零售市场在美国和西欧已经成熟，但在东欧和亚太地区，市场仍然处于发展之中。小工作组打印机及个人打印机几乎全部通过中间商销售，中间销售渠道变化很快，特别是在美国。通常打印机都是通过计算机分销商销售的，但随着个人电脑向消费产品的转型，越来越多的打印机通过 Kmart 和廉价俱乐部等超市与大卖场销售。

零售打印机市场由三个技术细分市场组成：点击式（40%）、喷墨式（20%）和激光式（40%）。随着打印机技术越来越被喷墨打印机和激光打印机在各种应用程序中所取代，点击打印机的市场份额下降到了 10%。在 1989 年前，大多数顾客还不知道喷墨技术。但是，顾客已发现，喷墨打印效果几乎与激光打印效果一样好，而且价格还可以接受，其销售额急剧上升。

惠普和佳能在 20 世纪 80 年代早期分别在各自的公司实验室内研制喷墨技术，惠普主导美国喷墨打印市场，佳能则主导日本市场，欧洲的竞争对手包括爱普森、西门子、奥利维特、梅尼斯梅恩－塔里，其中只有奥利维特于 1991 年引入了可回收再用的打印头技术。

一些点击式打印机公司也开始生产喷墨式打印机，因此，喷墨打印机很快成为通用产品。在两种速度相同、打印质量相同的喷墨打印机间进行选择时，最终用户越来越多地借助一些通用商业标准（如成本、可靠性、质量和可获得性）来进行决策，产品的忠诚度在不断上升。

3. 温哥华分部及其对“零库存”的追求

惠普的温哥华分部位于华盛顿州温哥华市，于 1979 年成立。惠普把 4 个分部（科罗拉多州的弗特柯林斯堡市（Fort Collins）、爱达荷州的博伊西市（Boise）、加州的桑尼维尔市（Sunnyvale）和俄勒冈州的科瓦利斯市（Corvallis））的个人打印机业务合并到了温哥华，新的分部负责喷墨打印机的设计和制造。

制造部门很早就意识到，要在打印机市场上获得成功，需要快速的制造流程和大批量生产。如果还是 1979 年制定的 8～12 周的制造周期和 3.5 个月的库存，温哥华分部注定是要失败的，它想从惠普内部寻找有关大批量流程的经验知识，却没有找到。惠普作为一家设备公司，仅仅有一些关于使用批量工艺流程生产小批量和高定制化产品的经验。

1981 年，斯可恩伯格教授写了一篇名为“驱动生产率的机器”的论文初稿，介绍日本采用的看板制造工艺。温哥华分部的管理者意识到了这种新制造概念的前景，罗伯特·霍尔教授则意识到了一个在美国试验其想法的机会，于是他们决定一起合作。

在一年内，温哥华分部把其工厂转换成了准时制生产（JIT）。库存时间从 3.5 个月下降到了 0.9 个月，生产周期也急剧下降，温哥华分部成为看板工艺的典范工厂。1982～1985 年，2 000 多个惠普公司及其他公司的高级管理者参观了该工艺流程，温哥华分部让参观者在一个印刷电路板原材料上签名，仅仅一个半小时后，它就把利用标准工艺和印刷电路板制造成的打印机交给了参观者，此举给参观者留下了深刻印象。

但是，有一个关键因素被忽视了，温哥华分部还没有引进一种可以充分利用这种先进产品线大批量生产的产品。从1988年起，温哥华分部引进了台式打印机，这种新的模式采用标准纸张。这种产品的导入获得全面成功。由于制造工艺已经引进，并全面获得实施，惠普成为喷墨打印机市场的领先者。

4. 台式喷墨打印机供应链

台式喷墨打印机的供应商、制造商、配送中心、中间商和用户一起构成其供应链。惠普温哥华分部在制造工艺中有两个关键阶段：一是印刷电路板的安装和测试，包括电子部件，如应用程序专用的集成电路、只读内存、制造逻辑板块的打印电路板原料、打印机使用的打印头驱动板等的安装和测试；二是总装和测试，包括其他部件的总装，如发动机、电缆、塑料底盘、键盘、“外壳”、齿轮和打印电路装配。制造出一台可以使用的打印机，并对打印机进行最终测试，这两个阶段需要的部件要从惠普的其他分部以及全世界范围的外部供应商处采购。

在欧洲销售台式喷墨打印机，要求对打印机实现定制，满足当地国家语言和动力供应的要求，这个流程被称为“当地化”。也就是说，台式喷墨打印机在不同国家的当地化包括安装正确的动力供应模块，这要求有正确的电压（110伏或220伏）和电源终端（插座），把其与可运行的打印机和一个使用恰当语言的书写模块打包起来。产品设计（包括动力模块的安装和测试）是最后的工序，可在当地工厂进行。因此，工厂的制成品包括向各个国家运送的打印机，这些产品分成送往3个配送中心的三组产品：北美、欧洲和亚太。发出的产品通过海运到达3个配送中心。在温哥华分部，部件和原材料的库存维持在可以满足生产需求的水平上，否则，在两个关键阶段间就没有大量的缓冲库存。

从打印电路板安装到总装的整个生产周期大约是1周，从温哥华运送到坐落在加州圣琼斯的美国配送中心的时间大约是1天，而配送到亚洲和欧洲大约需要4～5周。到亚洲和欧洲的运输时间很长，这主要是由于海运需要清关，在海关入关处还要交关税。

打印机行业竞争很激烈，惠普计算机产品的用户（中间商）希望保持尽可能少的库存，但保持一定水平的最终用户可获得率，对他们而言也是很重要的。因此，惠普面临越来越大的压力，制造商要在配送中心为中间商提供高水平的可获得性，相应地，管理层决定在3个配送中心设置目标库存水平，其等于预测销售额加上一些安全库存水平，从而向中间商提供高水平的可获得性。温哥华分部对它是一家几乎零库存的工厂感到很骄傲。因此，与配送相反，台式喷墨打印机的制造采取拉动式生产方式，生产计划按周设置，适时补充配送中心，维持目标库存水平。为了确保可获得性，它对进入工厂的物料设置了安全库存。

主要有3个不确定因素来源会影响惠普的供应链：一是进来物料的交货情况（运输晚、零件出错等）；二是内部流程（流程产量和机器停工时间）；三是需求。前两个不确定因素导致制造提前期变化，以致延迟补充配送中心的库存，需求不确定性导致库存增加或者订单积压，由于完工的打印机是从温哥华海运送出的，亚洲和欧洲配送中心的运输提前期很长，结果导致配送中心对不同产品类型的需求变动反应不够迅速。为了确保用户可获得性高，欧洲和亚洲配送中心不得不维持很高水平的安全库存。对于北美配送中心而言，由于大多数需求是美国版的台式喷墨打印机，有关当地化的变动很小。

5. 配送流程

在惠普，台式喷墨打印机占据很大的单位产量份额，是一种高产量产品。

配送中心典型的基本绩效评估包括产品线物品完成率和订单完成率。产品线物品完成率等于及时提供的用户订单产品线物品总数，除以顾客订单产品线物品需求的总量（一次需求是指每次惠普想要拉动一个产品线的物料需求）。订单完成率的计算类似，不同之处是基于订单的完成情况，一个订单包括多个产品线物品。次要的绩效评估包括库存水平、每次运输毛成本中的配送成本。两个主要的成本是外部货运成本和工资。货运成本根据实际运输产品量反过来被加总到各个产品线上。此外，配送中心预计运送某种产品线需要的努力程度，把非运输成本部分的额外成本计入产品线中。配送中心要和主要产品线在确定预算的过程中进行多次谈判，确定每个产品线合适的分配百分比。

配送中心流程包括4个步骤：①接收各个供应商（完工）的产品并存储；②为完成顾客订单，挑选各种需求的产品；③对完成订单的物品打包、贴标签；④通过恰当的承运商运送订货。

台式喷墨打印机非常符合标准流程，配送中心的物料管理系统支持配送（最终物品以单个模块和选择方案的形式在通过时进行加工处理），但不支持制造生产（部件装配成制成品）。这里没有MRP（物料资源计划）和BOM（物料清单），配送中心也没有足够接受过部件采购培训的人员。考虑到支持装配工艺，配送机构内产生了相当大的波动。

6. 库存和服务危机

要在整个台式喷墨打印机供应链中限制库存量的同时，提供所需要的高服务水平，对于温哥华分部的管理者是个很大的挑战。温哥华分部的生产组已经努力工作，在供应商管理方面，降低由于原料交货变动引起的不稳定性，并提高加工产量，降低工厂停工时间。但是，改善预测的准确度仍是一个大难题。

预测错误在欧洲特别严重。经常出现某些国家需要的产品类型缺货，而其他类型的产品库存却不断增加的情况。配送中心的目标库存水平是根据一些通用判断法则确定的安全库存水平。因此，越来越难获得准确的预测水平意味着安全库存法则也要被重新考虑。

建立科学的安全库存系统，可对预测错误和补充提前期做出快速响应。惠普成立了一个由工业工程师、计划主管、温哥华分部的采购主管组成的小组，建立安全库存管理系统，要为3个配送中心的各种模式和选择推荐一种计算安全库存水平的方法。首先，小组成员花费大量的时间收集正确的数据，他们认为自己拥有了一个很好的需求数据样本，开始开发安全库存计算方法。

不断出现的一个问题是：在安全库存分析中要用多少库存费用？公司内部的估测是在12%（惠普的债务成本加上一些仓储成本）和60%（根据新产品开发项目期望的投资回报率）之间变动。另外一个问题是：如何使公司要采用的目标产品线物品补充率达到98%？

随着关于欧洲配送中心情况变糟的电话和传真越来越多，有人建议让温哥华分部在欧洲再建一家工厂。欧洲的销售额已经足够可以建一家厂吗？这家厂应建在何处？在欧洲建厂可以解决欧洲的库存和服务问题。也有一部分人建议库存越多越好，对他们而言，这仅仅是逻辑问题。当转化为真正的现金时，库存成本并不被计入收支平衡表，而销售机会的丧失却会影响收益。

运输部负责人很早就建议用空运取代船运向欧洲配送。缩短提前期意味着对产品组合的不确定变化可做出快速响应，同时意味着库存低、产品可获得性高。空运成本虽然高昂，但是值得。问题的根源还在于预测系统很糟糕，这没有简单的解决方法，需要投资以便对整个系统进行改进。

资料来源：https://wenku.baidu.com/view/025b13c25fbfc77da269b1be.html.

| 案例思考 |

1. 当一家企业面对具有差异化需求的客户时，顾客需求的差异化以及市场的快速多变给企业的经营带来了哪些压力？结合案例中的具体事例说明你的判断。

2. 为了保证差异化需求得到满足，惠普公司可以采取各种不同的措施，下面是它可选择的不同方案，试就这些方案分别做出你的评价：①将运输方式改为空运；②在欧洲本地建立工厂；③改善预测措施；④实施延迟制造策略；⑤在欧洲配送中心保持更高的库存水平。

项目化实训

讨论课Ⅰ：供应链的设计

任务布置时间：第 2 周　　　　**讨论课时间：**第 3 周

讨论目标：本次讨论要求学生了解供应链战略，理解供应链设计的步骤和评价指标，掌握供应链设计的策略，能根据目标企业的实际设计出相应的供应链，并提出降低成本的策略、完善供应链的策略，达到理论结合实际的要求。通过本次讨论课，使学生能够通过所学知识分析案例中供应链管理环境下的库存问题，并提出比较有效的解决方案。

讨论的主要内容：

1. 根据目标企业的实际情况设计供应链，谈谈你对该供应链的评价，指出可能改进的地方。调研报告的主要内容应包括调研目标与计划、公司介绍、存在问题与解决方案和调查收获。

2. 回答其他小组同学的提问。

3. 各组在老师的指导下，针对分析过程中遗漏或不完善的地方进行改进。

4. 本次课后一周内提交讨论报告和 PPT 汇报材料（要求宋体小四号字，20 磅行间距，A4 纸排版）。

第三章

CHAPTER 3

供应链合作与业务外包

|学习目标|

1. 了解供应链合作关系、企业核心竞争力的定义及重要性、建立供应链合作关系的重要意义。
2. 理解供应链合作关系与传统供应商关系的区别。
3. 熟悉供应链合作关系的形成及其制约因素。
4. 掌握供应链合作伙伴的选择及选择的原则、企业核心竞争力的形成机理、供应链业务外包的收益及风险。

|案例导入|

欧普照明的供应链变革

1.“成功”也是成功企业变革的阻力

随着竞争日益激烈和规模扩张放缓，经过20年高速发展的欧普公司发展成为行业老大，但以往被高增长所掩盖的问题也随之出现。例如，库存太高，客户想要的产品没有，而不要的产品却堆满仓库，渠道也出现库存失衡、反应滞后的现象。为了提升运营端对销售端的支持，并降低整体运营成本，欧普公司不断对供应链管理进行变革，包括进行组织架构的调整。

2. 改善从源头开始，更快还是更准

欧普公司的供应链架构与很多民企一样为产销分离模式，制造端负责原料库存和供应计划，称为制造端供应链；销售端负责成品库存和需求预测，称为销售端供应链。销售端供应链不仅包括销售指标，同时包括供应链的其他关键指标，如成品周转和呆滞等。公司的销售端供应链总监做的第一件事情就是改善欧普公司的需求预测管理，而不是简单施压于制造端。前销售总监准确定位了整个链条事半功倍的突破点——需求预测，这是在前任手里一直被诟病而备受管理层关注的业务。大家都知道这是一个四两拨千斤的改善点。如何改呢？

3. 供应链向前一步，借力客户

（1）培训先行：整个团队接受全方位的专业供应链和需求计划管理培训，制订改善方案和计划。

（2）理念宣贯：公司决定与经销商建立联合预测机制之前，花了3个月时间对经销商进行宣讲培训。

（3）指标牵引：在销售部门的配合下，与关键经销商签订新的协议。将公司原有的基于销售目标达成的返利，分拆为40%返利为指标达成，60%返利为预测准确性。如果公司促销（不会提前预告），则扣除促销品项再评估。在指标的牵引下，部分经销商每月因预测准确性而获得的返利达到20万元左右，并且月月兑现。同时，公司将预测准确性和订单交付节奏两个对供应链有着重要影响的指标也融入经销商评级体系，不同等级的客户可以获得不同的授信额度。这种从销售虎口夺食的改善方法是管理层勇气和智慧的集中体现，一般企业不好复制，也不敢复制，看上去是对客户的约束，其实是双赢，因为经销商的计划能力也会随之提升。

（4）规则明确：经销商仅做1个月常规产品预测。产品部门完成新品预测，销售部门完成促销预测。需求预测部门编制3个月基准预测，在品类层次上与其他部门预测相互校验，并做最终决策。不同的角色预测不同的产品、不同的时间段。

（5）系统支持：公司开始推行经销商管理系统，不仅帮助经销商管理进销存，同时集成财务系统，每月评估库存和订单录入准确性。供应链必须依赖数据来支撑其专业建议，并建立内部信用，所以系统、数据、及时性和准确性都非常重要。

4. 博弈链转变为信任链

在经销商考核指标中融入供应链指标，的确是比较强势的做法，幸运的是销售仍处于上升时期，大家都担心经销商为了完成预测而过度压货。公司目前仍然考核进货指标，但从2017年起，公司对一线销售人员全部考核出货指标，鼓励良性压货。6个月的销售业绩完全没有受到影响，并且渠道库存结构更加健康。预测指标的增加以及对库存数据的监控等措施推动了供应链与经销商之间沟通桥梁的建立，供应链甚至主动帮助经销商预判销售走势，改善库存结构，并承诺协助预警和处理呆滞库存。供应链通过直接帮助经销商而实现对销售的有效支持，经销商的能力也因此倒逼提升。

之前的需求计划会议无销售中层人员参加，但强势的新供应链总监上任后，销售中层人员准时参加会议，充分透明地进行分享和辩论，并且达成的行动计划也基本得到执行。

尽管压货是绝大多数消费品渠道管理的常态，但如何平衡短期和长期利益仍是企业必须面对的选择。欧普公司通过缩短通路加快市场反应，建立良性的可持续发展的渠道模式和市场机制。2017年，公司不仅将一线销售人员的指标考核从进货改为出货，同时准备取消区域配送中心，只保留中央配送中心，并将经销商进行缩减，由大客户负责管理小客户，重点提升大经销商的管理能力，确保其能与欧普公司同步前进。

6个月后，预测准确性提升30%，库存周转率提升25%，订单交付率提升15%，呆滞库存降低34%，绩效改善快速见效。

5. 需求端改善事半功倍，供应端改善事倍功半

新任供应链总监上任一年内，没有对供应端做任何改善，而是聚焦需求端。需求端的改善也不是依赖内部流程和技术的优化，而更多改变的却是客户的行为。客户的行为不能强制改变，但可以通过政策激励引导改变。从上述案例中，我们已经体验到了客户行为变化给企业所带来的震撼效果，并且这是一种双赢的改变。所以，供应链问题的本质是市场问题。解决供应链问题，从前端源头驱动改善是企业效益最大化的选择。

首先要尝试、探索和引导客户与市场行为的改变，只有市场、销售端解决不了的问题才是供应链需要解决的问题。

6. 不仅聚焦需求端，更要放眼整个链条的高效协同

欧普公司的供应链采用一种产销互搏式的管理模式，这是民企内非常普遍的一种管理现象，有些企业称之为内部市场化。其实这是一种无奈的选择，企业存在的价值是其内部交易成本低于外部交易成本（《企业的本质》）。如果内部市场化了，那还需要企业吗？对于这种互搏式管理模式，在销售进入平台期或者下行期之后，产销矛盾将再次爆发，这是欧普公司未来要面临的又一个管理挑战，但是这种全链条的协同一定要通过集成的供应链组织来实现吗？数字管理时代的到来将突破传统供应链管理中组织、绩效、流程和文化的壁垒。

7. 从需求计划走到全链路协同

相当一部分企业认为它们早已开始改善它们的供应链管理了，比如采购管理、物流管理、精益制造、库存优化、高级排产，再比如VMI供应商管理库存等。很多供应链专家也纷纷发表文章阐述对供应链改善的建议，但他们基本聚焦在供应链的后端——供应端，甚至是供应端中的执行端，如聚焦于采购、库存、精益制造和供应计划领域的占据了90%，也就是尽管中国经济在30年前就开始了市场经济的历程，但真正感受到市场竞争氛围也就是在近10年。因此，在以往供不应求的市场环境下，企业往往更多关注的是如何将产品制造出来，养成了一种一出问题就从后端找解决方案的自然反应，要求“以快制胜”。专家对供应链的研究也聚焦在后端，因为感觉这是可以自我控制的，以至于采购职能、物流职能、库存管理和供应计划职能相关部门都人才辈出，采购人员已进入了过度饱和阶段。

供应链管理应该聚焦于后端，但这样做还远远不够。因为供应链不是供应的链，而是需求驱动的供应链。供应计划驱动供应链执行订单与需求计划，客户和市场行为驱动订单与需求计划。所以，市场和客户是供应链管理的风向标，任何改变从源头入手才会事半功倍。

供应链改善一旦触及销售部门，比如要求引导客户提前报单，或者控制上单节奏等，就会遇到巨大阻力，被认为动了公司“命脉”。因为这种订单模式已经固化成一种思维习惯，不是客户必须如此，而是一种操作惯性。企业管理者要有勇气去改变销售行为（不是客户行为），要有智慧去分辨哪些客户行为可以引导，哪些基本利益不能改变，以及这些改变对整个业务的影响。在平衡改善成本和收益后，企业管理者要有勇气说服和制定政策引导销售部门与客户行为的改变。销售、渠道商、供应链以及管理者的根本利益是一致的，前端行为上的小小改变，可以使整个链条的效率大大提升。

资料来源：http://www.sohu.com/a/274301573_505787.

| 思考题 |

结合案例，深入理解供应链的内涵，分析供应链变革的关键是什么。

第一节 供应链合作关系

在当今竞争激烈、市场变化快、需求个性化的环境下，企业很难在所有业务上都保持竞争优势，它们必须要集中资源和精力于自己具有核心竞争力的业务上，以保持企业的竞争优势和生存发展。在这样的背景下，企业将自己的非重要的物流业务外包给第三方专业物流服务商来经营已经是一个潮流，这些业务包括原材料采购、运输配送和生产加工等。这种企业经营形式被称为采购外包，其主要业务动力来自企业对核心竞争力、成本削减、标准化流程和技术、快速增长的重视。尽管业务外包在某些方面具有一定的优势，但是其不可避免地伴随着各种各样的问题。在这种情况下，如何选择具有竞争力的、合适的业务合作伙伴就显得尤为重要。

一、供应链合作关系概述

(一) 供应链合作关系的定义

供应链合作关系（supply chain partnership，SCP）一般是指在供应链内部两个或两个以上独立的成员之间形成的一种协调关系，以保证实现某个特定的目标或效益。

随着市场需求不确定性的增强，合作各方要尽可能削弱需求不确定性的影响和风险。供应链合作关系绝不应该仅考虑企业之间的交易价格本身，还有很多方面值得双方关注。比如，制造商总是期望他的供应商完善服务，搞好技术创新，实现产品的优化设计，等等。供应链合作关系的潜在效益，往往在SCP建立后3年左右甚至更长的时间，才能转化成实际利润或效益。企业只有着眼于供应链管理的整体竞争优势的提高和长期的市场战略并能忍耐一定时间，才能从供应链合作关系中获得更大效益。

实施供应链合作关系就意味着新产品 / 技术的共同开发、数据和信息的交换、市场机会共享和风险共担。在供应链合作关系环境下，制造商选择供应商不再是只考虑价格，而是更注重选择能在优质服务、技术革新、产品设计等方面进行良好合作的供应商。供应商为制造企业的生产和经营供应各种生产要素（原材料、能源、机器设备、零部件、工具、技术和劳务服务等）。供应商所提供要素的数量、价格，直接影响到制造企业生产的好坏、成本的高低和产品质量的优劣。因此，制造商与供应商的合作关系应着眼于以下几个方面：

（1）让供应商了解企业的生产程序和生产能力，使供应商能够清楚地知道企业需要产品或原材料的期限、质量和数量；

（2）向供应商提供自己的经营计划、经营策略及其相应的措施，使供应商明确企业的期望，以使自己能随时达到企业要求的目标；

（3）企业与供应商要明确双方的责任，并各自向对方负责，使双方明确共同的利益所在，并为此而团结一致，以达到双赢的目的。

供应链合作关系发展的主要特征就是从以产品 / 物流为核心转向以集成 / 合作为核心。在集成 / 合作逻辑思想的指导下，供应商和制造商把他们相互的需求与技术集成在一起，以实现为制造商提供最有用产品的共同目标。因此，供应商与制造商的交换不仅仅是物质上的交换，还包括一系列可见和不可见的服务（研发、设计、信息、物流等）。

供应商要具备创新和良好的设计能力，以保证交货的可靠性和时间的准确性。这就要求供应商采用先进的管理技术（如 JIT、TQM 等），管理和控制中间供应商网络。而对制造商来说，要提供的活动和服务包括：控制供应市场、管理和控制供应网络、提供培训和技术支持、为供应商提供财务服务等。

（二）供应链合作关系的特征

供应链上的节点企业通过建立战略合作伙伴关系，形成战略联盟。这种战略联盟具有不同于一般法人企业，也不同于一般经济组织的特征，具体表现在：

（1）个体的优秀性。加入供应链战略联盟的企业都有自己的竞争优势，并且都有一些有价值的东西可以贡献给整个供应链联盟。

（2）相互依赖性。由于供应链联盟的加入者拥有互补的信息或技术，任何一方都无法独立完成双方一起才能完成的事情，因此，彼此之间存在相互需求，存在高度的信任机制。

（3）目标的重要性。供应链战略联盟合作伙伴关系通常以实现合作双方的“双赢”为重要目标，这些目标对于供应链战略合作伙伴关系的建立和运行都是至关重要的。

（4）信息充分共享。信息是公开的，双方有效地共享信息、交换信息，包括目标和目的、技术数据、冲突的知识、成本等。信息共享是成功实施供应链管理战略的基础。

（5）交叉投资。合作者彼此投资（如通过等值交换、交叉物权或相互提供服务等），通过把金融和其他资源投入到这种关系中，显示出可视的长期承诺。

（6）合作与竞争共存。传统企业之间的竞争是以竞争对手的消失为目标的，竞争者之间的对抗性极强，而供应链战略合作伙伴关系的出现彻底改变了这种竞争模式。企业之间除了对抗，更重要的是存在合作的可能性，尤其是上游企业之间更是如此。供应链战略合作伙伴关系将目标放在共同利益的基础之上，实现了资源互补、相互信任、相互独立。

（7）联合的协同性。一方面，当产业结构发生变化时，企业原先拥有的竞争优势将逐渐消失。这时那些不能依靠企业自身资源对产业结构变化做出反应的企业，就会强烈地要求利用外部资源来弥补自身的不足。另一方面，随着全球经济一体化趋势的深入发展，单个企业难以与已经形成规模的其他国外企业争夺市场份额，从而形成了市场进入的难度。这些将会迫使企业从维系原有内部管理的资源积累向适应新环境的资源积累转变。

（三）供应链合作关系的产生与发展

1. 供应链合作关系的发展阶段

供应链合作关系是随着市场对企业要求的不断变化而发展起来的，其形成过程受到市场条件和技术水平的限制。从传统的企业关系发展到供应链的合作伙伴关系，不仅给企业带来了巨大的收益，也对企业的经营提出了更高的要求。企业合作伙伴关系的形成和发展也是管理模式的一种变革，企业经营者必须面对经营模式的变化，解决和其他企业合作时的冲突。传统的企业关系向供应链合作关系转变大致经历了三个发展阶段：传统的企业关系阶段（1960～1970 年）、物流关系阶段（1970～1980 年）、战略合作伙伴关系阶段（1990 年至今），如图 3-1 所示。

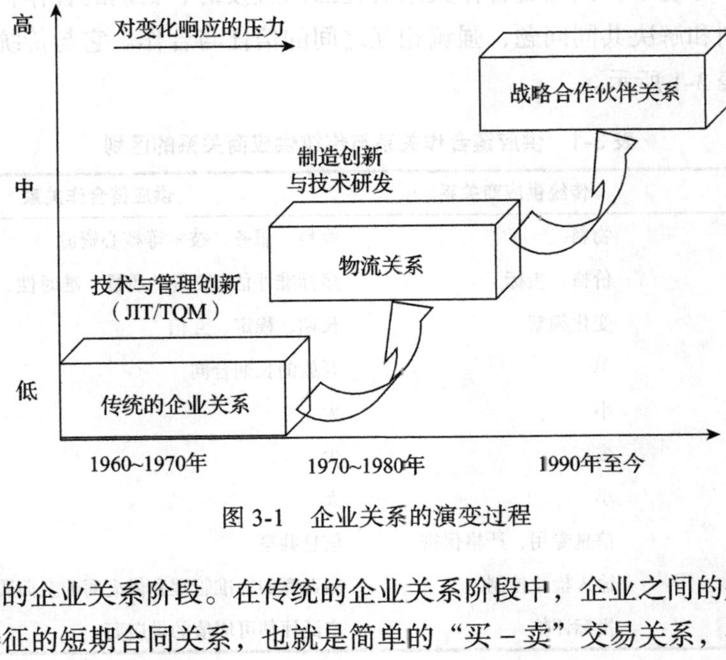

图 3-1　企业关系的演变过程

（1）传统的企业关系阶段。在传统的企业关系阶段中，企业之间的关系是以传统的产品买卖为特征的短期合同关系，也就是简单的“买－卖”交易关系，企业主要的任务就是生产，采购与销售等都没有引起企业管理者的重视。企业之间的控制，是通过买方企业在卖方企业之间引起价格竞争并在卖方企业之间分配采购数量来实现的。在这种情况下，企业之间很少进行沟通与合作，也就谈不上企业之间的战略联盟与合作。

（2）物流关系阶段。随着 JIT 等现代化管理思想的出现，传统的以生产为主要目的的企业模式开始向物流关系模式转变。物流关系模式是以加强基于产品质量和服务的物流关系为特征，对物流从供应链上游到下游的转换过程进行集成，注重服务的质量和可靠性，并且供应商在信息共享、柔性、准时等方面的要求较高。在这种模式下，为了达到生产的均衡化和物流同步化，企业的各部门间以及企业之间开始进行合作与沟通，但是这种合作仅仅是企业局部的合作，或是企业部分作业的合作。因为企业在很多方面，比如信息共享、柔性和敏捷性等方面都不能很好地适应越来越激烈的市场竞争的需要，它们需要更高层次、更大范围的合作，于是出现了以实现集成化战略合作伙伴关系和以信息共享的网络资源关系为特征的基于战略伙伴关系的模型。

（3）战略合作伙伴关系阶段。具有战略合作伙伴关系的企业体现了企业内外资源集成与优化利用的思想。这种企业运作环境的产品制造过程，使得从产品的研究开发到投放市场，周期大大地缩短了，而且顾客导向化（customization）程度更高。模块化、简单化产品、标准化组件的生产模式使企业在多变的市场中柔性和敏捷性显著增强，虚拟制造与动态联盟加强了业务外包这种策略的利用。企业集成从原来的中低层次的内部业务流程重组上升到企业间的协作，这是一种最高级别的企业集成模式。在这种企业关系中，市场竞争策略最明显的变化就是基于时间（time-based）的竞争和价值链（value chain）的价值让渡系统管理，或基于价值的供应链管理。

2. 供应链合作关系与传统供应商关系的区别

在新的竞争环境下，供应链合作关系研究强调直接的、长期的合作，强调共同努力实现共有的计划和解决共同问题，强调相互之间的信任与合作。它与传统供应商关系模式的区别，如表 3-1 所示。

表 3-1 供应链合作关系与传统供应商关系的区别

比较要素	传统供应商关系	供应链合作关系
相互交换的主题	物料	物料、服务、技术等核心资源
供应商选择标准	价格、投标	多标准评估（交货的质量、准时性、可靠性、服务）
稳定性	变化频繁	长期、稳定、互信
合同性质	单一	开放的长期合同
供应批量	小	大
供应商数量	多	少
供应商规模	小	大
信息交流	信息专用、严格保密	信息共享
质量控制	输入检验控制	制造商的标准管理和供应商的全面质量管理
选择范围	投标评估	广泛评估可增值的供应商

二、建立供应链合作关系的重要意义

供应链合作关系的建立，将使合作各方受益，具体表现在良好的供应链合作关系可以降低供应链成本、降低库存水平、增强信息共享、保持战略伙伴相互之间操作的一致性、改善相互之间的交流状况，最终创造更大的竞争优势。

(一) 减少供应链上的不确定因素，降低库存

1. 需求信息的确定

战略伙伴关系意味着一家企业有着多个稳定的合作伙伴，下游企业可以在发出订单之前为上游企业提供具体的需求计划，这时上游企业所面对的需求就由原来的订单和预测转化为具有战略合作伙伴关系的企业的需求计划，以及对没有战略伙伴关系的企业的需求预测有了较为明确的信息，这样企业就能够减少为了吸收需求波动而设立的成品库存，制订更精确的生产计划。

2. 供给信息的确定

战略伙伴关系的建立实际上表明企业间的互相信任，从产品设计上的合作开始到产品的质量免检都是这种合作关系的基本特征。下游企业可以获取供应企业综合稳定的生产计划和作业状态，无论企业能否按要求供货，需求企业都能预先得到相关信息并采取相应的对策。因此，外购物料库存将因为供应方生产信息透明度的提高而降低。

(二) 快速响应市场

制造商通过与供应商建立合作伙伴关系，可以充分利用供应商的专长，将大量自己不擅长的零配件等的设计和生产任务通过外包而分给擅长于此的企业来完成，自己则集中力量于自身的核心竞争优势。这样既不必实施昂贵而风险巨大的垂直集成，又能充分发挥各方的优势，并能迅速开展新产品的设计和制造，从而使新产品响应市场的时间明显缩短。

当今消费市场需求瞬息万变，不仅仅是制造商，供应商、分销商、零售商都必须对这些变化做出及时且快速的响应，才有可能立足于市场，获取竞争优势。企业与企业之间的竞争已转向供应链和供应链之间的竞争，而供应链的竞争力来源于供应链上各节点企业的紧密合作。这种合作拆除了企业的围墙，将各个企业独立的信息化孤岛连接在一起，实现供应链无缝连接，使整个供应链像单家企业一样运作，而又能发挥每家企业的核心竞争优势。这是传统意义上的供应链所无法比拟的，传统意义上的供应链正是因为链上各节点企业间信息不畅通，企业间合作和沟通非常少，信息波动扭曲放大，或者企业为了自身利益而不惜牺牲整个物流的速度，使得整个供应链企业对变化的需求反应迟缓。

(三) 加强企业的核心竞争力

企业的核心竞争力是指企业在研发、设计、制造、营销、服务等某一两个环节上明显优于竞争对手并且不易被竞争对手模仿的、能够满足客户价值需要的独特能力。自从

普拉哈拉德和哈默提出“核心竞争力”一词以来，企业核心竞争力的培育和实施日益受到重视。正因为企业日益注重自身的核心竞争力，强调企业自身的特点，企业的非核心竞争力业务必然要靠其他在此业务上具有核心竞争力的企业来承担。各自具有优势的企业在共同的目标下联合起来，以协作共享信息、降低整个成本并共担风险、分享利益。显然，离开企业的核心竞争力谈供应链管理，就如不建地基而想建大厦一样，而强调企业的核心竞争力，没有以战略合作关系为基础的供应链管理这一新的管理模式与之呼应，也无法通过其核心优势获得竞争地位。所以，供应链管理强调链中企业的战略合作关系，其实质是强调企业发挥各自的核心竞争力。以战略合作关系为基础的供应链管理，能发挥企业的核心竞争优势，使其获得竞争中的优势地位。

三、建立供应链合作关系的影响因素

由于供应链具有动态和复杂的特点，所以影响供应链间合作的因素也因合作双方所处的独特环境而不同，但在众多的供应链企业中，有些共同因素直接影响合作伙伴关系的建立。

(一) 企业高层管理者愿景的一致性

企业高层管理者的愿景对形成企业价值观和确定合作导向起着重要的作用。如果合作双方高层管理者的愿景一致或偏差不大，则高层管理者就会积极促进战略合作关系的建立，不断进行高层间的建设性对话；反之，高层管理者就会只满足于传统操作层面上的合作关系。因此，高层管理者必须采取新的领导方法培养与合作伙伴进行战略合作的能力，并充分理解和利用合作所带来的市场机遇，建立与伙伴一致的愿景目标。

由上述可知，对称的相互依赖、彼此间的信任、遵守承诺、组织相容、高层管理者一致的愿景和企业间少量的冲突是建立战略合作伙伴关系的关键因素，只有将这些因素很好地结合在一起，才有可能建立长期的战略合作关系。但是，在真正成功的战略合作关系中并不一定都存在这些因素，只是其中的几种因素联合推动战略合作关系的建立和发展。这些因素在不同行业、战略合作的不同阶段中对战略联盟的影响也是不同的。因此，供应链企业要在建立战略合作关系的过程中认识到影响战略联盟建立的关键因素，并为之创造有利的条件，促进战略联盟的建立和发展。

(二) 企业间的相互依赖程度

由于资源的有限性和顾客需求的多样性，企业为了更有效地运作就必须寻求相互之间的协作，逐渐形成对彼此的依赖，具体地说就是供应商、制造商、分销商和零售商对彼此的技术、信息和知识的依赖。在不同的合作关系中，彼此间的依赖程度不同，可分为对称性和非对称性依赖。对称性依赖是指合作双方实力相当，合作对彼此意义重大，失去对方意味着巨大的损失。非对称性依赖是指合作中有一方实力强大，而另一方非常弱小，彼此之间的依赖呈现出不对称性。研究表明，在对称性的合作关系中，合作各方对彼此的依赖性越强，越容易建立长期的战略合作伙伴关系，越容易提高合作的绩效；在非对称的合作关系中，则很难建立战略合作伙伴关系。

（三）合作双方的组织相容性

研究表明，进行合作的公司在声誉、工作稳定性、战略导向、管理控制系统和公司目标方面的不相容性将不利于建立战略合作伙伴关系，因为这些方面的不相容性意味着合作双方会存在很多冲突，而这些方面又不会在短期内得到改变，所以就会严重阻碍战略合作关系的建立。因此，合作双方组织和文化的相容性对战略合作关系的建立有着重大的影响。

（四）企业间的相互信任

企业间的相互信任是指合作双方相信彼此在没有约束监督的情况下，不会采取利己的机会主义行为，并且在做任何事情之前会考虑给对方带来的影响。企业间的相互信任不仅节约了监督成本和交易成本，提高了交易效率，更好地满足了顾客需求，而且有利于合作关系从操作层面向战略层面过渡。战略合作关系是建立在相互高度信任基础之上的，相互猜疑往往是合作关系破裂的主要原因。

第二节 供应链合作伙伴的选择

供应链合作伙伴的选择是供应链合作关系运行的基础，也是保证供应链有效实施的前提。今天合作伙伴的业绩对制造商的影响越来越大，在交货、产品质量、提前期、库存水平、产品设计等方面都影响着制造商。传统的供应关系已不再适应激烈的全球竞争和产品需求日新月异的环境，为了实现低成本、高质量、柔性生产、快速响应的目标，提高企业核心竞争力，就必须重视合作伙伴的选择。可以说，合作伙伴的选择成功与否已经成为企业供应链运作成功与否的关键。

一、供应链合作伙伴的类型

在集成化供应链管理环境下，供应链合作关系的运作需要减少供应源的数量（短期成本最小化的需要，但是供应链合作关系并不意味着单一的供应源），相互的连接变得更密切，并且供应链节点企业（链主）会在更大的市场范围内寻找最杰出的合作伙伴。这样可以把合作伙伴分为两个层次：重要合作伙伴和次要合作伙伴。重要合作伙伴是少而精的、与核心企业（链主）关系密切的合作伙伴，而次要合作伙伴是相对较多的、与链主关系不是很密切的合作伙伴。供应链合作关系的变化主要影响重要合作伙伴，而对次要合作伙伴的影响较小。

根据合作伙伴在供应链中的增值作用和其竞争实力，可以将合作伙伴分成不同的类别，分类矩阵如图 3-2 所示。

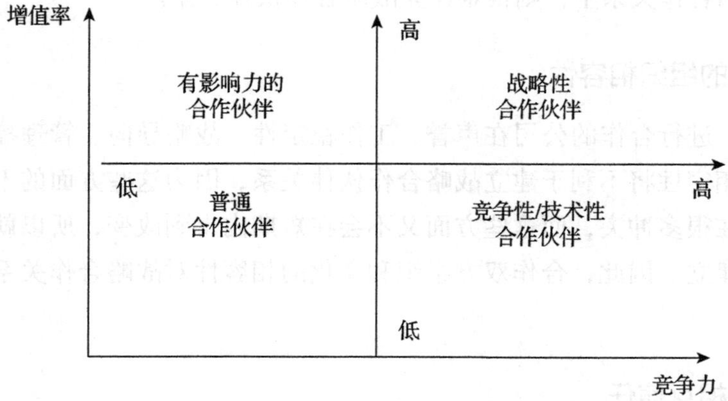

图 3-2 合作伙伴分类矩阵

纵轴代表的是合作伙伴在供应链中的增值率，对于一个合作伙伴来说，如果不能为增值做出贡献，那么其对供应链的其他企业就没有吸引力。横轴代表某个合作伙伴与其他合作伙伴之间竞争力（主要是设计能力、特殊工艺能力、柔性、项目管理能力等方面）上的区别。

在实际运作中，应根据不同的目标选择不同类型的合作伙伴。对于长期需求而言，要求合作伙伴能保持较高的竞争力和增值率，因此，最好选择战略性合作伙伴；对于短期或某一短暂市场需求而言，只需选择次要的普通合作伙伴即可，以保证成本最小化；对于中期需求而言，可根据竞争力和增值率对供应链的重要程度的不同，选择不同类型的合作伙伴。

二、供应链合作伙伴选择的影响因素

供应链合作伙伴选择决策的复杂性在于必须考虑决策制定过程中各种各样的标准，而供应链合作伙伴选择所涉及的标准又非常多。目前我国企业在选择合作伙伴时，首先考虑产品质量，这与全球的趋势是一致的，其次是价格，最后是交货提前期，批量和产品多样性也是企业考虑的因素之一。

抽象地说，供应链合作伙伴选择的标准有如下两条：第一，合作伙伴必须拥有各自的核心竞争力。仅是单个企业具备核心竞争力或者合作企业具备的核心竞争力无法整合，都不能从整体上、宏观上提高整条供应链的运作效率。第二，拥有相同的价值观和战略思想。企业价值观的差异主要表现在：是否存在官僚作风；是否强调投资的快速回收；是否采取长期的观点等。战略思想的差异表现在：市场策略是否一致，注重质量还是注重价格等。可见，若价值观及战略思想差距过大，合作必定以失败告终。

(一) 战略性合作伙伴选择的影响因素

战略性合作伙伴是增值率比较高而且竞争力比较强的合作伙伴，其对于其他企业而言是希望能够长期合作的企业。因此，企业在选择战略性合作伙伴时要考虑的因素主要有以下几个方面。

1. 双方相互间是否信任

信任是指合作双方相信彼此在没有约束监督的情况下，不会采取利己的机会主义行为，并且在做任何事情之前都会考虑给对方带来的影响。企业间的相互信任不仅节约了监督成本和交易成本，提高了交易效率，更好地满足了顾客需求，而且有利于合作关系从操作层面向战略层面转变。战略合作关系是建立在相互高度信任基础之上的，而相互猜疑往往是合作关系破裂的主要原因。

2. 供应商内部的组织与管理是否良好

供应商内部的组织与管理是关系到日后供应商服务质量的重要因素。供应商内部的组织机构设置是否合理影响着采购的效率及质量，如果供应商组织机构设置混乱，采购的效率与质量就会因此下降，甚至由于供应商部门之间的互相扯皮而导致供应活动不能及时、高质量地完成。

3. 双方高层管理者的愿景是否一致

高层管理者的愿景对企业价值观的形成和合作导向的确定起着重要的作用。如果合作双方高层管理者的愿景一致或偏差不大，则高层管理者就会积极促进战略合作关系的建立，不断进行高层间建设性对话；反之，高层管理者就会只满足于传统的操作层面的合作关系。因此，高层管理者必须采用新的领导方法培养与合作伙伴进行战略合作的能力，并充分理解和利用合作所带来的市场机遇，建立与合作伙伴一致的愿景目标。

4. 双方的相互依赖程度是否对称

由于资源的有限性和顾客需求的多样性，企业为了更有效地运作就必须寻求相互之间的协作，逐渐形成对彼此的依赖。研究表明在对称性的合作关系中，合作各方对彼此的依赖性越强，越容易建立长期的战略合作关系，也越容易提高合作的绩效。

(二) 普通合作伙伴选择的影响因素

和战略性的合作伙伴相反，普通合作伙伴是增值率较低且竞争力较弱的合作伙伴，其对于其他企业而言是短期合作的对象。因此，企业在选择普通合作伙伴时要考虑的因素主要有以下几个方面。

1. 交货及时

供应商能否按约定的交货期限和交货条件组织供货，直接影响企业生产和供应活动的连续性，因此交货时间也是选择供应商所要考虑的医素之一。企业在考虑交货时间时，一方面要降低原料的库存数量，另一方亩要降低断料停工的风险，因此要慎重考虑供应商的交货时间，以决定其是否能成为公司往来的对象。

2. 整体服务水平好

供应商的整体服务水平是指供应商内部各作业环节，能够配合购买者的能力与态度，如各种技术服务项目、方便订购者的措施、为订购者节约费用的措施等。

3. 履行合同的承诺与能力

企业在进行合作之前，需要确定供应商有无履行合同的承诺与能力，如果有的话，才可以考虑与其签订合约，否则会给企业带来麻烦。

（三）其他合作伙伴选择的影响因素

与战略性合作伙伴和普通合作伙伴不同的是，有影响力的合作伙伴和竞争性 / 技术性的合作伙伴都属于中期需求合作对象。其中，有影响力的合作伙伴是增值率较高而竞争力较弱的合作伙伴，即其对供应链的增值所做的贡献比较大，但其与制造商相比竞争力并不强；竞争性 / 技术性的合作伙伴刚好相反，是增值率较低而竞争力较强的合作伙伴。

对于介于战略性合作伙伴和普通合作伙伴之间的合作伙伴类型而言，企业在选择时主要依据增值率和竞争力对供应链的重要程度不同，如若企业看中的是供应链的整体增值率，则可以选择有影响力的合作伙伴，相反，若企业看中的是对方拥有自身所没有的技术或对方在某个项目上比自身强的话，则可以选择竞争性 / 技术性的合作伙伴，将企业的非主营业务外包给合作伙伴，集中精力发展核心竞争力，提高企业自身的经济效益和社会效益。

三、供应链合作伙伴选择的方法

选择合作伙伴，是对企业所采购产品的适当品质、适当期限、适当数量与适当价格的总体进行选择的起点与归宿。总体说来，供应链合作伙伴的选择方法有定性和定量之分，一般可以根据供应商的多少、对供应商的了解程度以及对物资需要的时间是否紧迫等条件来确定，进而选出适合自己企业的合作伙伴，以提高整个供应链的运作效率。

（一）直观判断法

直观判断法是根据征询和调查所得的资料并结合人的分析判断，对合作伙伴进行分析、评价的一种方法。这种方法主要是倾听和采纳有经验的采购人员的意见，或者直接由采购人员凭经验做出判断，常用于选择企业非主要原材料的合作伙伴。

（二）招标法

当订购数量大、合作伙伴竞争激烈时，企业可采用招标法来选择适当的合作伙伴。

招标法是由企业提出招标条件，各招标合作伙伴进行竞标，然后由企业决标，与提出最有利条件的合作伙伴签订合同或协议。招标法可以是公开招标，也可以是指定竞标。公开招标对投标者的资格不予限制；指定竞标则由企业预先选择若干个可能的合作伙伴，再进行竞标和决标。招标方法竞争性强，企业能在更广泛的范围内选择适当的合作伙伴，以获得供应条件有利的、便宜而适用的物资。但招标法手续较繁杂，时间长，不能适应紧急订购的需要；订购机动性差，有时订购者对投标者了解不够，双方未能充分协商，造成货不对路或不能按时到货。

（三）协商选择法

在供货方较多、难以抉择时，企业也可以采用协商选择的方法，即由企业先选出供应条件较为有利的几个合作伙伴，同它们分别进行协商，再确定适当的合作伙伴。与招标法相比，协商方法由于供需双方能充分协商，在物资质量、交货日期和售后服务等方面较有保证。但由于选择范围有限，通过该方法，企业不一定能得到价格最合理、供应条件最有利的供应来源。当采购时间紧迫、投标单位少、竞争程度小、订购物资规格和技术条件复杂时，协商选择法比招标法更为合适。

（四）采购成本比较法

对质量和交货期都能满足要求的合作伙伴，企业则需要通过计算采购成本来进行比较分析。采购成本一般是售价、采购费用、运输费用等各项支出的总和。采购成本比较法是通过计算分析针对各个不同合作伙伴的采购成本，选择采购成本较低的合作伙伴的一种方法。

（五）ABC 成本法

鲁德霍夫（Roodhooft）和科林斯（Jozef Konings）在 1996 年提出基于活动的成本分析法（activity based costing approach），通过计算合作伙伴的总成本来选择合作伙伴，他们提出的总成本模型为

$$S_i^B=(p_i-p_{\min})\times q+\sum_j c_j^B\times D_{ij}^B$$

式中　S_i^B——第 i 个合作伙伴的成本值；

p_i——第 i 个合作伙伴的单位销售价格；

$p_{\min}$——合作伙伴中单位销售价格的最小值；

q——采购量；

c_j^B——因企业采购相关活动导致的成本因子 j 的单位成本；

D_{ij}^B——因合作伙伴 i 导致的在采购企业内部的成本因子 j 的单位成本。

这个成本模型用于分析企业因采购活动而产生的直接和间接成本的大小。企业将选择 S_i^B 值最小的合作伙伴。

（六）层次分析法

该方法是20世纪70年代由著名运筹学家萨蒂（T. L. Satty）提出的，后来韦伯（Webber）等将层次分析法用于合作伙伴的选择。它的基本原理是根据具有递阶结构的目标、子目标（准则）、约束条件、部门等来评价方案，采用两两比较的方法确定判断矩阵，然后把判断矩阵的最大特征相对应的特征向量的分量作为相应的系数，最后综合给出各方案的权重（优先程度）。由于该方法让评价者对照相对重要性函数表，给出因素两两比较的重要性等级，因而可靠性高、误差小，不足之处是遇到因素众多、规模较大的问题时，该方法容易出现问题，如判断矩阵难以满足一致性要求，往往难于进一步分组。它作为一种定性和定量相结合的工具，目前已在许多领域中得到了广泛的应用。

四、供应链合作伙伴的选择原则及步骤

（一）供应链合作伙伴的选择原则

合作伙伴的选择对企业的重要性不言而喻，特别是对于制造型企业来说，要想在竞争日益激烈的市场中求得生存和发展，必须有实力强大且与自己有良好合作关系的供应商作为后盾。

合作伙伴的选择是一项复杂的系统工程，如同其他系统性的工作一样，在进行合作伙伴的选择时必须遵循一定的原则。

1. 系统全面性原则

在合作伙伴选择的过程中，企业必须建立起全面的合作伙伴评价指标体系，全面地分析合作伙伴各个方面的基本优势，对其进行综合打分，以判断其作为合作伙伴的有效性。

2. 简明科学性原则

合作伙伴选择的步骤、选择的过程要透明化、制度化和科学化。整体体系应该稳定运作、标准统一，减少主观因素。

3. 灵活可操作性原则

不同行业、不同企业、不同产品以及不同环境下的合作伙伴的评价指标及方法应该有所差异，保持一定的灵活可操作性。而且，评价指标、标杆对比的对象及评估工具与技术也应随着时间、对象的不同而不断更新。

4. 合作伙伴数量控制原则

同类物料的合作伙伴数量应该控制在2～3家，同一合作伙伴的购买数量不超过其产能的50%，反对全额供货的合作伙伴。另外，企业需要确定重要合作伙伴和次要合作伙伴，并强调与重要合作伙伴发展供应链战略合作伙伴关系。

（二）供应链合作伙伴的选择步骤

合作伙伴的选择可以归纳为如图3-3所示的几个步骤，企业必须确定各个步骤的开

始时间，每一个步骤对企业来说都是动态的（企业可自行决定先后和开始时间），并且每一个步骤对于企业来说都是一次改善业务的过程。

1. 分析市场竞争环境（需求和必要性）

市场需求是企业一切活动的驱动源。企业要建立基于信任、合作、开放性交流的供应链长期合作关系，必须首先分析市场竞争环境。其目的在于找到针对哪些产品市场开发供应链合作关系才有效，必须知道现在的产品需求是什么，产品的类型和特征是什么，以确认用户的需求，确认是否有建立供应链合作关系的必要。如果已建立供应链合作关系，企业则要根据需求的变化确认供应链合作关系变化的必要性，从而确认合作伙伴评价选择的必要性，同时分析现有合作伙伴的现状，分析、总结企业存在的问题。

图 3-3　合作伙伴选择步骤图

2. 确立合作伙伴选择目标

企业必须确定合作伙伴评价程序如何实施、信息流程如何运作、由谁负责，而且必须建立实质性、实际的目标。其中降低成本是主要目标之一，合作伙伴的选择不仅是一个简单的选择过程，它本身也是企业自身和企业与企业之间的一次业务流程再造过程，实施得好，可以带来一系列的利益。

3. 制定合作伙伴评价标准

合作伙伴综合评价的指标体系是企业对合作伙伴进行综合评价的依据和标准，是反映企业本身和环境所构成的复杂系统不同属性的指标，按隶属关系、层次结构有序组成的集合。根据系统全面性、简明科学性、稳定可比性、灵活可操作性的原则，企业可以建立集成化供应链管理环境下合作伙伴的综合评价指标体系。不同行业、企业、产品需求或者不同环境下的合作伙伴评价应是不一样的，但都涉及合作伙伴的业绩、设备管理、人力资源开发、质量控制、成本控制、技术开发、用户满意度、交货协议等可能影响供应链合作关系的方面。

4. 成立评价小组

企业必须建立一个小组以控制和实施合作伙伴评价。组员以来自采购、质量、生产、工程等与供应链合作关系密切的部门为主，必须有团队合作精神、具有一定的专业技能。评价小组必须同时得到制造商企业和合作伙伴企业最高领导层的支持。

5. 合作伙伴参与

一旦企业决定进行合作伙伴评价，评价小组必须与初步选定的合作伙伴取得联系，以确认其是否愿意与企业建立供应链合作关系，是否有获得更高业绩水平的愿望。企业应尽可能早地让合作伙伴参与到评价的设计过程中来。然而因为企业的力量和资源是有限的，企业只能与少数的、关键的合作伙伴保持紧密合作，所以参与的合作伙伴不能太多。

6. 评价合作伙伴

评价合作伙伴的一项主要工作是调查、收集有关合作伙伴的生产运作等全方位的信息。在收集合作伙伴信息的基础上，企业就可以利用一定的工具和技术方法对合作伙伴进行评价了。

在评价的过程之后，企业有一个决策点，即根据一定的技术方法选择合作伙伴。如果选择成功，企业则可开始实施供应链合作关系；如果没有合适的合作伙伴可选，则返回步骤 2 重新开始评价选择。

7. 实施供应链合作关系

在实施供应链合作关系的过程中，市场需求将不断变化，企业可以根据实际情况的需要及时修改合作伙伴评价标准，或重新开始合作伙伴评价选择。在重新选择合作伙伴的时候，企业应给予旧合作伙伴足够的时间适应变化。

第三节　供应链业务外包

供应链运行中注重的是企业核心竞争力的提升，强调根据企业的自身特点，专门从事某一领域、某一专门业务，在某一点形成自己的核心竞争力，这必然要求企业将其他非核心竞争力业务外包给其他企业，即所谓的业务外包。

传统纵向一体化模式已经不能适应目前技术更新快、投资成本高、竞争全球化的制造环境。现代企业应更注重高价值生产模式，更强调速度、专门知识、灵活性和革新。与传统的纵向一体化控制和完成所有业务的做法相比，实行业务外包的企业更强调集中企业资源于经过仔细挑选的少数具有竞争力的核心业务，也就是集中在那些使它们真正区别于竞争对手的技能和知识上，而把其他一些虽然重要但不是核心的业务职能外包给世界范围内的专家企业，并与这些企业保持紧密合作的关系。这样做可以使企业自身的整个运作提高到世界级水平，而所需要的费用则与目前的开支相等甚至有所减少，并且还往往可以省去一些巨额投资。更重要的是，实行业务外包的公司出现财务麻烦的可能性仅为没有实行业务外包公司的 1/3。把多家公司的优秀人才集中起来为我所用的概念正是业务外包的核心，其结果是使现代商业机构发生根本的变化。企业内向配置的核心业务与外向配置的业务紧密相连，形成一个关系网络（即供应链）。企业运作与管理也由控制导向转为关系导向。

一、业务外包的概念与方式

（一）业务外包的概念

业务外包，也称资源外包、资源外置，是指企业整合其外部最优秀的专业化资源，从而达到降低成本、提高效率、充分发挥自身核心竞争力和增强企业对环境的迅速应变能力的一种管理模式。

面对激烈的竞争环境，一家企业很难具有全面的资源优势。供应链环境下的资源配置决策是一个增值的决策过程，如果企业能以更低的成本获得比自营更高价值的资源，那么企业就应选择业务外包。如果企业把资源分散到各个环节上，必然会造成资源的浪费，不利于迅速建立自己的竞争优势。而采用外包模式，一方面可以通过集中选择自己的核心优势，并在该领域中形成技术优势和规模优势，既充分利用资源，又有利于建立自己的核心优势；另一方面可以突破企业内部资源的约束，减少建立核心竞争力的时间、成本及风险。

（二）业务外包的主要方式

在实施业务外包活动中，确定核心竞争力是至关重要的。这是因为在没有认清什么是核心竞争优势之前，企业从外包中获得利润几乎是不可能的。核心竞争力首先取决于知识，而不是产品。

业务外包主要包括以下几种方式。

1. 临时性服务和临时工

一些企业在完全控制其主产品生产过程的同时，会外包一些诸如自助餐厅、邮件管理、门卫等辅助性、临时性服务（temporary service）。同时企业更偏向于使用临时工（contract labor，指合同期短的临时职工），而不是雇用工（指合同期长的稳定职工）。企业用最少的雇用工，最有效地完成规定的日常工作量，而在有辅助性服务需求的时候雇用临时工去处理。因为临时工对失业的恐惧或报酬的重视，使他们对委托工作认真负责，从而可以提高工作效率。临时性服务的优势在于企业需要有特殊技能的职工而又不需永久拥有，这在企业有超额工作时尤为显著。这样企业可以缩减过量的经常性开支，降低固定成本，同时提高劳动力的柔性，提高生产率。

2. 形成母公司的子网公司

为了夺回以往的竞争优势，大量的企业将控制导向、纵向一体化的企业组织分解为独立的业务部门或公司，形成母公司的子网公司（formation subsidiary networks）。就理论上而言，这些独立的部门性公司几乎完全脱离母公司，变得更加有柔性、效率和创新性，同时，因为减少了纵向一体化环境下官僚作风的影响，它们能更快地对快速变化的市场环境做出反应。

3. 与竞争者合作

与竞争者合作（collaborative relation with competitor）使得两个竞争者把自己的资源投入到共同的任务（诸如共同的开发研究）中，这样不仅可以使企业分散开发新产品的风险，同时，也可以使企业获得比单个企业更高的创造性和柔性。尤其是在高科技领域中，要获得竞争优势，企业就必须尽可能小而有柔性，并尽可能与其他企业建立合作关系。

4. 转包合同

业务外包的另一种方式是转包合同（subcontract）。在通信行业中，MCI公司就是靠转包合同而不是靠自己开发新产品在竞争中立于不败之地的。

MCI公司的转包合同每年都在变换，它有专门的小组负责寻找能为其服务增值的企业，从而使MCI公司能提供最先进的服务。其通信软件包都是由其他企业所完成的，而它所要做的（也就是它的核心业务）是将所有通信软件包集成在一起为客户提供最优质的服务。

二、业务外包的动因

1991年的一系列研究（包括对1 200多家公司的调查、外包机构与供应链成员正在进行的合作）表明，外包机构已对公司外购的各种各样的业务活动和能够获得的潜在利益有了一个清晰的理解。这些潜在利益主要表现在如下几个方面。

（一）提高企业的核心竞争力

核心竞争力的概念是由普拉哈拉德和哈默在1990年《哈佛商业评论》的一篇论文中提出的。最初关于这一理论的讨论都是定性的。经过学术界、众多的管理咨询公司和企业界的努力，有关核心竞争力的模型已经走向定量化，变成一种问题解决方法。分析企业核心竞争力，要运用以价值为焦点的思维，考虑什么是公司的目标，以及如何将其最大化。最大化企业的价值是一个动态的而不是静态的概念。例如，许多人认为企业的目标是利润最大化，但问题是使哪一年的利润最大化呢？能否以下一年的利润为代价最大化今年的利润呢？显然，这样做是不对的。因此企业的目标应该是最大化利润的净现值，这就是一个动态的概念。

外包允许公司活动在更宽泛的贸易领域中，同时有外部专家的操作指导。对于许多公司，这是选择外包的一个重要驱动力。随着业务占管理时间的比例不断增加或在中层管理“决策中卡壳”，管理混乱和机会成本增加并可能对组织的将来产生消极影响。通过外包非核心功能，组织能够把精力集中在带来竞争优势的核心能力上，以期取得高速增长。

同样，对于那些物流系统还没被作为核心能力的公司，外包可以带来战略优势。公司的整个物流成本会降低，而同时客户服务会增强。外包方案给了公司通往新技术和新方法的道路，在不同的环境和应用中都能够改善服务和降低成本。

（二）加速供应链利益重组

外包经常是另一个有力管理工具——贸易程序重新设计的副产品。重新设计是贸易程序的重组，目标是重要性能指标，例如成本、质量、服务和速度等的提高。企业将一个内部功能提升到世界级的标准需要很长的时间，因此越来越多的公司决定外包那些重新设计提供的、没有风险的、能够立即改善的功能。外包使重组的效益成为现实，其方法是让一个已经达到世界标准的外部组织承接这一项目。

重新设计也已发生在公司物流系统内。它包括利用数学分析模型寻求原材料的运输、生产工厂和销售中心的位置、装运大小、模式和个体承运人。正如前面所注意到的，它也涉及实时连接供应商、制造商、销售中心、承运人和客户精心制作的信息系统的配置。这些共享数据库允许账单、付款、订购和货物收到确认信息的传输。这些重新设计的系统需要新的硬件、软件和对主要人员的重新培训，世界级外包合作伙伴的选择推动了整个过程。

(三) 获得内部不可获得资源的通路

公司可能外购其所需的物流系统，因为它们无法获得公司所需要的资源。例如，为了使物流成本最低，高效的物流系统为选择生产和仓库位置，也为货运量大小、模式和承运人使用了复杂的分析模型。没有外包合作伙伴的许多公司就没有实施这一模型的专门知识。此外，成功的物流系统需要复杂的信息系统来加强客户、供应商、制造商和承运人间的实时交流。通过外包，公司可以很快并且以很低的成本实施物流信息系统，否则它们将不得不从零开始。

(四) 开发其他资源

每一个组织的有效资源都是有限的。组织所面临的挑战在于如何将有限的资源用在最有价值的领域。外包允许一个组织改变它的资源方向，从非核心活动转向客户服务或有更大利润的活动。最经常出现的是，通过外包而改变人力资源的方向。也就是说，通过外包非核心功能，组织可以重新安排这些人，或至少是他们代表的位置，使他们加入更能产生增值的活动中去。那些原本将精力集中在内部的人可以将精力集中在外部客户身上。确实，许多已经外包物流系统的公司也已减少了对物流人员的需求。外包合作伙伴不是雇用公司物流人员就是寻找有更新技能的人员。

(五) 资金有效利用

外包是降低非核心贸易投资资金需求的一种方式。结果是，核心领域拥有了更加充足的资金。外包也能够通过减少对非核心领域的资本投资利润的要求来改善公司的财政问题。在大多数组织中，资本金是非常重要的资源，决定在什么地方投资是高级管理人员最重要的任务之一。然而，当一家公司把它的车队、建筑或计算机合同外包出去时，公司就不再需要向这些领域投资了。与更直接关系到创造产品或提供客户服务的领域相比，通常这些领域的投资很难证明是不是恰当的。

这些都是外包的原因，同时它们也适用于物流管理。外包是一个长期的策略管理工具。研究显示，当公司采用长期的、战略性的方法时，外包效果最好。

三、业务外包的利益与风险

（一）业务外包的利益

企业习惯于把外包视为只是降低短期直接费用的一种手段。然而，通过战略性的外包，企业能够大大地降低它们长期的资本投资，大大调节它们的关键能力。不仅如此，企业还能够将多种风险和不必要的管理费用转移给供应商。

从战略上看，外包能够给企业提供较大的灵活性，尤其是在购买高速发展的新技术、新产品或复杂系统的组成部件方面更是如此。当多个供应商同时生产一个系统的个别组成部件时，就会降低企业的设计周期的时间。此外，每个供应商既具有更多的人才，又具有专业领域方面的复杂技术知识，能够更高质量地支持更为专业的设备。同样的道理，战略性的外包把企业对零部件和技术的发展所承担的风险扩展到大量的供应商身上，企业无须承担全部的零部件系统投资或不断升级生产能力。而且，外包后的企业不仅可以改善自身的革新能力，还可以开发新产品，改进运作流程，并拓展质量潜能，这在没有外包之前是很难实现突破性进展的。

（二）业务外包的风险

外包一些非主流的业务毕竟不是企业自己经营，因此也不可避免地会带来一些风险。这里简单介绍一些外包的风险，主要如下。

1. 控制失效

企业将整个流程都委托给外部供应商会引起控制力和技能的丧失，并最终导致过分的依赖性。在这种情况下，如果中断持续积极的外包策略，企业可能会失去重要的信息资源，有效的业务管理和未来成长所必需的信息就不可能得到交流。

2. 委托失效

当选择的外部供应商的目标与企业目标不同时，企业应避免让供应商接触企业的业务计划和经营战略。如果供应商为其他组织履行相似的外包业务职能的话，就会引发利益冲突，企业的重要资源就有可能被用于支持其他的客户，这些行为将影响到外包职能得以履行的成功性。

3. 缺乏透明度

当企业与供应商订立合同时，应对选择的供应商的责任进行明确说明。在开始外包前，企业必须先拟定好一份正式的服务水平协议合同，没有一份清晰的、达成一致的合同，外包服务提供商可能会以超出业务范围为借口引起纠纷，这种纠纷不仅代价高昂，而且具有破坏性。一份正式的协议应包含供应商能够估计到的每个变化和要求，协议中还应明确规定在发生变化的情况下，定价机制和规则如何适应这一变化和需求。

4. 无效管理

所选的外部供应商可能在履行外包服务时不能达到企业要求的标准。许多企业已经外包了部分职能但没有事先在效率、效益以及综合能力上仔细预审供应商的资格。这样可能导致业务外包成本最终会远高于自己承担这一职能的成本。不经周密的分析和考虑，企业就有可能错误地将某一职能外包。企业决定外包很大程度上可能是因为它们遇到过自己内部承担这一项目时，存在的问题自己不能解决的情况，因此它们只有寻找那些有相关经验的供应商来做。

企业业务外包的收益与风险如表 3-2 所示。

表 3-2　企业业务外包的收益与风险

外包的收益	外包的风险
较低成本，将固定成本转化为可变成本，减少存货成本等非增值成本，减少投资	控制权分散 存在转换成本
获得新的技能	商业秘密泄露
集中于战略与核心专长，对关键功能持续增资	行业技能的依赖性 缺乏评价基准、不易量化
提高灵活性与绩效，增强市场应变能力	存在意外费用或额外负担
建立新的信息系统管理模式与作业方法	内部员工抵触
缩短产品开发、生产及进入市场的周期	供应容易受到限制
精减人员	受长期合同的约束
与适合的供应商建立良好的合作关系，共担风险	市场需求变化时，供应商灵活性不足

21 世纪是一个市场竞争更加激烈的新世纪。谁具有核心竞争力，谁就能够在市场上立于不败之地。因此，如何培养和强化核心竞争力，是企业的当务之急。虽然外包是企业获得竞争优势的一种有效手段，有助于强化企业的核心竞争力，但如果企业未认清自己的核心竞争力，就盲目实行外包，从而想提高自己的竞争优势是不可能的。所以，企业在实施业务外包前，应进行企业诊断以及竞争优势分析，挖掘竞争对手难以获得并难以模仿和复制的资源与优势，形成自己的核心竞争力。企业在充分了解了自己的核心竞争力和所需外包业务的情况下，再进行业务外包，才能取得预期的收益。

本章小结

供应链合作关系（supply chain partnership，SCP）一般是指在供应链内部两个或两个以上独立的成员之间形成的一种协调关系，以保证实现某个特定的目标或效益。随着市场需求不确定性的增强，合作各方要尽可能削弱需求不确定性的影响和风险。

供应链合作伙伴具有不同的类型，主要有：有影响力的合作伙伴、战略性合作伙伴、普通合作伙伴和竞争性 / 技术性合作伙伴。企业应根据其不同的特点及自身的需求来选择合适的合作伙伴。

业务外包，也称资源外包、资源外置，是指企业整合其外部最优秀的专业化资源，从而达到降低成本、提高效率、充分发挥自身核心竞争力和增强企业对环境的迅速应变能力的一种管理模式。

业务外包主要包括以下几种方式：临时性服务和临时工、形成母公司的子网公司、与竞争者合作、转包合同。

业务外包的动因主要有：寻求能高效处理难以管理与失控的功能；获得内部不可获得资源的通路；降低和控制运行成本；注入资金流；资金有效利用；开发其他资源；加速供应链利益重组；共担风险；获得世界级运行能力；提高企业的核心竞争力。

业务外包能够为企业带来一定的利益，但同时也存在一定的风险，主要有：控制失效、委托失效、缺乏透明度、无效管理。

复习思考

1. 企业核心竞争力的内涵是什么？
2. 分析是什么原因促使企业选择外包策略。外包策略的优缺点是什么？
3. 试述企业如何选择自营策略与外包策略。
4. 试论在供应链环境下，企业为什么需要外包。

案例分析

准时达的供应链管理外包服务

1997年，曾经风光无限的苹果公司亏损严重，濒临倒闭，董事会只好把乔布斯请回苹果，重掌帅印。乔布斯回来以后，并没有继续升级苹果引以为傲的电脑系统，而是开启了苹果颠覆式的创新，收缩了产品线，改造了供应链，告诉消费者什么才是他们真正需要的产品。

准时达原是有世界工厂之称的富士康集团旗下的专业供应链管理部门，负责富士康全球范围内供应链管理体系的构建与运营，之后于2015年由富士康集团下的部门转变为独立运营的供应链管理平台企业。它非常熟悉制造业供应链管理的全部流程，并在年复一年的实践中持续优化、迭代，不断打磨供应链管理水平。在与国际众多知名制造企业的合作过程中，准时达根据其各不相同的需求定制化供应链流程，将生产、存储、运输、消费、配送等流程整合到信息化系统中，完成一体化管理，并在服务客户的实践过程中将其总结为“硬件＋软件＋解决方案”。

传统型的第三方企业，帮助企业完成仓储、运输，外加一些增值业务，服务同质化程度高，被动接受客户需求，无法真正解决客户痛点。而更加前瞻型的服务模式应该是深入企业内部，与客户一起了解供应链的痛点，打通从研发、计划、采购、生产、交付到服务的整个链条，让各个环节实现优化，用8个字来概括就是“提质增效，降本减存”。准时达称这种前瞻型的服务模式为供应链管理外包服务（business process outsourcing，BPO）。

1. BPO在供应链领域的市场潜力巨大

BPO诞生于IT、财务、人力资源等其他外包服务行业。在国际市场上，BPO模式早已日渐成熟。据麦肯锡研究显示，预计到2025年，全球BPO市场规模将达到3 432亿美元，年复合增长率超过7.4%，供应链服务占比将达到35%，市场需求潜力非常巨大。

由于近年来中国市场的经济压力增大、人口红利消失、竞争加剧、消费升级等和制造生产模式发生了变化，越来越多的制造企业开始寻求专业的供应链管理服务，以帮助其实现降本增效，适应迅速变化的市场环境。据调查，中国目前BPO市场规模超过200亿元，年增长速度超过20%，但目前供应链模块只占8%，发展潜力巨大。

供应链管理BPO的核心价值在于助力企业聚焦核心竞争力，提升供应链管理的效率。准时达的BPO服务通过自主开发的供应链实施协同平台，可以帮助制造企业打破信息孤岛，实现供应链端到端可视化管理，在高效链接的基础上，精益协同，将末端客户个性化需求及时反馈至制造端，并根据市场需求波动做出更加精确的消费需求预测，助力企业提前制订生产计划，快速完成全网铺货；通过全流程数字化管控，找到结构重复、过程繁杂、人工冗余的制造企业内部生产管理环节，提供定制化解决方案，降低企业供应链成本，帮助提升其核心竞争力；通过“软件+硬件+解决方案”的智慧供应链服务体系，提高企业管理和沟通效率；强化制造业企业的风险管控体系，针对渠道堵塞、销量激增、供应链环节信息沟通不畅等问题给出相应预案，并提供系统性预防预判；通过全流程可视化服务，为客户提供更快更优的服务，提高客户满意度。

2. BPO难啃的蛋糕

随着越来越多的制造企业意识到供应链管理BPO的价值，越来越多的物流、供应链服务企业意识到这必将是未来行业发展大势，如果能提升企业综合供应链服务能力，提前占领供应链管理BPO市场，对于服务企业发展有莫大好处。然而蛋糕虽大，但并不容易吃到。

“供应链管理BPO与传统供应链服务模式最大的区别就在于，供应链管理BPO可以站在制造业客户的角度，提供从采购、生产端一直到销售、服务端（component to manufacture to consumer，C2M2C）的全流程供应链管理服务，为客户打通供给、制造、商贸的关键环节，连接从供应商、制造商、品牌商、经销商到客户的闭环供应链生态圈。对于传统的3PL或4PL来说，由于缺乏制造业内部流程管理和产销协同经验与能力，所以很难向供应链管理BPO转型。”

准时达之所以能够提供供应链管理BPO服务，其根本原因就在于准时达的“制造业基因”。

3. 企业案例

C企业是全球领先的手机品牌供应商，但供应链管理成本过高，企业面临的主要问题包括大量人员冗余，仅物流相关环节人员就将近500名，年度人力成本超过5 000万元；业务流程存在信息孤岛问题，生产、组装、仓储、物流、交付等环节之间的信息无法流通，无法实现统一调配、管理；系统化程度低，业务流程繁杂，导致出现重复性工作，严重降低了工作效率；缺乏C2M2C全流程供应链管理系统，造成产品出厂后的所有环节皆成为“盲区”，无法及时收到信息反馈以做出应对措施。

“从C企业面临的问题来看，无论是制造企业内部流程优化还是C2M2C的全流程供应链管理，都已经超出了4PL企业的能力范围。传统4PL企业根本无法满足其需求，只有供应链管理 BPO 服务才能帮助 C 企业解决问题。”

针对 C 企业遇到的一系列问题，准时达重新梳理了其从采购生产到末端销售的全流程业态模式，利用长期服务于富士康等全球大型制造业的供应链管理 BPO 服务经验，帮助 C 企业将重复的职能岗位合并，优化企业管理，降低企业人力成本。准时达利用其智慧物流管理系统帮助 C 企业搭建全流程可视化管理系统，打通生产、运输、仓储、销售等供应链各环节之间的信息壁垒，实现信息实时畅通，减少不同组织之间的重复作业和往复交接环节，优化生产制造体系，形成高效、灵活的供应链管理系统，提升服务质量。

“为进一步提升制造企业运营效率，降低成本，为所有客户提供更多选择，准时达率先提出了供应链管理 BPO 模块化服务。准时达基于多年供应链管理 BPO 服务经验，将全流程供应链服务不断细分，最终形成一个个标准的‘单元化积木’。当客户只需要某一个或几个环节的 BPO 服务时，不需要用‘积木’搭建一整座‘房子’，而是通过‘积木’的叠加形成标准化的‘房顶’或‘窗户’，为客户提供定制化产品。而当客户需要全流程供应链服务时，准时达则迅速将符合其需求的‘房顶’‘窗户’以及其他重要部件相互组合，为其打造完整的服务体系。这样做不仅满足了客户需求，而且还有效地帮助客户节约了人力成本和时间成本。”

如何打造适应各种企业供应链体系的标准化“积木”？准时达依据多年供应链管理 BPO 服务经验与云端大数据，颇具创新地分别从企业发展的纵向和横向两大角度出发，将研发、计划、采购、生产、交付、服务等流程在企业战略、规划、管理、运营四大层面上不断细分，直到找到共性需求，将其打造为“积木”。

“此项目目前还在分阶段地实施当中，第一阶段实施完成之后已经为 C 企业带来了超过 70% 的人力成本优化，降低了 20% 的物流采购成本，提升超过了 50% 的作业与沟通效率，超预期完成了 C 企业‘提质、增效、降本、减存’的目标。”链接（connection）和协同（collaboration）是准时达供应链管理 BPO 的核心价值。

此外，相对于国内传统供应链企业，准时达的另一大优势在于遍布全球的供应链服务网络与资源。准时达已在美国、日本、韩国、越南、印度、东南亚、欧洲等国共建立 155 个据点，拥有超过 1 500 条国际海空铁运线路、200 万平方米仓储面积和 110 个海外跨境转拨中心，并与众多国家的优质物流资源形成紧密合作，是我国少数具备全球化网络布局的供应链管理服务企业。

传统的生产制造模式和供应链体系已远远无法满足市场需求，小批量、多批次的订单，个性化、定制化的消费需求都需要更加柔性、灵活的全流程供应链体系来满足。供应链管理 BPO 作为全新的供应链管理模式，不仅可以深入制造企业内部，优化生产流程，而且可以链接制造端与消费端，将消费者需求及时传导至制造企业，帮助企业迅速调整产品设计、生产计划和库存管理，提升企业核心竞争力。

资料来源：http://finance.ifeng.com/c/7sffgRL5D0v.

| 案例思考 |

1. 结合本案例，说说你对供应链管理外包服务的理解。
2. 准时达的 BPO 与传统供应链体系的区别是什么？

项目化实训

讨论课Ⅱ：供应链合作伙伴的选择

任务布置时间：第 4 周　　　　　　**讨论课时间**：第 6 周

讨论目标：通过本次讨论，使学生更好地理解传统供应商关系、供应商分类、建立供应商合作关系要素等供应链合作伙伴的选择标准和基本理论；理解供应链合作伙伴选择考虑的因素，掌握建立合作伙伴关系的意义，达到理论结合实际的要求。学生结合给定的素材，撰写分析报告，并对报告内容进行小组讨论。

讨论的主要内容：

1. 自行选择案例企业进行研究，通过对报告内容和案例素材的分析，汇报对供应链合作伙伴的影响因素、供应链合作关系的构建、合作伙伴的选择等内容的理解，以及在撰写报告中遇到的问题及解决方法。

2. 根据目标企业的实际情况，分析该企业如何选择供应商，如何与供应商建立合作伙伴关系。

3. 回答其他小组同学的提问。

4. 在老师的指导下，对小组的报告内容进行修改和完善。

5. 本次课后 1 周内提交讨论报告和 PPT 汇报材料（要求宋体小四号字，20 磅行间距，A4 纸排版）。

PART 2 下篇

供应链管理

第四章

CHAPTER 4

供应链管理概论

| 学习目标 |

1. 了解供应链管理产生的背景与意义。
2. 理解供应链管理的含义及特征。
3. 熟悉供应链管理的内容和步骤。
4. 掌握供应链管理的目标和原则。

| 案例导入 |

华为的供应链管理

1. 企业背景

华为技术有限公司于1987年正式注册成立，总部位于中国广东省深圳市龙岗区坂田华为基地，是一家生产、销售通信设备的民营通信科技公司。华为是全球领先的信息与通信技术（information and communication technology，ICT）解决方案供应商，专注于ICT领域，坚持稳健经营、持续创新、开放合作，在电信运营商、企业、终端和云计算等领域中具有端到端的解决方案优势，为运营商客户、企业客户和消费者提供有竞争力的ICT解决方案、产品和服务，并致力于实现未来信息社会，构建更美好的全连接世界。

2013年，华为首超全球第一大电信设备商爱立信，排名《财富》世界500强第315位。截至2016年年底，华为员工超过17万，华为的产品和解决方案已经被应用于全球170多个国家，服务全球运营商50强中的45家及全球1/3的人口。2017年，华为名列

“2017年BrandZ最具价值全球品牌100强”第49位。2018年，华为在美国《财富》杂志上发布的最新一期世界500强名单中排名第72位，居2018年“中国500最具价值品牌”第6位，在世界品牌实验室编制的“2018世界品牌500强”中排名第58位。

2018年2月，华为和沃达丰完成首次5G通话测试。2019年8月9日，华为正式发布鸿蒙系统。2019年8月22日，华为投资控股有限公司以7 212亿元营收排名2019中国民营企业500强第一位。

2. 企业危机

自从2018年贸易摩擦升级，华为等国内高科技企业就一直处于风口浪尖。特别是自2019年5月以来，西方政客的“极限施压”让国人捏了一把汗。2019年5月16日凌晨，美国商务部正式将华为列入“实体清单”，禁止美国企业向华为出售相关技术和产品。但令国人振奋的是，华为面对极端的生存考验，并未陷入绝境，而是连续出招化解危机。

为什么华为能够以一已之力对抗来自西方强国的封锁？诚然，长期坚持硬科技创新（如自行研发芯片）是一个决定性的因素。除此之外，在危机降临之前，华为在供应链管理方面采取的举措，也为化解危机争取了时间。

3. 华为的供应链管理措施

20世纪90年代后期，由于导入IBM的集成供应链流程，华为更快实现了从百亿级到千亿级的跨越。近十几年来，华为进入手机终端行业后，部门协作、供应链协同的挑战更大，开始重新审视端对端的流程，对供应链管理做进一步优化。

（1）“体量为王”：华为之所以让很多西方企业下不了“断供”的决心，很大原因在于它的采购量足够大，因此对方无法放弃这样一个重要的大客户。据报道，华为被列入实体清单之后，硅谷多家半导体企业股价大跌。为减少销量下降带来的损失，很多芯片公司加班加点，尽可能在禁令生效之前给华为多供货。有体量就有话语权，这也是供应链的基本原理之一。

（2）“内外有别”：在这个时代，世界500强制造企业不可能包办全部零部件的生产。因此，科学制定“自制或外包”（make or buy）决策，对公司具有重要战略意义。华为一方面将海思芯片设计等核心技术牢牢握在手中，另一方面在非战略领域中做了很多外包，其中包括由代工工厂来生产零部件。即便在代工合作中，华为也坚持拥有对模具等核心资产的所有权。这使得公司在某些合作无法继续时，可以迅速找到新的代工工厂并投入生产，保证零部件生产的稳定性。

（3）“驾驭风险”：在充满不确定性的时代，风险可能来源于政治、经济、商业、自然环境等多个方面，所以企业必须具备很强的风险管理能力才能基业长青。优秀企业不仅需要规避重复发生的重大风险，也要为偶发性的高风险事件制定预案，并持续监控其他风险因素。

华为早在2018年4月中兴危机之后，就对风险做出识别和预判，已经意识到芯片供应链上潜藏的危机，提前储备了半年以上的芯片库存。

（4）“精准运作”：高水准企业的一切都要用数字说话，重大决定的背后都有数学、计算机等工具的支持。在华为内部，许多核心的物流和供应链流程都建立了复杂的数学模型，为降本增效提供数字化依据。为了进一步获得理论知识的武装，华为甚至在欧洲成立了多家数学研究所，开展纯数学研究。从2012年起，华为内部建立了“诺亚方舟”实验室，其研究方向包括计算机视觉、高速计算、自然语言处理等，用数学和计算机知识来支持企业运作。

（5）“借用外脑”：为了在科技方面持续领先，华为与国内外知名大学积极合作，无论是产品研发还是运营流程都采取开放创新的态度，充分吸收先进知识。同时，华为虚心地向知名咨询公司学习，通过和IBM等咨询公司长期合作，打造了IPD/ISC等业界最佳实践案例。

（6）“和合共生”：企业必须要充分意识到物流和供应链的重要性，只有和供应链合作伙伴一起成长，确保必要投入，才能获得长期回报。作为世界顶级制造型企业，华为必须要获得世界级的物流和供应链服务，才能在产品质量、客户服务水平等方面形成核心竞争力。如果只懂得用“压缩物流成本”等简单粗暴的手段降低经营支出，一味压缩合作伙伴的生存空间，最终受损的将是制造企业自己。

资料来源：http://www.yfhex.com/news/detail/434.

|思考题|

1. 为了帮助企业更好地实现转型升级，制造业可以从华为案例中收获哪些经验？
2. 华为在供应链管理方面采取了哪些重要措施化解危机？

第一节 供应链管理的产生和发展

供应链管理作为现代企业管理的思想和方法，它的产生和发展源于企业面临的市场环境由卖方市场向买方市场转变、信息等科学技术迅速发展、产品生命周期不断缩短、市场竞争日益激烈等背景。21世纪以来，供应链管理被国内外企业广泛应用，供应链管理能力已经成了不少企业的核心竞争力，成为企业发展的巨大推动力。

一、供应链管理思想的起源

供应链管理（SCM）作为一种新的学术思想首先在西方被提出来。有学者认为供应链管理起源于后勤学（军事物流学），因为早期的供应链管理的观点主要集中于物流管理。后勤学源于法语动词“ loger”，并首先被使用在军事方面。第二次世界大战中后勤学受到高度重视，得到广泛研究并且被应用在军需物品采购和运输等方面。第二次世界大战以后，美国公司为了高效地管理材料采购、储藏、交通和设施地点规划，首先将后勤学引进工业领域。美国物流管理协会（Council of Logistics Management，CLM）将物流定义为有效计划、实现和控制商品、服务和信息流的过程。它包括从起源点到消费点为满足顾客要求的全部过程。1999 年，物流管理协会将后勤学定义为供应链管理的一部分。

供应链管理和后勤学之间的主要差别是它们对相似问题从不同的角度出发寻求解决方案。首先，后勤学主要是从一家公司的角度考虑供应、存储和分销，将其他公司当作一种接口关系处理，没有深层次理解其他公司内部的操作；供应链管理将其他公司当作生意伙伴，要求对供应链上的所有节点活动进行紧密的协作。其次，后勤学强调一家公司的局部性能优化，而且采用运筹学的方法分别独立研究相关问题；供应链管理将每家公司当作供应网络中的节点，通过紧密的功能协调追求多家企业的全局性能优化。最后，后勤学经常是面向操作层次的，而供应链管理更关心战略性的问题。供应链管理研究侧重于全局模型、信息集成、组织结构和战略联盟等方面的问题。

二、供应链管理产生的背景

（一）纵向一体化运作的弊端

20 世纪 90 年代以前，企业出于管理和控制上的目的，对与产品制造有关的活动和资源主要采取自行投资与兼并的“纵向一体化”（vertical integration）模式，企业和为其提供材料或服务的单位是一种所有权的关系。“大而全”“小而全”的思维方式使许多制造企业拥有从材料生产到成品制造、运输和销售的所有设备以及组织机构，很多大型的企业甚至拥有医院、学校等单位。但是，这种“大而全”“小而全”的“纵向一体化”发展模式存在一系列的问题。

（1）这种发展模式成本很高。首先，由于提供这种材料和服务的单位专门为所属的企业提供材料或者服务，其规模相对较小，规模效应差。其次，因为所属的单位专门为企业提供材料或者服务，对企业有很强的依赖性，无须参与市场竞争，效率十分低下。最后，单个企业对某种材料或者服务的需求稳定性比较差，当需求下降时，很容易形成部分所属单位产能过剩的局面，造成社会资源的浪费。

（2）对众多功能的投资，需要大量的资本。可用于投资的资金不足，制约了企业的发展。就算资金充裕，这种投资也具有很大的风险。随着社会化分工的不断发展，可以提供各种材料和服务的企业越来越多，什么项目都投资的方式不利于充分利用现有社会资源。

（3）经营项目太多，很难专注于企业的核心竞争力，不利于技术创新，很难在市场上处于优势地位。

（4）企业内部部门众多，结构复杂，管理难度不断加大。

面对高科技的迅速发展、全球竞争日益激烈、顾客需求不断变化的趋势，纵向发展会增加企业的投资负担。进入 20 世纪 90 年代以后，越来越多的企业认识到了“纵向一体化”的弊端，为了节约投资，提高资源的利用率，它们开始采取集中发展主营业务的“横向一体化”的战略。在这种形势下，对同一产业链上的不同企业之间的合作水平、信息沟通、物流速度、售后服务以及技术支持等就提出了更高的要求，供应链管理就是适应这一形势产生和发展起来的。可见，供应链管理既是管理指导思想的转变，也是全球化市场竞争的激烈化和企业风险加剧的结果。

（二）市场需求改变竞争环境

自 20 世纪 90 年代以来，由于科学技术的不断进步和经济的不断发展、全球化信息网络和全球化市场的形成，围绕新产品的市场竞争日趋激烈。技术进步和需求多样化使得产品生命周期不断缩短，消费者对产品和服务的期望越来越高，企业面临着开发新产品、缩短交货期、提高产品质量、降低生产成本和改进客户服务的压力。这些压力归根到底是要求企业对市场做出快速响应，源源不断地开发出满足消费者个性需要的“个性化产品”，去占领市场以赢得竞争。

传统的“一对全”的规模经济生产模式已不能使顾客满意了，企业必须根据每个客户的特殊要求定制产品和服务，提供“一对一”的定制化服务。但是，在传统的企业管理思想指导下，采购、生产、销售职能部门没有形成“链”，各自为政，相互脱节，片面追求本部门的利益。因此，随着消费者需求的多样化发展，企业为了更好地满足其需求，不仅要有很强的开发能力，完善产品品种和对供应链成本的控制，更为重要的是缩短产品的上市时间，即尽可能提高对客户需求的响应速度，改变企业运作模式，提高供应链管理水平，建立核心竞争力。

三、供应链管理快速发展的动因

（一）对供应链管理的作用和地位的新认识是供应链管理发展的内在动力

对供应链及其有效管理的研究近几年空前高涨，主要原因之一是人们对供应链管理在企业生存发展中的作用和地位有了新的认识。美国的一项研究显示：许多企业在供应链中发生的费用约占其国内销售额的 10%，占国际销售额的 40%；由于供应链管理不善，企业每年损失巨大。目前，美国、欧洲、日本等发达国家和地区对供应链管理的研究越来越深入，应用也越来越广泛。许多国际著名的大企业如宝洁（P&G）、惠普（HP）、IBM 等已在供应链管理的实践中获得巨大收益；在中高档时尚用品、办公用品、季节性消费品等行业中，供应链管理也取得了十分显著的效果。

（二）信息技术是供应链管理快速发展的重要外在动力

科学技术尤其是信息技术的飞速发展，使得各国之间的地理和文化上的距离大大地缩短了，各国的工商组织能够在全球范围内获取资源并销售产品，再加上产品生命周期在不断缩短，供应链管理的作用就更加突出。范围更加广泛的全球性供应链也迫切需要更加有效的管理理念和协调技术，而电子数据交换（electronic data interchange，EDI）、产品数据交换（product data exchange，PDI）、互联网、内联网及各种信息系统应用的发展，极大地促进了现代供应链管理理念的实现以及组织结构的转变。尤其是从 2008

年以来，智能终端技术快速发展，数据网络规模不断扩大，无线和有线超宽带业务日益增长，上述变化有效地带动了工业和信息化领域的发展方式转型，从根本上改变了产业发展的模式。根据《中国互联网发展报告 2020》内容显示，截至 2019 年年底，中国移动互联网用户规模达 13.19 亿，占全球网民总规模的 32.17%。电子商务交易规模达 34.81 万亿元，已连续多年占据全球电子商务市场首位。在电子支付方面，网络支付交易额达 249.88 万亿元，移动支付普及率位于世界领先水平。移动互联网所代表的思维创新、技术创新和商业模式正在深刻地影响着社会的各个层面，变革社会的生产、消费、生活方式：移动互联重构产业，边界开始被打破，业态不断融合，数据引领未来，模式创新业绩，所有不能同步变革的企业将面临被淘汰的困境。移动互联消除了信息不对称，中间商将逐步出局；大数据改变了信息逐级上传下达的流程，使法人组织机构更趋扁平，供应链更加简捷有效，有利于实现客户、供应商、制造商、分销商组成的供应链网络中信息流、资金流和物流的有效共享，支持企业在目前的虚拟环境中有效管理其合作伙伴和客户。

(三) 业务流程再造极大地促进了供应链管理的发展

20 世纪 80 年代中后期许多企业所开展的业务流程再造也极大地促进了供应链管理的发展。业务流程再造（business process reengineering，BPR）强调的是对职能部门进行横向集成，形成一个管理良好的业务流程，以创造更多的顾客价值。许多企业认识到，仅仅进行内部业务流程再造其效果十分有限，所以还需要考虑促进供应链中其他成员的业务流程的改进，并通过它们来增强竞争优势。从某种程度上讲，供应链管理实际上是将业务流程再造的思想在企业网络之间进行推广。其实，企业为最终顾客所提供的服务，除本企业的各项不同的增值活动之外，还应包括相关的其他企业组织的各项增值活动，比如原材料、零部件供应商、产品分销商等。业务流程再造通常强调的是企业内部各项职能活动的协调与集成，而供应链管理则强调在此基础上对组织与组织之间业务流程的重新设计与集成。

(四) 跨国公司在推动供应链管理实践中发挥了重要作用

20 世纪 80 年代中期，世界经济一体化的进程开始加速，促进这种进程的重要因素之一，是在世界经济舞台上越来越活跃，所起作用也越来越巨大的跨国公司。跨国公司的产品开发、物料采购、加工装配以及最后的产品销售，往往在不同国家的不同地区进行，这意味着企业的供应链变得更长、更复杂，更需要强有力的管理手段。因此，跨国公司首先开展了供应链管理的探索和应用，极大地促进了供应链管理理论、方法和应用的研究。跨国公司积极地探索和应用供应链管理的思想来改进自己的管理实践，促进在其供应链上的众多中小企业的供应链管理。从这种意义上来说，跨国公司在推动供应链管理理论和方法的发展，在供应链管理的实践中，起到不可低估的重要作用。

总之，现代供应链管理理论与方法是在现代科学技术条件下产生的，是当今激烈的全球市场竞争中生存与发展的一个重要武器，是赢得市场竞争优势的一种最新的手段。

实例阅读 4-1

上品折扣：打造全渠道模式下的 O2O 供应链服务模式

上品折扣是一家大型品牌折扣连锁卖场，经过 13 年的发展，它在北京已经拥有 8 家实体门店。近两年，随着更多消费者进行"屏幕转移"，开始利用碎片化时间在手机等移动设备上进行购物，上品折扣也抓住这一消费行为的变化，启动了对全渠道零售的布局。全渠道最大的挑战就是供应链运营协同，上品折扣之所以能够入围，原因在于上品折扣作为小而美的 O2O 企业，成功实现了线上线下的供应链双线协同，其成功模式值得其他 O2O 企业学习和借鉴。

O2O 模式下的供应链策略：①在品类上，双线一体化，七成货品与门店共享；②采用中央采购体系，集中采购和库存；③进行全面数据化管理，数据化后每一间店的门店库存数据与线上实时同步；④不设配送中心，由仓储式门店直接给线上用户发货。

未来的传统零售商要做好电商业务，成败就在供应链。2014 年是 O2O 中国传统零售与电商融合的重要之年，虽然上品折扣不是国内规模最大的 O2O 平台，但其模式完全具有学习和借鉴价值。包括某些大型线上线下 O2O 平台，它们都没有完全实现线上线下的供应链双线协同。

资料来源：http://www.agriplan.cn/industry/2015-04/zy-754_4.htm.

四、实施供应链管理的意义

在全球区域经济一体化趋势愈加强烈的今天，不论是在生产领域中还是在消费领域中，不论是物资物流系统还是信息物流系统，其供应链状的传输模式越来越明显。这种供应链的模式，对各个领域和各个系统从资源到产品、从生产到消费的全过程，已经产生了非常重大的影响，从而极大地降低了各个领域和系统的综合成本，也极大地提高了物资产品转化、生产消费转化以及信息物流转化的传输效率，因此，供应链的管理工作也显得日趋重要。

（一）供应链管理能减少从原材料供应到销售点的物流流通时间

供应链上的企业通过对消费者需求做出快速响应（quick response，QR），实现供应链各环节即时出售、即时生产（JIT，又叫准时制生产）、即时供应，也就是在需求信息获取和随后所做出的响应方面尽量接近最终用户，将消费者需求的消费前置时间降低到最低限度。要实现这一点，供应链上的企业必须共享信息，全方位对上下游市场信息做出快速响应，共同对外营造一种群体氛围，将消费者所需的产品生产出来，并及时送到消费者手中。

（二）供应链管理可以减少社会库存，降低成本

供应链通过整体合作和协调，在加快物流速度的同时，也减少了各个环节上的库存

量，避免了许多不必要的库存成本的消耗。如果没有供应链上的集成化管理，链上的企业就会只管理自己的库存，以这种方式来防备由于链中其他组织的独立行动而给本组织带来的不确定性。在供应链的集成化管理中，链中的全部库存管理可通过供应链所有成员之间的信息沟通、责任分配和相互合作来协调，以减少链上每个成员的不确定性和安全库存量。较少的库存又会带来减少资金占用量、削减库存管理费用的结果，从而降低成本。另外，供应链的形成消除了非供应链合作关系中上下游之间的成本转嫁，从整体意义上降低了各自的成本，使得企业将更多的周转资金用于产品的研制和市场开发等，以保证企业获得长期发展。

（三）供应链管理可以提高产品质量

供应链中每一个被选择的伙伴对某项技术和某种产品拥有核心能力，其产品设计、生产工艺、质量处于同行业领先地位。供应链管理就是借助网络技术，使分布在不同地区的供应链合作伙伴，在较大区域范围内进行组装集成制造（OEM 方式）或系统集成，使制造出质量近乎完美的产品成为可能。如果构成产品的零部件由一个厂家生产，或由一些专业化程度不高的厂家生产，则产品总体质量很难得到保证。

（四）供应链管理可以使企业组织简化，提高管理效率

供应链管理主要集中在如何使企业利用供应商的工艺流程、技术和能力来提高它们的竞争力，在组织内实现产品设计、生产制造、物流和采购管理功能的协作。企业组织结构简化、层次减少，可以使企业对信息反应更快，管理更为有效，可有效地避免传统企业机构臃肿、人浮于事的现象，适应现代企业管理的发展趋势。当供应链中的所有战略组织集成为一个统一的知识实体，并贯穿整个供应链网络时，企业运作的效率将会进一步提高。

（五）供应链管理可以从经营战略上加强企业的竞争优势

当今的市场竞争日益激烈，企业面临的竞争对手可能不只是一个经营单位，而是一些相互关联的群体，仅靠企业自身的资源不可能有效地参与市场竞争，还必须把经营过程中的有关各方如供应商、制造商、分销网络、客户纳入一个紧密的供应链中，才能有效地安排产、供、销活动，满足企业利用当今社会一切市场资源进行生产经营的需求，以期进一步提高效率和在市场上获得竞争优势。当一家企业遇到多点竞争时，它必须跳出竞争单位的范围来看待自己的对手，因为竞争优势的获得取决于更广泛的因素——供应链。

> **警句深思**
>
> 供应链管理不是昙花一现，而是新世纪的海啸，将吞并过去所存在的一切不合理的管理：大量库存，产品的盲目开发，对于客户需求缓慢的反应，继续使用传统的有纸化商务活动的方式等。

第二节 供应链管理的含义与特点

供应链管理是从整体的观点出发，寻求建立供、产、销企业间的战略伙伴关系，最大限度地减少内耗与浪费，实现供应链整体效率的最优化。因此，理解供应链管理的含义与特点，把握供应链管理的原则，认识供应链管理与物流管理的区别，是搞好供应链管理的必要前提。

一、供应链管理的含义

（一）供应链管理的概念

供应链是供应链管理的客体。人们对供应链不同范围、不同角度的认识决定了进行供应链管理的范围和角度，也由于人们对供应链有不同的认识，相应地对供应链管理的概念也没有统一的表述（见表 4-1）。

表 4-1 几种典型的供应链管理的定义

Monczka、Trent 和 Handfield（1998）	供应链管理要求传统上分离的职能物料汇集到一个负责的经理人员，由其协调整个物流过程，并且还要求与横贯整个流程各个层次上的供应商形成伙伴关系。供应链管理是这样一个概念，它的主要目标是以系统的观点，对多个职能和多层供应商进行整合与管理外购、业务流程和物料控制
La Londe 和 Masters（1994）	供应链战略包括："……供应链上的两家或更多企业签订一份长期协定，……信任和承诺发展成伙伴关系，……需求和销售信息共享的物流活动的整合，……提升对物流过程运动轨迹控制的潜力。"
Stevens（1989）	管理供应链的目标是使来自供应商的物流与满足客户需求协同运作，以协调高客户服务水平和低库存、低成本的相互冲突的目标
Houlihan（1988）	供应链管理和传统物料制造控制的区别：①供应链被看作一个统一的过程。链上的各个环节不能被分割成诸如制造、采购、分销、销售等职能部门。②供应链管理强调战略决策。"供应"是链上每一个职能的共同目标并具有特别的战略意义，因为它影响整个链的成本及市场份额。③供应链管理强调以不同的观点看待库存，将其看成新的平衡机制。④一种新系统方法——整合而不是接口连接
Cooper et al.（1997）	供应链管理是"……一种管理从供应商到最终客户的整个渠道的总体流程的集成哲学"
Mentzer et al.（2001）	供应链管理是对传统的企业内部各业务部门间及企业之间的职能在整个供应链上进行系统的、战略性的协调，目的是提高供应链及每家企业的长期绩效

供应链管理包含整个价值链，它描述了从原材料开采到使用结束整个过程中的采购与供应管理流程。一般意义上的供应链管理就是把供应链最优化，以最少的成本有效地操作满足最终客户需要的所有过程，包括工作流、物料流、资金流和信息流等，把合适的产品以合理的价格及时送到消费者手上。

总部设于美国俄亥俄州立大学的全球供应链论坛将供应链管理定义成：为消费

者带来有价值的产品、服务以及信息的、从源头供应商到最终消费者的集成业务流程。我国在《中华人民共和国国家标准：物流术语》中将供应链管理定义为：利用计算机网络技术全面规划供应链中的商流、物流、信息流、资金流等，并进行计划、组织、协调与控制。

本书认为，供应链管理是同一供应链上的所有节点企业，包括供应商、分销商、零售商等，将所处的供应链中的各种资源进行集成，并对供应链中的各种运作进行同步化、集成化管理，从而形成高度竞争力，使得该供应链的产品在快速多变的市场中处于优势地位的一种管理模式。

（二）供应链管理的基本要素

虽然国内外学者对于供应链管理没有统一的概念，但供应链管理包含的要素大体相同。供应链管理主要包括以下几个基本要素。

1. 供应链管理的主体

供应链管理的主体是核心企业。供应链是围绕核心企业的网链结构。核心企业相对于链中的其他企业或实体具有一定的优势，所以必定要担当起实施供应链管理、执行管理职能的责任。

2. 供应链管理的客体

供应链管理的客体主要包括实体、流、合作关系三个方面。实体包括供应商、供应商的供应商、制造商、分销商、零售商、运输商等。流包括物流、信息流、资金流和流程，即将供应链中各个实体实际连接起来的是流或流程。合作关系与流和流程相对应，可以将供应链中的实体联系起来。供应链能够正常运转的精髓在于企业间的合作。

3. 供应链管理的思想和方法

供应链管理的思想是供应链中的灵魂，贯穿于整个供应链之中，包括系统观、战略观、集成观、顾客导向、价值的创造和网络关系管理。供应链管理的方法应体现管理的职能，包括决策、计划、组织、协调、控制和领导。

供应链管理是一种集成的管理思想和方法，它执行供应链中从供应商到最终用户的物流的计划和控制等职能。供应链管理不是供应商管理的别称，而是一种新的管理策略，它把不同企业集成起来以提高整个供应链的效率，注重企业之间的合作。最早人们把供应链管理的重点放在管理库存上，作为平衡有限的生产能力和适应用户需求变化的缓冲手段。它通过各种协调手段，寻求把产品迅速可靠地送到用户手中所需要的费用与生产、库存管理费用之间的平衡点，从而确定最佳的库存投资额。因此其主要的工作任务是管理库存和运输。现在的供应链管理则把供应链上的各个企业作为一个不可分割的整体，使供应链上各个企业分担的采购、生产、分销和销售的职能成为一个协调发展的有机体。

二、供应链管理的原则

（一）要以顾客满意为核心

让最终顾客满意是供应链全体成员的共同目标。供应链管理的经营理念是从顾客的角度，通过企业间的协作，谋求供应链整体的最优化，是从更广阔的视野来考虑提高整体业务的效率，而不局限于某企业。供应链管理的这一经营理念，是从顾客的角度提高顾客的满意程度，具体取决于提供给顾客的产品或服务以及增加服务承诺等来增大顾客所期待的那部分“价值”。因此，只有努力改进提供产品给顾客过程的各种管理行为，进而提高顾客的满意度，才能称得上是优良的供应链管理。

（二）要有新型合作竞争理念

在供应链中，企业不能仅仅依靠自己的资源来参与市场竞争，而要通过与供应链参与各方进行跨部门、跨职能和跨企业的合作，建立共同利益的合作伙伴关系。与传统企业经营管理不同，供应链管理是对供应链全面协调性的合作式管理，它不仅要考虑核心企业内部的管理，更要注重供应链中各个环节、各个企业之间资源的利用和合作，让各企业之间进行合作与博弈，最终达到“双赢”。早期的单纯竞争观念完全站在企业个体的立场上，即企业以自己的产品销售在现有的市场上争夺份额，其结果不是你死我活就是两败俱伤，不利于市场空间的扩大和经济的共同繁荣进步。供应链管理的合作竞争理念把供应链视为一个完整的系统，将每一个成员企业视为子系统，组成动态联盟，彼此信任，互相合作，共同开拓市场，追求系统效益的最大化，最终分享节约的成本和创造的收益。

（三）要以现代网络信息技术为支撑

信息技术是提升整个供应链运作效率的重要保障之一。信息技术的应用降低了供应链上伙伴间的交易成本，也使得合作伙伴能及时获取有效的信息，快速响应客户的需求。供应链管理是现代网络信息技术与战略联盟思想的结晶，高度集成的网络信息系统是其运行的技术基础。例如，ERP（企业资源计划）就是供应链管理广泛使用的信息技术。ERP 综合应用了多项网络信息产业的成果，集企业管理理念、业务流程、基础数据、企业资源、计算机软硬件于一体，通过对信息流、物流、资金流的管理，把供应链上所有企业的制造场所、营销系统、财务系统紧密地结合在一起，以实现全球内多工厂、多地点的跨国经营运作，使企业超越了传统的供方驱动的生产模式，转向需方驱动生产模式运营，体现了完全按用户需求制造的思想，通过信息和资源共享，实现以顾客满意为核心的战略。

（四）要重视物流、信息流、资金流的集成

整个供应链网络，从原材料供应商到客户，均包括了物流、信息流和资金流。这些

“流”是形成供应链关系的基础，也是优化整个供应链的必要条件。供应链管理是一种集成化、系统化的管理方式，它从全局的角度通过合作伙伴间的密切合作对供应链上的物流、信息流以及资金流进行控制和调度，以最小的成本和费用产生最大的价值与最佳的服务。供应链管理把从供应商开始到最终消费者的物流活动作为一个整体进行统一管理，始终从整体和全局上把握物流的各项活动，使整个供应链的库存水平最低，实现供应链整体物流最优化。

小贴士：现代供应链管理与传统供应链管理之间的本质差别

传统供应链管理更加强调局部最优，即供应链的每一个企业或成员只追求其个别的利益最大化，而现代供应链管理则追求供应链所有成员的整体利益最优。

在传统供应链里的每一家公司并不在意供应链的上游（供应商）和下游（客户和最终消费者）是否获得最大的利益。现代供应链理论则认为：“除非最终消费者付钱，否则供应链里没有一家公司能真正赚到钱。”有了这种共识，供应链里的所有公司都要设法消除公司之间的障碍，进行合作。

三、供应链管理与物流管理的比较

第二次世界大战以后，物流管理获得了长足的发展。美国物流管理协会认为，物流管理是“为了满足顾客需求，计划、实施和控制从起始点到消费者之间的原材料、在制品库存和产成品的有效的、节约成本的流动和储存以及有关信息的过程”。供应链管理的提出要比物流管理晚得多。1982 年，基思·奥利弗（Keith R. Oliver）和迈克尔·韦伯（Michael D. Webber）在《观察》杂志上发表了“供应链管理：物流的更新战略”一文，首次提出了“供应链管理”。从这个意义上讲，供应链管理的出现源于对物流管理的研究，是物流管理的发展和延续。尤其是现代物流一体化的提出，更使得物流管理和供应链管理的研究领域与研究方法在某些方面有些相近。

（一）供应链管理和物流管理的区别

（1）供应链管理不仅包括对于供应链中物流的管理，还包括对商流、信息流和资金流的管理。虽然物流管理中也包含信息的传递，但信息流在供应链管理中的地位更为重要。尤其是近年来，信息在供应链中的重要作用越来越为人们所认识，信息流问题逐渐成为从物流管理中独立出来的新的问题。

（2）战略联盟的出现使得供应链管理理论日趋成熟。战略联盟的出现是供应链管理的里程碑。它标志着供应链成员企业的合作不仅限于物流领域，而是各企业之间全方位的合作，以实现供应链的无缝连接。

（3）供应链管理和物流管理的研究重点不同。物流管理主要研究各种旨在改善物流效率的物流管理技术和方法，而供应链管理不仅限于技术方法的研究，更加注重“合作”“双赢”等管理理念的研究。

（4）供应链管理和物流管理的目标不同。由于不涉及资金流，物流管理的主要目标是实现最低成本，而供应链管理的目标是实现最大价值。

（二）供应链管理的特点

与物流管理相比，供应链管理有以下特点。

1. 供应链管理的互动性

物流以存货资产作为管理对象。供应链管理是对存货流动（包括必要的停顿）中的业务过程进行管理，是对关系的管理，因此具有互动的特征。

2. 供应链管理是物流的高级形态

物流是通过操作功能的整合形成的，供应链管理则是通过渠道关系的整合形成的。从操作功能的整合到渠道关系的整合，供应链管理使物流从战术的层次提升到战略的高度，所以供应链管理是物流在逻辑上的延伸。

3. 供应链管理决策的层次高

供应链管理决策在包含运输决策、选址决策和库存决策的物流管理决策的基础上，增加了关系决策和业务流程整合决策，成为更高形态的决策模式。

4. 供应链管理强调组织外部一体化

供应链管理认为只有组织内部的一体化是远远不够的，必须考虑在组织内部和组织之间不同层次上相互关联的技术经济问题，进行成本效益权衡。供应链管理通过在节点企业之间建立协商机制，谋求成员之间的联合和协调，减少或消除所有供应链成员企业所持有的缓冲库存。

5. 供应链管理对共同价值的依赖性

供应链管理首先解决的是供应链伙伴之间信息的可靠性问题。如何管理和分配信息取决于供应链成员之间对业务过程一体化达成共识的程度。供应链管理是为了在供应链伙伴间形成一种相互信任、相互依赖、互惠互利和共同发展的价值观与依赖关系，而构筑的信息化网络平台。

6. 供应链管理是“外源”整合组织

供应链管理是在自己的“核心业务”基础上，通过协作的方式来整合外部资源以获得最佳的总体运营效益。除了核心业务以外，几乎每件事都可能是“外源的”，即从公司外部获得的。

7. 供应链管理是一个动态的响应系统

高度动态的市场环境要求企业管理层能够经常对供应链的运营状况实施规范的监控和评价，如果没有实现预期的管理目标，企业就必须考虑可能的替代供应链并做出适当的应变。所以，为了满足企业战略和适应市场需求变化的需要，供应链中的节点企业需要动态地更新，供应链的各个流程需要不断优化。

四、供应链管理应注意的问题

供应链管理的着眼点不在于简单地使某个供应链成员的运输成本达到最小或减少库存，而在于通过采用系统方法来协调供应链成员以使整个供应链总成本最低，使整个供应链系统处于最流畅的运作中。但实现这一目的也存在不少难题。

（一）供应链的集成问题

供应链的集成很难实现，主要是因为供应链是一个集成的系统，要求有内聚力的决策，以便优化系统收益和价值。在集成系统中，供应链中的不同成员存在着不同的、相互冲突的目标。比如，供应商一般希望制造商进行稳定数量的大量采购，而交货期可以灵活变动；与供应商愿望相反，尽管大多数制造商愿意实现长期生产运转，但其必须顾及顾客的需求及其变化并做出积极响应，这就要求制造商灵活地选择采购策略。因此，供应商的目标与制造商追求灵活性的目标之间就不可避免地存在矛盾。

（二）供应链的动态变化问题

供应链是一个动态系统，有自己的生命周期，随时间而不断地变化。例如，客户需求和接受力随时间在不断变化，供应链关系也在不断变化。事实上，不仅顾客需求和供应商能力随时间而变化，而且供应链成员之间的关系也会随时间而变化。比如，随着顾客购买力的提高，供应商和制造商均面临着更大的压力来生产品种多样化且更具个性化的高质量产品，进而最终生产定制化的产品。

（三）供应链的管理者面临的问题

供应链的管理者面临着许多重要的难题。例如，供应链设计和战略伙伴选择是一件很困难的事情，因为不同的设计者和伙伴所制定的目标会相互冲突，而且其具有动态特性。库存管理是另外一个棘手的问题：库存对系统的性能有什么影响？为什么要保留库存？配送网络配置涉及管理根据仓库位置和生产能力做决策，为每个车间里的每一种产品确定生产标准，以及为各设施之间设定运输流程，以使总生产、库存和运输成本最小化，满足服务级要求。

（四）数据、信息和知识的共享问题

数据、信息和知识的共享是整合供应链过程中面临的一个实际问题，大量的企业技术知识很难被清楚地表达出来，只是静静地躺在知识工人的心里。需要特别指出的是，新兴的信息技术能够在多大程度上帮助解释复杂且“沉默”的知识，并将这些知识在分

散的、虚拟组织之间共享。

第三节 供应链管理的目标、内容及实施步骤

供应链管理从整体的观点出发，寻求建立供、产、销企业间的战略伙伴关系，最大限度地减少内耗与浪费，实现供应链整体效率的最优化。因此，实施供应链管理要有明确的目标与内容，充分利用一切可利用的资源来适应社会化大生产的竞争环境，以增强市场竞争实力。

一、供应链管理目标

供应链管理就是对整个供应链系统进行计划、协调、操作、控制和优化的各种活动与过程，其目的是要将顾客所需的正确的产品（right product），在正确的时间（right time），按照正确的数量（right quantity）、正确的质量（right quality）和正确的状态（right status），送到正确的地点（right place），即“6R”，并使总成本达到最低化。也就是说，供应链管理的目标是在满足客户需要的前提下，对整个供应链（从供应商、制造商、分销商到消费者）的各个环节进行综合管理。

具体来说，供应链管理的目标有以下几个。

1. 总成本最低化

由于采购成本、运输成本、库存成本、制造成本以及供应链物流的其他成本费用都是相互联系的，因此，为了实现有效的供应链管理，必须将供应链各成员企业作为一个有机整体来考虑，并使实体供应物流、制造装配物流与实体分销物流之间达到高度均衡。正因为如此，总成本最低化目标并不是指运输费用、库存成本或其他任何供应链物流运作与管理活动的成本最低化，而是整个供应链运作与管理的所有成本的总和最低化。

2. 客户服务最优化

供应链管理的实施目标之一，就是通过上下游企业协调一致的运作，保证达到客户满意的服务水平，吸引并保留客户，最终实现企业的价值最大化。

3. 库存成本最小化

传统的管理思想认为，库存是维系生产与销售的必要措施，因而企业与其上下游企业在不同的市场环境下只是实现了库存的转移，整个社会库存总量并未减少。按照 JIT 管理思想，库存是不确定性的产物，任何库存都是浪费。因此，企业在实现供应链管理目标的同时，要使整个供应链的库存控制在最低的程度。

4. 总周期时间最短化

在当今的市场竞争中，时间已成为竞争成功最重要的因素之一。当今的市场竞争不

再是单个企业之间的竞争，而是供应链与供应链之间的竞争。从某种意义上说，供应链之间的竞争实质上是对于时间的竞争，即必须实现快速、有效的客户响应，最大限度地缩短从客户发出订单到获取满意交货的整个供应链的总时间周期。

5. 物流质量最优化

企业产品或服务质量的好坏直接关系到企业的成败。同样，供应链上的企业间服务质量的好坏直接关系到供应链的存亡。如果在所有业务过程完成以后，发现提供给最终客户的产品或服务存在质量缺陷，就意味着所有成本的付出将不会得到任何价值补偿，供应链物流的所有业务活动都会变为非增值活动，从而导致整个供应链的价值无法实现。达到与保持物流服务质量的水平，也是供应链管理的重要目标。而这一目标的实现，必须从原材料、零部件供应的零缺陷开始，直至供应链管理全过程、全方位质量的最优化。

6. 经营活动快速化

在瞬息万变的动态市场中，通过供应链信息网络尽快把握真实的需求与准确的需求量，通过供应链跨企业集成管理的整体优势，企业能比竞争对手更快、更多、更经济地将产品或服务供应给客户。

就传统的管理思想而言，上述目标相互之间呈现出互斥性：客户服务水平的提高、总时间周期的缩短、交货品质的改善必然以库存、成本的增加为前提，因而无法同时达到最优。但企业只要运用集成化管理思想，从系统的观点出发，改进服务、缩短时间、提高品质与减少库存、降低成本是可以兼得的。供应链管理的最终目标是缩短产品从概念构思到送达用户手中的时间，降低总成本，满足客户需求的多样化，使客户更加满意。

实例阅读 4-2

vivo 和 OPPO 的供应链管理与渠道管理

中国是全球最大的智能手机市场，当然这也意味着市场的风云变幻更加难以预测。回想起 2014 年，中国手机市场还是苹果和三星的天下，小米的“互联网思维”被业界奉为圭臬，而其他手机品牌只得在夹缝中求生存。

仅仅在两年后，中国手机市场就呈现出了另一番景象：苹果和三星销量暴跌，小米头顶的光环正在逐渐退却，反而一直被认为是低性价比的 OPPO 和 vivo 奋起直追，目前已经成为中国出货量数一数二的品牌。在市场巨变的这两年中，OPPO 和 vivo 是如何实现逆袭的？线下渠道功不可没。

从产品属性看，手机是高科技产品，但同时也是不耐用的时尚消费品。高科技产品的特性，意味着每一次技术的迭代都会让辛苦多年积累的营销壁垒轻易崩坍；时尚消费品的属性，则意味着即使技术再高端，如果不符合消费者的口味，也是白忙活。

而现实情况是，中国手机市场的主要核心部件与操作系统都掌控在国际巨头手中，所以往往更好的供应链管理和渠道管理会赢得更加稳定持久的表现，能够适当弥补有时因不能紧跟技术周期带来的生意亏损。

不过，vivo在下面几个方面可以说是做到了炉火纯青。

（1）形成共担的利益体。从市场表现看，OPPO和vivo师出同门，皆来自步步高派系，且战略与打法相似，因此在业内被称为“蓝绿兄弟”。当所有手机品牌都在效仿小米的时候，这两家手机厂商却按部就班地依照传统打法布局线下，并没有创造更新的商业模式，而是采取“利益捆绑”式管理。

这种因资本纽带捆绑在一起的利益共同体，可谓是“狼性”十足。虽然OPPO和vivo都是步步高系，但是“联盟”之间竞争毫不含糊，互相竞争的结果就是挤走了其他品牌手机商。可以说，OPPO和vivo的主要优势体现在渠道上，即将代理商、经销商、销售乃至地推人员的利益进行捆绑，使得大家处于同一条战船上，共同往一个方向使劲。

正如vivo执行副总裁胡柏山所言：“我们把供应链当成我们的合作伙伴，我们和合作伙伴不是一种简单的买卖关系。我们和供应链的关系，其实是从企业文化延伸出来的，企业文化是我们的使命。”

当然，与供应链打好关系的另一个关键因素就是资金管理。据胡柏山透露：“由于vivo的文化价值观是本分与诚信，所以我们往往在45天内向供应商结款。如果供应商出现资金紧张，我们肯定会提前付款。”这样的合作关系，不仅能够有效地避免资金链断裂，还能大幅提升供应链的可靠性与时效性，从而获得更多的市场增量。

（2）形成自研自产的模式。事实上，vivo之所以能够在研发、供应链、生产线方面流畅运营，制定高于标准的要求，收获高标准的产品，很大程度都要归功于自研自产的体系。放眼逐渐统治全球手机市场的中国品牌，目前能够完全做到自研自产的手机品牌并不多见。

就优势而言，vivo这种自研自产的模式可以对加工链、品质控制方面具有更高的把控力，快速处理异常情况，培训更加专业的从业人员，在产品测试投入与把控方面也更加严格，整体产品的协调性与品质更好。相较于贴牌代理厂商只适合做简单的低端产品，进行自产和自主品质管控的vivo更适合做更复杂的、更高端的旗舰产品。

近年来，手机厂商大力度投入研发经费已是大势所趋，毕竟拥有自主研发的创新能力，才具备市场的话语权，这也牵涉中国手机厂商面临的一个棘手问题，那就是专利。

对此，施玉坚认为，专利问题不应该成为市场继续往前走的障碍，无非是通过和合作伙伴洽谈、沟通、合作的方式去解决。“每家公司其实都会面临专利问题，不光是苹果、三星，越是走在前面的品牌，面临的挑战越大。专利的逻辑本质上应该是专利促进行业的发展，所以总体来说各家公司还是立足于协商、共赢的思路，做关于专利授权的谈判。”

（3）提供保姆式终端服务。在经济下行资产荒的今天，你会发现那些投资做vivo

品牌的商业伙伴都有稳定的回报：合适的利润空间、可退换的政策、年轻熟练的驻店销售、接地气的促销活动和礼品，老百姓喜闻乐见，自然货畅其流。

要使产品定价不停地往上走，这种风险保障尤其重要，确保高端产品第一时间能够与终端消费者见面，建立品牌认知度尤为重要。

（4）确保企业文化的落地。在市场营销方面，vivo做足了功夫，不仅下血本赞助综艺节目，还找来了明星做品牌代言，以此讨好消费者。

此外，无论你去哪个专柜，除了韩式质感的品牌风格，你看到的都是年轻开朗的笑脸，专注、激情、高颜值，再配合代言人广告，对同龄人的感染力如此强烈，代入感极强。几十万人异口同声地说一个产品一个卖点，这就是口碑的开始。

苹果初期的成功，很大一部分原因在于对供应链的管理，苹果对供应商的审核非常严格，除了主力供应商以外，还会扶持后备供应商，甚至为了抢先抓住技术概念，直接全资收购和兼并。vivo和OPPO对于供应商的管理也如苹果，而且得益于对线下渠道的稳定掌控，vivo和OPPO原材料及原配件需求稳定，供应商更是乐于合作。与互联网企业相比，vivo和OPPO更偏向是传统手机企业，拥有自己的研发团队、自己的供应链管理、自己的生产线、自己的线下渠道、自己的直营员工。

资料来源：http://www.cn156.com/article-75746-1.html

二、供应链管理的内容

在全球化大市场竞争环境下，任何一家企业都不可能在所有业务上成为最杰出者，唯有联合行业中其他上下游企业，建立一条经济利益相连、业务关系紧密的行业供应链实现优势互补，充分利用一切可利用的资源来适应社会化大生产的竞争环境，才能共同增强市场竞争实力。因此，企业内部供应链管理延伸和发展为面向全行业的产业链管理，其管理的资源从企业内部扩展到了外部，供应链管理的内容也就相应地丰富多了。

（一）信息管理

在供应链中，信息是供应链各方的沟通载体。供应链中各个阶段的企业就是通过信息这条纽带集成起来的，可靠、准确的信息是企业决策的有力支持和依据，能有效降低企业运作中的不确定性，提高供应链的响应速度。

供应链管理的主线是信息管理，信息管理的基础是构建信息平台，实现信息共享，将供求信息及时、准确地传达到供应链上的各个企业，在此基础上进一步实现供应链的管理。

供应链中信息管理的目标是通过有效管理和控制供应链中信息流及信息流程的各个环节，为供应链各环节业务的开展提供信息支持，并深入开发供应链信息资源的价值，以保证供应链目标的实现和获得额外的信息资源效益。

供应链管理拆除了企业的围墙，将各个企业独立的信息化孤岛连接在一起，建立起一种跨企业的协作，以此追求和分享市场机会，通过互联网、电子商务把过去分离的业务过程集成起来，覆盖从供应商到客户的全部过程，包括原材料供应商、外协加工和组装、生产制造、销售分销与运输、批发商、零售商、仓储和客户服务等，实现了从生产领域到流通领域一步到位的全业务过程。

（二）库存管理

供应链库存管理是以降低库存成本和提高企业市场反应能力为目的，从点到链、从链到面的库存管理方法。供应链库存管理是对整个供应链上的库存进行优化，以提高整个供应链的运作效率和降低供应链运行的总成本。企业只有建立一个快速响应的供应链库存系统，才能适应充满激烈竞争、快速多变的市场环境。

在供应链环境下，库存管理更加强调客户需求的满足率和库存信息的实时性，尤其是在不同的供应链环境下，库存管理的策略有很大的不同。供应链管理的一个重要使命就是利用先进的信息技术，收集供应链各方以及市场需求方面的信息，用实时、准确的信息取代实物库存，减小需求预测的误差，从而降低库存的持有风险。因此，供应链环境下的库存管理，必须树立供应链整体观念，精简供应链结构，将供应链上的各环节有效集成。

（三）采购管理

供应链管理体现在供应商、生产商、批发商、零售商和消费者之间，最终目标是商品从供应商到消费者实现其价值。而采购是这一条链中的起点，采购成本的高低会影响产品的最终定价和供应链的获利情况。

采购管理是供应链体系中重要的一个环节，在供应链系统实现无缝连接，提高供应链企业之间的协同运作效率方面作用巨大。在供应链管理体系中，采购管理不断被精细化，作为不增值的环节，其成本也不断降低。采购成本的高低，直接影响到企业最终产品的定价和公司获利能力，甚至可能影响到整个供应链的最终获利状况。如果能实现企业内部各部门之间协同及与外部供应商之间的采购协同，企业就能实现供应链上合作伙伴步调一致，及时响应市场变化，同时有效降低整个供应链的运作成本。

（四）生产管理

传统企业生产运作是以企业自身的物料需求为中心展开的，受企业的资源能力约束；其原材料和外协零部件的供应缺乏战略观念，与供应商的协调不畅；企业计划的制订没有考虑供应商和分销商的能力；不确定性对库存和服务水平的影响较大，致使库存控制难度大。

在供应链管理环境下，生产管理组织模式和现行生产管理组织模式一个显著的不同就是，供应链管理环境下生产管理采用开放性的、以团队工作为组织单元的多代理制。

在供应链联盟中，各企业以合作生产的方式展开合作，企业生产决策信息通过 EDI/ 互联网实时地由企业代理通过协商决定。在这种模式中，大企业专注于品牌、客户关系管理及创新性技术等核心能力的创造和提升，而将生产、流通、销售中低附加价值环节外包给中小企业，以此形成以稳定交易和利益共享为特征的产业链（也是价值链）体系。这种模式会给总成本带来双重效应：一方面，能够大幅度降低生产加工的成本；另一方面，由于企业之间的信息流、物流和资金流管理变得更为复杂，因而有可能导致交易成本的大幅上升。因此，供应链生产管理能力成为决定企业是否具有市场竞争力的关键因素。

（五）绩效管理

供应链管理在实施过程中，要耗费大量的人力、物力和财力，因此，必须进行严格的绩效评价和管理，才能实现企业资源和社会资源的最大化应用。有效的绩效评价与管理是企业经营管理环节中的重要组成部分，它通过定期或不定期地对企业的生产经营活动进行评估，以事实为依据，帮助发现企业经营管理中的薄弱环节，提出改进措施和目标，使企业得以长足进步。

供应链绩效是指供应链的整体运作效率。对供应链绩效进行管理涉及对供应链业务流程进行动态评价。供应链绩效评价，就是按照一定的标准，采用科学的方法，对供应链的合作伙伴及整个供应链网络进行综合的检查和评定，以确定其工作成绩和潜力的管理方法。供应链绩效的评价和管理包括内部绩效、外部绩效和整体绩效等方面，涉及供应商、销售商及核心企业子系统的绩效评价。企业要实现供应链管理目标，就需要构建一个供应链的绩效评价指标体系。

（六）客户管理

供应链管理提供了提高竞争优势、降低交易成本的有效途径，这种途径就是通过协调供应链各成员之间的关系，加强与合作伙伴的联系，在协调的合作关系基础上进行交易，为供应链的全局最优化而努力，从而有效地降低供应链整体的交易成本，使供应链各方的利益获得同步的增加。

在供应链管理中，客户管理是供应链管理的起点，供应链源于客户需求，同时也终于客户需求，因此供应链管理是以满足客户需求为核心运作的。由于客户需求千变万化，而且存在个性差异，因此真实、准确的客户管理是企业供应链管理的重中之重。供应链管理作为一种关系管理，必须建立战略合作伙伴关系并建立一种长期有效的运行机制。

（七）风险管理

供应链上企业之间的合作，会因为信息不对称、信息扭曲、市场不确定性以及其他政治、经济、法律等因素的变化，产生各种风险。同时，在供应链管理实施过程中，企业还要承受来自管理、组织和产品的风险。

为了使供应链上的企业都能从合作中获得满意的结果，必须采取一定的措施规避供应链运行中的风险，如提高信息透明度和共享性、优化合同模式、建立监督控制机制等，尤其是必须在企业合作的各个阶段中通过激励机制的运行，采用各种手段实施激励，以使供应链企业之间的合作更加有效。

三、供应链管理的实施步骤

实施供应链管理大致可分为四个步骤。

（一）分析市场竞争环境，识别顾客价值

分析市场竞争环境是为了识别企业所面对的市场特征和市场机会。要完成这一过程，需要通过调查、访问、分析等手段，对供应商、用户、现有竞争者及潜在竞争者进行深入研究，掌握第一手准确的数据、资料。这项工作一方面取决于企业经营管理人员的素质和对市场的敏感性；另一方面企业应该建立一种市场信息采集监控系统，并开发对复杂信息的分析和决策技术。例如，一些企业建立的顾客服务管理系统，就是掌握顾客需要，进一步开拓市场的有力武器。

供应链管理的目标在于提高顾客价值和降低总的交易成本，管理者要从顾客价值的角度来定义产品或服务，并在不断提高顾客价值的情况下，寻求最低的交易成本。顾客价值是指顾客从给定产品或服务中所期望得到的所有利益，包括产品价值、服务价值、人员价值和形象价值。一般来说，企业发现了市场机会并不意味着真正了解某种产品或服务在顾客心目中的价值，因此，必须真正从顾客价值的角度出发来定义产品或服务的具体特征。只有不断为顾客提供超值的产品，企业才能满足顾客的需求，而顾客的需求拉动是驱动整个供应链运作的源头。

（二）进行战略设计，制订可行计划

从顾客价值出发找到产品或服务的定位之后，企业就要确定相应的竞争战略。竞争战略形式的确定可使企业清楚地认识到要选择什么样的合作伙伴以及合作伙伴的联盟方式。根据波特的竞争理论，企业获得竞争优势有三种基本战略形式：成本领先战略、差异化战略和目标集中战略。例如，当企业确定应用成本领先战略时，它往往会与具有相似资源的企业联盟，以形成规模经济；当企业确定应用差异化战略时，它选择的合作伙伴往往具有很强的创新能力和应变能力。供应链管理战略决策包括如何构造供应链，确定供应链的配置、供应链中每个环节（组织）执行的流程、生产和仓储设施的位置和能力、在各个地点制造或存放的产品、根据不同交货行程采用的运输模式，以及将要使用的信息系统的类型。

在供应链管理战略确定之后，需要有相应的供应链管理实施计划。准确地认识业务的环境与现状，并制订出可行的实施计划是非常重要的。首先，企业要有针对性地设定

项目目标，使项目成员保持一致的前进方向，同时还可以作为今后活动的判断、评价基准。计划包括决定哪个地点供应哪些市场，计划库存多少，是否外协制造，备货和库存政策，备货点设定（以防缺货），以及促销时间和规模，等等。其次，企业要完善信息系统和推进业务的标准化，使采购、生产、库存、物流、销售这一系列供应链业务的信息统一、准确。最后，企业要以内部的生产流程为切入点，在实施跨越企业的供应链管理之前，调整本企业内的协作机制，消除瓶颈。在企业内部实施项目的各部门，可被看成合作伙伴，基本部门间的合作伙伴关系是从整个企业的运行最佳化着想推进项目的实施。

（三）分析企业的核心竞争力，选择合作伙伴

核心竞争力是指企业在研发、设计、制造、营销、服务等某一环节上明显优于并且不易被竞争对手模仿的、能够满足客户价值需要的独特能力。供应链管理注重企业核心竞争力，使企业把内部的智能和资源集中在有核心竞争优势的活动上，将剩余的其他业务活动移交给在该业务上有优势的专业公司来弥补自身的不足，从而使整个供应链具有竞争优势。企业应对自己的业务认真清点，并挑选出与企业的生存和发展有重大关系、能够发挥企业优势的核心业务，而将那些非核心业务剥离出来并交由供应链中的其他企业去完成。

供应链的建立过程实际上是一个供应商的评估、选择过程。选择合适的对象（企业）作为供应链中的合作伙伴，是加强供应链管理最重要的一个基础。企业需要从产品的交货时间、供货质量、售后服务、产品价格等方面全面考核合作伙伴。如果企业选择合作伙伴不当，不仅会侵蚀企业的利润，还会使企业失去与其他企业合作的机会，从而无形中会抑制企业竞争力的提高。选择供应链中的合作伙伴应注意以下几点：合作伙伴必须拥有各自的可资利用的核心竞争力；拥有相同的企业价值观及战略思想；有生产质量保证，按期交货；合作伙伴是前景良好的企业。若企业选择合作伙伴的目的性和针对性不强，过于泛滥的合作可能导致过多的资源、机会与成本的浪费。一旦选定合作伙伴，则应建立战略合作关系。

（四）实施计划，进行评价

供应链的合作伙伴选定后，首先应以小的项目为对象，实施小规模的试验项目，在取得成功的基础上，循序渐进地应用供应链，以取得更大的成效。在这一阶段中，共同分享利润和风险、转变观念和改变业务模式是计划与设计实施的三个要点。这就要求合作伙伴企业本着共享利润和风险的原则，相互公开各自经营现状和信息，公开其责任和成果的测定方法，求得认同，准确把握活动的责任，努力构建多赢关系。由于供应链运作是短期决策，通常具有需求不确定性，因此，运作的目的就是要利用这种不确定因素的减少，在供应链配置和计划的约束下取得最优性能。

供应链管理在实施过程中，投入了非常大的人力、物力和财力，面临的经营风险也非常大，因此进行严格的绩效评价，才能实现企业供应链管理的目标。企业对结束的项

目活动进行评价，并将其评价结果用于下一个项目，积累的成功经验，有利于加快下一个项目实施的步伐。评价的标准主要包括：

（1）企业选择的标准是否合适，是否有利于企业选择合作伙伴，公司与合作伙伴的关系是不是一种长期相互信赖的合作关系。

（2）企业是如何进行库存管理的，采用哪种库存管理方式，库存管理的目标是什么，是否有使用库存管理系统，企业的库存周转率在同行业水平如何。

（3）企业是如何进行物流网络设计和管理的，企业在进行物流网络设计前是否有详细的规划，企业的物流网络是否有效提高了企业的经营效率。

（4）企业是否对供应链管理进行绩效评价，主要采用了哪些指标。企业在进行供应链绩效评价时主要考虑以下几点：交货能力、存货周转率、企业的生产柔性等。

第四节 供应链管理战略与发展趋势

随着经济全球化、市场一体化的趋势日益加强，面对变化反复无常、竞争日趋激烈的市场环境以及顾客需要多样化与个性化、消费水平不断提高的市场需求，企业必须从战略层次上通过供应链管理获取竞争优势，同时还要把握供应链管理不断演变和发展的趋势。

一、供应链管理战略

供应链管理战略就是要从企业发展战略的高度考虑供应链管理涉及的、事关全局的核心问题。认识和制定供应链管理战略，就是要解决企业在具体实施供应链管理时所依据的方法论和策略，避免走弯路或出现失误。

（一）供应链管理从运作层向战略层的转移

供应链管理经过十几年的发展，现已在发达国家的企业中得到了较为成功的应用。而且随着人们对供应链管理认识的不断深入，供应链管理本身也得到了发展。人们逐渐感到，要想进一步发挥供应链管理的潜在作用，应该将供应链管理作为企业的战略性问题来考虑，而不能仅仅将其看作一种操作方法。

根据德勤咨询公司（Deloitte Consulting）发布的一项研究报告，虽然现在已有 91% 的北美制造企业将供应链管理列为关键或重要管理活动，但是只有 2% 的企业达到了世界级水平，差不多有 75% 的企业在平均及以下水平。一个主要的原因是，50% 的企业说它们没有正规的供应链管理战略，虽然它们中的大多数有供应链的计划。其他原因包括：缺乏应用和集成技术的能力，改革关键流程遇到阻力，面临跨职能的障碍，缺乏有效测量供应链绩效的评价指标等。

以上情况反映出一个问题，即供应链管理对提高企业竞争力的重要作用和它在实际运作中表现出的绩效不成比例。产生这些问题的原因并不是供应链管理理论本身有什么大问题，而是企业没有将它看作企业战略的一个组成部分。因此，企业需要从全局的角度进行战略性思考，才能彻底解决上述问题。这是因为所有这些影响供应链管理绩效的问题都不是哪一个部门能够短时间内解决的。可见，从战略性的角度考虑供应链管理的地位具有十分重要的意义，否则许多相关问题都无法得到有效解决。

(二) 建立供应链管理战略系统的主要内容

供应链管理战略系统涉及的范围较大，重点可围绕以下六个方面的要求来考虑。

1. 组织战略

供应链管理是一种不同于一般管理的模式。虽然这里用了"管理"一词，但是其含义与过去只在一家企业内部发生的管理行为不一样。供应链管理涉及合作企业间的协调问题，供应链企业要认识到这一点，并在组织结构上进行重新设计，使之能够适应供应链管理的运行要求。如果供应链管理发生在一家大的集团公司内，公司总部将起到计划和协调的作用。

2. 改革企业的经营思想

形成供应链优势、改变传统采购模式不仅是一种职能，而且是一种战略思想。认识到这一点是改革企业原有经营管理思想和模式的重要前提。供应链管理的实践已经表明，它不是一种单纯的操作性方法，而是一种改变人们对企业职能再认识的战略。传统企业管理模式和供应链管理模式的区别主要有：传统企业的目标是为了销售而制造，而供应链企业的目标是按订单安排生产；传统企业的管理目标是减少与优化库存，而供应链企业的管理目标是创新；传统企业提高生产效率的主要方法是增加批量，而供应链企业提高效率的主要方法是提高企业的柔性。因此，实施供应链管理首先要在经营思想上提高对它的认识，这样才能制定出符合企业发展目标和供应链管理运行规律的战略。

3. 共享信息战略

供应链的优势在于使企业能够共享信息。通过共享竞争信息，可以使供应链上的企业及时制定或调整它们的生产策略，以便在市场上占据主动。制造商、供应商、分销商愿意相互开放，并且希望在供应链中有及早介入的机会。这样一来，共享信息就成为供应链管理必须考虑的战略之一。

4. 利用先进技术的战略

为从供应链上获得优势，企业要从一些基本技术，例如物流过程自动化、企业资源计划系统等做起，把先进技术作为支持供应链协调运行的基础，并且要随着技术的发展，随时向新的、更先进的技术推进。

5. 绩效度量问题

绩效度量是实施任何一种战略必不可少的内容之一。只有知道某一战略的实施效果，管理者才能最后做出有效决策。绩效度量还被看作保持战略层和执行层迈向共同目标的黏合剂，因为系统运行绩效是执行层努力的结果。

6. 供应库战略

通过供应链创造优势的企业清楚地懂得每个供应商在资源组合中的作用，因而把与供应商的关系看作高度战略化的工作。为了保持企业具有较大的选择余地，与供应商建立广泛的关系就成为一种战略——供应库（supply base）战略。

二、供应链管理的发展趋势

随着科技的进步和经济的发展，企业所面临的竞争环境已经发生了很大的变化。企业经营模式的进一步发展和通信技术、运输技术的不断进步，使得供应链及供应链管理也在不断地演变和发展。

（一）供应链管理绿色化

供应链管理绿色化，就是要发展绿色供应链。现在非常强调绿色化概念，因此，企业在设计、生产、物流等各个环节中都应该考虑消耗的能源，或者说消耗的资源是不是最少，要尽量减少对环境造成的污染。企业要从整个生命周期来考虑整个供应链。绿色供应链强调反向回收，很多国外企业非常强调生产者的责任，因生产产品所造成的污染要自己处理，这个是非常重要的理念。要从全生命周期来看待供应链，物流企业、生产企业、分销企业都要考虑绿色的概念，要让环保理念渗透到整个供应链管理中。

（二）差别化与定制化供应管理

强调顾客或者消费者差别化，企业就需要按照顾客的需求来响应、定制化供应链。例如，汽车都是大批量生产，国外强调汽车要定制化，定制化以后响应就会很快。还有像家具这种产品，企业也可以实行定制化。所以，要差别化与定制化，把供应链跟别人的区别开来，进行有针对性的管理是今后的发展方向。

（三）面向顾客的价值流管理

供应链的成本和时间非常重要，但由于最终都存在价值流的问题，所以要落实到价值。供应链不应完全专注于企业，而应首先从顾客考虑，能不能提供给顾客价值是非常重要的。关注顾客的价值流是一个新的理念，企业要面向顾客的价值流管理，而不是面向企业价值流管理，这也是未来供应链管理新的趋势。

（四）集成化供应链动态联盟

很多企业已经感到，单靠一家企业的努力在日益激烈的市场竞争中难以取胜，有必要多家企业结成“联盟”，共同与其他“联盟”竞争。而联盟中的“盟友”，往往首先是与本企业经营内容相关的上下游企业，即供应链上的其他成员。集成供应链正是这样的企业联盟。

集成供应链策略的目标，是在整个供应链中创建生产制造与物流功能的无缝连接，使其成为一个有效的竞争武器，并且不会轻易地被竞争对手模仿。企业要实施集成化供应链管理，就必须进行以下几个方面的转变：企业要从供应链的整体出发，考虑企业内部的结构优化问题；企业要转变思维模式，从纵向一维空间思维向纵横一体的多维空间思维方式转变；企业要放弃"小而全，大而全"的封闭的经营思想，向与供应链中的相关企业建立战略伙伴关系为纽带的优势互补、合作关系转变；企业要建立分布的、透明的信息集成系统，保持信息沟通渠道的畅通和透明度；所有的人和部门都应对共同任务有共同的认识和了解，去除部门障碍，实行协调工作和并行化经营；企业要实行风险分担与利益共享。

企业从传统的管理模式转向集成化供应链管理模式，一般要经过 5 个阶段，即从最低层次的基础建设，到职能集成、内部供应链集成、外部供应链集成，再到最高层次的集成化供应链动态联盟。供应链从而成为一个能快速重构的动态组织结构，即集成化供应链动态联盟。

集成化供应链动态联盟是基于一定的市场需求、根据共同的目标而组成的，通过实时信息的共享来实现集成。主要应用的信息技术是互联网 / 内联网的集成，主要应用的工具是同步化的、扩展的供应链计划和控制系统。基于互联网的电子商务取代传统的商务手段是供应链管理发展的必然趋势（见图 4-1）。

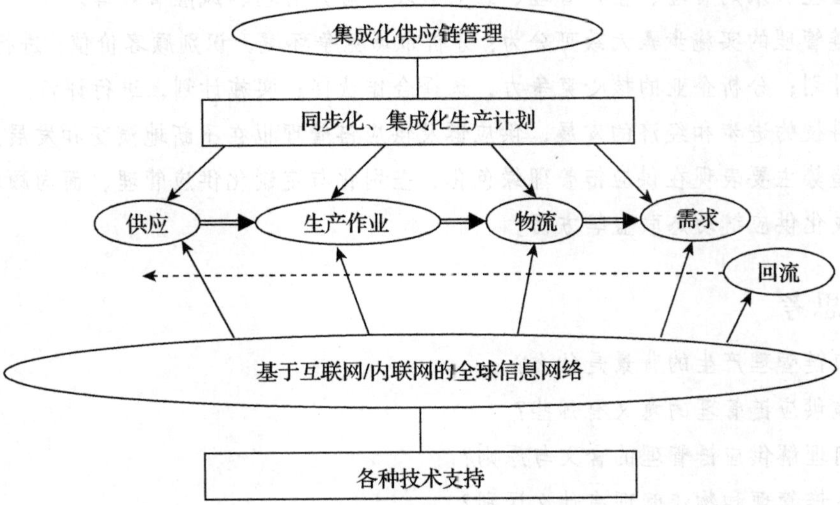

图 4-1　集成化供应链管理程序

本章小结

供应链管理思想首先在西方被提出来。有些学者认为供应链管理起源于后勤学。自 21 世纪以来，供应链管理得到国内外企业的广泛应用，成为企业发展的巨大推动力。供应链管理快速发展的原因是：对供应链管理的作用和地位的新认识是供应链管理发展的内在动力；

信息技术是供应链管理快速发展的重要外在动力；业务流程再造极大地促进了供应链管理的发展；跨国公司在推动供应链管理实践中发挥了重要作用；现代管理理论的不断发展也进一步促进了供应链管理的发展。

加强和实施供应链管理的意义是：减少从原材料供应到销售点的物流流通时间；减少社会库存，降低成本；提高产品质量；使企业组织简化，提高管理效率；从经营战略上加强企业的竞争优势。

供应链管理是同一供应链上的所有节点企业，包括供应商、分销商、零售商等，将所处的供应链中的各种资源进行集成，并对供应链中的各种运作进行同步化、集成化管理，从而形成高度竞争力，使得该供应链上的产品在快速多变的市场中处于优势地位的一种管理模式。供应链管理的原则是要以顾客满意为核心，要有新型合作竞争理念，要以现代网络信息技术为支撑，要重视物流、信息流、资金流的集成。

供应链管理是物流管理的发展和延续。与物流管理相比，供应链管理有以下特点：管理的互动特性、是物流的高级形态、管理决策的层次高、管理强调组织外部一体化、对共同价值的依赖性、是“外源”整合组织、是一个动态的响应系统。在供应链管理中应注意供应链的集成问题、供应链动态变化问题、供应链的管理者素质提高的问题、数据和信息以及知识的共享的问题。

供应链管理的目的就是将顾客所需的正确的产品，在正确的时间，按照正确的质量和正确的状态，送到正确的地点，并使总成本达到最低化。供应链管理的内容主要有：信息管理、库存管理、采购管理、生产管理、绩效管理、客户管理、风险管理等。

供应链管理的实施步骤大致可分为：分析市场竞争环境，识别顾客价值；进行战略设计，制订可行计划；分析企业的核心竞争力，选择合作伙伴；实施计划，进行评价。

随着科技的进步和经济的发展，供应链及供应链管理也在不断地演变和发展。供应链管理的发展趋势主要表现在供应链管理绿色化、差别化与定制化供应管理、面向顾客的价值流管理、集成化供应链动态联盟等方面。

复习思考

1. 供应链管理产生的背景是什么？
2. 实施供应链管理的意义有哪些？
3. 如何理解供应链管理的含义与原则？
4. 供应链管理和物流管理有什么区别？
5. 供应链管理的目标、内容和特点是什么？你是如何理解的？
6. 怎样理解供应链管理的发展趋势？

案例分析

华为、小米、OPPO、vivo的供应链管理对比

从成本的角度来看，公司产品的成本不仅是生产成本的体现，更是供应链在公司以外环节的成本与效率的体现，所以降低运营成本最核心的就是重整供应链。

从创新的角度来看，如今手机行业的创新分为两方面：一是自研技术创新，二是元器件的突破。这两个方面都与信息流、供应链、物流及资金流有着紧密的关系。近年来，华为、小米、OPPO 和 vivo 等国产手机都已在供应链融合创新方面探索出各自的强项和特点。

1. 华为：供应链的规范化与数字化的典范

1998 年 8 月，华为与 IBM 合作启动了“IT 策略与规划”项目，开始规划华为未来 3～5 年需要开展的业务变革和 IT 项目，其中集成供应链（integrated supply chain，ISC）是重点之一。ISC 就是将过去分散、割裂、独立运作的分散供应链模式，提升到以计划引领，采购、生产、物流、销售模块相互协作的、有体系和规范化的供应链管理，即整合供应链上的各环节，并加以规范化。规范化意味着效率，使效果马上凸显出来。

华为提出的 ISC + 项目就是把很多原来人工白板写的东西线上化、数据化，再引入人工智能，进而实现流程优化。华为采购部建立了物料专家团（commodity expert groups，CEG）。各 CEG 负责采购某一类 / 一族的物料来满足业务部门和地区市场的需要。每个 CEG 都是一个跨部门的团队，通过统一的物料族策略、集中控制的供应商管理和合同管理提高采购效率。

2. 小米：精简供应链中间环节

如果说强调机制和机器的作用是华为目前供应链管理的一大亮点，那么小米供应链目前主要强调人的作用。

小米的供应链管理和创新，可以说是最有特点，却也是最没特点的。说它有特点，是因为在 2014 年左右，小米最先采用缩短供应链的方式，依靠专业的代工厂为其代工，减少中间代理商和流转环节，没有中间商赚差价，直接对接生产商与用户。

苹果凭借自身 iOS 系统圈起一个完整的生态链，而小米则依靠互联网思维，以资金为纽带，在取得规模效应后绑定大批硬件供应商，进而形成成本优势，以狙击其他竞争对手。然而，这种商业模式目前已经被同行完全领悟并模仿，迅速普及整个手机产业，因此也算不上什么特点了。

供应链管理的第一大决定因素取决于手机出货量（即元器件的订单量），第二大决定因素取决于与供应商之间的关系，很多时候是双方个人与个人之间微妙的态度。

据报道，在小米 5 发布前，三星半导体中国区的一位高层带着团队与郭俊负责的小米供应链团队见面。在现场 PPT 演说过程中，由于小米一方的态度很差，三星也很强势，双方在现场发生了很激烈的争执，三星高层站起来就离开了。这件事很可能是接下来一系列事情发生的原因：三星 AMOLED 屏幕那段时间出货量很大，但不给小米供货。2016 年 7 月，雷军亲自接管供应链，并到访三星总部请求屏幕供应。可见，供应链管理中人际关系之重要。

3. OPPO 与 vivo：深度参与研发定制，制定利益共享机制

OPPO 和 vivo 不搞低价机海战术，不跟风互联网电商，坚守线下，在 2016 年成长率只

有约 5% 的中国手机市场上创造了年成长率超过 100% 的销量。

步步高电子集团旗下的蓝绿两厂已经分别是全球第四大和第五大手机厂商，4 年成长 10 倍。OPPO 和 vivo 2020 年销售预期大幅拔高，对其供应商和供应链来说也是大挑战。

OPPO 和 vivo 最初选择自建工厂，买来物料自己组装，严格把关品控，加上近两年销量猛增，也加大了上游供应链的话语权。然而，近年来的 OPPO 和 vivo 并不满足于供应商在元器件上的创新，而是强调主动出击，投入资源促进上游元器件的成熟，进而占取先机，打时间差。

"在涉及手机创新的关键领域要提前布局，要把技术跟踪、合作的周期提前到 18 个月，甚至 36 个月。"在现有的市场格局下，vivo 也要去尝试主动引领市场的技术发展。一直以来，vivo 会等供应商的技术方案已经在几家大厂的产品成熟应用以后，再根据供应商的设计理念去推出自己的产品。

但是，在新的战略思路下，vivo 要将自己的设计理念和需求告诉供应商，让供应商根据 vivo 的思路和要求去推进技术演进发展。例如，汇顶科技是为 vivo 提供屏下指纹识别技术的，此前就让 vivo X20 Plus 成为首台屏下指纹手机。vivo 与汇顶联合研发了其搭载的第一代指纹技术。而目前，vivo NEX 继续首发汇顶的第三代指纹技术，承载这项技术的指纹识别模块隐藏于屏幕之下，将机身正面空间全部留给屏幕，保证了完整简洁的一体化外观。

此外，OPPO 和 vivo 正在越来越强调与供应商利益共享。

"vivo 是一个开放的、整合的平台，会把更多的利益让给合作伙伴，包括供应商"，虽然不同于苹果、三星采用收购或深度整合的模式，也不及华为强大的技术研发能力，但 vivo 的供应链仍想以更多的利润分享深度绑定供应商。

一旦 OPPO 和 vivo 下单了，很多供应商根本不用担心其是否会提货、是否会按时付款、是否会赖账。它们一起专注于如何实现产品差异化、如何保证品质和上市时间这些真正有价值与有意义的事情。如果物料库存不能在别的项目上使用，OPPO 和 vivo 就会做出相应的赔偿，不会让供应商吃亏，即使在 2011 年、2012 年 OPPO 和 vivo 最困难的时候也是如此。OPPO 和 vivo 不仅会请供应商吃饭，而且会给供应商的技术支持人员提供免费住宿。

资料来源：http://www.logclub.com/articleInfo/NDMxOS1jNzc5ODZmMA==.

| 案例思考 |

1. 对比分析几家手机企业的供应链管理的可借鉴之处。

2. 我国当前企业的供应链管理重点是什么？

第五章

CHAPTER 5

供应链管理方法

|学习目标|

1. 了解有效客户响应方法和战略。
2. 理解有效客户响应方法的内涵和特征、快速响应方法与有效客户响应方法的异同。
3. 熟悉有效客户响应和快速响应产生的背景。
4. 掌握快速响应方法的内涵和实施步骤。

|案例导入|

婴童奶粉行业：以ECR模式打造高效供应链实现快速响应市场变化

虽然我国奶粉的总体销量下降，但呈鲜明对比的是，随着二孩政策的出台、家长对孩子成长的重视，国内婴幼儿奶粉的市场需求在不断扩大。同时，婴童奶粉的市场竞争也日趋激烈，品牌战、广告战、促销战、渠道战，使每一个婴童奶粉厂家都备感竞争的压力。

婴童奶粉行业具有市场需求不确定性的特点，这也成为婴童奶粉厂家的困扰——市场推广、促销及竞争对手的营销变化都极大地影响了市场预测的准确性，还存在对市场需求把握不准、导致生产计划频繁调整、产生生产过剩或者不足、渠道渗透及产品铺货率不够高、产品推广不理想等情况。在不确定的市场需求环境下，婴童奶粉企业间的竞争已从纯粹的产品与产品、单个企业与企业间的竞争，转向供应链与供应链之间的竞争。

现阶段，很多国内的婴童奶粉企业在统一、稳定、顺畅的供应链建设方面还比较落后。而有效客户响应（efficient consumer response，ECR）供应链模式，能够让婴童奶粉企业面对变化的市场，快速捕捉客户的需求信息，及时调动资源，以最快的速度满足用户需求。

目前，我国婴童奶粉行业仍处于"小生产，大流通"阶段，其供应链呈喇叭状。我国主要婴童奶粉企业的供应链如图 5-1 所示。

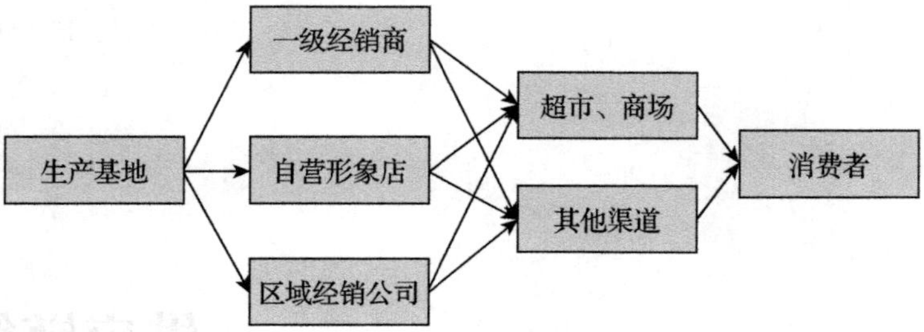

图 5-1 我国主要婴童奶粉企业的供应链

由图 5-1 可以看出，我国婴童奶粉行业的供应链大多采用"生产基地——一级经销商—终端"的模式。同时，为弥补一级经销商在地域覆盖方面的不足，很多婴童奶粉企业在进行一级经销商建设的过程中，逐步发展自己的自营形象店和区域经销公司。产品经由一级经销商向超市、商场和直销门店等渠道供货，并最终供给消费者。消费者对于婴童奶粉的品牌和产品时效的敏感度极高，积压品几乎等于滞销品，因此很多婴童奶粉厂都采用"以销定产"的生产模式。在信息流是单向的情况下，供应链存在"长尾"的现象会导致需求信息失真。当这些失真的信息一旦被生产制造出来，转瞬就会变为积压库存，如果这些积压库存促销失利，就有可能变成 100% 的损失。

目前，我国婴童奶粉企业的营销网络还无法直接覆盖所有终端，也就无法参照国外的经验直接将生产基地和终端相连。因此，我国婴童奶粉行业的供应链应该是由"广泛布局"向"战略联盟"转移，即选择重点的"一级经销商"，和其建立战略联盟，采用 ECR 模式，利用 VMI 技术，打造"VMI 信息平台"，利用信息化系统整合"一级经销商、自营形象店、区域经销公司"的市场需求信息，通过信息共享来提高业务处理效率，降低渠道库存，加快资金流转，降低供应链上的协同成本，加快产品开发与推出速度，最终使婴童奶粉企业跟上快速的市场需求变化。整个供应链中的信息流如图 5-2 所示。

通过"VMI 信息平台"，打造整个供应链的"信息枢纽"。利用"VMI 信息平台"及时收集市场终端的客户需求信息，将其与渠道中的库存信息加以及时汇总处理，生成实际的需求订单，并将实际的需求订单信息传递给生产基地。生产基地基于汇总的"VMI 信息平台"上的需求信息，根据实际库存情况安排生产，从而保证整个供应链的"快速订单响应"，保持渠道库存与市场销售的最佳平衡点，做到"产销平衡"，加快促进资金周转，减少整个供应链中的"长尾效应"，提高资金的时间价值。对于婴童奶粉企业，谁能打造高效的供应链，谁能以最快的速度响应市场变化，谁就能赢得客户、赢得市场。

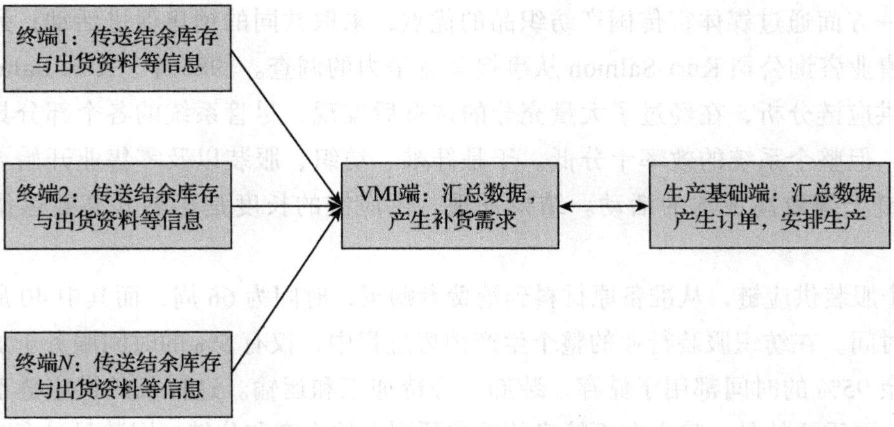

图 5-2　基于 ECR 模式的供应链信息流

资料来源：http://www.ancc.org.cn/News/article.aspx?Id=4403.

| 思考题 |

1. 婴童奶粉供应链的问题在哪里？
2. ECR 模式如何实现婴童奶粉供应链的快速响应？

第一节　快速响应

现代文明的显著特点是现代人具有不确定的多样性需求。对于供应链而言，需求摆动和振荡所引起的短缺或富余都将导致浪费与低效率。因此，供应链中所有的活动都要与需求和顾客的行为步调一致，产品和服务以顾客所需要的种类与数量来生产和配送。快速响应（QR）的基本原则是按照需求对组织活动进行部署，是制造业或者服务业竭力按照顾客的要求，以准确的数量、种类在规定的时间为其顾客提供产品和服务的运作方式。

一、快速响应的起源

快速响应最早是由美国的纺织服装业发展起来的一项供应链管理策略。从 20 世纪 70 年代后期开始，美国纺织服装的进口急剧增加，到 20 世纪 80 年代早期，美国国产的鞋、玩具以及家用电器在美国市场上的占有额下降到 20%，而国外进口的服装占据美国市场的 40%。面对与国外商品的激烈竞争，美国的纺织与服装行业在 20 世纪 70 年代和 80 年代采取的主要对策是在寻找法律保护的同时，加大现代化设备的投资。但是，即使这样，价廉进口纺织品的市场占有率仍在不断上升，而本地生产的纺织品的市场占有率却在连续下降。

为此，1984 年，美国服装、纺织以及化纤行业的先驱们成立了“用国货为荣委员会”，该委员会的任务是为购买美国生产的纺织品和服装的消费者提供更大的利益。该委员会一方面通过媒体宣传国产纺织品的优点，采取共同的销售促进活动；另一方面委托零售业咨询公司 Kurt Salmon 从事提高竞争力的调查。1985 年，Kurt Salmon 协会进行了供应链分析，在经过了大量充分的调查后发现，尽管系统的各个部分具有高运作效率，但整个系统的效率十分低。于是纤维、纺织、服装以及零售业开始寻找那些在供应链上导致高成本的活动。结果发现，供应链的长度是影响其高效运作的主要因素。

整个服装供应链，从准备原材料到消费者购买，时间为 66 周，而其中 40 周为仓储和运输时间。在纺织服装行业的整个生产销售过程中，仅有 5% 的时间服务于加工和制造，其余 95% 的时间都用于储存、装卸、等待加工和运输。这样长的供应链不仅各种费用大，更重要的是，建立在不精确的需求预测上的生产和分销，因数量过多或过少造成的损失非常大。总损失每年可达 25 亿美元，其中 2/3 的损失来自零售或制造商对服装的降价处理以及零售时的缺货。进一步的调查发现，消费者离开商店而不购买的主要原因是找不到合适的尺寸和颜色的商品。

这些研究的成果就是快速响应战略的出台，通过在纺织服装行业采用条形码，在零售网点安装 POS 系统，在制造商和零售商之间采用标准的 EDI 传输信息，在企业之间实现信息共享，大大提高了产品周转速度以及对顾客需求的反应能力。服装行业快速响应战略的研究，关注季节性产品或高度不确定性的短生命周期产品，目标是降低生产和库存成本，部分是滞销和脱销的成本。该策略可以减少制造商的补货提前时间，从而使零售商以少量库存试销，利用早期反馈的销售信息来改善 SKU（不同花式、款式、面料）的预测，从而减少滞销和脱销的成本，也可以使制造商调整生产计划更好来匹配产出与需求，减少降价补贴、退货运输费、退货库存费等。制造企业通过加强与零售商、分销商的合作，加速信息快速流动，保证信息共享、透明，了解最终顾客的真实消费需求，缩短订货提前期，并用高频率、小批量的订货模式代替低频率、大批量的订货模式，实现连续补货（continuous replenishment，CR），加快对市场变化的响应。

虽然应用快速响应的初衷是对抗进口商品，但是实际上并没有出现这样的结果。相反，随着竞争的全球化和企业经营业的全球化，快速响应系统管理迅速在各国企业界扩展。航空运输为国际间的快速供应提供了保证。现在，快速响应方法成为零售商实现竞争优势的工具。同时随着零售商和供应商结成战略联盟，竞争方式也从企业与企业间的竞争转变为战略联盟与战略联盟之间的竞争。

二、快速响应的内涵和作用

快速响应是指在供应链中，为了实现共同的目标，零售商和制造商建立战略伙伴关系，利用 EDI 等信息技术，进行销售时点的信息交换及订货补充等其他经营信息的交换，用多频度、小数量配送方式连续补充商品，以实现缩短交货周期，减少库存，提高客户服务水平和企业竞争力的供应链管理方法。

快速响应对厂商和零售商分别具有以下作用。

（一）快速响应对厂商的作用

1. 提供更好的顾客服务

厂商快速响应零售商可以为店铺提供更好的服务，最终为顾客提供更好的店内服务水平。由于厂商送来的货物与承诺的货物是相符的，厂商能够很好地协调与零售商间的关系。长期的良好顾客服务会增加市场份额。

2. 降低流通费用

由于集成了对顾客消费水平的预测和生产规划，企业就可以提高库存周转速度，减少需要处理和盘点的库存量，从而降低流通费用。

3. 降低管理费用

因为不需要手工输入订单，所以采购订单的准确率提高了。额外发货的减少也降低了管理费用。货物发出之前，仓库对运输标签进行扫描并向零售商发出提前运输通知，这些措施都降低了管理费用。

4. 更好地安排生产计划

由于可以对销售进行预测并能够得到准确的销售信息，厂商可以准确地安排生产计划。

（二）快速响应对零售商的作用

1. 提高销售额

条形码和 POS 扫描使零售商能够跟踪各种商品的销售和库存情况，这样零售商就能够准确地跟踪存货情况，在库存真正降低时才订货；降低订货周期；实施连续补货系统（也称厂商补货系统），使用库存模型来确定什么情况下需要采购，以保证在顾客需要商品时可以得到现货。

2. 减少削价的损失

由于具有了更准确的顾客需求信息，店铺可以更多地储存顾客需要的商品，减少顾客不需要商品的存货，这样就可以减少削价的损失。

3. 降低采购成本

商品采购成本是企业完成采购职能时发生的费用，这些职能包括订单准备、订单创建、订单发送及订单跟踪等。实施快速响应后，上述业务流程大大简化了，采购成本降低了。

4. 降低流通费用

厂商使用物流条形码标签后，零售商可以扫描这个标签，这样就减少了手工检查到货所发生的成本。物流条形码支持商品的直接出货，即配送中心收到货物后不需要检查，可立即将货物送到零售商的店铺。厂商发来的提前发货通知可使配送中心在货物到达前有效地调度人员和库存空间，而且不需进行异常情况处理，因为零售商能准确掌握厂商发货信息。

5. 加快库存周转

零售商能够根据顾客的需要频繁地小批量订货，也降低了库存投资和相应的运输成本。

6. 降低管理成本

管理成本包括接收发票、发票输入和发票例外处理时所发生的费用，由于采用了电子发票及预先发货清单技术，管理费用大幅度降低了。

三、快速响应的实施

快速响应的实施需要6个步骤，每一个步骤都需要以前一个步骤作为基础，虽然比前一个步骤有更高的回报，但是需要额外的投资。快速响应实施的步骤如图5-3所示。

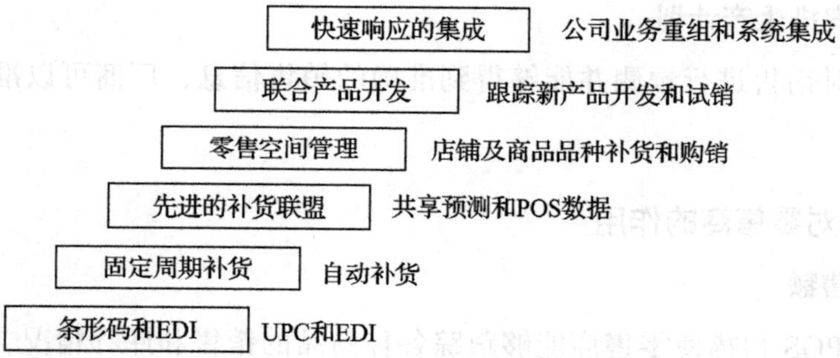

图 5-3 快速响应步骤

（一）条形码和EDI

零售商首先必须安装条形码（UPC码）、POS扫描和EDI等技术设备，以加快POS机收款速度、获得更准确的销售数据并使信息沟通更加流畅。

通用产品代码（UPC码）是行业标准的12位条形码，用作产品识别。正确的UPC产品标志对POS端的顾客服务和有效的操作是至关重要的。扫描条形码可以快速、准确地检查价格并记录交易。

POS扫描用于数据输入和数据采集，即在收款检查时用光学方式阅读条形码，然后将条形码转换成相应的商品代码。

EDI是在计算机间交换商业单证需要遵从的标准，如ANSIN.12。EDI要求公司将其业务单证转换成行业标准格式，并传输到某个增值网（VAN），贸易伙伴从VAN上接收到这些单证，然后将其从标准格式转到自己系统可识别的格式。EDI可传输的单证包括订单、发票、订单确认、销售和存货数据及提前运输通知等。

实例阅读 5-1

QR 码：快速响应的矩阵式二维条码

QR 码呈正方形，只有黑白两色。在 4 个角落的其中 3 个，印有较小的像“回”字的正方形图案（见图 5-4）。这 3 个正方形图案用于帮助解码软件定位，使用者不需要对准，无论以任何角度扫描，资料都可被正确读取。QR 码最常见于日本，是目前日本最流行的二维空间条码。QR 码比普通条码可储存更多资料。

QR 码除具有一维条码及其他二维条码信息容量大、可靠性高、可表示汉字及图像多种文字信息、保密防伪性强等优点外，还具有如下主要特点。

（1）QR 码二维条码的横向、纵向都存有信息，可以放入字母、数字、汉字、照片、指纹等大量信息，相当于一个可移动的数据库（见图 5-5）。

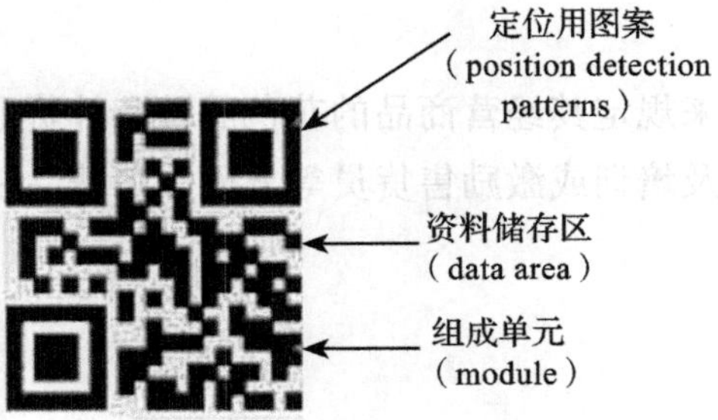

图 5-4　QR 码

图 5-5　同样的数据 QR 码只有条码的 1/10 大小

（2）QR 码与其他二维码相比，具有识读速度快、数据密度大、占用空间小的优势（见图 5-6）。

图 5-6　300 个字符或数字可以被编进这样大小的 QR 码里面

（3）纠错功能强，即使破损也能够正确识读。

（4）超高速识读。

（5）全方位识读。

（6）能够有效地表示中国汉字、日文汉字。

资料来源：https://blog.csdn.net/wang_shaner/article/details/6317327.

（二）固定周期补货

固定周期补货即自动补货，是指基本商品销售预测的自动化。自动补货使用基于过去和目前销售数据及可能变化的软件进行定期预测，同时考虑目前的存货情况和其他一些因素，以确定订货量。自动补货是由零售商、批发商 / 制造商在仓库或店内进行的。

快速响应的自动补货要求供应商更快、更频繁地运输新订购的商品，以保证店铺不缺货，从而提高销售额。通过对商品实施快速响应并保证这些商品能敞开供应，零售商的商品周转速度更快，消费者可以选择更多的花色品种。

（三）先进的补货联盟

成立先进的补货联盟是为了保证补货业务的顺畅。零售商和消费品制造商联合起来检查销售数据，制订关于未来需求的计划和预测，在保证有货和减少缺货的情况下降低库存水平。此外，还可以进一步由消费品制造商管理零售商的存货和补货，以加快库存周转速度，从而提高投资毛利率。投资毛利率是销售商品实际实现的毛利除以零售商的库存投资额。

（四）零售空间管理

零售空间管理是指根据每个店铺的需求模式来规定其经营商品的花色品种和补货业务。一般来说，对于花色品种、数量、店内陈列及培训或激励售货员等方面，消费品制造商也可以参与决策。

（五）联合产品开发

这一步的重点不再是一般商品和季节商品，而是服装等生命周期很短的商品。厂商和零售商联合开发新产品，其关系的密切度超过了购买与销售的业务关系，这种联合开发缩短了从形成新产品概念到新产品上市的时间，而且可以经常在店内对新产品进行试销。

（六）快速响应的集成

通过重新设计业务流程，将前五步的工作和公司的整体业务集成起来，以支持公司的整体战略。这一步要求零售商和消费品制造商重新设计其整个组织、业绩评估系统、业务流程和信息系统，设计的中心围绕着消费者而不是传统的公司职能，要求集成的信息技术。

四、快速响应实施的条件

QR 的成功实施必须改变传统的经营方式，革新企业的经营意识和组织，开发和应用现代信息处理技术，实现信息共享，从而缩短交货周期，降低商品库存，提高客户服务水平和企业竞争力。具体来说，企业要有效地实施快速响应策略，应该具有以下条件。

（一）必须改变传统的经营意识和经营方式

（1）企业不能局限于只依靠本企业的力量来提高经营效率的传统经营意识，要树立与供应链各方建立合作伙伴关系，努力利用各方资源来提高经营效率的现代经营意识。

（2）实施 QR 必须采用现代经营方式，包括：①零售商在垂直型 QR 系统中起主导作用，零售店铺是垂直型 QR 系统的起始点；②在垂直型 QR 系统内部，通过 POS 数据等销售信息和成本信息的相互公开与交换，来提高各个企业的经营效率；③明确垂直型 QR 系统内各个企业之间的分工、协作范围和形式，消除重复业务和作业，建立有效的分工协作框架；④必须改变传统的事务作业的方式，利用信息技术实现事务作业无纸化和自动化。

（二）必须开发和应用现代信息处理技术或系统

现代信息处理技术或系统包括商品条形码技术、电子订货系统（electronic ordering system，EOS）、POS 数据读取系统、EDI 系统、预先发货清单技术（advanced shipping note，ASN）、电子支付系统（electronic funds transfer，EFT）、供应商管理库存（VMI）、连续补充库存计划（continuous replenishment program，CRP）等。

（三）必须与供应链各方建立战略伙伴关系

具体内容包括以下两个方面：一是积极寻找和发现战略合作伙伴；二是在合作伙伴之间建立分工和协作关系。合作的目标是既要削减库存，又要避免缺货现象的发生，降低商品风险，避免大幅度降价现象的发生，减少作业人员和简化事务性作业等。

（四）必须改变传统企业对商业信息保密的做法

在销售信息、库存信息、生产信息、成本信息等方面与合作伙伴交流和分享，并在此基础上，要求各方在一起共同发现问题、分析问题和解决问题。

（五）必须降低库存

（1）进行多品种少批量生产和多频度小数量配送，降低零售商的库存水平，提高顾客服务水平。

（2）在商品实际需要将要发生时采用 JIT 生产方式组织生产，减少供应商自身的库存水平。

第二节 有效客户响应

有效客户响应是一种分销商与供应商为消除系统中不必要的成本和费用并给客户带来更大效益而进行密切合作的供应链管理战略。

一、有效客户响应的起源

有效客户响应（ECR）是 1992 年从美国食品杂货业发展起来的一种供应链管理策

略，同时也是该行业开展供应链体系构造的一种实践。ECR 之所以能在美国食品杂货行业全面得到认可和实践，其主要原因和背景有以下几个方面。

（一）零售业态间的竞争激化

20 世纪 80 年代末，美国食品杂货产业中出现了一些新型的零售业态，并且得到了迅速发展，成为食品零售市场中的主要竞争者。这种新型的食品零售业态主要是批发俱乐部（wholesale club）和仓储式商店（mass merchants），这些新型的市场参与者对原有的超市构成了巨大的威胁。针对这种状况，一方面，原有的超市只有不断地调整自己的经营战略和经营形式，才能应对日益激烈的市场竞争；另一方面，作为新型的零售业态，也只有进一步强化竞争或核心能力，才能在长期的零售竞争中保持持续的优势。而作为零售企业，其首先亟待提高的能力就是如何在最短的时间内对顾客的需求做出响应，从而实现快速、差异化的服务，同时借助单品管理（即建立在个别商品管理基础上的畅销品、滞销品管理），提高零售企业的作业效率。正是在这种要求和发展目标的引导下，美国食品杂货行业开始了 ECR 的实践和探索，并最终形成了供应链构筑的高潮。

（二）成本高昂、消耗增加的压力上升

在传统的经营体制中，由于市场中生产企业间和零售企业间的竞争加剧，各企业为了保持自己的销售额和不断增长的市场份额，纷纷采取直接或间接的方法调低商品销售的价格或经销价，通过各种有利的交易条件来保证商品销售的竞争力。一方面，生产企业试图通过降低价格实现零售商的大量进货；另一方面，零售商为了促进销售也要求生产企业降低商品价格，提供各种商品销售中的优惠条件，其结果是生产商的负担加重，各种促销活动日益损坏了生产企业的利益。而生产企业为了将这种损失降低到最低程度，并保持持续不断增长的销售额，只有不断扩大新产品的生产，通过广泛的产品线来弥补大量促销造成的损失，而这一行为又造成企业之间无差异竞争情况的加剧，同时使零售企业的进货和商品管理成本加大。由于 ECR 实践的推行能够有效地解决上述问题，避免无效商品的生产、经营，通过确定商品的培育、经营提高产销双方的效率，所以，美国 ECR 的推行吸引了大量生产企业的加入。

（三）消费者的需求得不到满足

另外，从消费者的角度来看，过度竞争忽视了消费者的需求：高质量、新鲜、服务好和合理价格。许多企业通过诱导型广告和促销来吸引消费者转移品牌。可见，ECR 产生的背景是要求从消费者的需求出发，提供满足消费者需求的商品和服务。

（四）构建新型的供应链管理体系的需要

ECR 在美国推行过程中还有一个背景和特点是值得人们注意的，即当时随着产销合

作或供应链构筑的呼声越来越高，特别是QR和战略联盟的日益发展，生产企业与零售商直接交易的现象越来越普遍。与此同时，批发业则日益萎缩，产销之间都开始在交易中排除批发商环节。但是，在ECR的推行过程中，并不是盲目地排斥批发商，而是在重新认识批发商重要性的同时，通过批发商经营体系的改造和现代经营制度的建立，将其有机地纳入供应链体系的构筑中，这可能与食品杂货行业的商品特性有一定的关联。

为此，美国食品营销协会（Food Marketing Institute）联合可口可乐、宝洁、KSA公司对供应链进行调查、总结、分析，得到改进供应链管理的详细报告，提出了ECR的概念体系，被零售商和制造商采用并广泛应用于实践。

在中国，制造商和零售商为渠道费用而激烈争执，零售业中工商关系日趋恶化，消费者利益日趋受到损害。ECR是真正实现以消费者为核心，转变制造商与零售商买卖双方对立统一的关系，实现供应与需求一整套流程转变方法的有效途径，日益被制造商和零售商所重视。

小资料

中国对ECR理念和技术的跟踪始于1996年。2001年，中国物品编码中心（GSI China）发起成立了中国ECR委员会（ECR China），并于2001年7月正式加入亚洲ECR委员会（ECR Asia）。中国ECR委员会是以供应商和零售商为主组成的，宗旨是向国内企业引进世界最新的供应链管理运作理念，推广供应链管理新技术与成功的供应链管理经验，协调、制定相关标准，并促进其应用。

二、有效客户响应的内涵和特点

有效客户响应是一种通过制造商、批发商和零售商各自经济活动的整合，以最低的成本，最快、最好地实现消费者需求的流通模式。这是一种分销商与供应商为消除系统中不必要的成本和费用并给客户带来更大效益而进行密切合作的供应链管理战略。

有效客户响应是零售企业满足顾客需求的解决方案和核心技术，目标是最高效地满足消费者不断增长的、多样化的需求。只有更好地满足消费者需求，零售商、分销商和制造商才能生存与发展，才更有竞争能力。

有效客户响应强调供应商和零售商的合作，尤其是在业间竞争加剧和需求多样化发展的今天，产销之间迫切需要建立相互信赖、相互促进的协作关系，通过现代化的信息和手段，协调彼此的生产、经营和物流管理活动，进而在最短的时间内应对客户需求变化。

有效客户响应以提高消费者价值、提高整个供应链的运作效率、降低整个系统的成本为目标，从而提高企业竞争能力。

有效客户响应具有以下特点。

（一）有效客户响应重视采用新技术、新方法

首先，有效客户响应采用了先进的信息技术，在生产企业与流通企业之间开发了一种利用计算机技术的自动订货系统（computer assisted ordering，CAO）。CAO 系统通常与电子收款系统（POS）结合使用，利用 POS 系统提供的商品销售信息把有关订货要求自动传向配送中心，由该中心自动发货，这样就可能使零售企业的库存降至为零状态，并减少从订货至交货的周期，提高商品新鲜度，减少商品破损率，还可使生产商以最快捷的方式得到自己的商品在市场上是否适销对路的信息。

其次，有效客户响应还采用了两种新的管理技术和方法，即种类管理和空间管理。种类管理的基本思想不是从特定品种的商品出发，而是从某一种类的总体上考虑收益率最大化。就软饮料而言，不考虑其品牌，而是从软饮料这一大类上考虑库存、柜台面积等要素，按照投资收益率最大比原则去安排品种结构。其中有些品种能赢得购买力，另一些品种能保证商品收益，通过相互组合既满足了顾客需要，又提高了店铺的经营效益。空间管理能促使商品布局、柜台设置最优化。过去许多零售商也注意到了此类问题，不同点在于有效客户响应的空间管理是与种类管理相结合的，通过两者的结合实现单位销售面积的销售额和毛利额的提高，因而可以取得更大的效果。

（二）有效客户响应建立了稳定的伙伴关系

在传统的商品供应体制上，生产者、批发商、零售商联系不紧密，发生的每一次订货都有很大的随机性，这就造成生产与销售之间商品流动的极不稳定性，增加了商品的供应成本。而有效客户响应恰恰克服了这些缺点，在生产者、批发商、零售商之间建立了一个连续的、闭合式的供应体系，改变了相互敌视的心理，使他们结成了相对稳定的伙伴关系，克服了商业交易中的钩心斗角，实现了共存共荣，是一种新型的产销同盟和产销合作形式。

（三）有效客户响应实现了非文书化

有效客户响应充分利用了信息处理技术，使产购销各环节的信息传递实现了非文书化。无论是企业内部的传票处理，还是企业之间的订货单、价格变更、出产通知等文书都通过电子数据交换（EDI）进行自动处理。由于利用了电子数据交换，生产企业在生产产品的同时，就可以把产品的内容电传给进货方，作为进货方的零售企业只要在货物运到后扫描集运架或商品上的电码就可以完成入库验收等处理工作。全面采用电子数据交换，企业可以根据产品明细自动地处理入库，从而使处理时间近似为零，这对于迅速补充商品，提高预测精度，大幅度降低成本起到很大的作用。

三、有效客户响应实施的意义

由于在流通环节中缩减了不必要的成本，零售商和批发商之间的价格差异也随之降

低，这些节约了的成本最终将体现在消费者身上，各贸易商也将在激烈的市场竞争中赢得一定的市场份额。

根据欧洲供应链管理委员会的调查报告，接受调查的392家公司，其中制造商实施ECR后，预期销售额增加5.3%，制造费用减少2.3%，销售费用减少1.1%，仓储费用减少1.3%，总盈利增加5.5%。而批发商及零售商业也有相似的获益，销售额增加5.4%，毛利增加3.4%，仓储费用减少5.9%，平均库存减少13.1%，每平方米的销售额增加5.3%。

由于在流通环节中缩减了不必要的成本，零售商和批发商之间的价格差异也随之降低，这些节约了的成本最终将使消费者受益。除了这些有形的好处以外，还有一些对消费者、分销商和供应商重要的无形的利益。

（1）消费者：增加选择和购物的方便，减少缺货单品，产品更新鲜。

（2）分销商：增加消费者的信任，对顾客更加了解，改善了和供应商的关系。

（3）供应商：减少缺货，增加品牌信誉，改善了和分销商的关系。

实例阅读 5-2

海尔、苏宁共举ECR推动中国家电供应链创新

随着观念和技术的不断进步，2007年，苏宁与其销量最大的合作品牌——海尔开创了全新的ECR（高效率）合作模式。7月16日，海尔集团副总裁周云杰率领营销团队和信息开发团队造访南京苏宁电器总部，与苏宁电器副总裁金明签署了具体的ECR合作协议，共同开创了中国家电供应链的又一次创新模式革命。

1. ECR：向管理要效益

有效客户响应（ECR）是现代供应链管理的一种全新模式，是一种在分销系统中，为降低和消除销售渠道与制造商体系中不必要的成本与费用，为用户带来更大利益而进行密切合作的供应链管理策略。ECR的最终目标是建立一个具有高效响应能力和以用户需求为基础的体系，使零售商与制造商以业务伙伴方式合作，提高整个供应链的效率（而不是单个环节），降低整个供应链体系的运作成本。周云杰表示：“ECR的合作模式就是一切对着用户，向管理要效益，为用户提供性价比更高的产品和服务，第一时间创造和满足用户的需求。”海尔、苏宁联手的ECR创新合作模式，是实现共赢的核心和基石。

金明表示：“在与苏宁实施B2B项目对接的制造企业中，海尔是第一批参与也是最早完成的，双方已经能够在统一的信息技术平台上实施即时的信息交互和共享。从ECR实施的前提条件来看，共同的服务理念为双方打造了相同的价值观，巨大的业务量为双方提供了整合供应链以提升服务和盈利水平的巨大空间。”苏宁海尔经营推进公司提供了实施ECR的组织实体，完全对接的B2B系统则为ECR合作打造了最重要的信息平台。综合的因素使双方联合开创更多注重流程管理的ECR模式“水到渠成”。

2. 全面提升双方品牌竞争力

周云杰与金明共同表示："海尔、苏宁一起联手实现ECR创新合作模式，组织适销对路的商品，实现数据化营销，将给双方带来很多革命性创新，提升双品牌的竞争力。"这具体表现在：

第一，海尔、苏宁信息成功对接，知识管理和数据库营销成为基本工作方式，实现信息共享、同步协作、并行工程，全面加强合同管理、采购管理、退换货管理、工作流管理，实现网上"标准"的采购管理和网上"便捷"的账务结算功能，提高相互数据交互的"透明化"，使得双方在相互信赖的基础上迅速简化工作流程。

第二，共同研究市场，通过苏宁海量、即时、准确的数据了解消费者需求，开发适销的产品，提高产品接受度。全新的ECR模式使苏宁成为海尔的信息源，使得海尔可以及时了解市场的实时需求，改变以往厂家自行评估生产、商家被动销售的局面，同时在响应市场需求的同时大大增强了苏宁的差异化竞争力。

第三，降低苏宁商品库存，减少库存成本，加快商品周转速度，同时也加快海尔产品与货款转换速度，明显节约上下游的交易成本，使消费者可以获得最优惠的价格。

第四，大大缩短生产周期与商品交易时间，提高企业反应速度，从而给消费者提供更周到、更便捷的服务。

在签约仪式上，周云杰和金明都对未来的合作升级保持着足够的信心，他们一致认为，中国家电业的供应链深度合作是整个行业"再生"的唯一途径，规模化、品牌化的发展路线必然逐步被精细化所取代。虽然双方ECR的具体实施刚刚进入启动阶段，但相同的理念和决心必然使这一创新模式开创出中国全新的典范。

资料来源：http://wap.ea3w.com/article/9/98850.html.

四、有效客户响应的重要战略

ECR包括零售业的三个重要战略：顾客导向的零售模式（消费者价值模型）、品类管理和供应链管理。

（一）顾客导向的零售模式（消费者价值模型）

企业通过商圈购买者调查、竞争对手调查、市场消费趋势研究，确定目标顾客群，了解自己的强项、弱项和机会，确定自己的定位和特色，构建核心竞争力；围绕顾客群选择商品组合、经营的品类，确定品类的定义和品类在商店经营中承担的不同角色；确定商店的经营策略和战术（定价、促销、新品引进、补货等），制定业务指标衡量标准、业务发展计划。

（二）品类管理

该战略把品类作为战略业务单位来管理，着重通过满足消费者需求来提高销量的流程，寻求整个商品类别全体收益最大化。具体来说，企业对经营的所有商品按类别进行分类，确定或评价每一个类别商品的功能、作用、收益性、成长性等指标。在此基础上，企业结合考虑各类商品的库存水平和货架展示等因素，制订商品品种计划，对整个商品类别进行管理，以便在提高消费者服务水平的同时增加企业的销售额和收益水平。商品类别管理的基础是对商品进行分类。分类的标准、各类商品功能和作用的设定依企业的使命与目的不同而不同。但是原则上，商品不应该从是否方便企业来进行分类，而应该从顾客的需要和顾客的购买方法来进行分类。

品类管理是以数据为决策依据，不断满足消费者的过程。品类管理是零售业精细化管理之本。其主要战术是高效的商品组合、高效的货架管理、高效的新品引进、高效的定价和促销、高效的补货。

（三）供应链管理

供应链管理涉及建立全程供应链管理的流程和规范，制定供应链管理指标；利用先进的信息技术和物流技术缩短供应链，减少人工失误，提高供应链的可靠性和快速响应能力；通过规范化、标准化管理，提高供应链的数据准确率和及时性；建立零售商与供应商数据交换机制，共同管理供应链，最大限度地减低库存和缺货率，降低物流成本。

企业只有全面实施品类管理和供应链管理，才能实现ECR，给消费者带来更多的价值，取得竞争优势。

五、有效客户响应实施的要素

ECR概念的提出者认为ECR实施是一个过程，这个过程主要由贯穿供应链的四个核心要素组成（见图5-7）。这四个核心要素分别为：有效的店铺空间安排（efficient store assortment）、有效的促销活动（efficient promotion）、有效的商品补充（efficient replenishment）、有效的新产品导入（efficient product introductions）。

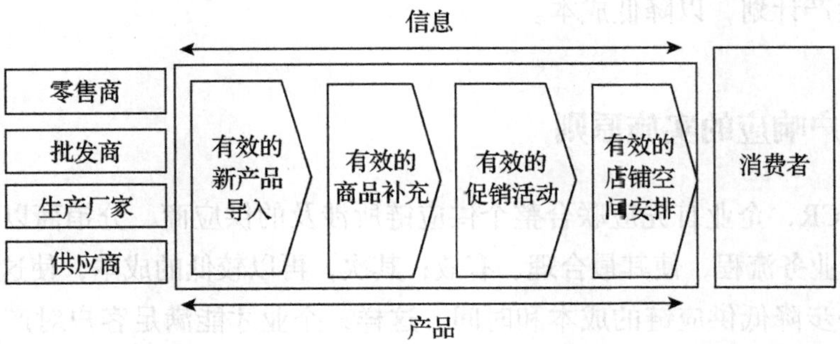

图5-7　ECR的供应链过程

（一）有效的店铺空间安排

有效的店铺空间安排是通过有效地利用店销的空间和店内布局，来最大限度地提高商品的盈利能力；确保供应商与零售商充分地协同合作，评估符合市场上需求的商品组合策略，并确实执行。这意味着在最佳时间将最适当的商品数量展示在消费者面前，并以合理的价格吸引消费者购买，改善库存问题。

（二）有效的促销活动

有效的促销活动包括两个方面：一是拟定符合市场目标的商品促销策略，规划促销策略执行面与评估成本效益，并随时审视促销的模式以及频率是否刺激到消费者的购买欲望以及购买的数量；二是通过简化分销商和供应商的贸易关系，将经营重点从采购转移到销售，使贸易和促销的系统效率最高。提高仓储、运输、管理和生产效率，减少预先购买、供应商库存及仓储费用，使贸易和促销的整个系统效率最高。

（三）有效的商品补充

有效的商品补充是以需求为导向的自动连续补充和计算机辅助订货，可以使补充系统的时间和成本最优化，通过改善配销方法来简化商品从生产端配送至零售点货架上的补货作业，并响应实际客户需求与平衡管理成本及存货水平。其关键要素包括自动订货（automated store ordering）、持续补货（CRP）等技术；进阶要素包括合理运输规划与有效仓储。

（四）有效的新产品导入

有效的新产品导入是通过采集和分享供应链伙伴间时效性强的、更加准确的购买数据，提高新产品的成功率。

由于商品开发之前不易评估商品成功率，在交易伙伴间存在旧有的障碍与缺乏信任感、商品仿冒的问题等，使得新商品导入最佳化成为 ECR 概念中最难执行的部分，因此 ECR 概念的目标则是希望透过供应链伙伴间的策略合作，有效地了解消费者的需求与欲望，降低新商品的研发失败率与缩短新商品上市时间，以便最有效地开发新产品，进行产品的生产计划，以降低成本。

六、有效客户响应的实施原则

要实施 ECR，企业首先应联合整个供应链所涉及的供应商、分销商以及零售商，改善供应链中的业务流程，使其最合理、有效；其次，再以较低的成本，使这些业务流程自动化，以进一步降低供应链的成本和时间。这样，企业才能满足客户对产品和信息的需求，给客户提供最优质的产品和适时准确的信息。ECR 的实施原则包括如下五个方面。

（1）以较少的成本，不断致力于向供应链客户提供产品性能更优、质量更好、花色品种更多、现货服务更好以及更加便利的服务。

（2）ECR 必须有相关的商业巨头的带动。该商业巨头决心通过互利双赢的经营联盟来代替传统的输赢关系，达到获利之目的。

（3）必须利用准确、适时的信息以支持有效的市场、生产及后勤决策。这些信息将以 EDI 的方式在贸易伙伴间自由流动，将影响以计算机信息为基础的系统信息的有效利用。

（4）产品必须不断增值。从生产至包装，直至流动到最终客户的购物篮中，都要确保客户能随时获得所需产品。

（5）必须采用共同、一致的工作业绩考核和奖励机制，着眼于系统整体的效益（即通过减少开支、降低库存以及更好的资产利用来创造更高的价值），明确地确定可能的收益（例如，增加收入和利润）并且公平地分配这些收益。

七、有效客户响应系统实施过程中应注意的问题

ECR 系统自提出以来，在美国得到较为广泛的采用。欧洲许多国家和日本也纷纷引用该系统的技术，来改变本国陈旧的商品供应系统，并已出现了许多成功事例。因此，企业利用 ECR 系统使产品流通过程合理化是今后不容回避的课题，但在实施过程中应注意以下问题。

（一）高层决策者的作用至关重要

ECR 系统是改善企业经营管理工作的大工程，涉及产、供、销多个企业部门，任何部门出现错误都会对整个系统的启动产生很大影响。因此，各部门高层决策者的热情和决心对于推动这项工作非常重要，其积极支持和倡导有利于明确目标，提高业务改革速度，排除浪费，增强 ECR 系统的应用质量。

（二）正确把握顾客的价值和需求

ECR 系统自始至终都把增加顾客的利益和满足顾客的需求作为根本宗旨，所有的业务改善和效率提高都是围绕这一宗旨展开的。企业只有正确把握顾客价值和需求，才能制定出 ECR 系统的工作目标，增强对顾客的适应能力。正确判断顾客的利益追求，把顾客的利益放在首位，是开展 ECR 工作的第一步。当前超市顾客重视商品品质、鲜度、营养、包装、价格等方面。在品种结构上，顾客大多有一次购妥的愿望。掌握了这些信息，ECR 系统才能真正发挥它的优越性。

（三）制定明确的目标和标准

作为一项系统改善工作，ECR 要有明确的目标和工作标准。通过这些目标和标准，企业可以对照成果进行正确的评价。同时，有了目标和标准，员工才能明确需要完成的任务和达成的目标。

(四) 积极改革组织机构

ECR系统的有效开展必须获得相应的组织和机构保障。ECR系统的基本思想是从流通过程和业务活动中寻求改革方案，因而传统职能划分的组织形式是不适合的，应构筑起新型的组织形式。ECR系统可被视为一种广泛的连锁系统，因而可按照连锁的模式来建立组织机构。

八、ECR与QR的比较

(一) ECR与QR的差异

ECR主要以食品杂货业为对象，其主要目标是降低供应链中各环节的成本，提高效率。

QR主要集中在一般商品和纺织行业，其主要目标是对客户的需求做出快速响应，并快速补货。

这是因为食品杂货业与纺织服装行业经营的产品的特点不同：杂货业经营的产品多数是一些功能型产品，每一种产品的寿命相对较长（生鲜食品除外），因此，订购数量过多（或过少）的损失相对较小。

纺织服装业经营的产品多数属于创新型产品，每一种产品的寿命相对较短，因此，订购数量过多（或过少）造成的损失相对较大。

ECR与QR的差异具体表现为以下几个方面。

1. 侧重点不同

ECR侧重于减少和消除供应链的浪费，提高供应链运行的有效性；QR侧重于缩短交货提前期，快速响应客户需求。

2. 管理方法的差别

ECR除新产品快速、有效引入外，还实行有效商品管理、有效促销活动；QR主要借助信息技术实现快速补货，通过联合产品开发缩短产品上市时间。

3. 适用的行业不同

ECR适用于产品单位价值低、库存周转率高、毛利少、可替代性强、购买频率高的行业；QR适用于单位价值高、季节性强、可替代性差、购买频率低的行业。

4. 改革的重点不同

ECR改革的重点是效率和成本。QR改革的重点是补货和订货的速度，目的是最大限度地消除缺货，并且只在商品需求时才去采购。

(二) ECR与QR的共同特征

ECR与QR的共同特征表现为超越企业之间的界限，通过合作追求物流效率化。这具体表现在如下三个方面：

（1）贸易伙伴间商业信息的共享；

（2）商品供应方进一步涉足零售业，提供高质量的物流服务；

（3）企业间订货、发货业务全部通过 EDI 来进行，实现订货数据或出货数据的传送无纸化。

第三节 协同计划、预测与补货

当今世界，激烈的市场竞争和快速多变的市场需求使企业面临不断缩短交货期、提高质量、降低成本和改进服务的压力，迫使供应商、制造商、分销商和零售商走向合作。为了建立新型合作伙伴关系，一种面向供应链的策略——协同计划、预测与补货（CPFR）应运而生，并逐渐成为供应链管理中一个热门的研究问题。

一、CPFR 的产生与功能特点

CPFR 的形成始于沃尔玛所推动的 CFAR（collaborative forecast and replenishment），CFAR 是利用互联网通过零售企业与生产企业的合作，共同做出商品预测，并在此基础上实行连续补货的系统。后来，在沃尔玛的不断推动之下，基于信息共享的 CFAR 系统又正在向 CPFR 发展，CPFR 是在 CFAR 共同预测和补货的基础上，进一步推动共同计划的制订，即不仅合作企业实行共同预测和补货，同时将原来属于各企业内部事务的计划工作（如生产计划、库存计划、配送计划、销售规划等）也由供应链各企业共同参与完成。

1995 年，由沃尔玛与其供应商 Warner-Lambert、管理信息系统供应商 SAP、供应链软件商 Manugistics、美国咨询公司 Benchmarking Partners 5 家公司联合成立了工作小组，进行 CPFR 的研究和探索；1998 年，美国召开零售系统大会时又倡导使用这种系统。目前实验该系统的零售企业有沃尔玛、凯马特和威克曼斯，生产企业有宝洁、金佰利、惠普等 7 家企业，可以说，这是目前供应链管理在信息共享方面的最新发展。从 CPFR 实施后的绩效看，Warner-Lambert 公司零售商品的满足率从 87% 提高到 98%，新增销售收入 800 万美元。在 CPFR 取得初步成功后，组成了由零售商、制造商和方案提供商等 30 多个实体参加的 CPFR 委员会，与 VICS（voluntary interindustry commerce standards）协会一起致力于 CPFR 的研究、标准制定、软件开发和推广应用工作。美国商务部资料表明，1997 年美国零售商品供应链中的库存约 1 万亿美元，CPFR 理事会估计，通过全面成功实施 CPFR 可以减少这些库存的 15%～25%，即 1 500 亿～2 500 亿美元。由于 CPFR 巨大的潜在效益和市场前景，一些著名的企业软件商如 SAP、Manugistics、i2 等正在开发 CPFR 软件系统并提供相关服务。

二、CPFR 的内涵和特点

CPFR 提供了一套工作流程，该流程以提高消费者价值为共同目标，通过供应链上企业的相互协作，共享标准化信息，制订有的放矢的计划，开展精确的市场预测，有效地进行库存管理，根据需求动态及时补货，以提高整个供应链的业绩和效率。CPFR 具有以下本质特点。

（一）协同

从 CPFR 的基本思想看，供应链上下游企业只有确立起共同的目标，才能使双方的绩效都得到提升，取得综合性的效益。CPFR 这种新型合作关系要求双方长期承诺公开沟通、信息分享，从而确立其协同性的经营战略，尽管这种战略的实施必须建立在信任和承诺的基础上，但是这是买卖双方取得长远发展和良好绩效的唯一途径。正因为如此，所以协同的第一步就是保密协议的签署、纠纷机制的建立、供应链计分卡的确立以及共同激励目标的形成（例如不仅包括销量，也同时确立双方的盈利率）。应当注意的是，在确立这种协同性目标时，双方不仅要建立起效益目标，更要确立协同的盈利驱动性目标，只有这样，才能使协同性体现在流程控制和价值创造的基础之上。

（二）计划

1995 年，沃尔玛与 Warner-Lambert 的 CFAR 为消费品行业推动双赢的供应链管理奠定了基础，此后 VICS 定义项目公共标准时，认为需要在已有的结构上增加"P"，即合作计划（品类、品牌、分类、关键品种等）以及合作财务（销量、订单满足率、定价、库存、安全库存、毛利等）。此外，为了实现共同的目标，双方还需要协同制订促销计划、库存政策变化计划、产品导入和中止计划以及仓储分类计划。

（三）预测

任何一个企业或双方都能做出预测，但是 CPFR 强调买卖双方必须做出最终的协同预测，像季节因素和趋势管理信息等无论是对服装或相关品类的供应方还是销售方都是十分重要的，基于这类信息的共同预测能大大减少整个价值链体系的低效率、死库存，促进更好的产品销售，节约使用整个供应链的资源。与此同时，最终实现协同促销计划是实现预测精度的关键。CPFR 所推动的协同预测还有一个特点是它不仅关注供应链双方共同做出最终预测，同时也强调双方都应参与预测反馈信息的处理和预测模型的制定与修正，特别是如何处理预测数据的波动等问题，只有把数据集成、预测和处理的所有方面都考虑清楚，才有可能真正实现共同的目标，使协同预测落在实处。

（四）补货

销售预测必须利用时间序列预测和需求规划系统转化为订单预测，并且确定供应方约束条件。如订单处理周期、前置时间、订单最小量、商品单元以及零售方长期形成的购买习惯等都需要供应链双方加以协商解决。根据 VICS 的 CPFR 指导原则，协同运输计划也被认为是补货时要考虑的主要因素。此外，例外状况的出现也需要转化为存货的百分比、预测精度、安全库存水准、订单实现的比例、前置时间以及订单批准的比例，所有这些都需要在双方公认的计分卡基础上定期协同审核。对于潜在的分歧，如基本供应量、过渡承诺等双方事先应及时加以解决。

三、CPFR 供应链的实施

在沃尔玛等企业的倡导下，特别是在美国 VICS 于 1998 年发布了 CPFR 指导准则以后，越来越多的优秀企业开始采用 CPFR 来推动企业业绩的大幅提高，尤其是许多世界 500 强的企业大多已开始实施、建立或研究 CPFR。

CPFR 正越来越明显地影响着企业运营管理的基本模式。实践日益证明 CPFR 是当今企业供应链管理的主导趋势和骨干框架。

(一) CPFR 供应链的体系结构

决策层：主要负责管理合作企业领导层，包括企业联盟的目标和战略的制定、跨企业的业务流程的建立、企业联盟的信息交换和共同决策。

运作层：主要负责合作业务的运作，包括制订联合业务计划、建立单一共享需求信息、共担风险和平衡合作企业的能力。

内部管理层：主要负责企业内部的运作和管理，包括商品或分类管理、库存管理、商店运营、物流、顾客服务、市场营销、制造、销售和分销等。

系统管理层：主要负责供应链运营的支撑系统和环境管理及维护。

(二) CPFR 实施模型

美国 VICS 协会 CPFR 分会 1998 年发表了 CPFR 实施模型，其模型由以下几部分组成：①识别可比较的机遇；②数据资源的整合运用；③组织评判；④商业规则界定。

2004 年，美国 VICS 协会 CPFR 分会对 1998 年发表的模型进行了修订，发展了新的 CPFR 模型。新的 CPFR 模型强调消费者是供给链的核心，制造商和零售商协作的目的是满足消费者的需要，所以该模型的中心是消费者。零售商和制造商以消费者为中心，通过共享信息、协同作业实现 CPFR 的目标。CPFR 模型遵循 3 条指导性原则，由 4 大部分、8 个方面组成，内容可分成 3 大阶段、9 个步骤。

1. CPFR 的 3 条指导性原则

第一，合作伙伴框架结构和运作过程以消费者为中心，面向价值链；

第二，合作伙伴共同负责开发单一、共享的消费者需求预测系统，这个系统驱动整个价值链计划；

第三，合作伙伴均承诺共享预测信息并在消除供应过程约束上共担风险。

2. CPFR 的 4 大部分、8 个方面

（1）战略与计划，包括签订 CPFR 协议和创建联合商业计划。CPFR 业务协议应包括合作双方共同建立协作关系的指导方针和遵循的原则、合作的目标、协同的范围、制

造商和零售商所担当的角色以及应承担的责任等；创建联合商业计划主要是通过合作方交换战略和商业计划，并结合促销、库存政策以及产品的引进等方面的因素，共同制订一个联合商业计划。此阶段零售商的主要任务是供给商治理和商品品类治理，制造商的主要任务是制订相应的财务计划和市场计划。

（2）供需治理，包括销售预测和订单预测与计划。销售预测是根据零售商端的 POS 数据、零售商配送中心退回和已计划事件的信息等来预测商品的销售状况；订单预测与计划是根据销售预测、库存策略、订货提前期及其他影响因素，确定将来的产品订单和交付要求。此阶段零售商的主要任务是销售数据的预测和补货计划的制订；制造商的主要任务是销售数据的分析和需求计划的制订。

（3）实施，包括订单产生和订单履行。订单是根据预测资料，结合零售商和制造商的系统与资源状况产生的；订单履行是指产品的生产、运输、储存和交付的过程。此阶段零售商的主要任务是进行订购活动和物流及配送工作；制造商的主要任务是制订生产和供给计划以及开展物流和配送工作。

（4）分析，包括例外治理和评估。例外治理主要是对计划和实施中的例外情况的处理；评估包括对目标实现情况的评估、预测发展趋势以及制定可供选择的战略工作。此阶段零售商的主要任务是自身实施例外情况的处理和对供给商进行评估；制造商的主要任务是实施中例外情况的处理和对顾客进行评估。

3. CPFR 的 3 大阶段、9 个步骤

CPFR 模型具体分为 9 大步骤来辅助上下游成员协同计划销售、订单的预测以及例外（异常）预测状况的处理。如前所述，其内容可分成：协同计划、协同预测以及协同补货等 3 个阶段，9 大步骤中步骤 1 与步骤 2 属于协同计划，步骤 3 至步骤 8 属于协同预测，步骤 9 则为协同补货，如图 5-8 所示，各阶段的内容概述如下。

（1）协同计划。协同计划的目的是让供应链成员间的规划活动能取得一致的基本假设，以利于后续各项合作活动的进行。共同的基本假设包括以下方面。

1）确定协同商务关系的基本参数，比如协同合作的商品项目、共享的资料、异常状况的定义。

2）确定协同的商业流程范围，比如合作的目标、冻结执行订单的时窗等。

步骤 1——建立合作关系（establish collaborative relationship）。买卖双方应共同签订合作的正式商业协议（confidentiality arrangements）。此协议仅在协同活动之初一次拟定，其内容应为：明确定义合作目标与相关绩效衡量指标协同合作范围共享的资料，合作计划可动用的资源，资源包括人员、资讯系统、专业能力、例外状况判定的法则，如何解决歧见、CPFR 之推动蓝图，如商业流程、互动的方式与技术、订货检验的时间与机制。

步骤 2——制订联合商业计划（create joint business plan）。根据纳入合作的产品项，分别制定清晰的合作策略，包括买卖双方交流营运计划以发展出合作产品的营运计划，共同定义品项角色、品项销售目标、达成目标的战术，拟定品项订单的最小值（出货的最小订单量）、品项出货的前置时间、订单的冻结期间、安全存量。

（2）协同预测。协同预测可细分成：销售预测与订单预测两个阶段，前者单纯考虑市场需求，后者则结合销售预测的结果，考虑产能现实状况预测可能的订单。

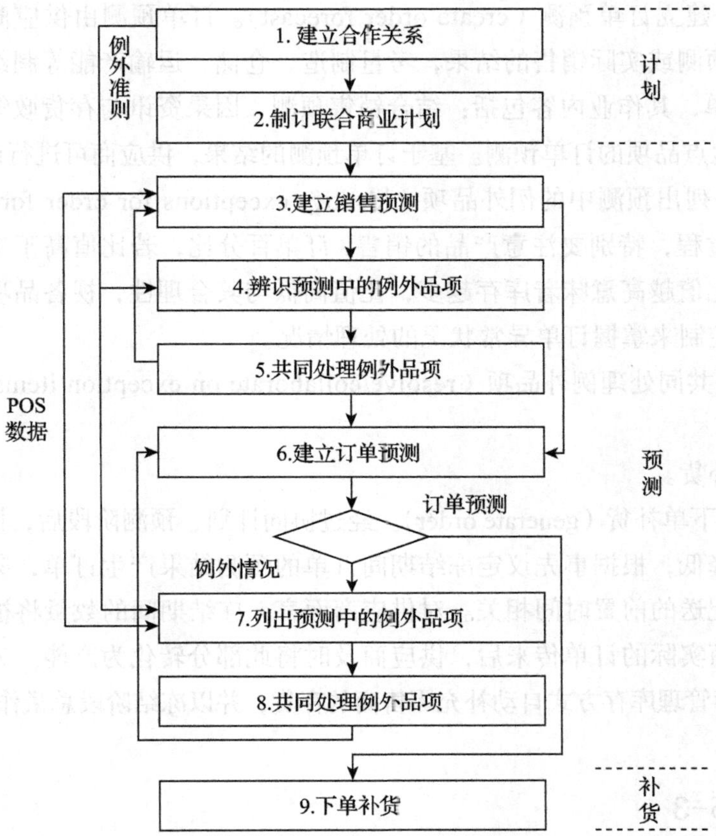

图 5-8　CPFR 的业务步骤流程图

步骤 3——建立销售预测（create sales forecast）。使用最终消费者的消费资料，预测品项特定期间的销售。消费资料包括 POS 资料、仓储的出货资料、制造商的消费资料、因果资讯分析（销售相关影响因素分析）、季节、天气等。计划性事件指利用广告、促销、新品、改型、新店开张等资料来分析产品在未来的销量。本阶段的细部事项如下所示。

拟定预测时间的范围，比如第 9 周～第 11 周；拟定预测的时间单位，比如月、周、日；拟定预测品质的单位基础，比如单店的销量、北区的物流中心的总量。

在预测方法上，使用历史资料配合过去的相关回归分析模式、时间序列分析来进行预测。

预测结果应区分为：基本的需求（base demand）与促销的需求（promotion demand）两类。

步骤 4——辨识预测中的例外品项（identify exceptions for sales forecast）。列出销售预测可能出现问题的例外品项，如爆发性产品，尝试出人意料的大卖。对于异常的销售情形，特别要时时监控，以调整策略。

步骤 5——共同处理例外品项（resolve/collaborate on exception items）。当异常发生时，上下游应选定一些做法来增加或减少销售以降低对库存的冲击。

步骤 6——建立订单预测（create order forecast）。订单预测由供应商货物流中心主导，基于销售预测或实际销售的结果，考量制造、仓储、运输产能等制约因素，拟定未来各时程的订单，其作业内容包括：结合销售预测、因果资讯与存货政策，产生未来特定时间、特定地点品项的订单预测。基于订单预测的结果，供应商可进行产能需求规划。

步骤 7——列出预测中的例外品项（identify exceptions for order forecast）。此步骤类似步骤 4 的过程，特别要注意产品的销售 / 订单百分比，若比值高于 1 时，代表将会有库存发生，比值越高意味着库存越多，比值高低与其合理性，视各品项而定，根据对比值的监视与控制来掌握订单异常状况的处理情况。

步骤 8——共同处理例外品项（resolve/collaborate on exception items），此步骤类似步骤 5。

（3）协同补货。

步骤 9——下单补货（generate order）。经过协同计划、预测阶段后，协同补货决策的困难度将大幅降低，根据事先议定冻结期间订单的预测结果产生订单，冻结期间的长短通常与制造、配送的前置时间相关。对供应商而言，冻结期间的数量将被视为已确认的需求量。零售商实际的订单传来后，供应商及时将此部分转化为产能。另外，供应商亦可能采取供应商管理库存方式自动补充零售商的存货，并以冻结阶段总量作为补货的规范。

实例阅读 5-3

沃尔玛的需求预测和 CPFR

山姆·沃尔顿于 1962 年在美国阿肯色州的罗杰斯设立了第一家沃尔玛商店。如今这家公司提供 4 种不同概念的零售模式：沃尔玛折扣店、购物广场、社区店和山姆会员店。长期致力于让顾客满意和“保持低价格”使沃尔玛成为年营业额超过 2 180 亿美元的世界最大的零售商。很多年以前山姆·沃尔顿就说：“让我们成为最友好的商店，向那些赏光走进我们商店的顾客提供欢迎的微笑和尽心尽力的帮助。我们要提供更好的服务，这种服务要超过顾客的预期。为什么不呢？你是伟大的，你和你的同事都能做到这一点，并且比世界上任何其他零售公司都做得更好。超过顾客的预期，如果你做到了，他们会一次又一次地回到你的商店。”沃尔玛在全世界有 130 万名员工，在美国有 3 200 家工厂，在美国、墨西哥、波多黎各、加拿大、阿根廷、巴西、中国、韩国、德国和英国有 1 200 家商店。沃尔玛被认为是世界上最好的供应链运营商，其商品成本要比主要竞争对手低 5%～10%，这给公司提供了竞争优势。

沃尔玛也是很早采用协同计划、预测与补货（CPFR）的企业，通过全盘管理、网络化运营的方式来管理供应链中的贸易伙伴。CPFR 帮助沃尔玛建立起一套针对每件商品的短期预测方法，用来指导订货。这种由相互协商确立的短期预测成为改进需求管理的动力，实现了对供给和库存水平的更好控制。CPFR 项目的实施帮助沃尔玛和供应商节约了大量的库存维护成本，并促使沃尔玛逐步成为一个准时制系统。

在美泰公司工作的首席信息官约瑟夫·埃克若斯说："我之所以能够根据一个玩具的销售进度情况决定是增加生产还是停止生产，取决于我得到的信息。以日或者小时为单位获取的销售数据非常重要，我可以很准确地计算出什么东西在什么地方卖得最好，然后调整生产。当美泰和生产厂家之间建立起信任、互惠互利的关系时，整个系统的效能就发挥出来了。从全球范围内的客户那里收集的数据，可以帮助我最优化销售并为客户提供最好的价格。"

沃尔玛实施了一个数据仓库项目，在一台中央服务器上汇总历史数据并进行分析，从数据中更好地了解商业环境，并做出最好的决策。最初系统只收集销售点和运输的数据，之后数据仓库收集了 65 周的库存数据、预测数据、人口统计数据、降价数据、退货和市场数据，这些数据按照每件商品、每家商店和每一天进行归类。数据仓库中除了沃尔玛的运营数据以外，还包括竞争对手的数据。这些数据向沃尔玛的买家、中间商、物流提供商和预测相关人员以及 3 500 家合作伙伴开放。例如，当沃尔玛的竞争对手开设了一家杂货商店时，沃尔玛会努力去分析其设立对自身销售的影响。预测过程从数据仓库开始。沃尔玛使用的数据挖掘软件是由 NeoVista Software（被 J&A 软件集团收购）开发的，用来分析一年来的销售点销售数据，并向美国的商店提示购进各种商品的贸易伙伴。其目标就是节约几百万美元的库存成本，更好地处理季节性和每周的销售变化，针对顾客需求和市场变化制订商业计划。

预测过程是这样的：沃尔玛的买家提交一份初步的预测，这个数据会显示在 Warner-Lambert 实施 CPFR 的服务器上（Warner-Lambert 是一家世界一流的制药公司，在 2000 年与辉瑞合并）；Warner-Lambert 的计划人员将意见和建议分享给沃尔玛的计划制订者；最后经协调统一的每件产品的预测结果将用于 Warner-Lambert 的生产和沃尔玛的仓库管理。沃尔玛和它的供应商使用同样的系统。

数据挖掘软件发现了一些有趣的事情。例如，每家商店的购买模式都十分不同，全年都保持较高库存的护齿产品和宠物食品的销售模式也十分不同。这一发现被应用于沃尔玛的自动订货和供给系统。沃尔玛将 7 亿种商品进行组合分析，实现了将正确的商品、在正确的时间、以合适的价格运送到正确的商店并卖给顾客。沃尔玛不断提高预测的准确性，取得了零售行业内无法比拟的竞争优势。

资料来源：https://www.doc88.com/p-8486970199580.html.

四、CPFR 模型成功运行的关键要素

（一）慎重挑选合作伙伴

CPFR 模型的运行需要制造商和零售商在信息的共享、联合商业计划的制订、销售的预测以及订单的确认等整个运作过程中全面地合作。因此，选择合适的企业作为实施 CPFR 的合作伙伴是其成功运行的关键。

挑选CPFR合作伙伴，应遵循目标明确、理性分析、科学选择的原则。对许多已成功运行CPFR模型的企业所进行的调查表明，它们在选择合作伙伴时，通常的做法是采用初选和终选两大步骤进行。初选过程主要是对业务伙伴进行大致筛选，以确定哪些相关企业可作为潜在的合作伙伴。初选过程主要考虑的因素包括双方交易量的大小、商品的重要性、渠道企业的地位、地理位置和绩效表现等。通过初选，可考察的企业数量大大减少。终选过程是对初选合格的企业在更深的层次上进行检查，以识别哪些企业最具有成为CPFR合作伙伴的能力。此阶段的考察涉及被考察企业的诸多方面，包括被考察企业实施CPFR模型的意愿、企业战略、系统、组织和行为等。经过对被考察企业全方位的考察、分析和评估，挑选符合条件的企业作为实施CPFR模型的合作伙伴。

（二）明确CPFR模型运行的目标体系

实施CPFR模型的目的是提高供给链的运行效率、增强供给链的竞争力。但是，由于不同企业所处的行业、性质、经营状况以及所属供给链存在的问题等方面的不同，使得实施CPFR模型的目标也会有所不同。因此，制定明确的目标体系是成功实施CPFR的关键要素。

合作伙伴在确定CPFR目标体系时，应注重以下几点：根据合作企业的实际情况，并借鉴成功实施CPFR的企业经验，确定具有一定挑战性的目标；合作伙伴应共同对影响CPFR目标制定的诸种因素进行仔细甄别，以确定哪些是主要因素，哪些是次要因素，并依据主要影响因素确定目标；CPFR的运行不但涉及合作企业的高层人员，而且涉及合作企业各相关部门的人员，如信息人员、物流人员、营销人员、计划人员等，因此在制定CPFR目标时，应吸收各相关人员共同参与，这样既可以提高目标的科学性，又能够提高目标实现的可能性；CPFR的目标需要坚持定性目标与定量目标相结合、总体目标和可测量目标相结合的原则。

许多世界知名的企业在实施CPFR时，都非常重视其目标体系的建立，比如沃尔玛和萨拉利公司合作实施CPFR时，就明确了该项目的可测量目标是提高库存满足率，降低门店的库存天数，提高预测的精度，降低销售的机会损失。经过24周的运行，双方取得了明显的效果：沃尔玛门店的库存满足率提高了2%，门店的库存水平降低了14%，销量增长了23%，商品周转率提高了17%。惠普公司与其分销伙伴合作实施CPFR时，也确定了实施项目的总目标和可测量目标。它们把总目标描述为：建立一个有效的、可靠的流程，实现惠普和其分销伙伴之间在销售、库存治理、促销和生产方面的协同；在确保有足够的存货支持日常销售和促销的同时，降低整个流通渠道的库存。可测量的目标为：提高预测精度、配送中心的服务水平、销量以及降低退货率。

（三）建立完善的CPFR运行机制

CPFR的基础是协同，协同不仅仅体现在信息的共享上，更重要的是合作各方人员的承诺、信任和合作。为此，合作企业应做好以下几个方面的工作：

（1）CPFR 在理念上需要合作企业改变长期以来所遵循的企业之间是“输—赢”关系的价值观。实施 CPFR，需要树立“双赢”或“多赢”的新型价值观。其实施可涉及企业的信息、预测、物流、营销、供给链和销售等多部门的员工，因此，需要企业各层次、各部门的员工都要树立新的价值观。

（2）CPFR 要求合作企业之间建立完全公开的信息共享机制。由于企业长期形成的竞争思想，使得企业在公开自身信息时心有余悸，这也是 CPFR 模型在推广过程中所碰到的最大障碍。根据美国 Syncra System 和 Industry Direction 2000 年联合进行的调查，在被调查的企业中，不到一半的企业在与其他企业分享各种信息；与合作企业完全分享促销计划的企业只有 57%。由此可见，提高合作伙伴信息共享水平就成为 CPFR 模型成功运行的关键要素。为此，合作企业需要建立先进的信息系统，以确保合作伙伴之间大容量、实时的信息沟通能顺利进行，同时还需要确保信息通过公共通信网络传递过程中的安全。

（3）CPFR 模型要求建立以消费者为中心的跨组织整合系统。由于企业受传统经营观念的影响和对自身利益的考虑，长期以来，跨组织整合一直被认为是一种障碍。而在 CPFR 模型中，跨组织合作流程却扮演着关键性的角色，比如促销政策的制定、销售和订单预测、补货、生产计划的确定、企业能力的规划等都需要合作企业共同完成。跨组织合作流程的建立需要合作企业相互信任，而相互信任的基础是合作各方坚守诚信，合作过程中任何一方的失信行为都将威胁到 CPFR 模型的正常运行。因此，信任机制的建立是这种跨组织的整合系统正常运行的关键。

（4）CPFR 模型的成功运行还依靠于合作企业各个层级人员的承诺与坚持。合作各方必须认真履行所达成的协议，不论环境如何变化，合作方都应该树立长期合作的思想，加强沟通，认真履行本企业的义务。尤其是在环境条件不利的情况下，合作方更需要坚持，否则 CPFR 很难成功。

本章小结

快速响应（QR）是指在供应链中，为了实现共同的目标，零售商和制造商建立战略伙伴关系，利用 EDI 等信息技术，进行销售时点的信息交换及订货补充等其他经营信息的交换，用多频度、小数量配送方式连续补充商品，以实现缩短交货周期，减少库存，提高客户服务水平和企业竞争力的供应链管理方法。

实施 QR 需要 6 个步骤：①条形码和 EDI；②固定周期补货；③先进的补货联盟；④零售空间管理；⑤联合产品开发；⑥快速响应的集成。

有效客户响应（ECR）是一种通过制造商、批发商和零售商各自经济活动的整合，以最低的成本，最快、最好地实现消费者需求的流通模式。这是一种分销商与供应商为消除系统中不必要的成本和费用并给客户带来更大效益而进行密切合作的供应链管理战略。

ECR 包括零售业的三个重要战略：顾客导向的零售模式（消费者价值模型）、品类管理和供应链管理。ECR 实施是一个过程，这个过程主要由贯穿供应链的四个核心要素组成，即有效的店铺空间安排、有效的促销活动、有效的商品补充、有效的新产品导入。

CPFR提供了一套工作流程，该流程以提高消费者价值为共同目标，通过供应链上企业的相互协作，共享标准化的信息，制订有的放矢的计划，开展精确的市场预测、有效的库存管理，根据需求动态即时补货，以提高整个供应链的业绩和效率。

新的CPFR模型强调消费者是供给链的核心，制造商和零售商协作的目的是满足消费者的需要，所以该模型的中心是消费者。零售商和制造商以消费者为中心，通过共享信息、协同作业实现CPFR的目标。CPFR模型遵循3条指导性原则，由4个部分、8个方面组成，内容分为3大阶段、9个步骤。

复习思考

1. QR的含义是什么？实施QR有哪些步骤？
2. 实施QR战略对厂商和零售商有哪些好处？
3. 实施QR战略需要具备哪些条件？
4. ECR的含义是什么？特征有哪些？
5. ECR的构建战略和主要要素有哪些？
6. CPFR的含义和特征是什么？
7. CPFR的指导性原则有哪些？
8. CPFR模型成功运行的关键要素有哪些？

案例分析

"互联网+"，韩都衣舍的供应链转型

互联网时代服装企业如何转型？韩都衣舍正在尝试让一切变得更快。

在传统的服装加工中，一件衣服的形成要经过若干生产线，包括打版、裁剪、缝制、后整等工序。在互联网时代，线上线下不同的运营模式导致传统工业大产能与电商小订单之间的巨大矛盾。基于传统生产加工模式建立起的服装生产线、供应链已经无法适应电商环境下的多批次、小批量的客户需求，传统供应链越来越跟不上互联网商业快速多变的节奏。

互联网时尚品牌运营集团——韩都衣舍，是一家互联网快时尚的服装品牌，它构建了完全适应电商需求的工业柔性供应链，即进行多批次、少批量的生产。2015年，韩都衣舍率先掀起一场切分传统产业链、以现代工业实现消费个性化需求的全新变革：将传统的生产线模块化切分，一家工厂只负责一道工序，一件服装的生产将由多家工厂共同完成。实际上，这种变革在电子等产业中早已展开，但在服装行业中还绝无仅有，而规模越大、体系越成熟的服装工厂，变革起来就越艰难、越痛苦。

1. 高效电商

"互联网的出现，不只是多了一个渠道，而是一场革命，会颠覆太多的东西。"在温室效应日渐加重的新时代，互联网必将占据主导地位。

传统服装品牌企业要做大，必须在线下大量开店，一个全色全码的款式在几百家店销售总共需要几万件。这种模式的问题在于一个款式并不一定会卖这么多。以夏装为例，每年

10月，国内企业开订货会，基于加盟店和直营店老板的订单，确定数量款式，后两个月生产，周期总共3个月。这完全是在赌加盟店和直营店老板的眼光，押对了就赚了，押错了就赔了。

实际上，一个品牌能够盈利的只有少数款型，其推出的70%～80%的款型只能保证成本与盈利持平。在传统企业要为大多数款型支付巨额库存费用的情况下，盈利的款型比例更低。当企业规模越大、门店越多时，库存量就越大，资金占用就越大，运营风险就越大，某些知名大企业的一度衰落在很大程度上就是因为产品滞销、库存过多而导致的。而作为运转最快的电商，韩都衣舍采取的完全是另一种运转方式。

仍以夏装为例。虽然线上线下同为每年10月确定第一批款式，后两个月生产，次年3月上线，但不同的是，线上服装首单更多是在试销，每款订单量只有300～500件，这个数量相对于线下而言是极少的。上线后，根据点击率、收藏率、销量3个指标决定是否追加订单，即根据实际需求调整订单。如一款服装被认定为畅销款，三五天后即可追加订单，批量仍是300～500件，可多次重复追加；滞销款则立刻打折抛售，以此来保证对市场变化的快速响应。

如今，韩都衣舍每天上线销售的产品多达近百款，平均每款服装订单总量为800～1 000件，一年超过3万件，每款服装从设计到上线平均只有30天。

2. 倒逼变革

传统品牌每款铺货上万件，如果碰到滞销，风险就很大，而电商少批量、多批次销售，一旦销量好就跟进，一旦滞销就立刻改换款式，反应很快。

传统工厂3月已经开始生产秋装；电商供应链可以一直到5月还在生产夏装，第一批畅销款可能还在追加订单。传统品牌剩下的是恶性的滞销款，今年卖不掉，成为库存积压，明年还卖不掉，最后成为呆坏账；电商的滞销款因首单量少、库存少，会在4～6月销售旺季被抛售。韩都衣舍所剩存货基本上只占5%，并且可在第二年售罄。

线上线下迥异的模式，使电商呈现出独特的优势：款式多，传统品牌一年最多有两三千款，韩都衣舍每年能够上线3万款左右；周期短，前者产品从设计到上架至少3个月以上，韩都衣舍仅需30天；售罄率高，传统企业售罄率为50%～60%，韩都衣舍可达95%。

然而，电商最初却遭到了传统工厂的冷落。韩都衣舍创始人之一、董事杜延国在2010年带着十几件样衣到一家大型服装厂洽谈合作，但由于十几款服装每款只有三五百件订单，没等样衣箱子打开就被送出了门。

在传统模式下，中国服装厂从全球市场接到的外单每款可达数万件甚至数十万件，周期最长可达半年。这导致中国工厂不断扩充生产线、追求规模经济，工厂员工少则数千人、多则上万人。2012年前，传统大厂单款起订量起码三四千件，电商只有一两千件。所以，电商明显处于弱势地位，都是求着干、哄着干，还要打30%的预付款。2012年后，随着全球经济持续萧条，外贸内销每况愈下，如今中国服装总产值3.6万亿元，内销1万亿元，外销1.2万亿元，过剩产能1.4亿元，服装电商出现了拐点。如东莞市嵘康服饰公司每个月的产能达1万件，几年前所有产能都在生产外单，但现在几乎再也拿不到了，只能全部接受电商订单。从少则数千件、多则数万件的外贸订单，到只有数百件的电商订单，从长达数月的生产周期到期限仅仅两三周，企业生产从头到尾都要经历一个艰难的改变。很多工厂对电商源源不断的多批次、小批量订单并不适应。2014 年，韩都衣舍与青岛某大型服装集团合作，仅两个月的时间就因生产频率与电商需求不吻合而暂停。

不过做电商订单的好处是克服了传统企业订单周期长、回款难的问题，实现了订单短平快，单件利润高，呆坏账少，回款也及时。近年来，在传统外贸、内销两大市场日渐衰退、电商却逆势崛起的环境下，越来越多的大中型服装工厂不得不俯下身段接下电商的小订单。目前，韩都衣舍已有的 140 家服装供应商中注册资金 5 000 万元以上的工厂已有三四家，1 000 万～5 000 万元的占 6%。

3. 微分订单

未来电商发展趋势是订单将被进一步“微分”——批量更小、批次更多，百件以内的微小订单将占据主流。韩都衣舍从 2015 年开始构建完全适应电商需求的全新工业供应链。

2014 年 9 月，韩都衣舍已在山东试验了小微供应链，把完整的生产线打散成多个模块，由每家工厂来完成生产线中的一道工序：打版由韩都衣舍负责，裁剪和后整则由一家供应商承接，缝制交由当地服装厂。这样一件服装的生产由多家工厂分工协作、共同完成。这次尝试生产了 400 多款衣服，每款有大中小号、两个颜色，单款只有 40 件左右，共 1.6 万件，总体达到了预期的目标。

韩都衣舍通过切分供应链将订单进一步“微分”，以实现更短的生产周期、更少的库存和更小的风险。这避免了以前一个供应商要兼顾所有工序，某道工序误工，整条生产线就会停滞的弊端。

供应链反应速度越快、交货时间越短，上游电商下的订单就越微小，市场空间就越大。以前的电商某一类服装可以做 30 款，每款 200 件；未来的电商就有可能上 300 个款、每款 20 件。这让消费者的选择多了 10 倍，而库存却会接近于 0。以前服装供应链生产周期 30 天，未来只要 10 天即可完成。这意味着企业库存周转率提高了 3 倍，1 亿元就相当于过去的 3 亿元。

同时，作为主导变革的电商，韩都衣舍还将管理更多个订单，协调前后工序、不同工厂之间的生产节奏。为此，韩都衣舍已着手建立供应商辅助管理平台。未来韩都衣舍一旦与供应商签订合同，供应商必须提供这单服装的相关信息，比如需要多少米布料、多少种颜色、多少个纽扣、何时到货、生产进度等，将这些信息上传，以便随时监控、管理。

资料来源：http://www.chinawuliu.com.cn/xsyj/201502/03/298271.shtml.

| 案例思考 |

1. 根据案例分析服装电商供应链的特点。

2. 在电商环境下，韩都衣舍服装供应链进行快速响应采取的措施有哪些？

3. 对韩都衣舍服装供应链与传统服装供应链的差异进行分析。

第六章

CHAPTER 6

供应链管理下的采购管理

| 学习目标 |

1. 理解供应链采购与传统采购的不同和采购管理流程。
2. 理解如何根据物流类型选择合适的采购策略。
3. 熟悉供应商选择的标准与步骤。
4. 掌握 JIT 采购的原理和思想。

| 案例导入 |

柏青公司的供应链采购管理

“按流程办事”成为柏青公司员工的座右铭、根植于企业的文化中。经过多年的努力，柏青公司的采购及供应商管理流程逐步建立和完善起来，且对于流程中的每一个关键节点均设立了控制或检验点。

柏青公司的采购流程完备且执行严格、有序。采购主流程的一个关键点为规格书的制定，流程规定，只有规格书制定完成并获得批准之后，才能选择供应商进行谈判、签订合同。公司采购流程为：规格书制定→供应商谈判→确定价格→签订合同，这一顺序被认为是符合审计要求的。

柏青公司逐渐地向高科技方向发展。随着采购产品技术复杂程度的加大，公司对供应商的依赖提升了，越来越多的规格书的制定需要供应商直接参与。采购部门及管理层清楚地认识到供应商早期参与是当前采购发展的一个趋势，对柏青公司来说势在必行。

因此，柏青公司制定了一个供应商早期参与的流程（见图 6-1）。

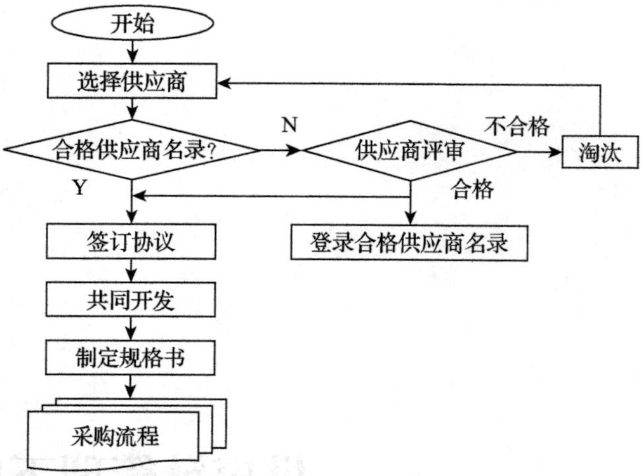

图 6-1　供应商早期参与流程图

供应商也愿意参与到柏青公司早期产品的设计中，且供应商技术人员的投入都是不收费的，供应商的驱动来自对未来实际订单的获取。但按照柏青公司的流程，只有规格书审批通过后，才进行供应商选择和价格谈判。

但现在遇到了一些困难。例如，某一供应商参与了公司产品早期的设计，对该产品的熟悉程度高于其他竞争者，因而在供应商选择和价格谈判中比竞争对手明显处于优势地位。而且一些供应商在早期设计中，将自己的独有特点加入规格书中，给别的竞争者设置了障碍，那么后续的供应商选择和价格谈判形同虚设。若设置的障碍太大，规格书只有某供应商能够完成，供应商在价格谈判上会更加强硬。若供应商没有设置技术、设备等障碍，早期设计参与者往往不能保证获得最后的合同。这样经历多次，供应商参与早期设计的热情会大大降低，或者敷衍了事。很显然，供应商的参与和投入程度，与对未来期望的实现成正比，与双方力量对比相关联。采购人员和技术人员聚在一起希望能找出一个解决方案。

此外，有些供应商与柏青公司一样践行标准化流程的企业文化，不做糊涂生意，要求与柏青公司就早期参与设计签订合同。合同有两种方案：若产品合作设计成功，则分享未来的订单；或者合作开发，作为一个独立的项目，向柏青公司收费。显然，提出这种要求显示了供应商的实力，而能够向柏青公司展示力量的供应商往往也是柏青公司期待合作、希望邀请参加的对象。

先有规格书，再有供应商选择，再定价格，最后签合同，明晰的流程应该是不容置疑的，但公司目前遭到了“供应商早期参与设计”这一要求的挑战。一方面，公司采购部门希望严格执行流程；另一方面，供应商早期参与设计给公司带来的优势也是不容忽视的。但若先与供应商签合同再做设计，显然“合同”先于“规格书”，不是很合理。而供应商早期参与设计，其费用需由技术部门支付，所以此建议受到技术部门的反对，理由是“虎口夺食、从预算中扣掉了一大块”，管理层也不同意。而糊里糊涂做了再说，更不是柏青公司的企业文化。

资料来源：王为人. 供应商管理案例选登 [J]. 中国质量，2016（10）.

|思考题|

1.“先有规格书，再定价格、签合同”，是否一定要坚持？为什么？

2. 设计一个供应商早期参与的流程，防止案例中出现的问题。

第一节 供应链管理下采购的特点

物料采购架起了供应链企业内部及上、中、下供应链企业之间在原材料和半成品、产成品工序间流动的桥梁，是生产需求与物料供应无缝对接的保证。要提高供应链企业间的生产效率，减少企业在物料方面的成本浪费，加强采购管理是必不可少的。供应链管理下的采购不仅是企业或部门的一项独立功能和一般性工作，也是一项与公司战略决策密切相关的综合性管理活动。随着经济全球化的发展，供应链采购范围和规模将不断扩大，采购活动将日益频繁，采购的特点和作用也将发生变化。

一、供应链采购与传统采购的不同

采购是指企业在一定的条件下从供应市场获取产品或服务作为企业资源，以保证企业生产及经营活动正常开展的一项经营活动。采购是一个商业性质的有机体为维持正常运转而寻求从体外摄入的过程。采购管理涉及计划下达、采购单生成、采购单执行、到货接收、检验入库、采购发票收集到采购结算的采购活动全过程，对采购过程中物流运动的各个环节状态进行严密的跟踪、监督，实现对企业采购活动执行过程的科学管理。

供应链采购是指供应链内部企业之间的采购。供应链内部的需求企业向供应商企业采购订货，供应商企业将货物供应给需求企业。

供应链管理模式下的采购与传统采购模式相比，发生了以下转变。

一是从为库存采购到为订单采购转变。在传统采购模式中，采购的目的就是补充库存，即为库存而采购，采购过程缺乏主动性，采购计划较难适应需求的变化。在供应链管理模式下，采购活动紧紧围绕用户需求而发出订单，医而不仅可及时满足用户需求，而且可减少采购费用，降低采购成本。

二是从内部资源管理向外部资源管理转变。在传统采购模式中，采购管理注重对内部资源的管理，追求采购流程的优化、采购环节的监控和与供应商谈判时使用的技巧，缺乏与供应商之间的合作。在供应链管理模式下，采购管理转向对外部资源及对供应商和市场的管理，增加了与供应商的信息沟通和对市场的分析，加强了与供应商在产品设计、产品质量控制等方面的合作，实现了超前控制，供需双方合作双赢的局面。

三是从一般买卖关系向长期合作伙伴关系甚至战略协作伙伴关系转变。在传统采购模式中，与供应商的关系是一般短期买卖关系，采购理念停留在压榨供应商、频繁更换供应商上，无法共享各种信息。在供应链模式下，与供应商建立长期合作伙伴关系甚至战略协作伙伴关系，共享库存和需求信息，共同抵御市场风险，共同研究制定降低成本的策略，把相互合作和双赢关系提高到全局性、战略性的高度。

综上所述，供应链采购与传统采购相比，物资供需关系没变，采购的概念没变，但是，由于供应链上各个企业之间是一种战略伙伴关系，供应链采购是在一种非常友好合作的环境中进行的，所以供应链采购的观念和操作都发生了很大变化。

1. 从采购性质看

供应链采购是一种基于需求的采购，不是像以前传统采购那样为了补充库存而采购；供应链采购属于主动型采购和合作型采购，采购部门要关心企业的生产过程，了解生产的工艺、进度和产品需求的变化，以保证采购计划与制造需求相适应。

2. 从采购环境看

供应链采购创造出一种友好合作、信息对称的环境，供需双方能够进行有效的信息沟通，以保证采购的科学计划与正常执行。而传统采购面对的是一种利益互斥、对抗性竞争的环境。供应商是临时的或短期的合作关系，竞争多于合作。双方缺乏协调机制，抱怨和扯皮的事情比较多，大量的时间被用在处理这些问题上，从而影响采购效率。

3. 从信息情况看

供应链采购一个重要的特点就是供应链企业之间实现了信息连通、信息共享。供应商或采购商，谁拥有的信息越多，谁就在采购中越主动，反之就越被动。

4. 从库存情况看

实现零库存，可以大大节省费用，降低成本，发挥企业的核心竞争力，提高效率；供应商掌握库存自主权，可以根据需求变动情况，适时地调整生产计划和送货计划，既可以避免盲目生产造成的浪费，也可以避免库存积压、库存过高所造成的浪费以及风险。

5. 从送货情况看

供应链采购是由供应商负责送货，而且是连续小批量、多频次地送货，以不断满足采购方小批量生产的变化和需要。而传统采购的频次较少，较多采取集中采购的方式进行大宗采购，能够满足大批量定制生产企业的需要，但对单件小批量生产方式较难满足，响应用户需求能力相对迟钝。

6. 从双方关系看

在供应链采购活动中，买方企业和卖方企业是一种友好合作的战略伙伴关系，互相协调、互相配合、互相支持。供应商和采购商在战略合作的框架下是互利的关系，采购商要得到供应商价格合理、质量优良的商品和服务，就必须考虑在一定程度上满足供应商对利益的追求。只有这样才能有利于各个方面工作的顺利开展，提高工作效率，实现双赢。

7. 从货检情况看

传统采购由于是一种对抗关系，所以所要采购的货物常常会以次充好甚至涉及伪劣假冒、缺斤少两，所以买方进行货检的力度大、工作量大、成本高。而供应链采购，由于供应商的责任与利润相连，所以自我约束、保证质量，因而可以免检。这样大大节约了费用，降低了成本，保证了质量。

二、供应链采购的作用

采购管理是供应链体系中重要的一个环节，在提高供应链企业之间的协同运作效率方面作用巨大。在供应链管理体系中，采购管理不断被精细化。作为不增值的环节，其成本也不断降低。采购成本的高低，直接影响到企业最终产品的定价和公司获利能力，甚至可能影响到整个供应链的最终获利状况。如果能实现企业内部各部门之间的协同及与外部供应商之间的采购协同，就能使供应链上的合作伙伴步调一致，及时响应市场变化，同时有效降低整个供应链的运作成本。供应链管理是对整个供应链体系进行计划、协调、操作、控制和优化的各种活动和过程。其目标是要将消费者所需的正确的产品，在正确的时间，按照正确的数量、正确的质量、正确的状态，送到正确的地点。供应链管理体系描述了物流在供应商、生产商、批发商、零售商和消费者之间的移动。其最终目标是将商品从供应商送到消费者，实现其价值。而采购是这一链条的起点，采购成本的高低会影响产品的最终定价和供应链的获利情况。因此，采购管理在供应链中发挥着重要作用。

1. 有利于实现信息共享，降低采购成本

采购管理要求供应链企业之间实现信息的共享，也就是说采购的战略是可见的。这样有利于上下游企业之间共同制订合理的采购计划，降低采购成本，提升供应链的竞争力。在供应链管理的体系中，采购管理的作用和意义已经不同了。在供应链环境下，信息是透明的，企业间信息的协作使得企业能更快、更有效地正确工作。

2. 有利于建立供应链伙伴关系，提高物流过程的效率

在供应链的体系中，供应商和制造商之间建立了一种战略联盟的关系，形成了一种特殊的合作伙伴关系，可以使供应合同签署的手续大为简化，不再需要双方反复地协商。采购物资直接进入制造部门，从而可以减少采购部门的工作压力和工作流程。这样做无论是在时间还是在价格上，都使交易成本大大地降低了。采购管理与供应管理可以协调整个供应链体系中各个计划的执行和完成，可以实现制造计划、采购计划、供应计划的并行，从而缩短各个环节的响应时间，提高效率，实现供应链的同步化。

3. 有利于降低采购风险

采购风险是指采购过程可能出现的一些意外情况，包括支出增加、推迟交货、货物是否符合订单的要求、呆滞物料的增加、采购人员工作失误或和供应商之间存在不诚实甚至违法行为等。采购过程中的风险主要是由于供需双方的信息不对称而造成货物的损失或库存成本增加。

4. 有利于促进供应链体系的精细化和稳定性

采购管理的作用主要是加强供应与制造部门之间的联系，协调供应与制造部门之间的关系。供应链体系实行面向流程的管理，就是不断地细分采购管理的过程，使其更精细化，不仅能够降低成本，还能为其他增值的过程提供服务。同时，由于很多企业将自己的核心业务外包出去，导致整条供应链在盈利分配方面是不平衡的，也是动态的。而采购管理的细分，要求采纳与供应链体系相匹配的准时采购策略，从而实现核心企业的上下游企业间的互动，强化协作功能，提高结合力，使动态的供应链保持一定的稳定性。

三、采购策略

进行物料采购时，物品的供应风险和对利润的影响是制定采购策略的重要依据。根据供应风险以及对利润的影响，我们可将采购的物料分为四类（见图 6-2）。

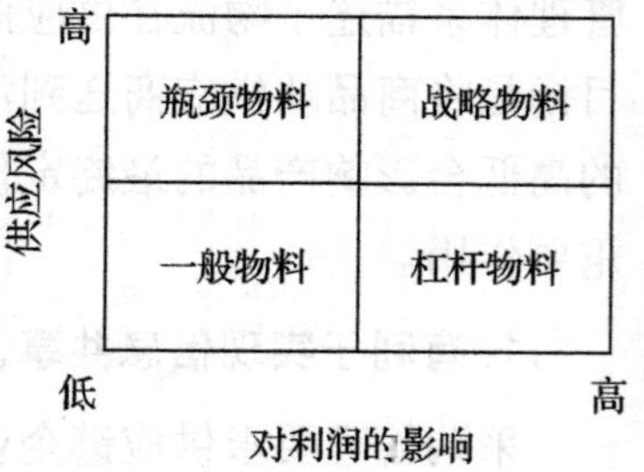

图 6-2 供应矩阵

右上角的物料表示战略物料，这类物料供应风险、对利润的影响均较高，比如汽车引擎和传动系统。这类物料对顾客的使用感受有很大的影响，又占据了系统成本的很大一部分，同时这些物料的供应商数量有限。合理的采购方式是和供应商建立长期的合作伙伴关系。

右下角的物料表示杠杆物料，这类物料对利润的影响较高，但供应风险较低。这类物料有很多的供应商，并且其成本节约能够给利润带来很大的影响。合理的采购方式是通过供应商之间的竞争来降低成本。

左上角的物料表示瓶颈物料，这类物料具有较高的供应风险，对利润的影响较低。这些物料不会对制造成本产生较大的影响，但是它们的供应风险较高。所以保障瓶颈物料的持续供应是重要的，可以通过和供应商制定长期采购合同或者拥有库存的方法实现。

左下角的物料表示一般物料。对于这类物料，企业要尽可能简化或自动化其采购过程；可通过授予相关员工一定权限，使得他们直接订购，而不需要通过正规的订货和审批流程。

四、采购流程

采购作业流程体系是涵盖从采购计划的制订、供应商的认证、合同签订与执行到供应商管理的全过程。具体来讲，采购流程一般包括以下几个方面。

1. 提出需求

就采购过程而言，在采购人所做的工作中，至关重要的一项就是要提出明确而合理的采购需求。在进行每次采购之前，采购部门都必须确定采购申请的有效性，了解所需采购产品的规格，例如“产品规格”到底包括哪些，又该怎样确定不同类型的规格在各种情况下怎么应用。采购需求的提出若不明确或不合理，采购部门或中心就无法正确理解采购需求，从而会给寻找供应商带来困难。很多时候，企业集中采购的效率不高与长时间来回沟通以及不能确定准确的需求相关。

2. 描述需求

描述需求涉及针对所需要的物料对供应商做出评价；向供应商传达所需要的采购信息，以利于供应商清楚采购企业的采购说明，明确采购方所需的产品与服务的规格、数量、质量、交付期限要求等相关的其他信息；根据采购产品的功能规格和性能规格，来考察供应商的供货能力。

3. 根据物料或服务的特点和数量来确定适宜的价格

一般情况下，企业采购涉及的物资种类繁多，规范复杂，因而造成相关采购价格资料的搜集、调查、登记、分析十分困难，尤其是在现代化的商业大环境下，信息的可靠性又很难把握，确定采购价格比较困难。在企业采购过程中，常见的采购定价方式主要有：

（1）询价采购方式。这是指采购商根据采购物品向供应商发出询价或征购函，请其正式报价的一种方式。

（2）招标方式。这是采购方确定价格的重要方式，比较公平合理。

（3）谈判方式。这是一种常用的方式，但是往往较复杂，成本较高。

企业在掌握了采购价格的有关信息后，就可以通过这几种方式中的一种或几种来确定最后的采购价格了。

4. 选择可能的供应来源

供应商是保证采购货物的质量、价格、交货期和服务的关键因素，所以企业一般在原有供应商中选择那些成绩良好的厂商，并对其进行客观评价。

5. 发出采购订单

采购订单相当于合同文本，具有法律效力，企业签发时必须认真核实。采购订单须标明供应商、要订购的物料或服务、数量、规格、质量标准、价格、供货日期和地点、包装、运输、检验形式、支付条款、索赔条件与标准等条款。采购订单是存货在采购业务中流动的起点，是详细记录企业物流的循环流动轨迹、累积企业管理决策所需要的经营运作信息的关键。企业通过它可以直接向供应商订货，并可查询采购订单的收货情况和订单执行状况，通过对它的关联跟踪，可以使采购业务的处理过程一目了然。

6. 订单跟踪与稽查

企业在采购并下订单以后，要控制供应商的产品质量、交货日期、跟踪订单的状况从而调整其他活动安排。订单上的货物在被交给客户之前，需要经过供应商、第三方物流公司、质量监督方、财务等各个环节，为了保证供应链的通畅，需要及时跟踪与稽查。

7. 支付货款并核对发票

企业要根据采购合同中的付款条款及时向供应商支付采购单货款，并根据验收的货物清单进行支付发票的核对。企业通常可以选择一次性付款或分期付款两种方式。货款的支付形式及分期付款的进度由双方签订的采购合同约定。

8. 交货不符与退货处理

其实很多经销商退货问题产生在合作的中后期。主要原因是厂家没有一个比较前瞻的导引机制，只关注对经销商签单前的心理安抚，却没有在消除经销商的合作顾虑之后，对合作各时期的退换货设定分阶段的管理控制政策。因此，我们需要辩证地看待经销商的退货问题。有些厂家深受退货之害，于是硬性要求经销商承担比如 30%～50% 的退货品所造成的损失——这很容易引起经销商的反感。处理这个问题的诀窍就是适当地让经销商也为退货买点单，但又要合情合理，使经销商能够接受，这样才有双方长期合作共赢的可能。另外，很多退货损失都是可以避免的。因此有必要先了解一下在什么情况下会产生经销商退货，这样才能做到区别对待、辩证管理，达到前瞻性地控制的目的。比如，因为厂家没有及时掌握经销商的库存，而经销商自身的库存管理意识又很淡薄，造成某些产品过期、积压，这跟经销商经过努力推广仍然产生了积压的不适销品种，性质是完全不同的。

9. 记录与结案

每次采购结束后，企业需要及时对该次采购予以记录归档。记录需要反映该采购的详细信息，包括履约情况、问题处理的经验或教训等情况。

以上是对采购管理流程的大致描述，当然在采购管理过程中，会因采购品的来源不同，如国内采购或国外采购；采购方式不同，如议价、比价、招标；采购的对象不同，如物料、工程发包等而略有差异。尽管作业细节上有差别，但上述流程相同。

为保证供应链采购的效率和科学管理，公司应制定供应商评价与选择程序、采购过程控制程序、采购产品验证程序。

第二节 准时化采购模式

准时化采购的核心思想是采购方只有在需要的时候才向供应商发出自己需要订货的

数量，供应商按要求将符合质量、数量要求的物资在规定的时间送到指定的地点来满足采购方的需要。采购方可以降低甚至是不保留库存，从而使库存成本最小。

一、准时化采购概念

准时化采购又称 JIT 采购，它是由准时制生产（just in time，JIT）管理思想演变而来的。它的基本思想是：把合适数量、合适质量的物品，在合适的时间供应到合适的地点，最好地满足用户需要。准时化采购和准时制生产一样，它不但能够最好地满足用户需要，而且可以极大消除库存、最大限度地消除浪费，从而极大地降低企业的采购成本和经营成本，提高企业的竞争力。

正是因为 JIT 采购对于提高企业经济效益有着显著的效果，自 20 世纪 80 年代以来，西方经济发达国家非常重视对 JIT 采购的研究与应用。据资料统计，到目前为止绝大多数美国企业已经开始全部或局部应用 JIT 采购方法，并取得了良好的应用效果。由于实施 JIT 采购对企业的基础工作、人员素质、管理水平等要求较高，在我国实施 JIT 采购方法的企业数量还不太多，主要集中在诸如汽车、电子等行业，应用水平也有待于进一步提高。与传统面向库存的采购不同的是，JIT 采购是一种直接面向需求的采购模式，其采购送货是直接送到需求点上，品种、数量、质量等都要符合用户的要求。

总体来说，JIT 采购是一种理想的物资采购方式，它的极限目标是原材料和外购件的库存为零、缺陷为零。其基本观点认为库存就是浪费。JIT 采购是企业内部 JIT 系统的延伸，是实施 JIT 生产经营的必然要求和前提条件。在向最终目标努力的过程中，由于马上取消库存又不现实，因此，企业要不断地降低原材料和外购件的库存，从而不断地暴露物资采购工作中的问题，再采取有效措施来解决这些问题，然后再提出进一步降低库存的目标，进一步发现和解决问题，在不断改进的过程中，实现降低库存的目标。

二、准时化采购的意义

准时化采购的意义主要表现在以下几个方面。

一是大幅减少原材料与外购件的库存。根据国外一些实施 JIT 采购的企业测算，通过采用 JIT 采购，原材料与外购件的库存可降低 40%～85%。这对于企业减少流动资金的占用、加快流动资金周转具有重要意义。

二是保证所采购的原材料与外购件的质量，既减少了采购的直接损失，又保证了生产正常有序地进行。

三是降低原材料与外购件的采购成本。由于供应商和制造商的密切合作以及内部规模效益与长期订货，再加上简化手续带来的消除浪费，使成本得以降低。

是否实施 JIT 采购战略不但取决于企业内部，而且取决于供应商的管理水平和整个物流系统的物流水平。因此在实施的过程中，企业只有慎重而全面地考虑各种因素，才能做出正确的决策。

三、准时化采购模式的原理

日本丰田公司的大野耐一创造的JIT生产方式是其在美国参观超级市场时受超级市场供货方式的启发而萌生的想法。而实际上，超级市场模式本来就是一种采购供应的模式。有一个供应商、一个用户，双方形成了一个供需“节点”，需方是采购方，供应商是供应方，供方按照需方的要求给需方进行准时化供货，它们之间的采购供应关系就是一种准时化采购模式。JIT采购的主要原理主要表现在以下几个方面。

（1）与传统采购面向库存不同，JIT采购是一种直接面向需求的采购模式，它的采购送货是直接送到需求点上的。

（2）用户需要什么，就送什么，品种规格符合客户需要。

（3）用户需要什么质量，就送什么质量。品种质量符合客户需要，拒绝次品和废品。

（4）用户需要多少就送多少，不少送，也不多送。

（5）用户什么时候需要，就什么时候送货，不晚送，也不早送，非常准时。

（6）用户在什么地点需要，就送到什么地点。

以上就是JIT采购的原理。JIT采购既做到了很好地满足企业对物资的需求，又使得企业的库存量最小，只要在生产线边有一点临时的存放，一天工作完，这些临时存放就消失了，库存完全为零。依据JIT采购的原理，一家企业中的所有活动只有当需要进行的时候接受服务，才是最合算的。

传统采购主要是为了填充库存，并以一定的库存来应对企业需求。为了保证企业生产经营的正常进行和应付物资采购过程中的各种不确定性（如市场变化、物资短缺、运输条件约束等），企业常常会产生大量的原材料和外购件库存。虽然采用传统采购方式的企业也在极力进行库存控制，想方设法压缩库存，但是由于机制问题，其压缩库存的能力是有限的。特别是在需求急剧变化的情况下，企业采取传统采购方式常常导致既有高库存又出现某些物资缺货的局面。高库存增加了成本，缺货则直接影响生产。而JIT作为一种先进的采购模式，不但可以有效克服传统采购的缺陷，提高物资采购的效率和质量，还可以有效提升企业的管理水平，为企业带来巨大的经济效益。

四、准时化采购对供应商的选择

JIT采购对供应商的选择不仅要考虑价格、质量、交付及服务等，而且更加强调对以下方面的考核和把握。

1. 供应商的总体情况

供应商的知名度、全系列产品的供货能力、市场地位是加分的要素。供应商的地理位置也很重要，离买方越近，供应的风险就越小，彼此间的交流也越方便。

2. 供应商产品质量状况

过程控制和事先控制要求买方不只关注供应商的直通率㊀、产品的质量认证，还要重点关注有无保证持续合格产品的系统和机制，比如是否通过ISO认证、是否建立了完备的质量过程控制系统、是否有持续改进的计划模式等。

3. 供应商的合作意愿

供应商的合作意愿决定了双方能否形成长期的战略合作伙伴关系。供应商需要提供其自身的成本结构清单、完善的质量协议和客户服务，与客户建立长期的合作关系。只有双方密切合作，才能发挥整合的供应链优势。

4. 其他因素

这主要包括供应商的生产制造能力（产能、设备、工艺、员工）、研发能力、物流能力、对环境的影响等。

第三节　选择供应商的标准和步骤

供应商的选择一直是物流采购中的重要问题，也是国内企业管理中的薄弱环节。供应商的选择是企业采购管理中的重要工作。在选择供应商时，企业必须注重选择供应商的标准和步骤。

一、供应商的选择标准

选择供应商的标准有许多，根据时间的长短划分，可分为短期标准和长期标准。在确定选择供应商的标准时，企业一定要考虑短期标准和长期标准，把两者结合起来，才能使所选择的标准更全面，进而利用标准对供应商进行评价，最终寻找到理想的供应商。

（一）短期标准

选择供应商的短期标准主要有：合适的商品质量、较低的成本、及时交货和整体服务水平好。

（1）合适的商品质量。采购商品的质量合乎采购单位的要求是采购单位进行商品采购时，首先要考虑的条件。对于质量差、价格偏低的商品，虽然采购成本低，但会导致企业的总成本增加。因为质量不合格的产品在企业投入使用的过程中，往往会影响生产的连续性和产成品的质量，这些最终都会反映到总成本中去。相反，质量过高并不意味

㊀ 直通率是全制造过程的投入产品件数与通过全制造过程的无缺陷产品件数之比。当在全制造过程上准确计算直通率比较困难时，可以用各分制造过程的良品率相乘逼近其值。

着采购物品适合企业生产所用，如果质量过高，远远超过生产要求的质量，对于企业而言也是一种浪费。因此，采购对于质量的要求是符合企业生产所需，要求过高或过低都是错误的。

（2）较低的成本。成本不仅仅包括采购价格，而且包括原料或零部件使用过程中所发生的一切支出。采购价格低是选择供应商的一个重要条件。但是价格最低的供应商不一定就是最合适的，因为如果在产品质量、交货时间上达不到要求，或者由于地理位置过远而使运输费用增加，都会使总成本增加，因此总成本最低才是选择供应商时考虑的重要因素。

（3）及时交货。供应商能否按约定的交货期限和交货条件组织供货，将直接影响企业生产的连续性，因此交货时间也是选择供应商时要考虑的因素之一。企业在考虑交货时间时需要注意两个方面的问题：一是要降低生产所用的原材料或零部件的库存数量，进而降低库存占压资金，以及与库存相关的其他各项费用；二是要降低断料停工的风险，保证生产的连续性。结合这两个方面内容，对交货及时性的要求应该是这样的：用户什么时候需要，就什么时候送货，不晚送，也不早送，非常准时。

（4）整体服务水平好。供应商的整体服务水平是指供应商内部各作业环节能够配合购买者的能力与态度。评价供应商整体服务水平的主要指标有以下几个方面：

1）培训服务。如果采购者对如何使用所采购的物品不甚了解，供应商就有责任向采购者培训所卖产品的使用知识。供应商对产品卖前和卖后的培训工作情况，也会大大影响采购方对供应商的选择。

2）安装服务。通过安装服务，采购商可以缩短设备的投产时间或投入运行所需要的时间。

3）维修服务。免费维修是对买方利益的保护，同时也对供应商提供的产品提出了更高的质量要求。这样，供应商就会想方设法提高产品质量，避免或减少免费维修情况的出现。

4）技术支持服务。如果供应商向采购者提供相应的技术支持，就可以在替采购者解决难题的同时销售自己的产品。比如，信息时代的产品更新换代非常快，供应商提供免费或者有偿的升级服务等技术支持对采购者有很大的吸引力，也是供应商竞争力的体现。

（二）长期标准

选择供应商的长期标准主要在于评估供应商能否保证长期而稳定的供应，其生产能力能否配合公司的成长而相对扩展，其产品未来的发展方向能否符合公司的需求，以及是否具有长期合作的意愿等。选择供应商的长期标准主要考虑下列四个方面。

（1）供应商内部组织是否完善。供应商内部组织与管理关系到日后供应商的供货效率和服务质量。如果供应商组织机构设置混乱，采购的效率与质量就会因此下降，甚至会由于供应商部门之间的互相扯皮而导致供应活动不能及时、高质量地完成。

（2）供应商质量管理体系是否健全。采购商在评价供应商是否符合要求时，其中重要的一个环节是看供应商是否采用相应的质量体系，比如说是否通过ISO 9000质量体系认证，内部的工作人员是否按照该质量体系不折不扣地完成各项工作，其质量水平是否达到国际公认的ISO 9000所规定的要求。

（3）供应商内部机器设备是否先进以及保养情况如何。从供应商机器设备的新旧程度和保养情况就可以看出管理者对生产机器、产品质量的重视程度，以及内部管理的好坏。如果车间机器设备陈旧，机器上面灰尘油污很多，很难想象该企业能生产出合格的产品。

（4）供应商的财务状况是否稳定。供应商的财务状况直接影响到其交货和履约的绩效，如果供应商的财务出现问题，周转不灵，就会影响供货，进而影响企业生产，甚至出现停工的严重危机。

二、选择供应商的步骤

不同的企业在选择供应商时，所采用的步骤会有差别，但基本的步骤应包含下列几个方面。

1. 建立评价小组

企业必须建立一个小组以控制和实施供应商评价。组员来自采购、生产、财务、技术、市场等部门，而且必须有团队合作精神、具有一定的专业技能。评价小组必须同时得到制造商企业和供应商企业最高领导层的支持。

2. 确定全部的供应商名单

企业可以通过供应商信息数据库，以及采购人员、销售人员或行业杂志、网站等媒介渠道了解市场上能提供所需物品的供应商。

3. 列出评估指标并确定权重

上面已对选择供应商的标准进行详细论述，但在短期标准与长期标准中，每个评估指标的重要性对不同的企业是不一样的。因此，对于不同的企业，在进行评估指标权重设计时也应不同。

4. 评价供应商

评价供应商的一项主要工作是调查、收集有关供应商的生产运作等各个方面的信息。在收集供应商信息的基础上，企业可以利用一定的工具和技术方法评价供应商。企业对供应商的评价共包含两个程序：一是对供应商做出初步筛选；二是对供应商实地考察。在对供应商进行初步筛选时，首要的任务是：要使用统一标准的供应商情况登记表，来管理供应商提供的信息。这些信息应包括：供应商的注册地、注册资金、主要股东结构、生产场地、设备、人员、主要产品、主要客户、生产能力等。通过分析这些信息，企业可以评估其工艺能力、供应的稳定性、资源的可靠性及其综合竞争能力。企业从这些供应商中剔除明显不适合进一步合作的供应商后，就能得出一份供应商考察名录。接着，企业要安排对供应商的实地考察，这一步至关重要。必要时，在审核团队方面，企业可以邀请质量部门和工艺工程师一起参与，他们不仅会带来专业的知识与经验，共同审核的经历也会有助于公司内部的沟通和协调。

5. 确定供应商

在综合考虑多方面的重要因素之后，企业就可以给每个供应商打出综合评分，选择出合格的供应商。企业可以从采购物品中选择价值大、体积大的重要原材料及零部件，对此优先选择伙伴型或优先型的供应商。企业在分析采购物品及供应商情况时要考虑以下因素。

（1）原料及零部件采购周期、年采购量（额）、物品的重要性；

（2）供应商生产周期、供货频率、库存水平、合作态度、地理位置；

（3）物品供应周期、包装及运输方式、储存条件及存放周期；

（4）企业现有供应商的管理水平、供应商参与改进的积极性。

采购人员还应针对供应商目前的供应状态，提出改进即时化采购模式的具体目标。在实践中，改进目标的具体内容包括：①库存控制水平；②供货周期、批次；③改进行为的具体时间要求。

总之，企业对供应商的选择就是要保证在需要的时间内采购到所需要的物品。

案例讨论

企业的供应商选择

某企业因生产需要从供应链上的其他企业购进一种零件，年需求量为1万件，有三家供应商——A、B、C可以提供该种零件，需要对三家供应商的绩效进行综合评价，以选择哪家供应商作为该企业的合作伙伴。三家供应商供应零部件的价格、质量、交货提前期以及要求的采购批量均不同（见表6-1）。若零部件出现缺陷，则企业需要进一步处理才能使用。每个有缺陷的零部件的处理成本为6元。假设与零件库存有关的维持费用，按库存价值的25%计算；每周零件需求的标准差为80件，持有安全库存的安全系数 z 为1.6。

表6-1 三家供应商的供应信息表

供应商	价格（元/件）	合格率（%）	提前期（周）	采购批量（件）
A	9.5	88	8	2 500
B	10.0	97	11	5 000
C	10.5	99	1	200

根据以下标准对供应商进行排序：①考虑价格、质量并进行排序；②综合考虑价格、质量、交货提前期和采购批量并进行排序。

三、供应商的评价与考核

为了科学、客观地反映供应商供应活动的运作情况，企业有必要建立一套与之相适应的供应商绩效考核指标体系。根据全球跨国公司考核供应商的实际运作经验，考核的关键因素主要包括质量、价格、交付与服务。

（一）质量指标

质量指标是考核供应商的最基本指标，常用的是来料批次合格率，用百万次品率来衡量。百万次品率指标的优点是简单易行，缺点是供应商可以通过操纵简单、低值产品的合格率来提高总体合格率。在不同行业中，标准大不相同。例如在采购品种很多、采购量很小的行业中，100 万件产品中的次品能控制在 3 000 件就达到了世界水平，但在大批量加工行业的零缺陷标准下，这种质量水平的供应商基本属于被淘汰对象。质量领域还有很多其他指标，例如来料抽检率、免检率、报废率等。不管什么质量指标，统计口径一致、有可比性，才能增加公司内部及供应商的认可度。而且质量统计不是目的，统计的终极目的是通过表象（质量问题）发现供应商的系统、流程、员工培训、技术等方面的不足，督促整改，以达到优质标准。

（二）价格指标

企业可以通过平均价格比率和最低价格比率来考核供应商的价格水平。

平均价格比率 = [（供应商的供货价格 − 市场平均价格）/ 市场平均价格]×100%

最低价格比率 = [（供应商的供货价格 − 市场最低价格）/ 市场最低价格]×100%

此外，企业还要考虑年度降价和多采购回馈。对于年度降价，企业要注意将采购单价差与降价总量结合使用。例如，年度降价 5%，总成本节省 200 万元。在实际操作中，对采购价差的统计相当复杂。采购方与供应商需要事前商定新价格生效的条件和时间，例如采购方按交货期定，而供应商按下订单的日期定，由此产生的时间差，会产生一定的价差，以哪个价格成交需要事前明确。多采购回馈则是指当采购额超过一定额度，供应商给采购方一定比例的回扣。这个条款给购买双方动力来增加采购额。付款条件是指在公司资金宽裕的情况下，鼓励供应商提前领取货款，但给公司折扣。例如货到 10 天之内付款，给采购方 2% 的折扣等。有些公司根据“二八定律”来统计 80% 的采购开支花在那些 20% 的最佳供应商身上，其目的是减少供应商数量，增加规模效益。但具体指标很难确定，因为不同公司、行业，即使同一公司在不同市场环境下，最佳供应商数量也不相同。例如，在买方市场下，供应商数量越少越好，这样规模效益好；在卖方有产能限制、原材料不足等情况下，供应商多，采购方的风险就相对低。

（三）交付指标

交付指标主要是指按时交货率。按时交货率与质量、成本并重，主要考核供应商准时交货的情况。按时交货率可以按件、按订单来计算，一般用百分比表示。但企业要考虑到不同价值的产品按时交货率产生的影响具有很大的不同。例如，一个螺丝钉与一台发动机按时交货率的比例相同，但影响具有很大的不同，螺丝钉不能与发动机相提并论。生产线上的人会认为缺了哪一个都没法组装产品，这理论上具有一定的道理。但从供应管理的实践角度来说，一个生产周期只有几天的螺丝钉与采购前置期长达几个月的发动机相比，重要性是截然不同的。对于供应商管理的库存（VMI）而言，因为有最低与最高库存点，按时交货可通过相对库存水平来衡量。例如，库存为零，风险很高；库存低于最低点，风险相当高；库存高于最高点，断货风险很小，但过期库存风险升高。这样，统计上述各种情况可以衡量供应商的交货表现。根据未来物料需求和供应商的供货计划，企业还可以预测库存点在未来的走势。值得注意的是，企业应综合考虑成本、质量和按时交货。这些指标如果分归不同的部门，部门间的扯皮就可能很厉害。例如，在美国一些大公司里，成本由供应管理部门负责，质量由质量管理部门负责。为降低成本，供应管理部门选择到低成本国家或地区去采购；为确保质量，质量管理部门则坚决反对。两者的扯皮旷日持久，往往导致全球采购战略失败。解决方法之一是让一个部门同时负责三个指标，促使其通盘考虑。

（四）服务指标

对于服务，企业无法进行直观统计。但是服务是体现供应商价值的重要一环。供应商的服务价值已经逐渐引起采购商的重视。服务在价格上看不出，在价值上却很明显。例如，同样的供应商，一个有设计能力，能对采购方的设计提出合理化建议，另一个则只能按图加工，其价值是不同的，前者远远大于后者。服务是无形的，在不同的公司、行业侧重点也不同。但服务都涉及人，对此可采取调查用户满意度的方式来统计。例如，公司期望供应商给设计人员提合理化建议、尽量缩短新产品的交货时间、主动配合质量人员的质量调查、积极配合采购人员的调度、催货，那么公司可发简短的问卷给相关人员，调查他们对上述各项的满意程度，以及哪些地方需要改进，从而驱动供应商提高服务质量。

本章小结

供应链采购是指供应链内部企业之间的采购。供应链采购与传统的采购相比，物资供需关系没变，采购的概念没变，但是由于供应链上各个企业之间是一种战略伙伴关系，供应链采购是在一种非常友好的合作环境中进行的，所以供应链采购的观念和操作都发生了很大变化。

供应链采购是一种基于需求的采购，不像以前传统采购那样为了补充库存而采购；供应链采购受需求驱动，采购部门要关心企业的生产过程，了解生产的工艺、进度和产品需求的变化，属于主动型采购和合作型采购，以保证采购计划与制造需求相适应。

采购管理在供应链中发挥着重要作用。它有利于实现信息共享，降低采购成本；有利于建立供应链伙伴关系，提高物流过程的效率；有利于降低采购风险，促进供应链体系的精细化和稳定性。

准时化采购是基于供应链管理环境下的一种新型的采购方式，它是由准时制生产管理思想演变而来的。JIT采购的作用有：大幅减少原材料与外购件的库存，保证所采购的原材料与外购件的质量，降低原材料与外购件的采购成本。

供应商的选择是物流采购中的重要问题。在选择供应商时，企业必须注重选择供应商的标准和步骤。选择供应商的标准有很多，根据时间的长短划分，可分为短期标准和长期标准。选择供应商的基本步骤有：建立评价小组，确定全部的供应商名单，列出评估指标并确定权重，评价供应商，确定供应商。

为了科学、客观地反映供应商供应活动的运作情况，企业需要建立一套与之相适应的供应商绩效考核指标体系，考核的关键因素主要包括质量、成本、交付与服务。

复习思考

1. 供应链采购与传统采购有何不同?
2. 采购管理流程包括哪些内容?
3. 选择供应商的标准有哪些? 企业应遵循哪些步骤?
4. 何谓准时化采购? 请简述其原理和思想。

案例分析

西门子的采购策略

西门子在世界范围内拥有分属于大约2 500名采购职员的12万家供应商，并且在256个采购部门中拥有1 500名一线采购人员，其中的2万家供应商被指定为第一选择，他们的数据被存储到了西门子内部的电子信息系统中。为了确定采购活动的中心，西门子依据以下两个方面对这些供应商进行了分类。

一是供应风险。这是按照供应商的部件的技术复杂性和实用性来衡量西门子对该供应商的依赖程度的标准。它要求询问："如果这家供应商不能够达到性能标准，那对西门子意味着什么?"对一个特定供应商的供应风险的衡量标准包括：供应部件有多大程度的非标准性? 如果我们更换供应商，需要花费哪些成本? 如果我们自行生产该部件，困难程度有多大? 该部件的供应源的缺乏程度有多大?

二是获利能力影响或是采购价值。影响西门子供应商关系底线的衡量标准是与该项目相关的采购支出是多少。根据供应风险和获利能力影响的标准可以建立一个带有四种可能的供应商分类的评估矩阵。

保证供应	战略合作
有效经营	优化市场潜力

（1）高科技含量的高价值产品，如电力供应、中央处理器（CPU）的冷却器、定制的用户门阵列（gate array，一种封装在一个芯片里、具有许多逻辑门的几何结构，制造时可以在内部把门相互连接起来去执行一种复杂的操作，因而可以作为标准产品使用。一种经编程后可以实现某种特殊目的的门阵列通常被称为用户门阵列）;

（2）用量大的标准化产品，如印刷电路板、集成电路存储器（IC）、稀有金属、镀锌的锡片；

（3）高技术含量的低价值产品，如需要加工的零件、继电器、变压器；

（4）低价值的标准化产品，如金属、化学制品、塑料制品、电阻器、电容器。

西门子与供应商的关系的性质和密切程度由这四种分类来决定。

第一类是高科技含量的高价值产品，采购策略是进行技术合作，其特点是：

（1）与供应商保持紧密的关系，包括提供技术支持和共同负担研发经费；

（2）签订长期合同；

（3）共同努力以实现标准化和技术诀窍的转让；

（4）集中于制造过程和质量保证程序，如内部检验；

（5）通过电子数据交换（EDI）和电子邮件实现通信最优化的信息交流；

（6）在处理获取基础材料的瓶颈问题时给予可能的支持。

第二类是用量大的标准化产品，采购策略是储蓄潜能的最优化，其特点是：

（1）在全球寻找供应源；

（2）开发一个采购的国际信息系统；

（3）在全世界寻求相应的合格供应商；

（4）列入第二位的资源政策；

（5）安排接受过国际化培训的最有经验并且最称职的采购人员。

第三类是高技术含量的低价值产品，采购策略是保证有效率，其特点是：

（1）进行质量审查并准备专用的仓储设施；

（2）保有存货和编制建有预警系统的安全库存计划；

（3）留有战略性存货（保险存货）；

（4）在供应商处寄售存货；

（5）特别强调与供应商保持良好的关系。

第四类是低价值的标准化产品，采购策略是有效地加工处理，特点是：

（1）通过电子系统减少采购加工成本；

（2）向那些接管部分通常的物流工作，如仓储、编制必备需量的计划、报告等工作的经销商或供应商外购产品；

（3）增加对数据处理和自动订单设置系统的运用；

（4）进行准时制生产，具备运送到仓库、运送到生产线的手续；

（5）努力减少供应商和条款的数目。

在第四种分类中，西门子把首选供应商授予了从总共80家经销商中选出的3家。这一安排规定了经销商将负责提供仓库、预测和保管存货、向西门子报告存货与用货量。

任何一家有望成为西门子供应商的公司都必须认真地考虑客户会如何对其产品进行归类。正如上面所描述的，对于一个供应商而言，西门子公告的采购政策在维持双方关系的可能性方面具有相当大的暗示。任何一个将西门子列为核心客户而其产品却被划入第二类或第四类的供应商的管理人员都很难与西门子结成特殊关系；能否发展协作伙伴关系取决于客户与供应商双方。所以，供应商必须以某种方式通过差别化使客户对产品的感知得到提高，进而促使西门子与其形成首选供应商的关系。

除了完成采购职能的一般任务之外，西门子还有一个专设的团队进行采购营销。它的一项主要职能就是使西门子成为潜在供应商的一个更有吸引力的客户。该团队成员会以这种身份涉足市场研究，找出新的供应商并进行评估，还会与现有的供应商研究新的合作领域，这样做对双方的利益都有好处，例如依照最节省成本的生产批量对订单要求的数量加以排列将会使双方获益。另外，供应商可能会应邀对西门子的产品设计和生产方法进行技术考察，目的是减少特殊部件的数量，同时增加标准部件的数量，因为标准部件更易于仓储和生产。通过这种方式，供应商提高了效率并且将通过提高效率带来的这部分利益传递给西门子，使它能够在自己的市场上进行有力的竞争。

西门子对它的采购经理对时间的利用很感兴趣，正在监测每个采购经理将10万马克用于购买8种不同分类目录下的供应品分别需要花费多少时间。例如，这种监测会显示，在生产一种产品的工厂里，采购经理购买10万马克的集成电路将花费1.7小时，而在另一家工厂里，类似的采购活动却可能要用去3倍的时间。这类分析也可能不会发现大的改善方向，但是它能够适当地质疑采购资源的分配并使这些资源集中在正确的方向上。

资料来源：http://bbs.dzsc.com/showtopic-204565.html.

| 案例思考 |

1. 西门子是如何选择供应商的？

2. 西门子的采购物资分类有什么特点？这对其他企业有什么启示？

项目化实训

讨论课Ⅲ：供应链环境下的采购管理

任务布置时间：第 7 周　　　　　　**讨论课时间：**第 9 周

讨论目标：通过本次讨论，使学生更好地理解供应链管理下采购的重要作用和地位、采购可能存在的问题、采购模式的优化、采购绩效评价等内容；要求学生结合给定的素材或自己收集、整理相关企业采购策略的制定与实施，撰写分析报告，调研、总结企业的采购经验和不足，并对报告内容进行小组讨论。

讨论的主要内容：

1. 自行选择案例企业进行研究，通过报告内容和案例素材的分析，汇报对采购的重要作用和地位、采购可能存在的问题、采购模式的优化、采购绩效评价等内容的理解，以及在撰写报告中遇到的问题及解决方法。

2. 重点关注优化过程和绩效评估过程。

3. 回答其他小组同学的提问。

4. 在老师的指导下，对小组的报告内容进行修改和完善。

5. 本次课后一周内提交讨论报告和PPT汇报材料（要求宋体小四号字，20磅行间距，A4纸排版）。

第七章

CHAPTER 7

供应链管理下的生产管理

| 学习目标 |

1. 了解生产系统的概念、功能和内容。
2. 了解供应链环境下生产计划涉及的问题。
3. 了解供应链环境下生产控制包含的内容。
4. 理解供应链协同、精益生产的思想。
5. 掌握延迟制造生产组织模式及思想。

| 案例导入 |

尚品宅配大规模定制

1. 线下开店阶段：实现设计个性化

1994年，广州圆方软件公司（尚品宅配的前身）成立。该公司由李连柱和周叔毅出资创办，他们毕业于华南理工大学，主要从事室内装饰设计软件的开发、推广和销售业务，后来专注于家居设计软件方面的业务。

当时市场上家具企业还没有利用设计软件来提高销量的理念。2000年，李连柱到很多企业客户回访，询问企业对家居设计软件的使用意见。结果，看到圆方软件被搁置在一边，很多老板坦白说他们买回来就是装装门面，基本没用。李连柱心里很不服气："这么先进的软件，你们竟然搁置一旁装点门面，我一定要做一个成功案例给你们看看，把软件的量卖上去。"

于是，在圆方软件公司开发出一款橱柜软件后，李连柱设想开一家橱柜定制门店。这样做，一方面，可以利用自家新橱柜软件的优势；另一方面，可以示范如何运用软件提高家具销量。公司第一家承担着教育市场责任的橱柜门店在广州诞生了。设计师在橱柜门店中使用公司的橱柜软件，为消费者提供设计服务，免费为消费者设计图纸、提供设计方案。消费者可以拿着厨房图纸全程参与设计，与设计师交流自己的构想，消费者与设计师共同确定最后方案，最后消费者还可免费获得打印的彩色效果图。

这种免费设计的消费体验一下子让这家门店在众多同类店铺中脱颖而出。一段时间过后，李连柱发现，这家店的生意非常好，消费者对公司的设计方案异常青睐。在这个阶段中，公司并没有自己的家具制造工厂，主要将订单外包给下游家具厂家。但随着公司业务量增加，这种方式的弊端不断凸显：代工产品质量参差不齐，成本也非常高，交货周期长且无法保证。

2. 线下办厂阶段：实现制造个性化

有了橱柜门店成功的经验后，李连柱决定将公司从软件服务商转型为家具制造商。2004 年，尚品宅配正式成立，跨界进入家具行业。尚品宅配全国加盟店的数量迅速扩张到 200 家，线下实体门店扩张一路高歌猛进。

随着加盟店与销售额的增加，外包生产环节渐渐跟不上公司发展的需要，各种问题涌现了出来，成为公司进一步发展的瓶颈。因此，公司决定迎难而上，自己开办工厂，将生产基地选在家具生产非常集中的佛山南海。家具产品的个性化要求极强，一个普通鞋柜就可以变化出成百上千种，依靠人脑已无法组织有效生产。

尚品宅配高层管理和技术团队达成共识，决定创办一家与国内其他所有家具制造企业完全不一样的工厂：利用信息技术重新设计一条生产线，并对家具制造流程进行彻底的信息化改造。公司先试验将用户订单分拆成零部件，建立虚拟模型，然后开发软件程序，再生成一条条生产指令。当时软件没有实现自动化，只能靠手工一条条录入指令，一步步尝试，行不通就返工，成功了就继续。在一个订单产品实现部件化分解后，公司又开始尝试将 5 个产品同步进行部件分解，就这样一步步推进。

经过 5 个月的研发后，初步的生产工艺改进完成了。后来，公司又对进口的钻孔和开料设备进行软件设计的改造，使设备做到自动识别和执行生成的生产指令。2006 年 9 月，运用公司自主研发的排产软件，公司信息技术控制排产生产线正式启用。这两次关键性的技术突破使尚品宅配工厂开始产生质的转变，为大规模个性化生产奠定了坚实的信息化技术基础。

3. 店网一体阶段：实现全价值链个性化

自 2010 年开始，尚品宅配线上线下（O2O 模式）基本打通。消费者可通过新居网进行线上咨询、免费预约量尺、与设计师互动并享受免费产品方案设计；再由尚品宅配旗舰店、直营店或加盟店，根据地区提供实地的上门测量尺寸、设计方案、配送成品和上门安装等服务。O2O 模式中的实体店与新居网的线下线上产生的矛盾如何解决？“这是一个利益分配问题，解决矛盾的关键是理顺利益关系。比如，新居网获得一个为消费者上门测量尺寸的机会，网站会把信息告诉当地加盟商，由线下网点来实施，最终线下加盟商与新居网分账。”

在后端工厂制造方面，2010 年以来，尚品宅配进行了多次信息化流程改造，先改造流水线，后优化车间布局，再调整大批次生产。在信息技术人员的不懈攻关下，后端工厂全部实现了信息化改造。在生产制造上，尚品宅配研制出一套“后端生产软件系统”，用信息化技术匹配消费者多样的个性化需求；在渠道、市场传播等环节，信息系统实现了联网和统筹，实现了企业对经销商的远程指导。

最终，尚品宅配实现了对供应链全生命周期的信息化，将设计、生产、安装、销售、服务等环节贯通，形成柔性供应链。依靠云计算和大数据，消费者个性化定制需求得到满足，能够被大规模生产出来，同时尚品宅配具备了灵活应对消费者个性化需求的定制能力。目前，尚品宅配正采取平台战略，与供应商实现共创共赢，联合知名家居品牌为其做配套，整合家居行业共同发展。

资料来源：周文辉，等，价值共创视角下的互联网 + 大规模定制演化：基于尚品宅配的纵向案例研究 [J]. 管理案例研究与评论，2016, 9(4).

| 思考题 |

1. 分析尚品宅配“互联网 +”大规模定制的演化过程。
2. 讨论尚品宅配实施大规模定制的条件。

第一节　供应链管理下的生产管理概述

生产管理的目的在于做到投入少、产出多，取得最佳经济效益。生产管理的任务主要是通过生产组织工作，按照企业目标的要求，设置技术上可行、经济上合算、物质技术条件和环境条件允许的生产系统；通过生产计划工作，制订生产系统优化运行的方案；通过生产控制工作，及时、有效地调节企业生产过程内外的各种关系，使生产系统的运行符合既定生产计划的要求，实现预期生产的品种、质量、产量、出产期限和生产成本的目标。生产管理主要包括质量管理、进度管理、成本管理三个基本内容。与传统的生产管理不同，供应链环境下的生产管理具有决策信息多源化、决策群体性、信息反馈机制多样性、生产计划运行的动态环境等特点。

一、生产管理概念

（一）生产的含义

生产活动是一个价值增值的过程，是指一个社会组织向社会提供“有用”产品的过程。“有用”产品既包括有形的物质产品，也包括无形的非物质产品（即各类服务）。我们可以通过以下几个方面来进一步理解生产的含义。

（1）生产输出的产品都具有使用价值。无论生产的是有形的还是无形的产品，它必须有一定的使用价值。产品的使用价值是指它能够满足顾客某种需求的功效。需求因人而异，因时而异。

（2）有形产品或无形服务在物质形态、交换和消费方式以及使用价值转化等方面具有不同的特点。

1）物质形态方面。实物产品的使用价值具有五光十色的自然形式、实物形式，可以说是由使用价值的原子组成的，因此，它具有实物性，比如可以准确测量的静止质量、不容置疑的空间体积，以及不同的实物使用价值在同一空间里不能叠加，等等。与实物产品的使用价值不同，服务产品的使用价值具有非实物特性。它是一种在活动形态上提供的、不能离开服务劳动者单独存在的、不采取实物形式的特殊使用价值而非实物使用价值。这是它区别于实物产品使用价值的重要特性。

2）交换和消费方式方面。实物产品的生产、交换和消费一般是分开进行的。在时间上可以相隔数天、数月甚至数年，在空间上可以跨数市、数省甚至数国。因此，生产者与消费者，生产领域、流通领域与消费领域泾渭分明。而服务产品的交换却是生产的前提，生产一旦开始，消费也就同时进行；生产一结束，交换与消费也宣告完成。

3）使用价值转换方面。对于实物产品，我们可以在其使用价值耐久程度允许的时间内储存，或经过冷冻、防腐、隔氧、脱水等特殊技术处理而延长其储存期。而服务产品作为非实物使用价值，是不能储存的，因为它和生产行为不可分离，生产一结束，产品已因被消费掉而不复独立存在。服务产品的使用价值具有非转换性，是指服务产品使用价值不可能从产地转移到经销地的性质。

（二）生产管理的含义与基本内容

生产管理是对企业生产系统的设置和运行的各项管理工作的总称，又称生产控制。生产管理的内容包括：

（1）生产组织工作，即选择厂址、布置工厂、组织生产线、实行劳动定额和劳动组织、设置生产管理系统等。

（2）生产计划工作，即编制生产计划、生产技术准备计划和生产作业计划等。

（3）生产控制工作，即控制生产进度、生产库存、生产质量和生产成本等。

企业生产管理的目标是“在需要的时候，以适当的价格，向顾客提供具有适当质量的产品和服务”。生产管理的根本问题是如何实现生产管理目标的问题。由此，我们可以引申出生产管理的三个基本内容：质量管理、进度管理、成本管理。

（1）质量管理。质量管理是指确定质量方针、目标和职责，并通过质量体系中的质量策划、质量控制、质量保证和质量改进来使其实现所有管理职能的全部活动。质量管理解决生产过程中如何保证和提高产品质量的问题。目前，生产者和消费者都对质量的理解、要求有了进一步的认识，并对质量管理提出了更高的要求，主要表现在：科学技术和工业生产的发展，对质量要求越来越高；随着生产力和科学技术的发展，质量管理的理论渐趋完善，更具科学性和实用性；质量不仅反映了企业的经济实力，也是国力的象征。

（2）进度管理。进度管理解决生产过程中如何保证适时适量地将产品投向市场的问题。进度管理指对每天的工作按照生产计划或日程计划规定的进度进行控制。进度管理的任务是调查工作的进展情况，找出实际完成情况同计划进度的差距及其原因，并力求缩小这个差距。生产进度控制的目的在于依据生产作业计划，检查零部件的投入和出产数量、出产时间和配套性，保证产品能准时装配出厂。供应链环境下的进度控制与传统生产模式的进度控制不同，因为许多产品是协作生产和转包的，和传统的企业内部的进度控制相比，其控制的难度更大，必须建立一种有效的跟踪机制进行生产进度信息的跟踪和反馈。

（3）成本管理。成本管理解决的是生产过程中如何才能使产品的价格既能为顾客所接受，同时又能为企业带来一定利润的问题。加强成本管理，是市场本性、企业要求以及消费者需求共同作用的结果。

二、供应链环境下生产管理的特点

1. 决策信息多源化

在传统的生产计划决策模式中，计划决策的信息来自两个方面：一方面是需求信息，另一方面是资源信息。需求信息主要来自两个方面：一个是用户订单，另一个是需求预测。通过对这两方面信息的综合，企业可以得到制订生产计划所需要的需求信息。资源信息则是指生产计划决策的约束条件。在供应链管理环境下，需求信息和企业资源的概念与传统概念是不同的。信息多源化是供应链环境下生产管理的主要特征，多源信息是供应链环境下生产计划的特点。另外，在供应链环境下资源信息不仅来自企业内部，还来自供应商、分销商和用户。约束条件放宽了，资源的扩展使生产计划的优化空间扩大了。

2. 决策群体性

传统的生产计划决策模式是一种集中式决策，而供应链管理环境下的决策模式是分布式群体决策。基于多代理的供应链系统是立体的网络，各个节点企业具有相同的地位，有本地数据库和领域知识库。在形成供应链时，各节点企业拥有暂时性的监视权和决策权，每个节点企业的生产计划决策都受到其他企业生产计划决策的影响，需要一种协调机制和冲突解决机制。当一家企业的生产计划发生改变时，需要其他企业的计划也做出相应的改变，这样供应链才能获得同步化的响应。

3. 信息反馈机制多样性

企业的计划能否得到很好的贯彻执行，需要有效的监督控制机制作为保证。要进行有效的监督控制，必须建立一种信息反馈机制。传统的企业生产计划的信息反馈机制是一种链式反馈机制，也就是说，信息反馈是企业内部从一个部门到另一个部门的直线性传递。由于递阶组织结构的特点，信息的传递一般是从底层向高层信息处理中心（权力中心）反馈，形成和组织结构平行的信息递阶的传递模式。供应链管理环境下企业信息的传递模式和传统企业的信息传递模式不同。以团队工作为特征的多代理组织模式使供应链具有网络化结构特征，因此供应链管理模式不是递阶管理，也不是矩阵管理，而是网络化管理。生产计划信息的传递不是沿着企业内部的递阶结构（权力结构），而是沿着供应链不同的节点方向（网络结构）传递。为了实现供应链的同步化运作，供应链企业之间信息的交互频率也比传统企业信息传递的频率大得多，因此应采用并行化信息传递模式。

4. 生产计划运行的动态环境

供应链管理的目的是使企业能够适应剧烈多变的市场环境需要。复杂多变的环境，增加了企业生产计划运行的不确定性和动态性因素。供应链管理环境下的生产计划是在不稳定的运行环境下进行的，因此要求生产计划与控制系统具有更高的柔性和敏捷性，比如提前期的柔性、生产批量的柔性等。传统的 MRP Ⅱ 缺乏柔性，因为它以固定的环境约束变量应付不确定的市场环境，这显然是不行的。供应链管理环境下的生产计划涉及的多是订单化生产，这种生产模式动态性更强。因此，生产计划与控制要更多地考虑不确定性和动态性因素，使生产计划具有更高的柔性和敏捷性，使企业能对市场变化做出快速响应。

第二节　供应链环境下的生产计划与控制

供应链管理思想对企业最直接和最深刻的影响是企业家决策思维方式的转变：从传统、封闭的纵向思维方式向横向、开放的思维方式转变。生产计划与控制是企业管理的主要内容之一，供应链管理思想无疑会对此带来很大的影响。与传统的企业生产计划与控制方法相比，在信息来源、信息的集成方法、计划的决策模式、计划的运行环境、生产控制的手段等许多方面，供应链管理模式下的生产计划与控制方法都有显著不同。

一、生产系统

1. 企业生产系统

企业生产系统是支撑企业生产过程运行的物质基础，生产系统由系统的硬件和软件两部分组成。生产系统的硬件通常是指生产机器设备、工具器具、生产场地、厂房、运输车辆、通信设施等，它们构成生产系统的物质形式。生产系统的软件指的是生产组织形式、人员配备要求、工作制度、运行方式以及管理上的各种规章制度。

2. 企业生产过程

企业生产过程是一个通过劳动把一定的资源转化为产品或服务的过程，这个过程同时也是价值增值的过程。生产过程的运行，除需要生产系统的支撑外，同时还受社会环境的制约，特别是市场需求、社会经济发展水平、政府有关的政策法规等。生产过程的输出，不仅指有形的实物产品，还包括无形的产品——服务。

生产过程包括狭义和广义两个方面的概念。

（1）生产过程的狭义概念。狭义的生产过程是指产品生产过程，是对原材料进行加工，使之转化为成品的一系列生产活动的运行过程。

（2）生产过程的广义概念。广义的生产过程是指企业生产过程和社会生产过程。企业生产过程包含基本生产、辅助生产、生产技术设备和生产服务等企业范围内各种生产活动协调配合的运行过程。社会生产过程是指从原材料开采到冶炼、加工、运输、储存，在全社会范围内各行各业分工协作制造产品的运行过程。产品生产过程由一系列生产环节组成，一般包含加工制造过程、检验过程、运输过程和停歇过程等。产品生产过程是企业生产过程的核心部分。

3. 企业生产系统的目标

生产系统是在保证企业人员、设备和设施安全的基础上，按照预定的品质、价格和数量的要求，在预定的日期最经济地将输入资源转换为期望产出，对管理系统与作业系统加以整顿和运用，使人、材料和设备得到有效利用的体系。

企业环境和用户对产品的要求共有 7 个主要方面：品种款式、质量、数量、价格、服务、交货期和环境保护。通过产品的这种生产系统和环境联系的纽带，企业可以把环境的要求转化为环境和产品对生产系统的要求，主要包括以下 8 个方面。

（1）创新目标。这是指生产系统应具有发展新产品的能力，是用户对产品的品种款式要求不断发生变化的必然结果。生产系统的创新目标不仅表现在适应产品品种变化的要求上，同时也表现在采用新技术、新工艺的要求上。

（2）质量目标。产品的质量是通过生产系统的质量来保证并在生产制造过程中获得的。生产系统的质量目标应包括两个方面的内容：生产系统构造的质量要求和生产系统运行的质量要求。

（3）柔性目标。环境是多变的，用户对产品品种、数量的要求经常会发生变化，生产系统必须适应这种变化才能赢得市场，这就要求生产系统具有适应环境的柔性。

（4）成本目标。在市场日益开放的今天，不同企业产品的竞争许多时候表现为价格的竞争，在产品性能、功能、质量等因素差异不大的时候，只有较低的价格才能赢得竞争，而且企业还要获利以保证生存。因此，生产系统必须具有控制制造成本的能力。

（5）继承性目标。用户购买产品时，同时希望能在使用产品之后得到安装、维修、保养以及升级换代等方面的支持和保证，这就要求生产系统具有继承性、可扩展性和兼容性，而且，从生产技术和工艺的角度来说，继承性也非常重要。

（6）交货期目标。迅速和及时地按照用户的时间要求交货是竞争中取胜的重要保证。

（7）环境保护目标。生产系统应该生产符合环境保护要求的产品并且自身的运行要符合环境保护的要求。

（8）自我完善目标。生产系统应具有根据自身内部结构的特点，不断协调各个组成要素之间关系的能力，从而保证在不断发展过程中始终保持生产系统内部的协调。

上述目标中的创新目标、质量目标、柔性目标、继承性目标、环境保护目标和自我完善目标属于功能性目标，而成本目标、交货期目标属于效率目标。功能性目标代表了对生产系统未来所应具有功能的规划和期望，决定了生产系统的基本构成状况和未来的运行方向；效率性目标代表了对生产系统功能发挥程度的要求，保证了功能目标具体内容的合理性。

二、供应链环境下的生产计划

1. 生产计划概述

生产计划是指一方面为满足客户要求的三要素“交期、品质、成本”而计划；另一方面又使企业获得适当利益，从而对生产的三要素“材料、人员、机器设备”做相应准备、分配及使用的计划。

（1）生产计划的任务：保证交货日期与生产量；使企业维持同其生产能力相称的工作量（负荷）及适当开工率；作为物料采购的基准依据；将重要的产品或物料的库存量维持在适当水平；对长期的增产计划，操作人员与机械设备补充的安排。

（2）生产计划的内容：主要包括以下5个方面，即生产什么东西——产品名称、零件名称；生产多少——数量或重量；在哪里生产——部门、单位；要求什么时候完成——期间、交期；什么时候开始生产。

（3）生产计划的用途：生产计划是物料需求计划的依据；是产能需求计划的依据；是其他相关计划的制订依据。

（4）生产计划的种类。按不同性质划分，生产计划有各种类型（见表7-1）。

表7-1　生产计划分类表

种　类		对　象	期　间	期　别
大日程（长期）	长期生产计划	产品类别	2～3年	季
	年度生产计划	产品类别、零件类别	1年	月
中日程（中期）	3～6个月生产计划	产品类别	季、半年	周、月
	月生产计划	产品类别、零件类别	月	日
小日程（短期）	周生产计划	产品类别、零件类别	周	日
	日生产计划	产品类别、零件类别	日	小时

2. 供应链下生产计划需要考虑的问题

供应链是一个跨越多厂家、多部门的网络化组织，一个有效的供应链企业计划系统必须保证企业能快速响应市场需求。有效的供应链计划系统集成企业所有的计划和决策业务，包括需求预测、库存计划、资源配置、设备管理、渠道优化、生产作业计划、物料需求与采购计划等。供应链企业计划工作需要考虑如下几个方面的问题。

（1）供应链企业计划的方法与工具。供应链企业计划的方法与工具主要有：MRPⅡ、管理 JIT、DRP/LRP。

（2）供应链企业计划的优化方法。供应链企业计划的优化方法可以采用：TOC（theory of constraint）理论；线性规划、非线性及混合规划方法；随机库存理论与网络计划模型。

（3）供应链企业的计划类型。根据供应链企业计划对象和优化状态空间，有全局供应链计划和局部供应链计划。

（4）供应链企业计划的层次性。根据供应链企业计划的决策空间，供应链企业计划可分为战略供应链计划、战术供应链计划和运作供应链计划三个层次。

3. 供应链下生产计划的新要求

供应链管理环境下的生产计划与传统生产计划有显著不同，是因为在供应链管理环境下，与企业具有战略伙伴关系的企业通过物资流、信息流和资金流的紧密合作而成为企业制造资源的拓展源。在制订生产计划的过程中，企业主要面临以下三个方面的问题。

（1）柔性约束。柔性实际上是对承诺的一种完善。承诺是企业对合作伙伴的保证，只有在这一基础上企业间才能具有基本的信任，合作伙伴也因此可以获得相对稳定的需求信息。然而，由于承诺的下达在时间上超前于承诺本身付诸实施的时间，因此，尽管承诺方一般来讲都尽力使承诺与未来的实际情况接近，但误差是难以避免的。柔性的提出为承诺方缓解了这一矛盾，使承诺方有可能修正原有的承诺。可见，承诺与柔性是供应合同签订的关键要素。

对生产计划而言，柔性具有多重含义。

1）显而易见，如果仅仅根据承诺的数量来制订计划是容易的，但是柔性的存在使这一过程变得复杂了。柔性是双方共同制定的一个合同要素，对于需方而言，它代表着对未来变化的预期；而对供方而言，它是对自身所能承受的需求波动的估计。本质上，供应合同使用有限的可预知的需求波动代替了可以预测但不可控制的需求波动。

2）下游企业的柔性对企业的计划产量造成的影响在于：企业必须选择一个在已知的需求波动下最为合理的产量。企业的产量不可能覆盖整个需求的变化区域，否则会造成不可避免的库存费用。在库存费用与缺货费用之间取得一个均衡点是确定产量的一个标准。

3）供应链是首尾相通的，企业在确定生产计划时还必须考虑上游企业的利益。在与上游企业签订的供应合同中，上游企业除了表达对自身所能承受的需求波动的估计外，还表达了对自身生产能力的权衡。可以认为，上游企业合同中反映的是相对于该下游企业的最优产量。之所以提出是相对于该下游企业，上游企业可能同时为多家企业提供产品。因此，下游企业在制订生产计划时应该尽量使需求与合同的承诺量接近，帮助供应企业达到最优产量。

（2）生产进度。生产进度信息是企业检查生产计划执行状况的重要依据，也是滚动制订生产计划过程中用于修正原有计划和制订新计划的重要信息。在供应链管理环境下，生产进度计划属于可共享的信息。这一信息的作用在于：

1）供应链上游企业通过了解对方的生产进度情况实现准时供应。企业的生产计划是在对未来需求做出的预测的基础上制订的，它与生产过程的实际进度一般是不同的，生产计划信息不可能实时反映物流的运动状态。供应链企业可以借助现代网络技术，使实时的生产进度信息能为合作方所共享。上游企业可以通过网络和双方通用的软件了解下游企业的真实需求信息，并准时提供物资。在这种情况下，下游企业可以避免不必要的库存，而上游企业可以灵活、主动地安排生产和调拨物资。

2）原材料和零部件的供应是企业进行生产的首要条件之一，供应链上游企业修正原有计划时应该考虑到下游企业的生产状况。在供应链管理环境下，企业可以了解到上游企业的生产进度，然后适当调节生产计划，使供应链上的各个环节紧密地衔接在一起。其意义在于可以避免企业与企业之间出现供需脱节的现象，从而保证供应链上的整体利益。

（3）生产能力。企业完成一份订单不能脱离上游企业的支持，因此，在编制生产计划时要尽可能借助外部资源，有必要考虑如何利用上游企业的生产能力。任何企业在现有的技术水平和组织条件下都具有一个最大的生产能力，但最大的生产能力并不等于最优生产负荷。在上下游企业间稳定的供应关系形成后，上游企业从自身利益出发，更希望所有与之相关的下游企业在同一时期的总需求与自身的生产能力相匹配。上游企业的这种对生产负荷量的期望可以通过合同、协议等形式反映出来，即上游企业提供给每一家相关下游企业一定的生产能力，并允许一定程度上的浮动。这样，在下游企业编制生产计划时就必须考虑到上游企业的这一能力上的约束。

4. 供应链下生产计划的制订

在供应链管理下，企业的生产计划编制过程有了较大的变动，在原有的生产计划制订过程的基础上增添了新的特点。

（1）具有纵向和横向的信息集成过程。这里的纵向指供应链由下游向上游的信息集成，而横向指生产相同或类似产品的企业之间的信息共享。在生产计划过程中，上游企业的生产能力信息在生产计划的能力分析中独立发挥作用。

1）通过在主生产计划和投入出产计划中分别进行的粗、细能力平衡，上游企业承接订单的能力和意愿都反映到了下游企业的生产计划中。同时，上游企业的生产进度信息也和下游企业的生产进度信息一道作为滚动编制计划的依据，其目的在于保持上下游企业间生产活动的同步。外包决策和外包生产进度分析是集中体现供应链横向集成的环节。在外包中所涉及的企业都能够生产相同或类似的产品，或者说在供应链网络上是属于同一产品级别的企业。

2）企业在编制主生产计划时所面临的订单，在两种情况下可能转向外包：一是企业本身或其上游企业的生产能力无法承受需求波动所带来的负荷；二是所承接的订单通过外包所获得利润大于企业自己进行生产的利润。无论在何种情况下，都需要承接外包的企业的基本数据来支持企业的获利分析，以确定是否外包。同时，由于企业对该订单的客户有着直接的责任，因此也需要了解承接外包的企业的生产进度信息来确保对客户的供应。

（2）增强能力平衡在计划中的作用。在通常的概念中，能力平衡只是一种分析生产任务与生产能力之间差距的手段。企业根据能力平衡的结果对计划进行修正。在供应链管理环境下制订生产计划时，能力平衡发挥了以下作用：

1）为修正主生产计划和投入出产计划提供依据，这也是能力平衡的传统作用。

2）能力平衡是进行外包决策和零部件（原材料）急件外购的决策依据。

3）在主生产计划和投入出产计划中所使用的上游企业能力数据，反映了其在合作中所愿意承担的生产负荷，可以为供应链管理的高效运作提供保证。

4）在信息技术的支持下，对本企业和上游企业能力状态的实时更新使生产计划具有较高的可行性。

（3）计划的循环过程突破了企业的限制。在企业独立运行生产计划系统时，一般有3个信息流的闭环，而且都在企业内部：

1）主生产计划—粗能力平衡—主生产计划。

2）投入出产计划—能力需求分析（细能力平衡）—投入出产计划。

3）投入出产计划—车间作业计划—生产进度状态—投入出产计划在供应链管理下生产。

（4）计划的信息流跨越了企业，从而增添了新的内容：

1）主生产计划—供应链企业粗能力平衡—主生产计划。

2）主生产计划—外包工程计划—外包工程进度—主生产计划。

3）外包工程计划—主生产计划—供应链企业生产能力平衡—外包工程计划。

4）投入出产计划—供应链企业能力需求分析（细能力平衡）—投入出产计划。

5）投入出产计划—上游企业生产进度分析—投入出产计划。

6）投入出产计划—车间作业计划—生产进度状态—投入出产计划。

需要说明的是，以上各循环中的信息流都只是各自循环所必需的信息流的一部分，但可对计划的某个方面起决定性的作用。

三、供应链管理环境下的生产控制

1. 供应链管理环境下生产控制的新特点

供应链管理环境下的企业生产控制和传统的企业生产控制模式不同。前者需要更多的协调机制（企业内部和企业之间的协调），体现了供应链的战略伙伴关系原则。供应链管理环境下的生产协调控制包括如下几个方面的内容。

（1）生产进度控制。生产进度控制的目的在于依据生产作业计划，检查零部件的投入和出产数量、出产时间和配套性，保证产品能准时装配出厂。供应链管理环境下的进度控制与传统生产模式的进度控制不同，因为许多产品是协作生产的和转包的业务，和传统的企业内部的进度控制相比，其控制的难度更大，必须建立一种有效的跟踪机制进行生产进度信息的跟踪和反馈。生产进度控制在供应链管理中有重要作用，因此必须研究制定供应链企业之间的信息跟踪机制和快速响应机制。

（2）供应链的生产节奏控制。供应链的同步化计划需要解决供应链企业之间的生产同步化问题，只有各供应链企业之间以及企业内部各部门之间保持步调一致，供应链的同步化才能实现。供应链形成的准时生产系统，要求上游企业准时为下游企业提供必需的零部件。如果供应链中任何一家企业不能准时交货，都会导致供应链不稳定或中断，供应链对用户的响应性下降，因此严格控制供应链的生产节奏对供应链的敏捷性是十分重要的。

（3）提前期管理。基于时间的竞争是 20 世纪 90 年代出现的一种新的竞争策略，具体到企业的运作层，主要体现为提前期的管理，这是实现 QCR、ECR 策略的重要内容。在供应链管理环境下的生产控制中，提前期管理是实现快速响应用户需求的有效途径。缩短提前期，提高交货期的准时性是保证供应链获得柔性和敏捷性的关键。缺乏对供应商不确定性的有效控制是供应链提前期管理中的一大难点，因此，建立有效的供应提前期管理模式和交货期的设置系统，是供应链提前期管理中值得研究的问题。

（4）库存控制和在制品管理。库存在应付需求不确定性时有其积极的作用，但是库存又是一种资源浪费。在供应链管理模式下，实施多级、多点、多方管理库存的策略，对提高供应链环境下的库存管理水平、降低制造成本有着重要的意义。这种库存管理模式涉及的不仅仅是企业内部。基于 JIT 的供应与采购、供应商管理库存、联合库存管理等是供应链库存管理的新方法，对降低库存都有重要作用。因此，建立供应链管理环境下的库存控制体系和运作模式对提高供应链的库存管理水平有重要作用，是供应链企业生产控制的重要手段。

2. 供应链下集成生产计划与控制系统总体模型

在生产计划与控制系统的集成研究中，到目前为止，较完善的理论模型是马士华教授于 1995 年提出的一个三级集成计划与控制系统模型，即把生产计划（MPS）、物料需求计划（MRP）和作业计划三级计划与订单控制、生产控制和作业控制三级控制系统集成于一体。该模型的核心在于提出了制造资源网络和能力状态集的概念，并对制造资源网络的建立和生产计划提前期的设置提出了相应模型与算法，并在 MRP Ⅱ软件开发中运用了这一模型。

（1）供应链管理环境下的生产计划与控制系统中几个概念的新拓展。

1）供应链管理对资源概念内涵的拓展。传统的制造资源计划 MRP Ⅱ对企业资源这一概念的界定是局限于企业内部的，并统称为物料（materials）。因此 MRP Ⅱ的核心是物料需求计划（MRP）。在供应链管理环境下，资源分为内部资源（in-source）和外部资源（out-source）。因此在供应链管理环境下，资源优化的空间由企业内部扩展到企业外部，即从供应链整体系统的角度进行资源的优化。

2）供应链管理对能力概念内涵的拓展。生产能力是企业资源的一种，在 MRP Ⅱ系统中，常把资源问题归结为能力需求问题或能力平衡问题。但正如对资源概念的界定一样，MRP Ⅱ对能力的利用也是局限于企业内部的。供应链管理把资源的范围扩展到供应链系统，其能力的利用范围也因此扩展到了供应链系统的全过程。

3）供应链管理对提前期概念内涵的扩展。提前期是生产计划中一个重要的变量，在 MRP Ⅱ系统中是一个重要的设置参数，但 MRP Ⅱ系统一般把它作为一个静态的固定值来对待（为了反映不确定性，后来人们又提出了动态提前期的概念）。在供应链管理环境下，并不强调提前期的固定与否，重要的是交货期（delivery time）。准时交货，即供应链管理强调准时：准时采购、准时生产、准时配送。

（2）供应链管理环境下生产管理组织模式。在供应链管理环境下，生产管理组织模式和现行生产管理组织模式一个显著的不同就是，在供应链管理环境下生产管理采用开放性的、以团队工作为组织单元的多代理制的供应链生产管理组织模式。在供应链联盟中，企业之间以合作生产的方式进行，企业生产决策信息通过 EDI、互联网实时地在供应链联盟中由企业代理通过协商决定；企业建立一个合作公告栏（在互联网上），实时地和合作企业进行信息交流。在供应链中要实现委托代理机制，对企业应建立一些行为规则：①自勉规则；②鼓励规则；③激励规则；④信托规则；⑤最佳伙伴规则。供应链管理环境下的生产计划与控制总体模型如图 7-1 所示。

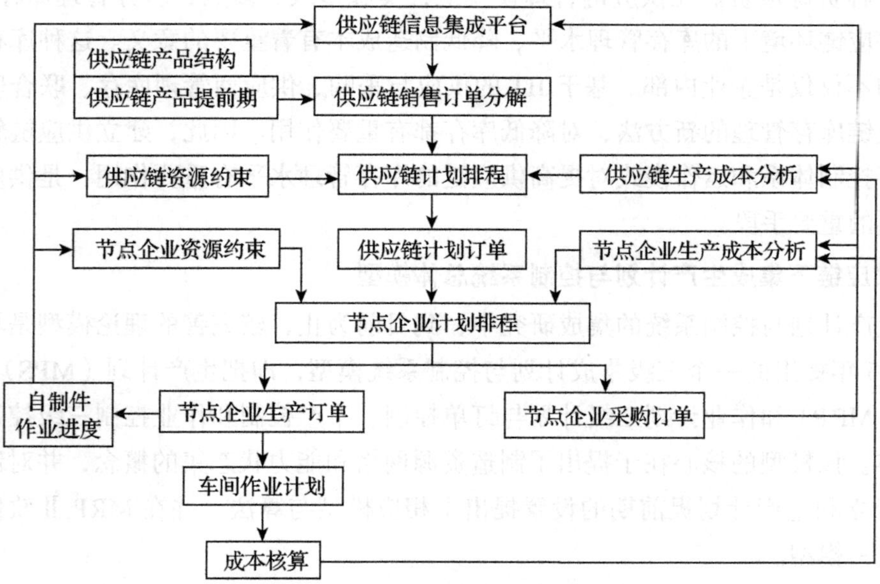

图 7-1 供应链环境下的生产计划与控制总体模型

企业内部也采用基于多代理制的团队工作模式，团队有一个主管负责团队与团队之间的协调。协调是供应链管理的核心内容之一，供应链管理的协调主要有三种形式，即供应—生产协调、生产—分销协调、库存—销售协调。

（3）供应链管理环境下生产计划的信息组织与决策特征。供应链管理环境下的生产计划信息组织与决策过程具有如下几个方面的特征：

1）开放性。经济全球化使企业进入全球开放市场，不管是基于虚拟企业的供应链还是基于供应链的虚拟企业，开放性是当今企业组织发展的趋势。供应链是一种网络化组织，供应链管理环境下的企业生产计划信息已跨越了组织的界限，形成开放性的信息系统。决策的信息资源来自企业的内部与外部，企业并将其与其他组织进行共享。

2）动态性。供应链环境下的生产计划信息具有动态的特性，是市场经济发展的必然。为了适应不断变化的顾客需求，使企业具有敏捷性和柔性，生产计划的信息随市场需求的更新而变化，要求生产计划具有更多的柔性和敏捷性。

3）集成性。供应链是集成的企业，是扩展的企业模型，因此供应链管理环境下的企业生产计划信息是不同信息源的信息集成。它集成了供应商、分销商的信息，甚至消费者和竞争对手的信息。

4）群体性。供应链管理环境下的生产计划决策过程具有群体特征，是因为供应链是分布式的网络化组织，具有网络化管理的特征。供应链企业的生产计划决策过程是一种群体协商过程，企业在制订生产计划时不但要考虑企业本身的能力和利益，同时还要考虑合作企业的需求与利益。

5）分布性。供应链企业的信息来源在地理上是广泛分布的，信息资源跨越部门和企业，甚至实现了全球化。通过互联网或内联网、EDI 等信息通信和交流工具，企业能够把分布在不同区域和不同组织的信息进行有机地集成与协调，使供应链活动同步进行。

3. 生产控制的特点

（1）订货决策与订单分解控制。在对用户订货与订单分解控制决策方面，模型设立了订单控制系统。用户订单进入该系统后，要进行三个决策过程：①价格 / 成本比较分析；②交货期比较分析；③能力比较分析。最后，该系统进行订单的分解决策，分解产生出两种订单（如在管理软件中用不同的工程号表示）：外包订单和自制订单。

（2）面向对象的、分布式、协调生产作业控制模式。企业既是信息流、物流、资金流的始点，也是三者的终点。对生产型企业分析可知，企业由产品、设备、材料、人员、订单、发票、合同等各种对象组成。企业之间最重要的联系纽带就是订单，企业内部及企业间的一切经营活动都是围绕着订单而运作的，通过订单驱动其他企业活动，如采购部门围绕采购订单而动，制造部门围绕制造订单而运作，装配部门围绕装配订单而运作，这就是供应链的订单驱动原理。面向对象的生产作业控制模式从订单概念的形成开始，就考虑了物流系统各目标之间的关系，形成面向订单对象的控制系统。

订单在控制过程中，主要完成如下几个方面任务：①对整个供应链过程（产供销）进行面向订单的监督和协调检查；②规划一个订单工程的计划完成日期和完成工作量指标；③对订单工程对象的运行状态进行跟踪监控；④分析订单工程完成情况，与计划进行比较分析；⑤根据顾客需求变化和订单工程完成情况提出切实可行的改进措施。

（3）面向对象、分布式、协调生产作业控制模式的特点突出。

1）体现了供应链的集成观点，从用户订单输入到订单完成，供应链各部门的工作紧紧围绕订单来运作；

2）业务流程和信息流保持一致，有利于供应链信息跟踪与维护；

3）资源的配置原则更为明确、统一，有利于资源的合理利用和管理；

4）采用模糊预测理论和质量功能展开（quality function deplayment，QFD）相结合，将顾客需求订单转化为生产计划订单，使生产计划更靠近顾客需求；

5）体现纵横一体化企业集成思想，在供应链的横向上采用以订单驱动的方式，而在纵向上则采用 MRP/OPT 基于资源约束的生产控制方法。

供应链管理环境下这种面向对象的、分布式、协调生产作业控制模式，最主要的特点是信息的相互沟通与共享。企业应建立供应链信息集成平台，及时反馈生产进度有关数据，修正生产计划，以保持供应链上其他各企业都能同步执行。

第三节　供应链管理模式下的生产策略

经济的发展带来了市场与需求的变化，并要求供应链运作的业务流程发生变化。供应链协同、精益生产、延迟制造、大规模定制是 4 种典型的供应链管理模式下的生产策略，它们都是对供应链业务流程的创新。

一、供应链协同

1. 供应链协同的概念

供应链协同（supply chain collaboration，SCC）是供应链管理中的重要概念。SCC 是指企业之间业务交往和协作的运作模式，目的在于有效地利用和管理供应链资源。供应链协同的概念于 20 世纪 90 年代中期由咨询界和学术界正式提出。1999 年 4 月，全球著名的供应链管理专家安德森和李发表了题为《协同供应链：新的前沿》的文章，指出新一代的供应链战略就是协同供应链。中国物流业内著名咨询机构亿博物流咨询公司总经理谢勤提出，供应链管理的核心思想就是供应链协同思想。目前，供应链协同已经成为供应链管理领域研究的热点，受到了理论界和企业界的广泛重视。

2. 供应链协同管理

供应链协同管理就是针对供应链上各节点企业的合作所进行的管理，是供应链中各节点企业为了提高供应链的整体竞争力而进行的彼此协调和相互努力。供应链协同通过将供应链上分散在各地的、处于不同价值增值环节（如资源提供、研究开发、生产加工、物流服务和市场营销等）的、具有特定优势的独立企业联合起来，以协同机制为前提，以协同技术为支撑，以信息共享为基础，从系统的全局观出发，促进供应链企业内部和外部协调发展，在提高供应链整体竞争力的同时，实现供应链节点企业效益的最大化目标，开创“多赢”的局面。

3. 供应链协同管理的层次

从管理层次的角度来看，供应链协同管理包括战略层协同、策略层协同和技术层协同。

（1）战略层协同。战略层协同处于供应链协同的最高层次，它主要是从战略的高度，明确和强化供应链协同管理的思想，并进一步改进供应链协同管理的策略和方法，增强整条供应链的整体竞争能力，最优化解决供应链协同中的各类问题。战略层协同主要包括文化价值融合、发展目标统一、风险分担、收益共享、协同决策与标准统一等内容。

（2）策略层协同。策略层协同是供应链协同管理研究的中心问题，具体涉及以下内容：具有直接供需关系的上下游企业间的需求预测协同、生产计划协同、采购协同、制造协同、物流协同、库存协同和销售与服务协同等。

（3）技术层协同。技术层协同主要是指通过协同技术，为供应链节点企业提供实时交互的共享与沟通平台，其主要目的是实现供应链节点企业的同步运作与信息协同，同时增加端到端的透明度，提高决策的快速性和有效性。技术层协同是供应链实现协同的基础和关键，它为战略协同和策略协同提供有力的支持。技术是协同的内容包括：信息采集、存储与传输等的标准化、平台构建、智能处理和保密制度等。协同技术主要有多智能体技术、工作流管理技术以及应用软件技术等。

4. 供应链协同管理的实现途径

供应链协同管理的目的就是通过协同化的管理策略使供应链各节点企业减少冲突和内耗，更好地进行分工与合作。要实现供应链的协同运作，供应链上的各节点企业必须树立“共赢”的思想，为实现共同的目标而努力；必须建立公平公正的利益共享与风险分担的机制；必须在信任、承诺和弹性协议的基础上进行广泛深入的合作；必须搭建基于IT技术的信息与知识共享平台，实现及时相互沟通；必须进行面向客户和协同运作的业务流程再造。

二、精益生产

1. 精益生产概念

精益生产（lean production，LP）是美国麻省理工学院数位国际汽车计划组织的专家对日本丰田准时制生产方式的赞誉称呼。精，即少而精，不投入多余的生产要素，只是在适当的时间生产必要数量的市场急需产品（或下道工序急需的产品）；益，即所有经营活动都要有效，具有经济效益。精益生产方式源于丰田汽车生产，是由美国麻省理工学院组织世界上17个国家的专家、学者，花费5年时间，耗资500万美元，以汽车工业这一开创大批量生产方式和精益生产方式JIT的典型工业为例，经理论化后总结出来的。精益生产方式的优越性不仅体现在生产制造系统，同样也体现在产品开发、协作配套、营销网络以及经营管理等各个方面。它是当前工业界最佳的一种生产组织体系和方式，也成为21世纪标准的全球生产体系。

精益生产方式是战后日本汽车工业遭到“资源稀缺”和“多品种、少批量”的市场制约的产物。它是从丰田佐吉开始，经丰田喜一郎及大野耐一等人的共同努力，直到20世纪60年代才逐步完善而形成的。

2. 精益生产的特点

精益生产是通过系统结构、人员组织、运行方式和市场供求等方面的变革，使生产系统能很快适应用户需求不断变化，并能使生产过程中一切无用、多余的东西被精简，最终达到包括市场供销在内的生产各方面最好的结果。与传统的大批量生产方式不同，其特色是“多品种”和“小批量”。其核心是消除一切无效劳动和浪费，它把目标确定在尽善尽美上，通过不断地降低成本、提高质量、增强生产灵活性、实现无废品和零库存等手段确保企业在市场竞争中的优势，同时，精益生产把责任下放到组织结构的各个层次，采用小组工作法，充分调动全体职工的积极性和聪明才智，把缺陷和浪费及时地消灭在每一个岗位上（见表7-2）。

表 7-2 精益生产方式与大批量生产方式的比较

	大批量生产方式	精益生产方式
产品特点	标准化品种单一	品种规格多样
工艺装备	专用、高效、昂贵	柔性高、效率高
库存水平	高	低
制造成本	低	更低
产品质量	高	更高
权责分配	集中	分散

3. 精益生产的目标

精益生产方式既是一种以最大限度地减少企业生产所占用的资源和降低企业管理与运营成本为主要目标的生产方式，又是一种理念、一种文化。实施精益生产方式就是决心追求完美、追求卓越，就是精益求精、尽善尽美，为实现7个零（零切换、零库存、零浪费、零不良、零故障、零停滞、零灾害）的终极目标而不断努力。它是支撑个人与企业生命的一种精神力量，也是在永无止境的学习过程中获得自我满足的一种境界。

4. 精益生产的实现途径

（1）实行精细化管理。精益生产方式的实质是管理过程，包括人事组织管理的优化，大力精简中间管理层，进行组织扁平化改革，减少非直接生产人员；推行生产均衡化、同步化，实现零库存与柔性生产；推行全生产过程（包括整个供应链）的质量保证体系，实现零不良；减少和降低任何环节上的浪费，实现零浪费；最终实现拉动式准时制生产方式。

（2）满足需求。精益生产方式生产出来的产品品种能尽量满足顾客的要求，而且通过其对各个环节中采用的杜绝一切浪费（人力、物力、时间、空间）的方法与手段满足顾客对价格的要求。

（3）减少浪费。精益生产方式要求消除一切浪费，追求精益求精和不断改善，去掉生产环节中一切无用的东西，每个工人及其岗位的安排原则是必须增值，撤除一切不增值的岗位；精简产品开发设计、生产、管理中一切不产生附加值的工作。其目的是以最优的品质、最低的成本和最高的效率对市场需求做出最迅速的响应。

三、延迟制造

1. 延迟制造产生的背景

供应链运作的业务流程可以分为两类：推动式流程与拉动式流程，这取决于流程的运作是对客户订单的预测还是对客户订单的响应。

在推动式流程中，企业根据对客户订单的预测制订出生产计划，然后将产品分销给各级经销商，最终推向市场。在企业开始生产时，客户的需求是未知的，支持这种业务流程的主要理论是规模经济，企业通过大规模生产与运输必然使单位产品平均成本降低，从而增加消费者剩余，有益于整个社会。因此，许多规模定量方法如 EOQ、定期订货法等在推动式流程中得到了广泛的应用。但不可忽视的是，推动式流程也使供应链中的库存总量与提前期增加了，并降低了供应链上企业间的协调合作能力。它的“一切以生产为中心”的做法忽视了供应链运作的最终“活水源头”（顾客的真实需求），并导致了存货数量逐级放大的牛鞭效应的产生。

拉动式流程充分弥补了推动式流程的缺点，它从响应客户订单开始，以订单需求为依据进行生产，由顾客的需求来激发产品的供给。生产企业根据用户的实际需求来生产定制化的产品，降低了库存量，缩短了提前期，从而既可以满足顾客个性化的需求，又使供应链中企业间的协调性得以增强。此间，QR、CRP 等作为重要的方法得以广泛应用。但相应地，拉动式流程生产批量小，作业更换频繁，设备利用率不高，难以产生规模效应（见表 7-3）。

表 7-3　推动式流程和拉动式流程的比较

	推动式流程	拉动式流程
反应能力	较差	较好
库存过时的风险	较大	较小
库存水平	较大	较小
提前期	一般较大	一般较小
服务水平	一般较低	一般较高
对提前期长的产品支持	好	差
运输和制造的经济规模	较高	较低

随着经济的快速发展，顾客的需求呈现出多样化、个性化，并且产品的生命周期逐渐缩短，更新换代现象愈发频繁。此时，企业既要满足顾客多样化的需求，又要努力降低产品的成本。在这种趋势下，单独的推动式流程与拉动式流程都无法实现这种要求，必须将上述两类流程有机地整合在一起，以达到扬长避短的效果，这就是延迟制造的基本思想：在供应链中，将产品的生产过程分为通用化阶段与差异化阶段，生产企业事先只生产中间产品或可模块化的部件，尽可能延迟开展产品差异化的业务，等最终用户对产品的外观、功能与数量提出要求后才完成产品的差异化业务。

2. 延迟制造的概念

“延迟”概念最初是由安德森（1950）在《营销效率和延迟原理》一文中引入的，他将延迟定义为一种营销战略，即将形式和特征的变化尽可能向后推迟。这一概念在实践中被广泛运用于物流和配送业务。消费品行业也在运用这一理念对顾客订单实施快速响应。例如，贝纳通（Benetton）公司存储未染色的服装，直到销售季节开始，可获得更多顾客偏好的信息后才开始染色。其他服装企业，如生产滑雪装的欧博迈亚（Obermeyer）公司也使用类似的策略。

3. 延迟制造的原理和实质

（1）延迟制造的原理。延迟就是通过设计产品和生产工艺，把制造某种具体产品、使其差异化的决策延迟到开始生产时，使一类或一系列的产品延迟区分为专门的产成品，这种方法被称为延迟产品差异。一般来说，多个产品在生产流程的初始阶段中可以共享一些共同的工艺和（或）零部件，在工艺流程的某一点或某些点上使用确定的工艺和部件来定制加工半成品，这样，一个通用产品直到流程的这一点之后才成为不同的产成品。这一点通常就是产品差异点。由于终端需求都是快速变化的，为了提高供应链对于需求的满足程度，供应链需要根据终端需求的变化做出反应。延迟制造是提升供应链需求满足程度的一个非常典型的策略。一个很显然的道理，产品生产出来，如果不是消费者需要的，要想改变成其他样式的产品，几乎是不可能的，比如衣服不可能改款式，小瓶可乐几乎不可能换成大瓶可乐。为了避免做出消费者不需要的产品，企业就要采取延迟制造策略：先准备好原料，在掌握了消费者需求之后，再制造消费者需要的产品。当然，不可能绝对真实地知道消费者的需求，但企业可以通过提高供应链反应速度，加强销售预测等措施来比较准确地获知消费者需求变化趋势。

（2）延迟制造的实质。延迟的实质就是重新设计产品和工艺以使产品差异点延迟。在后面的讨论中，这里所说的延迟“程度”是指产品差异点的相对位置。这样，早期延迟是指产品差异点发生在供应链早期，而晚期延迟就是差异点发生在供应链的晚期，延迟制造的实质就是延迟差异化。

4. 延迟制造的作用

（1）减少滞销风险。延迟制造最大的好处是可以减少产品滞销风险，因此可以帮助降低供应链库存。能够降低库存对于供应链管理来说是最大的优势，库存对于企业的经营有非常大的杀伤力。在服装行业里，很多经销商赚了很多钱，但是企业库存问题严重，资金周转不过来，生意几乎无法开展。所以美特斯邦威老总说："尽量减少库存是服装企业进入良性循环的基础。"

（2）快速响应客户需求。延迟制造强调根据消费者需求响应，可以促进销售。企业能够更好地满足需求，肯定能够促进销售。戴尔根据客户订单生产，是它能够显著降低库存的一个重要原因。

5. 延迟制造的差异化表现形式

消费者的需求，有时间上的差异、地点上的差异和产品上的差异，因此，延迟差异化包括产品制造上的延迟、时间上的延迟和地点上的延迟。

（1）产品制造上的延迟差异化是指生产产品是在完全清楚客户对产品的需求的时候进行的，而不是先制造出来，等客户来买。生产出来的产品等客户来买，一旦客户不喜欢，便成为库存。产品制造上的延迟差异化即着眼于产品本身，推迟最终产成品的形成，它的基本观点是在获知客户的精确要求和购买意向之前，尽量使产品保持中性及非委托状态，制造相当数量的标准零部件或基本单元以实现规模经济，等收到客户订单后，再进行产成品的生产。

（2）时间上的延迟差异化是指在消费者需要产品的时候卖出产品，比如天热时适合穿的T恤、衬衫，不要在天气还没有热的时候就摆上柜台。这是一个很简单的道理，但是确实很多服装企业没有解决这个问题，因为全国各地温度差别大，要在每个地方都刚好出售当地适合穿的衣服，是一个巨大挑战，也是一个巨大的改进空间。

（3）地点上的延迟差异化是指把产品送到消费者需要的地方，反映在供应链运作上，涉及库存位置的问题。大的消费品企业往往在各地都有仓库，如果把产品储备在A仓库，而A仓库覆盖的区域对产品需求并不大，其他仓库覆盖区域需求大，就不能满足需求了，就需要调货从而会增加物流费用。从延迟差异化的观点来看，在物流运作策略上就是建立配送中心，减少中转仓库。有些供应链管理得好的消费品企业在全国只有2～3个配送中心，虽然物流费用不一定最低，但是能够更好地适应不同地域对产品的需求，能够降低库存，这已成为物流发展的趋势。

6. 实施延迟差异的几种重要途径

（1）工艺重构（或重新排序）指对产品的生产工艺或步骤进行修改和调整，使成为具体产品的差异化生产工序尽可能往后延迟。

（2）通用化指采用通用零部件或工艺以减少产品和工艺的复杂性，提高在制品库存的柔性。

（3）模块化指将一个完整的产品分解为一些便于组装在一起的模块，而在设计阶段中将各种功能放进各个模块。

（4）标准化指用标准产品替代一个产品系列。实现标准化的方法之一是建立特定顾客可能需要的几个备选方案。

以个人电脑为例，厂商总是希望通过大批量生产以降低成本，而顾客却希望根据自己的偏好对电脑的某些配置有特殊要求，这时，企业若采用单独的推动式流程或拉动式流程，就规模经济与服务水平而言，两者不可兼得；若企业采取延迟制造，便可先大规模生产各种中间部件，如主板、CPU 等，将其集中在物流中心，一旦接到订单，则立刻按订单要求装配整机，送至顾客。这时，企业便改变了"鱼"与"熊掌"的悖反关系，集规模和变化于一身。

四、大规模定制

1. 大规模定制的内涵

在新的市场环境中，企业迫切需要一种新的生产模式，大规模定制（mass customization，MC）由此产生。1993 年 B. 约瑟夫·派恩（B. Joseph Pine Ⅱ）在《大规模定制：企业竞争的新前沿》一书中写道："大规模定制的核心是产品品种的多样化和定制化急剧增加，而不相应增加成本；其最大优点是提供战略优势和经济价值。"

我国学者祈国宁教授认为，大规模定制是一种集企业、客户、供应商、员工和环境于一体，在系统思想指导下，用整体优化的观点。企业充分利用已有的各种资源，在标准技术、现代设计方法、信息技术和先进制造技术的支持下，根据客户的个性化需求，以大批量生产的低成本、高质量和高效率提供定制产品和服务的生产方式。大规模定制的基本思路是基于产品族零部件和产品结构的相似性、通用性，利用标准化、模块化等方法降低产品的内部多样性，增加顾客可感知的外部多样性，通过产品和过程重组将产品定制生产转化或部分转化为零部件的批量生产，从而迅速向顾客提供低成本、高质量的定制产品。

大规模定制生产方式包括诸如时间的竞争、精益生产和微观销售等管理思想的精华。其方法模式得到了现代生产、管理、组织、信息、营销等技术平台的支持，因而就有超过以往生产模式的优势，更能适应网络经济和经济技术国际一体化的竞争局面。

2. 大规模定制的有效实施

（1）准确获取顾客需求的能力。在科学技术尤其是信息技术高度发达的今天，企业的经营环境发生了根本性的变化。客户对企业产品和服务满意与否将是企业生存与发展的关键因素，客户的满意将是企业获益的源泉。

准确地获取客户需求信息是满足客户需求的前提条件。大规模定制企业要提供定制的产品和服务，满足每个客户个性化的需求，因而准确获取顾客需求的能力在实施大规模定制企业中就显得更加重要。MC 企业通过电子商务、客户关系管理及实施一对一营销的有效整合来提升其准确获取顾客需求的能力。电子商务使 MC 企业跨越中间环节，实现直销，不但降低了产品的流通成本，而且有助于企业及时、准确地获取客户需求信息；另外，电子商务系统提供了制造商与客户、制造商与合作伙伴快速沟通的平台，这个平台是MC企业理解和引导客户需求、与顾客和合作伙伴一起进行定制产品设计的基础条件。客户关系管理（CRM）以客户为中心，通过对企业业务流程的优化整合，对客户资源进行研究和管理，从而提高客户的满意度和忠诚度，提高企业的运行效率和利润。CRM以客户为中心的思想与MC是一致的，大规模定制的企业通过CRM实施一对一营销，能够系统、全面、准确地获取客户个性化的需求，使客户需求定制信息在各部门间传递、共享。企业可以针对这些定制的信息安排设计、生产，为客户提供满意的定制产品。

（2）面向MC的敏捷产品开发设计能力。大规模定制企业要以多样化、个性化的产品来满足多样化和个性化的客户需求，因此企业必须具备敏捷的产品开发设计能力。敏捷的产品开发设计能力是指企业以快速响应市场变化和市场机遇为目标，结合先进的管理思想和产品开发方法，采用设计产品族和统一并行的开发方式，对零件、工艺进行通用化，对产品进行模块化设计以减少重复设计，使新产品具备快速上市的能力。

大规模定制的产品设计不再是针对单一产品进行，而是面向产品族进行。它的基本思想是开发一个通用的产品平台，利用它能够高效地创造和产生一系列派生产品，使得产品设计和制造过程的重要能力得以优化。而模块化设计是在对产品进行市场预测、功能分析的基础上，划分并设计出一系列通用的功能模块，然后根据客户的要求，选择和组合不同模块，从而生成具有不同功能、性能或规格的产品。模块化设计把产品的多样化与零部件的标准化有效地结合了起来，充分利用了规模经济和范围经济效应。

（3）柔性的生产制造能力。多样化和定制化的产品对企业的生产制造能力提出了更高的要求。传统的刚性生产线是专门为一种产品设计的，因此不能满足多样化和个性化的制造要求。MC要求企业具备柔性的生产制造能力。它主要通过企业柔性制造系统（flexible manufacture system，FMS）与网络化制造的有效整合及采用柔性管理来构筑、提升其柔性的生产制造能力。FMS是由数控加工设备、物料运储装置和计算机控制系统等组成的自动化制造系统，能根据加工任务或生产环境的变化迅速进行调整，以适于多品种、中小批量生产。

大规模定制生产企业通过FMS与网络化制造的有效整合所形成的柔性生产是一种市场导向型的按需生产。其优势是增强大规模定制企业的灵活性和应变能力，缩短产品的生产周期，提高设备的利用率，改善产品质量。企业要形成柔性的生产制造能力需要实施与之相应的柔性管理。柔性管理即在动荡变化的环境下针对市场的复杂多变性、消费需求的个性偏好，实施富有弹性的快速响应的动态管理。

本章小结

生产活动是一个价值增值的过程。生产管理的任务主要是通过生产组织工作，使生产系统的运行符合既定生产计划的要求，实现预期生产的品种、质量、产量、出产期限和生产成本的目标。生产管理主要包括质量管理、进度管理、成本管理三个基本内容。

供应链环境下的生产管理具有决策信息多源化、决策群体性、信息反馈机制多样性、生产计划运行的动态环境等特点。

生产计划与控制是企业管理的主要内容之一，供应链管理思想无疑会对其带来很大的影响。与传统的企业生产计划与控制方法相比，在信息来源、信息的集成方法、计划的决策模式、计划的运行环境、生产控制的手段等许多方面，供应链管理模式下的生产计划与控制方法都有显著的不同。

供应链管理环境下的生产计划主要面临以下三个方面的问题：柔性约束、生产进度和生产能力。在供应链管理环境下，企业的生产计划编制过程有了较大的变动，在原有的生产计划制订过程的基础上增添了新的特点。①具有纵向和横向的信息集成过程；②丰富了能力平衡在计划中的作用；③计划的循环过程突破了企业的限制；④计划的信息流跨越了企业，从而增添了新的内容。

在供应链管理环境下，生产控制的内容包括如下几个方面：①生产进度控制；②供应链的生产节奏控制；③提前期管理；④库存控制和在制品管理。

供应链协同、精益生产、延迟制造、大规模定制是四种典型的供应链管理模式下的生产策略，它们都是对供应链业务流程的创新。

复习思考

1. 简述生产系统的概念、目标、功能和内容。
2. 供应链管理环境下的生产计划涉及哪些问题？
3. 供应链管理环境下的生产控制包含什么内容？
4. 何谓供应链协同、精益生产？
5. 何谓延迟制造？请简述其原理和思想。

案例分析

海尔互联网工厂

海尔集团在全国各地建设了不少“互联工厂”，如沈阳的冰箱工厂、郑州和胶州的空调工厂、佛山的滚筒洗衣机工厂等。这些互联工厂全部采用机器人作业，通过先进的设备自动换模，自动上料，实现自动化生产。

同时，这些互联工厂完全透明化，用户可以查看产品生产的全过程，比如产品何时排期、上线、完工、发货，甚至可以查看产品在生产线上的具体位置。用户甚至还能看到核心模块的供应商信息，以及安全和噪声方面的质量信息。产品不再在暗盒里生产，用户全流程参与，体验产品的制造过程。

此外，海尔集团互联网工厂的智能化，没有仅仅停留在“无人”和“信息化”上，还体现在对用户需求的深入了解与把握上。借助用户交互平台，海尔可以与终端用户充分互动，同时整合全球优质资源，响应用户的个性化需求。在海尔，互联工厂不只是一个工厂的概念，更是一个组织的概念。例如，用户在“海尔商城”，可以根据个人的喜好，选择产品（冰箱、洗衣机、空调、灶具）的材质、尺寸、喷涂颜色、图案等。用户需求传到工厂，工厂立刻安排生产。在互联工厂的自动化生产线上，等待组装的家电颜色不同，型号和样式也可能完全不同。也就是，成百上千个零件组成的白色家电，也能实现智能化柔性生产。

海尔互联工厂的生产效率惊人。在沈阳互联冰箱工厂里，一条生产线可以支持500多个型号产品的大规模定制，生产时间缩短到10秒一台，订单周期从15天压缩至7天，它是全球冰箱业承接型号最多、生产效率最高的工厂。在佛山互联洗衣机工厂里，一台洗衣机从下单到下线，最快可以2小时完成。海尔集团一直提倡的“供应链无尺度”和“零库存下的即需即供”，在很大程度上通过互联工厂得以实现了。

资料来源：人民网．大规模定制：学习海尔还是红领？[EB/OL]. (2017-5). http://homea.people.com.cn/n1/2017/0522/ c69176-29292403.html.

| 案例思考 |

1. 海尔智能化生产模式的优点是什么？

2. 海尔互联工厂是如何实现的？

项目化实训

讨论课Ⅳ：供应链环境下的延迟策略

任务布置时间：第10周　　　　　**讨论课时间：**第12周

讨论目标：通过本次讨论和对案例的分析，使学生理解延迟策略在供应链中的作用及应用，重点理解延迟制造生产组织思想；要求学生撰写分析报告，并对报告内容进行小组讨论。

讨论的主要内容：

1. 自行选择典型案例企业进行分析，介绍其采用延迟策略和没有采用延迟策略两种情况的成效对比。

2. 讨论在什么情况下采用延迟策略，延迟策略在实施过程中需注意什么问题。

3. 讨论延迟制造实施的关键是什么？

4. 在老师的指导下，对小组的报告内容进行修改和完善。

5. 本次课后一周内提交讨论报告和PPT汇报材料（要求宋体小四号字，20磅行间距，A4纸排版）。

第八章

CHAPTER 8

供应链管理下的库存管理

|学习目标|

1. 了解供应链库存管理产生的背景。
2. 理解供应链库存管理的理念。
3. 熟悉 VMI、JMI、多级库存管理的应用环境。
4. 掌握 VMI、JMI、多级库存管理策略。

|案例导入|

明基（BenQ）的电子采购和 VMI 管理

在新时代的竞争环境下，竞争已不再是企业与企业间的竞争，而是供应链与供应链间的竞争。在传统的分销与库存管理模式下，由于供应链各个环节都是独立管理自己的库存，具有各自的库存控制目标和相应的策略，相互之间缺乏有效的信息沟通，使供应商无法快速、准确地满足用户的需求，这种模式越来越凸显其局限性，也逐渐地成为企业发展的“瓶颈”。在供应链竞争的环境下，面对快速响应的用户需求，BenQ 在整个供应链管理、产品分销环节上各项活动同步进行，这成为其竞争力的核心表现，是突破企业成长瓶颈的有效途径。

1. 电子采购系统降低 BenQ 交易成本

BenQ 是全球一线 5C（电脑、通信、消费电子、车载电子、医疗电子）品牌，是一家快速成长的计算机制造型企业，是史上最年轻且成长速度最快的世界 500 强企业之

——这与 BenQ 良好的组织结构和优秀的供应链管理方式是分不开的。库存管理曾经是 BenQ 发展上的一个障碍，如何做到“零物料”的管理曾经一直困扰着企业的管理者。BenQ 最初的物料采购采用电话方式和供应商联系。BenQ 要不断地打电话和供应商沟通，这直接导致了供应商送料时间的延迟，影响整个企业的生产，导致了生产周期长、成本偏高问题，产生了集团继续发展上的“瓶颈”。于是 BenQ 开始思考如何去缓解配送的延迟，缩短生产周期，降低交易成本。经研究，BenQ 发现采用电子采购系统能够解决现有的一切问题。到 2000 年，BenQ 基本上实现了通过采用电子订单的订货方式，与供应商建立网络上的物料交易。

BenQ 把它的订单放到网站上，这样供应商登录 BenQ 的网站，看到其将会有这样的一笔订单产生，于是将订单与外围的库存数量进行比较；供应商可以通过订单了解采购单的大概交货期，进而有针对性地完成预计、准备工作。也就是说，供应商在送物料之前，就已经做了一些相应的准备工作，比如说仓库的准备、一些报关关务的准备，预计整个 CONFORM 动作的时间，并告诉 BenQ 需要的物料可以到达的时间，提醒 BenQ 要做的准备。这就是网络电子订单系统，E-FORMOUM 完成的就是整个电子采购过程。

2. BenQ 的 VMI 管理

BenQ 在已经习惯了在电子化采购后，就开始实行供应商管理库存（VMI）的管理。所以以 BenQ 的经验来说，只有企业习惯了网络方式的业务交易，才会想在管理上进行更深层次的运作，实现 VMI 管理。BenQ 的 VMI 就在 INFORMANCE 系统上，加上存货的作业管理，实现了整个存货的全部管理都交给供应商。首先，BenQ 把企业的一些物料消耗状况发布到网站上，完成 BenQ 系统的 RUN 动作。让供应商看 BenQ 应该在哪个时间点上货，这样就可以转换到一个 PERIVMI。这改变了传统 BenQ 由自己下单给供应商，告诉供应商需要多少货的管理模式。通过告诉供应商，现在已用掉了多少物料，让供应商知道仓库中还剩下多少物料，他们就知道应该准备多少货。这种方式完全解决了以前 BenQ 下单给供应商，需要自身备货的问题。

生产企业进行原料备货主要有两个原因：一是生产企业怕供应商交货不及时；二是防止客户订单的变化，及时反映市场的需求变化。现实中，有可能会出现客户忽然进行订单数量修改，使得生产企业的物料储备不能及时发生反应。在这种状况下，生产企业要考虑备库存以适应客户的变化，储备安全库存。所以，BenQ 要考虑客户的突发订单可能会影响到其物料储备。同样，对上游的供应商来说，BenQ 是他的客户，他要考虑的是 BenQ 的突发订单会影响到他的物料储备。这样供应商也需要采购一定数量的物料作为安全库存。从整个供应链来看，每家企业都在备库存，以防止一些不安全的因素的产生。

但是如果信息能够实现全部透明化，BenQ 就可以把两个层次的库存合并到一个层次：BenQ 的存货完全是供应商的，即完全由供应商来帮 BenQ 做存货管理，也就是

VMI。对原物料的供应商来讲，他所看到的两个仓库，一个在他这边，另一个在制造商这边，但库存都是他的。所以说供应商还会备货，在自己这边备货，这样在BenQ的生产制造部门的货物就会相对减少。供应商管理制造商的库存，他的信息就是制造商的实际物料消耗信息。BenQ给供应商的是原物料的实际消耗状况、销售情况的信息，供应商根据实际物料消耗信息来备货。当然，要想实现这个过程，关键的是信息的透明度。如果说信息不透明，供应商是没办法备货的。在供应商更了解制造商的原物料消耗的情况下，可以实现让原物料的供应商成为原物料的采购商，把制造商的原物料采购转移到他那里，那供应商就是其采购部门。

资料来源：https://kaoshi.china.com/wuliushi/learning/224131-1.htm.

| 思考题 |

1. 结合案例，分析供应商如何快速、准确地满足用户的需求。
2. 试说明案例中电子采购与VMI之间的关系。
3. 试说明信息化在实施VMI中的作用。

第一节 供应链管理下的库存管理概述

库存在企业的运作过程中具有相当重要的作用。库存能够改善对客户的服务水平，使得下游用户能及时、按需地满足生产和销售的需要（当库存位置接近客户时，就可以满足客户较高的服务要求）；库存还能够间接地降低企业的运营成本，主要体现在库存可以使生产的批量更大、批次更少、运作水平更高，也有助于降低采购和运输成本，从而产生一定的经济效益。然而库存是一把双刃剑，库存成本占到物流成本的很大一部分，包括缺损、呆滞、存货资本占用导致的财务费用上升等；在技术和产品更新换代加速的环境下，过高的库存还会导致库存物资的贬值，企业经营风险增大。因此对库存管理的研究具有重要的经济意义。

一、供应链库存管理的含义和作用

供应链库存管理是指将库存管理置于供应链之中，以降低库存成本和提高企业市场反应能力为目的，从点到链、从链到面的库存管理方法。

供应链库存管理的特点是供应链库存管理的目标服从于整条供应链的目标，通过对整条供应链上的库存进行计划、组织、控制和协调，将各阶段库存控制在最小限度，从而削减库存管理成本，减少资源闲置与浪费，使供应链上的整体库存成本降至最低。与传统库存管理相比，供应链库存管理不再是维持生产和销售的措施，而是一种供应链的平衡机制。供应链库存管理具有以下作用。

第一，供应链库存管理的存在是因为供给和需求的不匹配。供给和需求的缓冲作用是通过调节库存储备来实现的，库存管理的根本目的是要保证供给和需求的平衡。

第二，供应链库存管理是为了满足计划和需求，这时需要建立预期库存。

第三，供应链库存管理是为了有效地开发市场，这时需要建立预期库存。

第四，供应链库存管理与生产和劳动力的稳定性以及资本设备的有效使用密切相关。

第五，供应链库存管理还可以通过利用生产和销售过程中的经济规模来减少成本。

二、传统供应链库存管理存在的问题

在传统的供应链管理中，供应链上的各成员都是各自为政的，即供应链上各个环节的企业诸如供应商、制造商、分销商等，都是各自管理自己的库存，都有自己的库存控制目标和相应的策略，而且相互之间缺乏信息沟通，彼此独占库存信息，因此不可避免地产生了需求信息的扭曲和时滞，而各节点企业又分别从自身角度进行预测，并通过增加库存来应对需求的不确定性。这样，上游供应商往往比下游供应商维持了更高的库存水平，这样牛鞭效应也就产生了。这种现象会给企业带来以下严重后果：产品的库存水平提高、服务水平下降、供应链的总成本过高，以及定制化程度低等，最终使每一个供应链成员蒙受损失。

目前，供应链管理下的库存管理存在的问题主要集中在信息、供应链运作、供应链的战略与规划三个方面。这些问题表现在以下几个方面。

1. 未形成供应链管理要求的整体观念

许多供应链管理系统没有针对全局的供应链绩效评价指标，各节点企业各行其道，导致供应链的整体效率低下。

实例阅读 8-1

1993 年 8 月，德记洋行开始代理发行原版迪士尼家用录影带，并创下单一品项 40 万盘以上的销售成绩。但随着家用录影带市场竞争的白热化，德记洋行渐渐感觉旧有的销售模式已不适用现今复杂而快速发展的市场。以往生产商在难以掌握市场的情况下大量生产、经销商卖力促销以及零售商店凭经验进货的情形，都造成消费者难以在有购买需求的时候以合适的价格买到有价值的产品。这些行之已久的传统销售模式，造成产量过剩、存货太多以及缺货来不及补货等现象。

资料来源：http://www.labelmx.com/company/ShowArticle.asp?ArticleID=2196.

2. 信息传递系统效率低下

供应链库存管理强调协作和信息共享，供应链各成员企业的需求预测、库存状态、生产计划等，都是供应链库存管理的重要内容。企业要对客户需求做出快速、有效的反应，必须实时、准确掌握分布在供应链各成员企业的信息。目前，许多企业的信息传递系统尚未建立，供应商了解到的客户需求信息常常是延迟的或不准确的，使短期生产计划实施困难。因此，应建立高效的信息传递系统，有效传递供应链库存管理信息，提高供应链库存管理绩效。

3. 供应链存在不确定性

供应链库存的形成原因可分为两类：一类是出于生产运作需要建立的一般库存，另一类则是为防范供应链上的不确定因素建立的保险库存。企业在制订库存计划时，无法顾及不确定因素的影响，如市场变化而引起的需求波动、供应商的意外变故导致的缺货、企业内突发事件引起的生产中断等，这些都会对库存产生影响。不确定因素是企业建立保险库存的主要原因。研究和追踪不确定性对库存的影响，是供应链库存管理面临的一大挑战。

4. 缺乏合作与协调性

供应链上各成员企业是一个整体，相互协调合作才能取得最佳的运作效果。但如果企业间缺乏信任，就会增加协调与合作的困难。企业间缺乏信任，是供应链企业合作关系不稳固的根本原因。因此，需要在各成员企业之间建立有效的监督机制和激励机制，促进企业间的沟通与合作。与建立企业内部针对各部门的监督机制和激励机制相比，建立企业间的监督机制和激励机制所面临的困难要大得多。

5. 产品设计未考虑供应链库存成本的影响

现代制造技术使企业的产品生产效率大幅度提高，毛利率较高。但是，供应链库存的复杂性常常被忽略，使产品生产过程中节省下来的成本都被供应链上的分销与库存成本抵消了。同时，在供应链结构设计中，需要考虑库存成本的影响。

三、完善供应链库存管理的措施

基于传统供应链库存管理存在的问题，应从以下六个方面完善供应链库存管理。

1. 必须树立供应链整体观念

供应链库存管理的目标就是通过各个成员企业各种资源的合理配置，在满足顾客服务要求的前提下，力求尽可能地降低库存，提高供应链的整体绩效。要在保证供应链整体绩效的基础上，处理好供应链企业内部库存关系、各成员企业间库存的关系、成员企业库存与外部环境的关系以及整个供应链库存与外部环境的关系，实现供应链各成员企业间的库存管理合作；要对各种直接或间接影响因素进行分析，如供应链企业的共同目标、共同利益、价值追求等；要在信息充分共享的基础上，通过协调各企业的效益指标和评价方法，使供应链各成员企业对库存管理达成共识，从大局出发，树立“共赢”的经营理念，自觉协调相互需求，进而建立一套供应链库存管理体系，使供应链库存管理的所有参与者在绩效评价内容和方法上取得一致，充分共享库存管理信息。

2. 要精简供应链结构

供应链结构对供应链库存管理有着重要影响。供应链过长，供应链上各节点之间的关系过于复杂，是造成信息在供应链传递不畅、供应链库存成本过高的主要原因之一。Ballou 估计每天产品库存成本要占其价值的 20%～40%。因此，应使供应链尽量向扁平控制的结构发展，简化最终顾客与该供应链之间的关系，精简链中的节点数，能平行组织的就不要把链拉长。优化供应链结构是保证供应链各节点信息传递协调顺利的关键，是做好供应链库存管理的基础。因此，应尽量使供应链结构朝扁平化方向发展，精简供应链的节点数，简化供应链上各节点之间的关系。

3. 将供应链上各环节有效集成

集成是指“把部分组合成一个整体”。集成供应链上的各环节，就是在共同目标的基础上，将各环节组成一个“虚拟组织”，通过使组织内成员共享信息、相互调剂资金和物质，优化组织目标和整体绩效。通过将供应链上的各环节集成，可以在一定程度上克服供应链库存管理系统过于复杂对供应链库存管理效率的影响，使供应链库存管理数据能够实时、快速地传递到各个节点，从而大大降低供应链库存成本，对顾客需求做出快速的反应，提高供应链库存管理的整体绩效。

4. 建立供应链信息网络

需求预测、库存状态、生产计划等信息的收集、处理、有效传递和利用对于供应链库存管理具有重要的意义。企业通过建立跨企业的供应链信息网络和完整的客户数据库，可以将客户的需求与高效率的供应链紧密地结合在一起。这些高效的信息网络不仅有利于推动成员企业间的信息交流与沟通，提高信息共享程度，而且有利于成员企业间的紧密衔接，迅速应对各种需求变化以及不确定性，使整个供应链库存管理更加精确、可行，以使各成员企业间信息沟通完全，并能随时向供应链反馈信息，协调调度供应链库存。

5. 提高预测分析能力

供应链上的各成员企业应加强预测分析能力，尽可能减少牛鞭效应；在进行市场需求预测时，不应仅仅依据其相邻企业的信息，还应根据供应链上的整体信息，尤其是最终顾客需求信息来综合预测。供应商和制造商应从多种渠道了解顾客需求，尤其吸取顾客、零售商、分销商的意见，真正实现“以销定产”；要同时预测和分析新的未来市场需求，协调供应链向新的趋势转向，及时更新和升级产品，适应动态市场需求，从而降低库存，减少浪费损失。

6. 充分利用供应链库存管理技术

从国外供应链管理理论与实践来看，比较常见的供应链库存管理方法主要有 3 种：供应商管理库存、联合库存管理（joint managed inventory，JMI）以及多级库存管理，它们都有各自的特点和适应范围，也都有成功的案例和失败的经历，供应链上的各成员企业应结合具体情况充分利用这些技术。一些美国公司已将库存链优化技术应用于供应链库存管理。该技术充分利用管理科学和现代信息技术，对从原材料源到最终顾客制成品的整个供应链各环节的每个库存项目的材料、成本和工作量总投资进行优化，使供应链库存服务水平提高到99.9%，总运作和财务费用减少到50%，并显著减少了工作量。大量事实已经证明，利用好供应链库存管理技术可以大大提高供应链库存管理绩效。

第二节 供应商管理库存

长期以来，流通环节中的每一个节点企业都各自管理自己的库存，零售商有自己的库存，批发商有自己的库存，供应商有自己的库存，他们在各个供应链环节中都有自己的库存控制策略。由于各自的库存控制策略不同，因此不可避免地会发生生产需求的扭曲现象，即所谓的需求放大现象，无法使供应商快速地响应用户的需求。在供应链管理环境下，供应链的各个环节的活动都应该是同步进行的，而传统的供应链库存控制方法无法满足这一要求。近年来，国外出现了一种新的供应链库存管理方法——供应商管理用户库存，这种库存管理策略打破了传统的各自为政的库存管理模式，体现了供应链的集成化管理思想，适应了市场变化的要求，是一种新的、有代表性的库存管理思想。

一、供应商管理库存含义

关于VMI的定义，有学者认为："VMI是一种用户和供应商之间的合作性策略，以对双方来说都是最低的成本优化产品的可获性，在一个相互同意的目标框架下由供应商决定每一种产品的恰当库存水平，以及维持这些库存水平的恰当策略，这样的目标框架经常被监督和修改，以产生一种连续改进的环境。"

这种库存管理策略打破了传统的各自为政的库存管理模式，体现了供应链的集成化管理思想，使供应链系统能够获得同步化的运作，适应市场变化的要求，是一种新的、有代表性的库存管理思想。目前VMI在分销链中的作用十分重要，因此便被越来越多的人重视。

该策略包括如下几个方面的内涵：

（1）合作精神（合作性原则）。在实施该策略时，相互信任与信息透明是很重要的，供应商和用户（零售商）都要有较好的合作精神，才能够相互保持较好的合作。

（2）使双方成本最小（互惠原则）。VMI不是关于成本如何分配或谁来支付的问题，而是关于减少成本的问题。该策略可以使双方的成本都降低。

（3）框架协议（目标一致性原则）。双方都明白各自的责任，在观念上达成了一致的目标。框架协议涉及对库存放在哪里、什么时候支付、是否要管理费、花费多少等问题的回答。

（4）连续改进原则。连续改进原则可以使供需双方共享利益和消除浪费。

二、VMI 的运作

VMI 的主要思想是供应商在用户的允许下设立库存，确定库存水平和补给策略，拥有库存控制权。精心设计与开发的 VMI 系统，不仅可以降低供应链的库存水平，降低成本，而且可以使用户获得高水平的服务，改善资金流，使企业与供应商共享需求变化的信息和获得更高的用户信任度。

（一）推动 VMI 运行的先决条件

企业在实施 VMI 前，应该对自己所处的环境和自身的条件加以分析与比较。其主要考虑的因素如下：

（1）企业在供应链中的地位。企业在供应链中的地位，即是否为"核心企业"或者是否为供应链中至关重要的企业。它要求实施企业必须具备较高管理水平的人才和专门的用户管理职能部门，用以处理供应商与用户之间的订货业务、供应商对用户的库存控制等其他业务；必须有强大的实力推动 VMI，使供应链中的企业都按照它的要求来实行补货、配送、共享信息等目标框架协议。

（2）企业在供应链中的位置。VMI 一般适合于零售业与制造业，最典型的例子就是沃尔玛和戴尔集团。它们有一个共同的特点，就是在供应链中所处的位置都很接近最终消费者，即处在供应链的末端。其中有一个主要原因就是，VMI 可以消除牛鞭效应的影响。

（3）信誉良好的合作伙伴。VMI 在实施过程中要求零售商（在制造业为生产商）提供销售数据，而供应商要按时、准确地将货物送到客户指定的地方，对于这一点生产商的要求尤其高。

（二）实施 VMI 的步骤

实施 VMI 策略，首先要改变订单的处理方式，建立基于标准的托付订单处理模式；其次，供应商和批发商一起确定供应商的订单业务处理过程所需要的信息和库存控制参数，然后建立一种订单的处理标准模式，如 EDI 标准报文；最后要把订货、交货和票据处理各个业务功能集成在供应商一边。

库存状态透明性（对供应商）是实施供应商管理用户库存的关键。供应商能够随时跟踪和检查销售商的库存状态，从而快速地响应市场的需求变化，对企业的生产（供应）状态做出相应的调整。为此，企业需要建立一种能够使供应商和用户（分销、批发商）的库存信息系统透明连接的方法。

供应商管理库存的策略可以分如下几个步骤实施。

（1）建立顾客情报信息系统。要有效地管理销售库存，供应商必须能够获得顾客的有关信息。通过建立顾客的信息库，供应商能够掌握需求变化的有关情况，把由批发商（分销商）进行的需求预测与分析功能集成到供应商的系统中来。

（2）建立销售网络管理系统。供应商要很好地管理库存，必须建立起完善的销售网络管理系统，保证自己的产品需求信息和物流畅通，为此，必须：①保证自己产品条码的可读性和唯一性；②解决产品分类、编码的标准化问题；③解决商品存储运输过程中的识别问题。

目前已有许多企业开始采用 MRP Ⅱ或 ERP 企业资源计划系统，这些软件系统都集成了销售管理的功能。通过对这些功能的扩展，企业可以建立完善的销售网络管理系统。

（3）建立供应商与分销商（批发商）的合作框架协议。供应商和销售商（批发商）一起通过协商，确定处理订单的业务流程、控制库存的有关参数（如订货点、最低库存水平等）、库存信息的传递方式（如 EDI 和互联网）等。

（4）组织机构的变革。这一点也很重要，因为 VMI 策略改变了供应商的组织模式。过去一般由会计经理处理与用户有关的事情，引入 VMI 策略后，在订货部门产生了一个新的职能负责用户库存的控制、库存补给和服务水平。一般来说，在以下的情况下适合实施 VMI 策略：零售商或批发商没有 IT 系统或基础设施来有效管理他们的库存；制造商实力雄厚并且比零售商市场信息量大；有较高的直接存储交货水平，因而制造商能够有效规划运输。

（三）VMI 的运作模式

在 VMI 系统中，核心企业既可以在供应链的上游，也可以在供应链的下游，而当在下游时它又可以是供应链的中间环节，也可以处在供应链的末端。VMI 的运作模式主要有 4 种情况：供应商—制造商（核心）、供应商—零售商（核心）、第三方物流参与模式、核心企业（一般为制造商）—分销商（或零售商），不同的运作模式重点不同，业务流程也不尽相同。下面以一个以供应商为核心企业的两级供应链环境为例，对 VMI 业务流程进行分析，如图 8-1 所示。

VMI 改变了过去由下游用户进行采购决策的供应模式，由卖方直接决定对下游用户的配货，下游企业只需要帮助供应商制订计划。供应商通过收集分销中心、仓库和 POS 数据，实现需求和供应相结合，并且会给下游用户一个不缺货的承诺，从而使下游企业实现零库存，供应商的库存也大幅度减少。该模式的具体流程如下。

第一步，由供应商提取零售商的销量、缺货量、采购提前期和安全库存等历史信息，并存档。

第二步，进行订单决策之前获取零售商的销量、缺货量，以及库存实时信息。

第三步，供应商得到信息后先行确认信息的有效性，进一步再将没有约定进行 VMI 的产品数据分离出来，如正在促销的商品，最后将有用的信息存档。

第四步，供应商依据零售商的安全库存量，预测系统提供的需求量以及产品配送前置时间等信息，经由 VMI 系统计算出初始订单，包括订购产品品项以及订购量。

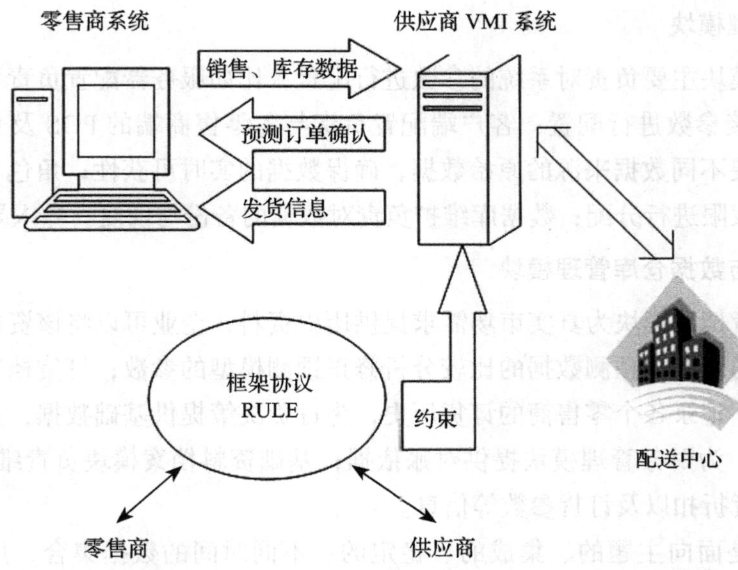

图 8-1 VMI 运作模式

第五步，供应商依据初始订单查询内部系统确认实际库存量，进一步修正建议订单为实际可出货量的订单，并加入预测订单；通过决策模型产生修正后建议订单再传送给零售商的物流中心。

第六步，零售商的物流中心收到建议订单后，依据本身的经验与相关信息进行订单的核对与修改，确认后回复供应商。

第七步，供应商于收到零售商的确认订单后，根据订单和需求预测信息制订主生产计划，组织生产后进行出货作业，有些零售商会要求供应商提供实际的出货信息。供应商则会做出货信息的回传。

第八步，零售商于物流仓库验收产品入库，供应商如能先行提供出货信息，则可以电子方式扫描、核对入库。

三、VMI 决策支持系统

传统的库存管理系统在支持管理者分析复杂决策问题上存在不少困难，尤其是在供应链环境下实施 VMI 给库存决策提出了更高的要求，因而需要一个强有力的决策支持系统来弥补库存管理系统的不足。从供应商的角度出发，一个 VMI 决策支持系统具备以下功能：①及时、准确地反映出当前库存情况、下游需求情况，对历史数据进行各种决策分析，为决策提供需求预测，选择合适的数学模型进行预测和决策，辅助库存决策的功能；②系统应具有良好的人机交互界面。一般而言，VMI 决策支持系统在总体上可以分为三层，即数据存储和管理层、系统功能模块层和人机交互系统。

从系统功能需求角度看，系统需要完成需求预测、库存决策、库存管理三大功能，通常包括以下模块。

1. 系统管理模块

系统管理模块主要负责对系统的参数进行配置，比如服务器配置负责对服务器端数据库系统及连接参数进行配置：客户端配置负责与各零售商端的POS及仓库管理系统进行连接，采集不同数据来源的原始数据，确保数据的实时可获性；角色与用户管理模块主要对系统权限进行分配；数据库维护负责对数据的备份与恢复、导入导出等。

2. 数据库与数据仓库管理模块

销售与缺货档案模块为真实市场需求提供历史资料，企业可以将该资料作为主要的预测依据，并通过它与预测数据的比较分析修正预测模型的参数；订货档案模块为该系统的核心数据，记录各个零售商的订货历史，为订货决策提供基础数据，并为报表模块提供统计资料，为财务管理模块提供对账依据；基础资料档案模块负责维护商品资料、客户信息、订货折扣以及订货参数等信息。

数据仓库是面向主题的、集成的、稳定的、不同时间的数据集合，用于支持经营管理中的决策过程。随着经营数据的不断增加，企业应该建立数据仓库，将不同来源的、结构不一致的数据进行概括和聚集，抽取其面向决策支持的部分，并加载到数据仓库中，对其实行统一管理，当需要查询时就可以直接访问数据仓库而无须再访问其他信息源。

3. 模型库管理模块

预测模型模块负责建立预测模型并可根据历史记录与预测数据的对比分析修正模型参数；决策模型模块负责建立决策模型并可根据历史记录修正模型参数。模型库管理系统通常应该具备以下几个方面的功能：模型表示、模型存储、模型维护、模型运行。

4. 知识库管理模块

知识存入管理，包括知识的增删、修改、补充、更新、积累等；知识取出管理，包括知识查询、检索、调用等；知识库维护，包括知识保密、矛盾性、冗余性、完整性检查，以及故障诊断与处理等；知识库运行管理，包括知识调度、编辑共享以及冲突协调等。

5. 库存管理模块

库存管理模块与仓库管理系统连接并提供库存查询、企业库存计划、出入库记录，并对零售商端的库存进行实时监控，通过库存预警机制触发订单决策事件。

6. 补货决策模块

补货决策模块是决策生成与发布系统的核心模块，主要包括系统初始值的输入、模型的选择、决策值的输出、修改和传输，通过报表、窗口和图形来引导决策者进行决策，并为用户提供查询和报表功能、显示和打印输出。

决策档案管理负责维护预测与决策模型相关参数的保存、决策历史的记录等功能，并可提供决策历史报表等信息。

四、VMI 的利弊分析

供应商管理库存（VMI）是近年供应链管理的研究热点，但供应商管理库存也有一些局限性，如怎样利用第三方物流平台改善供应商库存管理方法，从而降低供应商的成本和风险，提高供应商参与 VMI 的热情。供应链库存管理是供应链管理的重要组成部分，它是对整个供应链上的库存进行优化，以提高整个供应链的运作效率和降低供应链运行的总成本。

1. VMI 的优势

此模式可以最小化牛鞭效应，降低缺货情况的出现频率，降低库存运行成本费用，"双赢"是 VMI 的理论目标；供应商拥有控制零售商补货决策的自由，在采购和生产计划的制订上能够更加准确、有效，而不只是不断地补充货源。该模式能够提供更精确的需求信息，以获得在生产计划方面的更好合作，更有效地安全管理库存，改善服务水平，以及降低物流成本费用；零售商将库存控制及其他间接成本转移给供应商。通过 VMI 的实施，基于考虑库存周转更有效的库存管理，以及更多的确定性和零售商服务水平的提高得到实现。

2. VMI 的劣势

VMI 在凸显出巨大优势的同时，也表现出了一些局限性，首先表现在 VMI 中供应商和零售商协作水平有限，供应链毕竟是松散的合作组织，在利益上不可能高度统一；其次是 VMI 对于企业间的信任要求较高，要求下游需求方的销售信息完全与供应商分享，而在现实中很难实现；再次是 VMI 中的框架协议虽然是双方协定，但供应商处于主导地位，决策过程中缺乏足够的协商，难免造成失误；最后是 VMI 的实施加大了供应商的风险。VMI 主要是在短期内通过优化批量来降低成本，买方将从中获得最大的好处——买方的成本总是低于实施 VMI 之前的成本，而卖方却并不总能分享到此成本节约的好处。因为卖方承担了用户库存转移而带来的物流成本，卖方的成本将在"正常条件"下增加，即使从长期来看，卖方的利润能否增加仍然是不确定的。在 VMI 实施过程中，卖方短期成本的增加及长期利润增长的不确定性直接导致了卖方缺乏参与热情。一般而言，VMI 适合供应商实力雄厚并且比零售商或分销商市场信息量大的供应链模式。因此，在供应链中实施 VMI 时要对供应链情况进行分析，灵活地和其他先进的库存控制方法配合使用，以最大限度地降低供应链上的库存成本，提高供应链整体的核心竞争力。

第三节　联合库存管理

VMI 实际上是对传统库存控制策略进行"责任倒置"后的一种库存管理方法，这无疑加大了零售或分销商的风险。为了有效控制上述风险，VMI 在应用的过程中要和其他先进的库存控制方法配合使用，比如说联合库存管理、多级库存优化和控制等。联合管理库存（JMI）类似于 VMI，供需双方在共享库存信息的基础上，以消费者为中心，共同制订统一的生产计划与销售计划，将计划下达到各制造单元和销售单元执行。在计划执行的过程中，企业要加强相互间的信息交换与协调。JMI 可以被看作 VMI 的进一步发展与深化，通过共享库存信息联合制订统一的计划，有利于改善供应链的运作效率，增强企业间的合作关系。

一、JMI 思想的来源

受分销中心功能的启发，JMI 思想得以产生，它是在 VMI 的基础上发展起来的。上游企业和下游企业之间形成了权利、责任平衡和风险共担的库存管理模式——基于协调中心的联合库存管理系统。

地区分销中心体现了一种简单的联合库存管理思想，传统的分销模式是分销商根据市场需求直接向工厂订货，比如汽车分销商（或批发商），根据用户对车型、款式、颜色、价格等的不同需求，向汽车制造厂订货，需要经过一段较长时间才能交货，因为顾客不想等待这么久的时间，因此各个推销商不得不进行库存备货，这样大量的库存使推销商难以承受，以致破产。据估计，在美国，通用汽车公司销售的 500 万辆轿车和卡车，平均价格是 18 500 美元，推销商维持 60 天的库存，库存费是车价值的 22%，一年总的库存费用达到 3.4 亿美元。而采用地区分销中心，就大大减缓了库存浪费的现象。图 8-2 为传统的销售模式，每个销售商直接向工厂订货，每个销售商都有自己的库存，而图 8-3 为采用分销中心的销售模式，各个销售商只需要少量的库存，大量的库存由地区分销中心储备，也就是各个销售商把其库存的一部分交给地区分销中心负责，从而减轻了各个销售商的库存压力。分销中心就具备了联合库存管理的功能，分销中心既是一个商品的联合库存中心，同时也是需求信息的交流与传递枢纽。

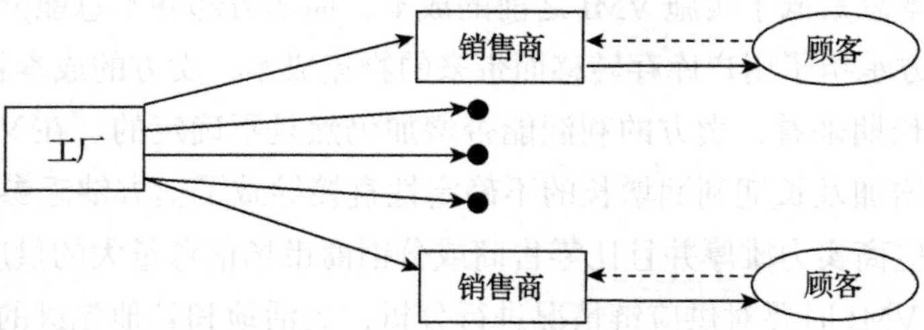

图 8-2 传统的销售模式

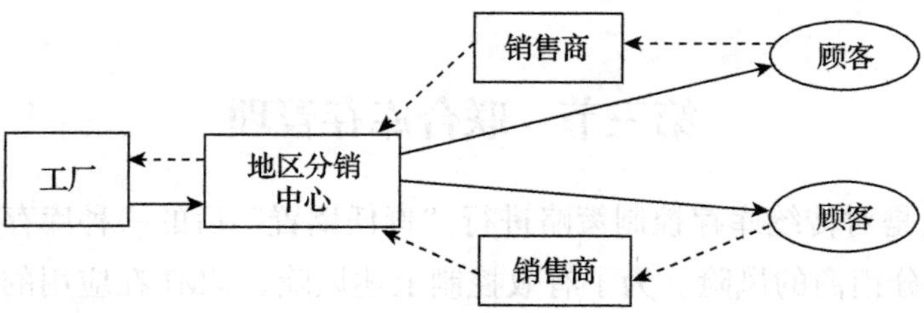

图 8-3 采用地区分销中心的销售模式

马士华教授从分销中心的功能得到启发，对现有的供应链库存管理模式进行了新的拓展和重构，提出了联合库存管理新模式——基于协调中心的联合库存管理系统。

近年来，在供应链企业之间的合作关系中，更加强调双方的互利合作关系，联合库存管理就体现了战略供应商联盟的新型企业合作关系。

传统的库存管理把库存分为独立需求和相关需求两种库存模式来进行管理。相关需求库存问题采用物料需求计划（MRP）处理，独立需求问题采用订货点办法处理。一般来说，产成品库存管理为独立需求库存问题，而在制品和零部件以及原材料的库存控制问题为相关需求库存问题。图 8-4 为传统的供应链活动过程模型，在整个供应链过程中，从供应商、制造商到分销商，各个供应链节点企业都有自己的库存。供应商作为独立的企业，其库存（即其产品库存）为独立需求库存。制造商的材料、半成品库存为相关需求库存，而产品库存为独立的需求库存。分销商为了应付顾客需求的不确定性也需要库存，其库存也为独立需求库存。

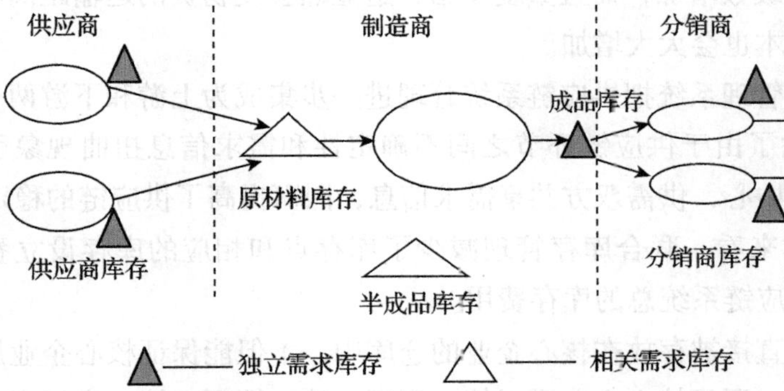

图 8-4　传统的供应链活动过程模型

联合库存管理是为了解决供应链系统中由于各节点企业的相互独立库存运作模式导致的需求放大现象，提高供应链的同步化程度的一种有效方法。联合库存管理和供应商管理用户库存不同，它强调双方同时参与，共同制订库存计划，使供应链过程中的每个库存管理者（供应商、制造商、分销商）都从相互之间的协调性考虑，使供应链相邻的两个节点之间的库存管理者对需求的预期保持一致，从而消除需求变异放大现象（见图 8-5）。任何相邻节点需求的确定都是供需双方协调的结果，库存管理不再是各自为政的独立运作过程，而是供需连接的纽带和协调中心。

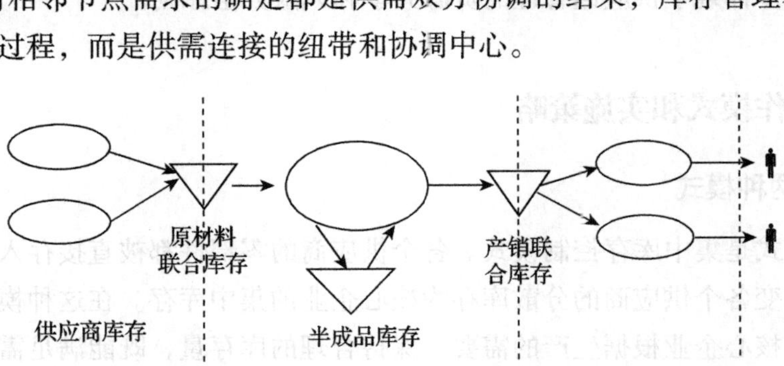

图 8-5　基于协调中心的 JMI 供应链过程模型

二、JMI的含义及优点

联合库存管理（JMI）是指从相互协调的角度出发，双方风险分担的库存管理模式。它解决了供应链系统中由于各节点企业的相互独立库存运作模式导致的牛鞭效应，提高了供应链的同步化程度。

JMI相对于传统的库存管理模式具有以下优点：

（1）由于联合库存管理将传统的多级别、多库存点的库存管理模式转化成对核心制造企业的库存管理，核心企业通过对各种原材料和产成品实施有效控制，就能达到对整个供应链库存的优化管理，简化了供应链库存管理运作程序。

（2）联合库存管理在减少物流环节、降低物流成本的同时，提高了供应链的整体工作效率。联合库存可使供应链库存层次简化和运输路线优化。在传统的库存管理模式下，供应链上的各企业都设立自己的库存。随着核心企业分厂数目的增加，库存物资的运输路线将呈几何级数增加，而且重复交错，这显然会使物资的运输距离和在途车辆数目增加，其运输成本也会大大增加。

（3）联合库存管理系统把供应链系统管理进一步集成为上游和下游两个协调管理中心，从而部分消除了由于供应链环节之间不确定性和需求信息扭曲现象引起的库存波动。通过协调管理中心，供需双方共享需求信息，因而提高了供应链的稳定性。

从供应链整体来看，联合库存管理减少了库存点和相应的库存设立费及仓储作业费，从而降低了供应链系统总的库存费用。

供应商的库存直接被存放在核心企业的仓库中，不但能保证核心企业原材料、零部件供应、取用方便，而且核心企业可以统一调度、统一管理、统一进行库存控制，为核心企业快速、高效的生产运作提供强有力的保障条件。

（4）这种库存控制模式也为其他科学的供应链物流管理如连续补充货物、快速响应、准时化供货等创造了条件。

（5）JMI的实施是以各方的充分信任与合作为基础展开的，JMI的有效实施既加强了企业间的联系与合作，又保证了这种独特的由库存管理而带来的企业间合作模式不会轻易地被竞争者模仿，为企业带来竞争优势。

（6）进一步体现了供应链管理的资源共享和风险分担原则。

三、JMI运作模式和实施策略

（一）JMI的两种模式

第一种模式是集中库存控制模式。各个供应商的零部件都被直接存入核心企业的原材料库中，即变各个供应商的分散库存为核心企业的集中库存。在这种模式下，库存管理的重点在于核心企业根据生产的需要，保持合理的库存量，既能满足需要，又使库存总成本最小。

第二种模式是无库存模式。供应商和核心企业都不设立库存，核心企业实行无库存的生产方式。此时供应商直接向核心企业的生产线上进行连续小批量、多频率的货物补充，并与之实行同步生产、同步供货，从而实现"在需要的时候把所需要品种和数量的原材料送到需要的地点"的操作模式。

(二) JMI 的实施策略

1. 建立供需协调管理机制

为了发挥联合库存管理的作用，供需双方应从合作的精神出发，建立供需协调管理的机制，明确各自的目标和责任，建立合作沟通的渠道，为供应链的联合库存管理提供有效的机制。没有一个协调的管理机制，就不可能进行有效的联合库存管理。供应商与分销商的协调管理机制模型如图 8-6 所示。

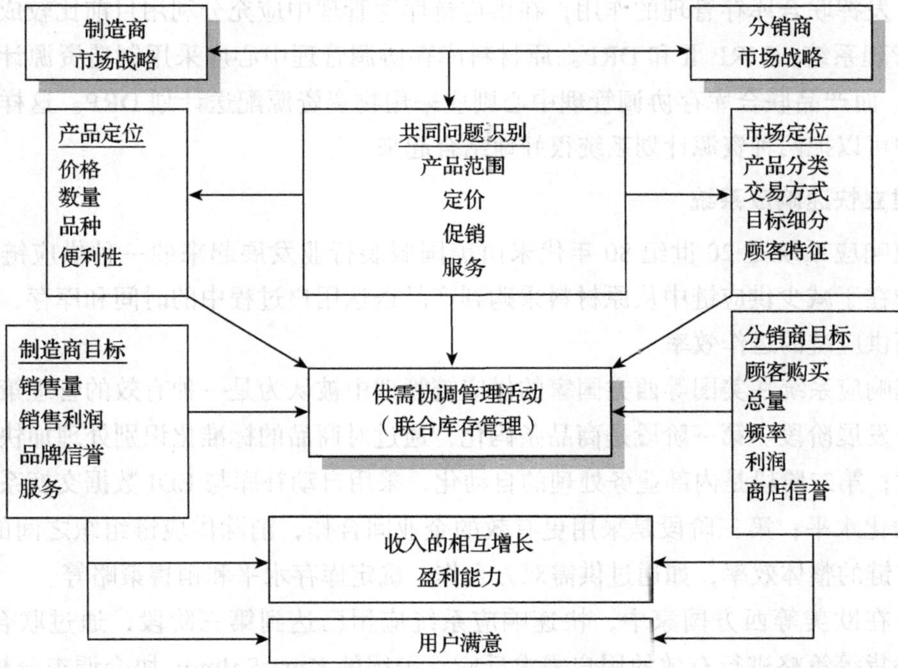

图 8-6　供应商与分销商的协调管理机制

建立供需协调管理机制，要从以下几个方面着手。

（1）建立共同合作目标。要建立联合库存管理模式，首先供需双方必须本着互惠互利的原则，建立共同的合作目标。为此，要理解供需双方在市场目标中的共同之处和冲突点，通过协商形成共同的目标，如用户满意度、利润的共同增长和风险的减少等。

（2）建立联合库存的协调控制方法。联合库存管理中心扮演着协调供需双方利益的角色，起协调控制器的作用，因此需要对库存优化的方法进行确定。这些内容包括库存如何在多个需求商之间调节与分配，库存的最大量和最低库存水平、安全库存的确定，进行需求的预测等。

（3）建立一种信息沟通的渠道或系统以实现信息共享是供应链管理的特色之一。为了提高整个供应链需求信息的一致性和稳定性，减少由于多重预测导致的需求信息扭曲，应增加供应链各方对需求信息获得的及时性和透明性，建立一种信息沟通的渠道或系统，以保证需求信息在供应链中的畅通和准确性；要将条码技术、扫描技术、POS 系统和 EDI 集成起来，并且要充分利用互联网的优势，在供需双方之间建立一条畅通的信息沟通桥梁和联系纽带。

（4）建立利益的分配、激励机制。要有效运行基于协调中心的库存管理，必须建立一种公平的利益分配制度，并对参与协调库存管理中心业务的各个企业（供应商、制造商、分销商或批发商）进行有效的激励，防止机会主义行为，增加协作性和协调性。

2. 发挥两种资源计划系统的作用

为了发挥联合库存管理的作用，在供应链库存管理中应充分利用目前比较成熟的两种资源管理系统：MRP Ⅱ 和 DRP。原材料库存协调管理中心应采用制造资源计划系统 MRP Ⅱ，而产品联合库存协调管理中心则应采用物资资源配送计划 DRP。这样在供应链系统中可以把两种资源计划系统很好地结合起来。

3. 建立快速响应系统

快速响应系统是 20 世纪 80 年代末由美国服装行业发展起来的一种供应链管理策略，目的在于减少供应链中从原材料采购到产品送达用户过程中的时间和库存，最大限度地提高供应链的运作效率。

快速响应系统在美国等西方国家的供应链管理中被认为是一种有效的管理策略，经历了三个发展阶段。第一阶段是商品条码化，通过对商品的标准化识别处理加快订单的传输速度；第二阶段是内部业务处理的自动化，采用自动补库与 EDI 数据交换系统提高业务自动化水平；第三阶段是采用更有效的企业间合作，消除供应链组织之间的障碍，提高供应链的整体效率，如通过供需双方合作，确定库存水平和销售策略等。

目前在欧美等西方国家中，快速响应系统应用已达到第三阶段，通过联合计划、预测与补货等策略进行有效的用户需求反应。美国的 Kurt Salmon 协会调查分析认为，实施快速响应系统后，供应链效率大有提高：缺货大大减少，通过供应商与零售商的联合协作保证 24 小时供货；库存周转速度提高 1～2 倍；通过敏捷制造技术，企业的产品中有 20%～30% 是根据用户的需求而制造的。快速响应系统需要供需双方的密切合作，因此协调库存管理中心的建立为快速响应系统发挥更大的作用创造了有利的条件。

4. 发挥第三方物流系统的作用

第三方物流系统是供应链集成的一种技术手段。它也叫作物流服务提供者（logistics service provider，LSP），为用户提供各种服务，如产品运输、订单选择、库存管理等。第三方物流系统是由一些大的公共仓储公司通过提供更多的附加服务演变而来，另外一种形式是由一些制造企业的运输和分销部门演变而来。

把库存管理的部分功能委托给第三方物流系统管理，可以使企业更加集中精力于自己的核心业务，第三方物流系统起到了供应商和客户之间联系的桥梁作用（见图 8-7）。

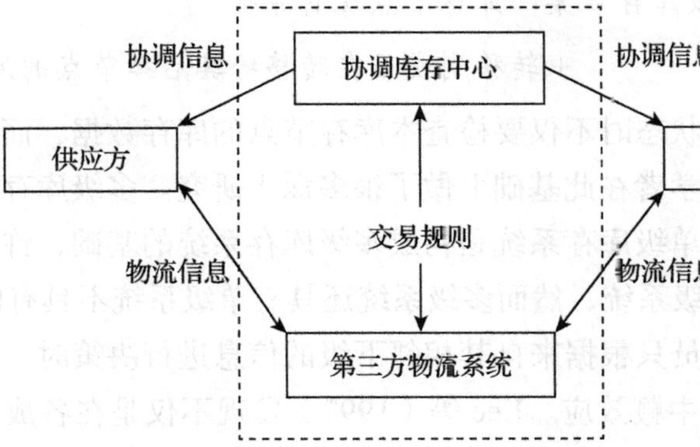

图 8-7　第三方物流在供应链中的作用

协调库存中心的职能是负责供应链协调管理机制的建立，包括建立供应链共同愿景；会同第三方物流公司确定联合库存的协调控制方法；倡导并监督供应链信息技术的实施，将条形码技术、扫描技术、POS 系统和 EDI 集成起来，并且充分利用互联网的优势，在供应链中建立畅通的信息沟通桥梁和联系纽带。

第三方物流系统的职能：首先负责从供方到需方的物流管理，尤其是联合仓库的管理；其次在第三方物流公司和供方、第三方物流公司和需求方间交流互通信息；再次就交易规则同协调库存中心进行谈判，并定期和协调库存中心之间进行行为的协调。

交易规则的建立：交易规则的内容由协调库存中心负责拟订。内容应包括第三方物流公司提供物流管理及仓库管理的资格审查，对第三方物流公司的业绩考核体系、费用的支付方式及支付时间，对第三方物流公司履行随供应链的发展持续改进承诺的评估等。

供方和需求方的职能：互相配合取消或只保留少量库存；不断利用信息技术固化供应链新的流程。

把供应链中联合库存的工作交给第三方物流公司，能够极大地提高整个供应链的效率和服务水平，从而达到供应链优化，实现整个价值网络快速增值的目标。

第四节　多级库存优化与控制

基于协调中心的联合库存管理是一种联邦式供应链库存管理策略，是对供应链的局部优化控制，而要进行供应链的全局性优化与控制，则必须采用多级库存优化与控制方法。因此，多级库存优化与控制是供应链资源的全局性优化。

一、多级库存优化与控制的产生与发展

最早开始多级库存研究的学者是 Clark 和 Scarf（1960），他们提出了“级库存”的概念

供应链的级库存 = 某一库存节点现有库存

+ 转移到或正在转移给其后续节点的库存

这样企业在检查库存状态时不仅要检查本库存节点的库存数据，而且要检查下游需求方的库存数据。后面的学者在此基础上做了很多深入研究。多级库存系统与单级库存系统既有联系又有区别，单级库存系统是构成多级库存系统的基础，许多对单级库存系统的分析方法也可用于多级系统，然而多级系统还具有单级系统不具有的问题。

当多级系统中的各成员只根据来自其相邻下级的信息进行决策时，供应链将产生需求波动放大现象，也就是牛鞭效应。Lee 等（1997）发现不仅是在各成员非理性行为下会产生这种现象，即使各成员是在理性的情况下进行决策行为，也可能产生这种现象。Lee 等从 4 个方面分析各成员在理性的情况下进行决策行为，产生牛鞭效应的原因：需求信息分析、订货批量、价格波动和限额配给。为了消除或抑制这种现象，他们提出采取信息共享、缩短提前期、协调订货和简化促销行为等方法。

Baganha 等（1998）从实际数据中发现，在多级库存系统中，各环节订货量的方差总是大于面临的需求方差，但由于中间商的存在，生产商销量的方差有可能小于中间商甚至零售商销量的方差。为此，他们提出了一个三级模型。在模型最底层，N 个销售商面对的是独立同分布的随机需求过程，每周期期初检查库存，根据相应的库存控制策略进行订货，并假定固定提前期，缺货等待。所有销售商都由一个配送中心供货，配送中心每周期期初检查库存，根据自己的库存控制策略向厂商发出订单。由于销售商之间没有联系，因此可以将 N 个销售商的问题分解，得出每个销售商的最优库存策略是（S，S）策略，且订货量的方差大于需求的方差。假设每个销售商的订货过程都由一个自回归模型决定，在配送中心就是一个自回归移动平均（auto-regressive and moving average，ARMA）过程，求出短期控制策略下配送中心的订货量，并得出这种策略为最优时的充分条件。当这种策略为最优时，若配送中心需求过程的自回归参数满足某些条件，配送中心就能起到稳定方差的作用，即此时配送中心发出的订货量的方差要小于面临的需求方差。当然配送中心是否能起到稳定方差的作用，关键在于它采用什么样的库存控制策略。

二、多级库存控制应明确的问题

多级库存控制的方法有两种：一种是非中心化（分布式）策略，另一种是中心化（集中式）策略。非中心化策略是各个库存点独立地采取各自的库存策略，这种策略在管理上比较简单，但是并不能保证产生整体的供应链优化，如果信息的共享度低，多数情况

产生的是次优的结果，因此非中心化策略需要更多信息共享。采用中心化策略时，所有库存点的控制参数是同时决定的，考虑了各个库存点的相互关系，通过协调的办法获得库存的优化。但是中心化策略在管理上协调的难度大，特别是供应链的层次比较多，即供应链的长度增加时，更增加了协调控制的难度。

供应链的多级库存控制应考虑以下几个问题。

1. 明确库存优化的目标

传统的库存优化策略无一例外地进行库存成本优化，在强调敏捷制造、基于时间的竞争条件下，这种成本优化策略是否适宜？供应链管理的两个基本策略——ECR 和 QR，都集中体现了客户响应能力的基本要求，因此在实施供应链库存优化时要明确库存优化的目标是什么，是降低成本还是节约时间？成本是库存控制中必须考虑的因素，但是，在现代市场竞争的环境下，仅有优化成本这样一个参数显然是不够的，应该把时间（库存周转时间）的优化也作为库存优化的主要目标来考虑。

2. 明确库存优化的边界

供应链库存管理的边界即供应链的范围。在库存优化中，一定要明确所优化的库存范围是什么。供应链的结构有各种各样的形式，有全局的供应链，包括供应商、制造商、分销商和零售商各个部门；有局部的供应链，分为上游供应链和下游供应链。在传统的所谓多级库存优化模型中，绝大多数库存优化模型针对的是下游供应链，即关于制造商（产品供应商）—分销中心（批发商）—零售商的三级库存优化。很少有关于零部件供应商—制造商之间的库存优化模型，上游供应链主要考虑的问题是关于供应商的选择问题。

3. 明确多级库存优化的效率

如果所有的相关信息都是可获得的，并把所有的管理策略都考虑到目标函数中去，那么中心化的多级库存优化要比基于单级库存优化的策略（非中心化策略）要好。但是，现实情况未必如此。当把组织与管理问题考虑进去时，管理控制的幅度常常被下放给各个供应链的部门独立进行，因此多级库存控制策略的好处也许会被组织与管理问题所抵消。因此简单的多级库存优化并不能真正产生优化的效果，需要对供应链的组织、管理进行优化，否则，多级库存优化策略效率低下。

4. 明确采用的库存控制策略

在单库存点的控制策略中，一般采用的是周期性检查与连续性检查策略。在周期性检查库存策略中主要有（Q，s，R）、（S，R）、（s，S，R）等策略，连续库存控制策略主要有（s，Q）和（s，S）两种策略。这些库存控制策略对于多级库存控制仍然适用。但是，到目前为止，关于多级库存控制，都是基于无限能力假设的单一产品的多级库存，对于有限能力的多产品的库存控制是供应链多级库存控制的难点和有待解决的问题。

三、多级库存的优化控制策略

(一) 基于成本优化的多级库存优化

基于成本优化的多级库存控制实际上就是确定库存控制的有关参数（比如库存检查期、订货点、订货量）。

在传统的多级库存优化方法中，主要考虑的供应链模式是生产—分销模式，也就是供应链的下游部分。我们进一步把问题推广到整个供应链的一般性情形，如图 8-8 所示的供应链模型。在库存控制中，我们将考虑集中式（中心化）和分布式（非中心化）两种库存控制策略情形。在分析之前，首先应确定库存成本结构。

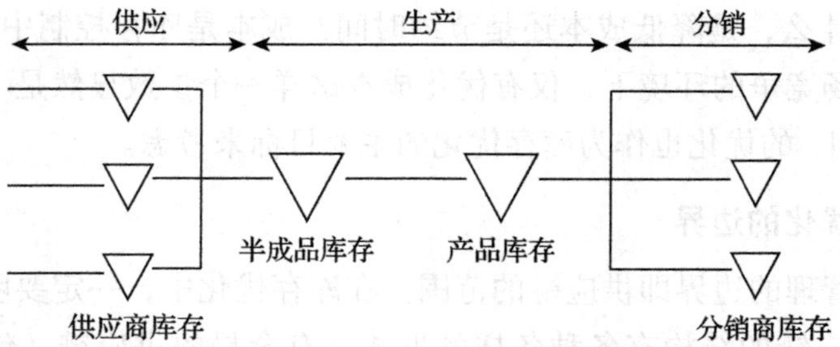

图 8-8　多级供应链库存模型

1. 供应链的库存成本结构

（1）维持库存费用（holding cost，C_h），即在供应链的每个阶段中都需维持一定的库存，以保证生产、供应的连续性。这些库存维持费用包括资金成本、仓库及设备折旧费、税收、保险金等。维持库存费用与库存价值和库存量的大小有关，其沿着供应链从上游到下游有一个累积的过程，如图 8-9 所示。

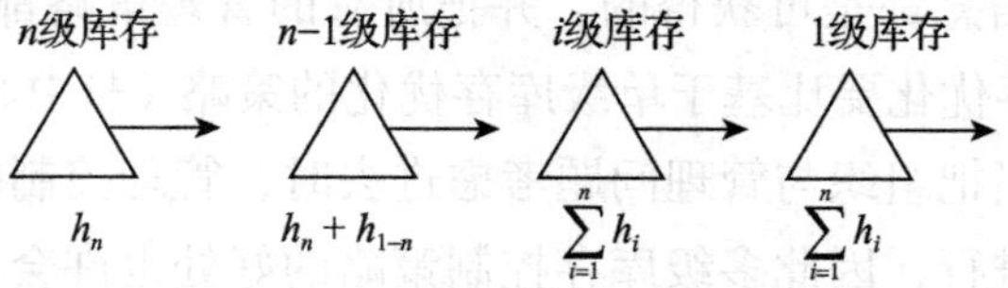

图 8-9　供应链维持库存费用的累积过程

h_i 为单位周期内单位产品（零件）的维持库存费用。如果 v_i 表示第 i 级库存量，那么，整个供应链的库存维持费用为

$$C_h = \sum_{i=1}^{n} h_i v_i$$

如果是上游供应链，则维持库存费用是一个汇合的过程，而在下游供应链，则是分散的过程。

（2）交易成本（transaction cost，C_t），即在供应链企业之间的交易合作过程中产生的各种费用，包括谈判要价、准备订单、商品检验费用、佣金等。交易成本随交易量的增加而减少。交易成本与供应链企业之间的合作关系有关。通过建立一种长期的互惠合作关系有利于降低交易成本，战略伙伴关系的供应链企业之间交易成本是最低的。

（3）缺货损失成本（shortage cost，C_s）。缺货损失成本是由供不应求造成的，缺货损失成本与库存大小有关。库存量大，缺货损失成本低。反之，缺货损失成本高。为了减少缺货损失成本，维持一定量的库存是必要的，但是库存过多将增加维持库存费用。在多级供应链中，提高信息的共享程度、增加供需双方的协调与沟通有利于减少缺货带来的损失。

总的库存成本为：$C = C_h + C_t + C_s$，多级库存控制的目标就是优化总的库存成本 C，使其达到最小。

2. 库存控制策略

多级库存的控制策略分为中心化控制策略和非中心化控制策略，以下分别加以说明。

（1）中心化控制策略。目前关于多级库存的中心化控制策略的探讨不多，采用中心控制的优势在于能够对整个供应链系统的运行有一个较全面的掌握，能够协调各个节点企业的库存活动。中心化控制是将控制中心放在核心企业上，由核心企业对供应链系统的库存进行控制，协调上游与下游企业的库存活动。这样核心企业也就成了供应链上的数据中心（数据仓库），负责数据的集成、协调，如图 8-10 所示。

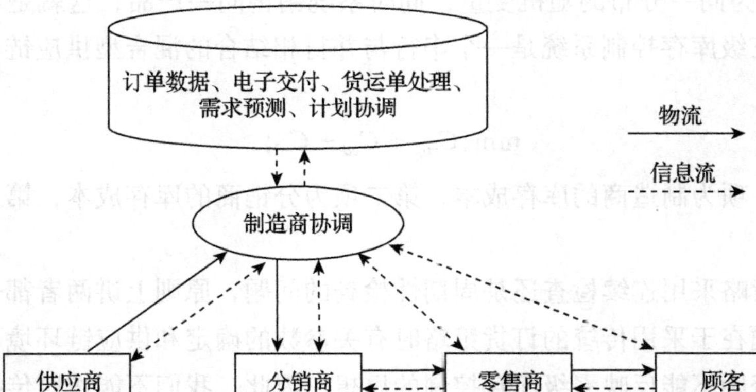

图 8-10　供应链中心化库存控制模型

中心化库存优化控制的目标是使供应链上总的库存成本最低，公式为

$$TC_{\min} = \sum_{i=1}^{n}(C_{hi} + C_{ti} + C_{si})$$

理论上讲，供应链的层次可以是无限的，即从用户到原材料供应商，整个供应链是 n 个层次的供应链网络模型，分一级供应商、二级供应商……k 级供应商，然后到核心企业（组装厂）；分销商也可以是多层次的，分一级分销商、二级分销商……k 级分销商，最后才到用户。但是，现实的供应链的层次并不是越多越好，而是越少越好，因此实际供应链的层次并不很长，采用供应—生产—分销这样的典型三层模型足够说明供应链的运作问题。图 8-11 为三级库存控制的供应链模型。

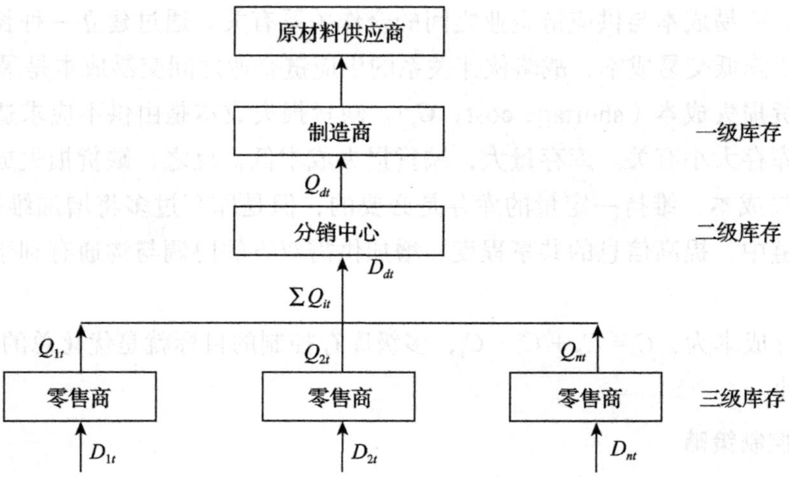

图 8-11 三级库存供应链

各个零售商的需求 D_{it} 是独立的，根据需求的变化做出的订货量为 Q_{it}，各个零售商总的订货汇总到分销中心，分销中心产生一个订货单给制造商，制造商根据产品决定生产计划，同时对上游供应商产生物料需求。整个供应链在制造商、分销商、零售商三个地方存在三个库存，这就是三级库存。这里假设各零售商的需求为独立需求，需求率 d_i 与提前期 LT_i 为同一分布的随机变量，同时系统销售同一产品，这就是单一产品供应链。这样一个三级库存控制系统是一个串行与并行相结合的混合型供应链模型，其控制模型如下

$$\min\{C_{mfg} + C_{cd} + C_{rd}\}$$

其中，第一项为制造商的库存成本，第二项为分销商的库存成本，第三项为零售商的库存成本。

关于订货策略采用连续检查还是周期性检查的问题，原则上讲两者都是适用的，但各有特点。问题在于采用传统的订货策略时有关参数的确定和供应链环境下的库存参数应有所不同，否则不能反映多级库存控制的思想。因此，我们不能按照传统的单点库存控制策略进行库存优化，必须寻找新的方法。

按照传统的固定量订货系统，其经济订货量为

$$Q_i^* = \sqrt{\frac{2DCs_i}{h_i}}$$

如果把这个算法作为多级库存的各个阶段的供应商或分销商的订货策略，那么就没有体现供应链的中心化控制的思想。因为这样计算的实际的库存信息是单点库存信息，没有考虑供应链的整体库存状态，因此采用这样的计算方法实际上是优化单一库存点的成本而不是整体供应链的成本。

那么，如何体现供应链这种集成的控制思想呢？可以采用级库存取代点库存解决这个问题。因为点库存控制没有考虑多级供应链中相邻的节点的库存信息，因此容易造成

需求放大现象。采用级库存控制策略后，每个库存点不再是仅检查本库存点的库存数据，而是检查处于供应链整体环境下的某一级库存状态。采用“级库存”这个概念可以重新定义供应链上节点企业的库存数据。

级库存策略的库存决策是在完全掌握下游企业的库存状态的基础上做出的，因此避免了信息扭曲现象。建立在互联网和EDI技术基础上的全球供应链信息系统，为企业之间的快速信息传递提供了保证，因此，实现供应链的多级库存控制是有技术保证的。

（2）非中心化控制策略。非中心化库存控制把供应链的库存控制分为三个成本归结中心，即制造商成本中心、分销商成本中心和零售商成本中心，各自根据自己的库存成本优化做出优化的控制策略，如图8-12所示。非中心化库存控制要取得整体的供应链优化效果，需要提高供应链的信息共享程度，使供应链的各个部门都共享统一的市场信息。非中心化多级库存控制策略能够使企业根据自己的实际情况独立做出快速决策，有利于发挥企业自己的独立自主性和灵活机动性。

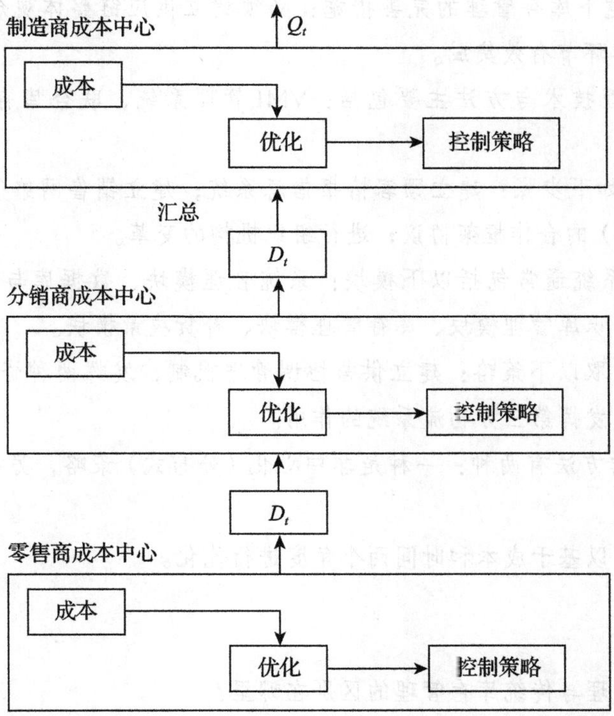

图8-12 多级库存控制模式

非中心化库存订货点的确定，可完全按照单点库存的订货策略进行，即每个库存点根据库存的变化，独立决定库存控制策略。非中心化的多级库存优化策略，需要企业之间的协调性比较好，如果协调性差，有可能导致各自为政的局面。

（二）基于时间优化的多级库存控制

前面探讨了基于成本优化的多级库存优化方法，这是传统的做法。随着市场变化，市场竞争已从传统的、简单的成本优先的竞争模式转为时间优先的竞争模式，这就是敏捷制造的思想。因此供应链的库存优化不能简单地仅优化成本。在供应链管理环境下，库存优化还应该考虑对时间的优化，比如库存周转率的优化、供应提前期的优化、平均上市时间的优化等。库存时间过长对产品竞争力的提高不利，因此供应链系统应从提高用户响应速度的角度提高供应链的库存管理水平。

本章小结

供应链库存管理是指将库存管理置于供应链之中，以降低库存成本和提高企业市场反应能力为目的，从点到链、从链到面的库存管理方法。

传统供应链库存管理存在的问题：未形成供应链管理要求的整体观念，信息传递系统效率低下，供应链存在不确定性，缺乏合作与协调性，产品设计未考虑供应链库存成本的影响。

供应链管理环境下库存管理的完善措施：必须树立供应链整体观念，要精简供应链结构，将供应链上的各环节有效集成。

供应链库存管理技术与方法主要包括：VMI 管理系统、联合库存管理、多级库存优化等。

实施 VMI 包括如下步骤：建立顾客情报信息系统；建立销售网络管理系统；建立供应商与分销商（批发商）的合作框架协议；进行组织机构的变革。

VMI 决策支持系统通常包括以下模块：系统管理模块、数据库与数据仓库管理模块、模型库管理模块、知识库管理模块、库存管理模块、补货决策模块。

JMI 的实施应采取以下策略：建立供需协调管理机制，发挥两种资源计划系统的作用，建立快速响应系统，发挥第三方物流系统的作用。

多级库存控制的方法有两种：一种是非中心化（分布式）策略，另一种是中心化（集中式）策略。

多级库存控制可以基于成本和时间两个角度进行优化。

复习思考

1. 供应链库存管理与传统库存管理的区别在哪里？
2. 谈谈 VMI 的运作流程。
3. JMI 是如何运作的？
4. VMI 与 JMI 的异同点有哪些？
5. 如何实现多级库存控制和优化？

案例分析

准时达：由数字化驱动的智慧供应链协同库存管理

准时达（JUSDA）是富士康科技集团唯一授权的供应链管理企业，是一个全球 C2M2C

专业供应链管理平台服务企业，专为客户提供互联网时代下从原材料端到消费者端的供应链实时协同平台管理服务。准时达的定位是协助 B2B 企业完成供应链升级转型及商业模式再造，是工业互联网下新供应链形态的最佳实践者。

准时达凭借其领先的制造业供应链管理基础，依托其具有竞争力的增值和创新的供应链产品服务，通过平台化的运营模式整合供应链生态圈资源，创新不同区域特色的产业集群服务体系，构建在工业 4.0 科技时代下用 DT 大数据运营为基础的智慧供应链实时协同平台。

准时达集成应用以大数据分析、云平台、物联网等现代信息系统为一体的综合信息网络，通过自主研发信息系统平台，为客户提供可视化、可共享、可集成、可监控的全网综合信息分析与处理服务，全面支持内部和外部客户的供应链管理与运营服务，实现端到端的全智能化系统平台协同运作。

供应链协同仓

准时达供应链协同仓（VMI HUB）适用于供应商数量多、供货频次高且生产规模大的制造商，如制造商客户 C。制造商的各地供应商按照生产预测将物料提前运送至准时达 VMI HUB，库存由供应商自己管理。当制造商需要生产用料时，VMI HUB 会根据生产要求把零配件按成品需求比例（BOM 表）配置好，进行 JIT 产前集拼出货。物料在上线前进行物权交割，实现真正意义上的 JIT 供料模式。

而传统模式则是各地供应商 A、B、C 等分别从各自的仓库将零部件供应给制造商，然后制造商再进行生产。这种模式的主要问题是，首先时效性较差，其次会造成库存积压。对于制造商，尤其是千亿级制造商而言，货物在仓库多停留一天，即便是 0.1% 的库存成本，对企业也将是极大的浪费，会造成生产成本上升。同时，由于大型制造商需在各地建厂，供应商如果也需要同步在各地建仓，也将带来较大的成本压力。

准时达依托其在全国和全球的网络，根据客户供应商分布，建设并形成了全球供应商交付网络，让供应商就近交货，统一集拼，实现规模效应节约整体供应链成本，提升供应链效率。

准时达的制造商客户 C 具有保税工厂的特性，于是准时达将 VMI HUB 设置在公共保税区域，申请了“分送集报、先出后报”的申报模式，并依托准时达的强大通关实力，在确保贸易合规的前提下，同样能够实现 JIT 交付。

由需求驱动的 VMI HUB + JIT 模式，让 C 客户真正实现了“要货有货，不要货零库存”，为 C 客户降低了库存，提高了供应链效率，更实现了供应方和采购方双赢的局面。

对于供应方来说，①根据客户的实际需求，预测、准确生产，实现产销平衡，JIT 快速交货，使客户满意；②产品上线前进行质量检验是产品最后一个环节的质量保障；③批量补货到 VMI HUB，减少零担急料出货，降低企业物流成本；④不同客户的共享料可快速转拨，满足市场需求变化，企业更具弹性和市场竞争力。

对于采购方来说，①来料检验（incoming quality control，IQC）要求买前先验，上线前确保产品质量，减少因品质及缺货造成的停线损失；②实现零库存，减少库存占用资金，提高资金投资回报率；③ JIT 交货，减少仓库资源重复投入；④由第三方管理库存的账和物，更加专业和安全可靠，让企业更专注于产品研发和质量提升。

准时达供应链协同仓既承担库存管理的角色，也是信息集成、数据分析的核心节点。通过VMI HUB，准时达打通了供应商、承运商、生产制造商和C客户的系统壁垒，将所有数据集成并协同，无缝衔接所有操作环节。同时各环节成员能够通过网络平台、Auto Mail、移动终端等信息技术和工具，即时获取所需信息，并实现可视化，助力智能商业决策。

准时达供应链实时协同平台还可以通过Web Services的实时方式，实现客户ERP与实时协同平台的同步，解决了供应链上下游各环节间的信息不畅问题，提升作业效率。通过这个平台打通供应链上下游各个环节，达到减少人力重复沟通工作，提升各环节的信息透明度，提高工作效率，避免隐性成本，实现让供应链成为企业的核心竞争力。

资料来源：http://www.chinawuliu.com.cn/xsyj/201905/22/340778.shtml.

| 案例思考 |

1. 论述准时达如何运营VMI。
2. 结合案例谈谈如何用数字驱动供应链库存管理。
3. 结合案例谈谈案例给你的启发。

项目化实训

讨论课V：基于供应链的库存管理

任务布置时间：第13周　　**讨论课时间：**第15周

讨论目标：通过本次讨论课，使学生能够通过所学知识分析案例中供应链管理环境下的库存问题，并提出比较有效的解决方案。要求报告内容完整、格式正确、目的明确、阐述清晰。

讨论的主要内容：

1. 自行选择案例企业进行研究，选定一个企业供应链的典型案例，介绍其库存管理的内容。

2. 通过所学的供应链管理知识，分析该案例中面向企业外部和内部供应链库存管理存在的问题。

3. 各组在老师的指导下，针对相关问题提出企业内外部库存控制的对策。

4. 本次课后一周内提交讨论报告和PPT汇报材料（要求宋体小四号字，20磅行间距，A4纸排版）。

第九章

CHAPTER 9

供应链管理下的信息管理

| 学习目标 |

1. 了解传统供应链管理中的信息问题和信息系统在供应链管理中的作用。
2. 理解供应链中信息的特征、供应链管理信息系统的特征。
3. 熟悉供应链中的信息管理模式、供应链管理信息系统的功能。
4. 掌握供应链中信息管理平台构建、供应链管理采用的核心信息技术。

| 案例导入 |

海尔的 COSMOPlat 互联网平台

作为全国供应链创新与应用试点企业，海尔为满足日益成熟的中国消费市场，从 1998 年开始以整合供应链为中心，经历了从流程再造到模块化、互联工厂，再到工业互联网平台的过程；将供应链的制造模式前连引领战略，后连个性化定制，整合全球一流的研发资源网、供应商资源网、用户资源网，打造精准、高效、满负荷下的定制包销体系；颠覆了传统制造模式与供应链体系，形成了以用户全流程最佳体验为中心的智慧创新供应链生态系统；实现了从大规模制造到大规模定制转型，建设共创共赢生态圈，逐步形成高精度下高效率的智慧供应链生态系统，其核心载体就是海尔的 COSMOPlat 互联网平台。

COSMOPlat 是海尔推出的具有中国自主知识产权、全球首家引入用户全流程参与体验的工业互联网平台；采用最先进的物联网框架，将业务战略、目标、需求等通过四个架构转化成应用软件程序和系统；从全周期、全流程和全生态三个方面，对传统的工业体系进行了颠覆，实现了透明化、可视化和无缝化，由原来的以计划为中心转到以用户体验为中心，聚焦的是和用户的零距离，致力于满足用户个性化定制的最佳体验；实现了跨用户和跨资源的零距离，最终实现了供应商、企业、用户全链条的价值增值并形成了开放共赢的生态架构。

COSMOPlat 着力打造“用户交互定制平台”“精准营销平台”“开放设计平台”“模块化采购平台”“智能制造平台”“智慧物流平台”和“智慧服务平台”等供应链全流程七大子平台，通过生态圈模式与七大模块互联互通，赋能衣联网、食联网、农业、房车等15个行业物联生态，践行跨行业、跨领域生态赋能，并复制到11个区域和20个国家，提供大规模定制社会化服务，助推企业转型升级。

在“人单合一”管理模式下，COSMOPlat 建立了全球领先的世界级工业互联网生态品牌平台，率先开启了物联网时代的生态品牌建设。海尔 COSMOPlat 创新供应链将走向物联网、智慧化、模块化，通过跨行业、跨领域的赋能与实践，推动各行业供应链的整合优化，助力全球企业转型升级，形成可复制的供应链新模式，为全国供应链领域的管理创新提供新的模式和思路。

资料来源：https://baijiahao.baidu.com/s?id=1640134467514439885&wfr=spider&for=pc.

| 思考题 |

1. 海尔在建设供应链信息系统方面采取了哪些创新措施？
2. 海尔的 COSMOPlat 互联网平台有哪些重要作用？

第一节 供应链管理下的信息管理概述

随着信息技术的发展与管理思维的创新，有效的供应链管理正成为公司赢得竞争优势的重要手段。以前的竞争是企业与企业之间的竞争，未来的市场竞争将是供应链与供应链之间的竞争，是一种“合作竞争”。由于供应链企业之间的差异，如何消除企业内部的“信息孤岛”，实现企业内部的信息流畅通无阻，进而实现供应链各环节的信息共享和利用，仍然是许多企业需要认真解决的问题。

一、供应链管理下的信息管理目标和信息内容构成

在当今信息经济时代，信息成了决定企业生存与发展的关键因素，信息管理也成为组织管理的一个重要功能。

1. 供应链管理下的信息管理目标

在供应链管理中，信息管理是其中的一个重要组成部分。供应链管理的目标是将整个供应链上的所有环节的市场、分销、制造和采购活动联系起来，以实现物流与客户服

务的高水平和低成本，以赢得竞争优势。所以，信息已经成为供应链的关键要素，对于原材料获取、生产安排、产品销售、顾客购买等各个阶段，信息都是决策的关键要素。同时，信息流也是供应链管理中流动最频繁、最快、变动最大的一种，管理好信息流才能为物流、资金流等提供做出正确决策的依据，才能实现供应链管理目标，所以有效的信息管理是供应链管理成功的关键。而普通的信息流往往是在顾客和补给部门的订货、库存管理、收货、发货和配送等过程中产生的。过去，信息流被局限于建立在手工和半自动化的基础上，因而导致了效率的低下、信息的不可靠性增强，以及由于信息的误导而导致预测不准确，从而增加了库存、运输、退货等成本，降低了顾客满意度。

因此，供应链管理下的信息管理目标是通过有效管理和控制供应链管理中的信息流及信息流程的各个环节，为供应链各环节业务的开展提供信息支持，同时深入开发供应链信息资源的价值，以保证供应链目标的实现和获得额外的信息资源效益。

2. 供应链管理下的信息内容构成

在供应链管理中，各企业之间是一种协议合作关系，并不是互相持股关系，每家企业出于自身利益和风险防范的考虑，都不可能交流企业的所有甚至是大部分信息。分析和把握信息的内容构成，是管理信息的前提。我们可从多个角度对信息的内容构成进行划分。

一是供应链环节的角度。首先是原材料采购信息，这主要包括供应商基本情况，供应商供货及产品类型、价格情况，物料需求计划，物料订购与订单信息等。其次是生产信息，包括生产的产品类型、数量，在哪里生产，怎样生产，生产进度的安排，生产工艺技术，生产成本，物料需求清单等信息。再次是分销和配送信息，包括分销商的销售计划、库存状况，物流运送的途径、成本，配送的网络规划等信息。最后是顾客需求与订购信息。顾客的需求信息可以从顾客的主动表达如顾客直接当面表述、顾客打电话到营销中心、顾客通过网络递交等来获得，企业也可以通过市场调查、购买等获取。现实的销售通过顾客的订购来体现，哪些顾客购买什么货物，在哪里购买，数量多少，价格高低等是这方面的主要信息。

二是供应链流程的推/拉法分析的角度。依据对顾客需求的执行顺序的不同，供应链上的所有流程可以分为两类，即推动流程和拉动流程。在拉动流程中，需求是已知的、确定的，也就是说它是对顾客实际需求的反应；在推动流程执行过程中，需求是未知的，因此必须进行预测，也就是说，它是依据预测进行的，而不是对顾客实际需求的反应。

三是供应链层次结构的角度。这里包括四个层次：供应链级信息、企业级信息、工作组级信息和个人级信息。

二、供应链管理下的信息的特征

1. 信息必须真实准确

只有真实准确地描述供应链状况的信息，才能作为决策的依据。由于供应链中的信息来源多样，信息量大且覆盖范围广，有时很难保证所有信息都百分之百的正确，但要求所得到的信息描述的事实至少没有方向性的错误。

2. 信息必须能及时获取和利用

有时，虽然信息本身是真实正确的，但没有被及时地收集、加工、利用，而信息描述的事物已经发生了变化，从而信息的价值就降低甚至丧失了。

3. 信息具有完整性

供应链中的信息应该是所有与供应链管理和决策有关的信息，同时又舍去了那些无关或无用的信息的集合。

4. 信息具有不完全性

客观事实的信息不可能被全部获取，一方面是由于人的认识程度，另一方面是考虑信息获取成本，因此不可能也没必要追求得到供应链的所有信息。

5. 信息量大面广

供应链组成复杂，活动和环节多，同时供应链中的信息覆盖了供应商、制造商、销售等所有环节以及客户，造成信息量大面广。

6. 信息应该共享

企业共享信息能有效减小牛鞭效应，实现供应链无缝连接，使其有效性最高。但各个企业出于自身利益和风险防范等因素的考虑，可能不愿将自己的信息完全共享，这使得整个供应链的成本增加、效率降低。

7. 信息处理难度大

供应链信息处理的难度不仅因为信息来源不同和信息量大面广，而且由于供应链中各节点企业只是协议合作关系，所关注的重点和追求的目标不同，并且这些目标可能存在矛盾和冲突，因而所传递的信息对于整个供应链管理的价值差异很大。

三、供应链管理下的信息管理模式

供应链管理下的信息管理模式主要包括企业级分散式信息管理模式、企业级集中式信息管理模式、供应链级分散式管理模式、两级综合协调信息管理模式和供应链级集成式信息管理模式，现分别介绍如下。

（一）企业级分散式信息管理模式

在供应链的节点企业内部，信息可以采用分散管理的方式，也就是各个部门根据自己的业务和职能进行相应的信息管理，信息在部门之间传递，由部门决定信息传递的方向和内容。这种模式的特点是：每个部门对自己业务范围内的信息进行收集、传递、存储、加工和使用，对信息的流向和内容都有决定权，能灵活掌握信息需求及信息的传播时间、地点和方式；但是，企业不能从整体上把握信息的流向和内容，缺乏宏观调控能力，从而导致信息管理的混乱无序，信息的管理和利用效率都下降，严重的还可能导致管理失控。所以，这种模式主要被应用在工作组级信息和个人级信息的管理。

（二）企业级集中式信息管理模式

为了提高企业的整体信息管理和利用效率，实现信息的集中统一管理，进一步开发信息资源，企业通常会建立一个中心数据库和成立信息管理中心。企业实行信息化管理，建立各种应用信息系统（如管理信息系统、决策支持系统）。在技术层面上，企业要建立一个中心数据库，对组织的数据进行集中统一的存储和管理，这有利于实现数据共享，减少数据冗余，维护数据的完整性和一致性。同时，企业要成立一个专门的信息管理机构来负责信息和信息系统的管理。此时，信息的存储、加工、传递都由这一部门来负责，并且由它控制信息流的流向和内容。但是，这种方式使信息的流动缺乏灵活性。因为，通常企业会将数据集中在数据库中进行管理，不会单纯采用分散式管理或集中式管理，而是将两种方式相结合。一般企业对作业级信息和部分战术级信息采用分散管理，对部分战术级信息和战略级信息则会采用信息中心集中管理方式。

（三）供应链级分散式信息管理模式

信息在供应链中各企业的各部门之间传递，由部门决定信息的内容和流向，信息的管理处于一种自发的分散状态。在这种模式下，企业难以控制内部信息，容易泄露机密信息而造成风险，同时，整个供应链的信息一致性也差，难以形成有效且一致的供应链信息流，从而使得供应链效率低下。这一模式主要存在于供应链的初始形成阶段和随机的、不稳定的供应链系统中。

（四）两级综合协调信息管理模式

由于各企业一般采用信息集中管理方式，各部门都与该企业信息中心进行信息传递。企业与供应链中其他企业的信息传递主要由信息中心负责控制，部门也可以直接访问其他企业的信息中心，比如查询产品信息，同时为保证整个供应链中信息的一致性和完整性，通常由核心企业的信息中心负责整个供应链信息流管理，即充当供应链信息交换中心角色，控制上下游的信息传递（见图 9-1）。图中甲、乙、丙为 3 个企业的信息中心，甲为核心企业，A、B、C 分别为甲、乙、丙的部门，单向箭头表示信息流，双向箭头表示信息流及其控制。

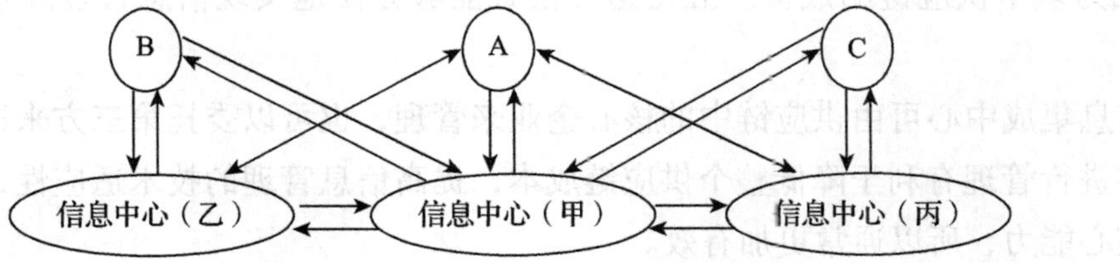

图 9-1　两级综合协调信息管理模式

该信息管理模式的特点包括：

（1）具有一定的分散管理的灵活性，能够比较及时地交流信息，同时又具有集中管理的宏观协调能力。信息集中统一管理，提高了信息的一致性和共享性，形成了完整、协调的供应链信息流，使供应链管理效率得以显著提高。

（2）供应链管理实际上是一种群体决策机制，物流、信息流应同步被处理并且能够顺畅、快捷地流动。这一信息管理方式能使人在正确的时间和地点以正确的方式获得信息，从而保证了供应链的效率。

（3）核心企业承担了较多的信息管理工作，付出了更多的成本，而且核心企业可能出于自身利益的考虑和信息管理技术与能力的不足，使供应链信息风险增加。

(五) 供应链级集成式信息管理模式

在供应链之外建立一个独立信息集成中心（见图 9-2），该中心能够进行信息收集、存储、加工、传递和维护。供应链中的各节点企业以及物流公司的主要信息包括需求、预测、计划、供应、销售、库存、运输等都集中在这个中心，形成共享信息源。在这种模式下，各节点之间不必也不能直接传递信息，而是通过高速通信通道与信息集成中心建立实时连接来访问或递交有关信息，从而实现所有信息在整个供应链上的实时共享。该模式优势在于：一是能够实现供应链中信息的实时共享。这不但能克服由于信息的层层传递而产生的牛鞭效应，还能使新的变化信息迅速传递到各节点，各节点能做出同步反应，提高了供应链的环境适应性和快速响应能力。二是提供了一个各企业进行信息交流的场所。供应链中的决策是群体决策，信息的实时充分交流保证了这种决策的准确性和一致性，从而提高了供应链的整体协调能力。三是信息集成中心独立于供应链之外，不受节点企业的控制和它们之间的利益影响，这保证了信息的透明度和稳定性，大大降低了供应链的信息风险。四是这种模式增强了供应链及企业的开放性和动态性。随着环境的变化，供应链要不断地进行调整，而在这种模式下，信息集成中心是供应链的核心联结点，企业进入或退出供应链，只要建立或撤销与该中心的通信通道即可。同时，企业能够很容易地成为多个供应链的成员。五是这种模式能够方便地实现信息管理外包，提高管理效率。

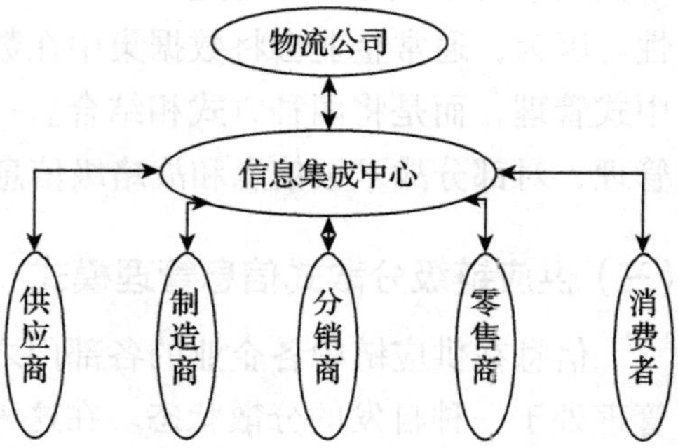

图 9-2　供应链集成式信息管理模式

信息集成中心可由供应链中的核心企业来管理，也可以委托第三方来进行管理。由第三方进行管理有利于降低整个供应链成本，提高信息管理的技术适应性，使企业专注于其核心能力，所以通常更加有效。

四、供应链下信息管理平台构建

（一）建立供应链信息管理技术平台

信息管理技术平台是信息管理的物质保证，如不采用先进的信息技术来构建先进高效的信息管理技术平台，信息管理便没有效率，难以产生效果甚至成为供应链发展和管理的“掣肘”。

首先，建立企业内部信息管理系统。信息管理系统是综合运用通信技术、计算机技术、网络技术、数据库技术等，融合人的现代思维与管理方法，能对信息进行收集、传递、存储、加工并向管理者提供信息服务的人—机系统。它一般具有数据处理、预测、计划、控制以及辅助决策等功能。管理信息系统有一个中心数据库和网络系统，可以使企业中的数据实现一致性、共享性以及快捷的传递。企业通过构建内部管理信息系统，提高信息资源开发和利用的深度与广度，实现管理信息化，能极大地提高企业竞争优势。

其次，建立基于互联网 / 内联网的信息技术集成体系。将互联网作为信息共享平台，供应链企业可以通过高速数据专用线连接到互联网骨干网中，通过路由器与自己的内联网相连，再由内联网内主机或服务器为其内部各部门提供存取服务。供应链企业间可以充分利用互联网和内联网建立 3 个层次的管理信息系统，一是外部信息交换系统。企业首先建立一个 Web 服务器，通过互联网一方面可以完成对企业在不同地域的分销商、分支机构、合作伙伴的信息沟通与交流；另一方面还可以实现企业电子商务。二是内部信息交换系统。企业的内联网是企业管理信息系统的核心，企业的事务处理、信息共享和协同计算都建立在内联网之上，企业与外部交换信息也是以内联网组织的信息为基础，而数据库服务器用于存储企业的基础数据和业务处理数据，应用服务器将 Web 服务器和数据库服务器连接起来并完成两者的数据交换。三是集成的信息系统。通过互联网“标准化”技术，可以将供应链各企业及企业各部门信息系统的结构、通信协议和文件标准等环节进行统一，使企业内外部信息环境集成为一个统一的平台整体。这样，在基于互联网 / 内联网实现信息环境的组织与集成以后，供应链企业之间也就形成了一个集成网络结构。

（二）建立一套有效的供应链信息协同管理机制

（1）建立公平互利信用机制和双赢合作关系。供应链内的企业在实力、规模上虽然不平衡，但之所以相互合作，都是为了最大化自身利益和增强竞争力。公平互利是供应链存在的基础，每家企业都要随时了解合作者情况，及时发现和解决合作过程中的困难和问题，建立起良好的信用机制和合作氛围，使各成员利益目标协调起来，能够有效减少信息管理障碍。

（2）建立信息协同管理相关制度。可由供应链中核心企业或第三方出面制定供应链中各企业必须遵循的信息管理规范，比如及时、准确传递信息、数据库访问权限分配、数据安全管理规范等制度。此外，政府及行业主管部门也应制定相应政策及管理制度，比如建立公平的信息认证机制、进行信息安全保护立法、规范信息市场的信息交易等。

（3）建立信息管理激励机制。比如进行有效、公平的利益分配，设计规范化的购销合同，对积极提供信息的合作商给予价格优惠等。

第二节　供应链管理下的信息技术

随着全球经济一体化的形成，企业与企业之间的竞争突破了国与国的范围而日趋加剧，同时顾客的消费需求也在朝多样化、个性化方向发展。企业要在竞争中取得优势地位，必须改变原来传统的信息系统，采用先进的信息技术，进行供应链的优化和重组，实现供应链上各个节点的信息共享，从而缩短订货提前期，降低库存水平，提高搬运和运输效率，减少递送时间，提高订货和发货精度以及回答顾客的各种信息咨询，提高供应链整体的竞争力。

一、供应链管理下应当共享的信息

对于不同行业、不同制造方式以及不同 IT 基础的供应链，其信息共享的内容和层次是不相同的。信息共享的内容主要包括以下几个。

1. 库存信息

共享库存信息是供应链成员间最常用的协作方式，通过获取供应链的库存信息可以降低整个供应链的库存水平。

2. 营销信息

例如，销售数据一般来源于销售点数据（POS），供应链成员可以通过共享销售数据来分析销售趋势、顾客偏好和顾客分布等，实现对客户的个性化、差异化服务，最大限度地满足不同类型客户的需求。

3. 订单信息

一般情况下，下游企业很难掌握上游企业的订单执行情况的，因而当上游企业的订单执行延迟时，会造成下游企业的损失。所以，及时了解订单的生产状态，可以对供应链运作过程中出现的问题做出快速响应，提高供应链企业的决策效率。

4. 生产信息

在供应链中，下游企业需要依据上游供应商的生产来决定自己的库存、生产和销售计划。因此，生产信息的共享，是消除供应链上各个企业生产的盲目性和无计划性、降低供应链成本的关键。

5. 产品信息

共享产品信息是供应链存在的基础，是上下游企业建立供需关系的桥梁。只有建立顺畅的产品信息共享渠道和良好的信息共享机制，才能使供应链上的企业得到最大程度的满足并建立起密切的合作关系。

6. 物流信息

高效率的物流是供应链运作的重要因素之一，因此将物流信息纳入供应链管理中，可以使物流环节的企业与供应商、销售商和客户等共同构建供应链的主体。

二、信息技术与知识管理在供应链管理下的应用

应用信息技术来促进供应链管理和知识管理的结合，有助于企业同重要的顾客和合作伙伴共同创建“延伸”的运行环境，而这个运行环境是鼓励创新、知识共享和价值创造的。信息技术、知识管理在供应链管理中的应用体现在以下几个方面。

1. 积累、保存企业内外部知识

传统的供应商与企业的关系只是单纯的产品购买和销售关系，供应商无法影响企业的经营决策。应用信息技术和知识管理之后，供应商可以适时地向企业供货，并及时反映市场的动态情况，对企业产品的款式、外观和包装等方面提出建议，企业可根据供应商的意见调整生产。通过企业内外信息与知识的互动交流，可以实现企业内部信息共享和企业外部知识内消化。供应链管理中的核心知识是进行信息共享的基础，将这些知识存入企业的知识库，可避免因人员频繁流动而造成损失。

2. 挖掘、共享数据中的信息和知识

在强调供应链管理的时代，必须分享更多的信息与知识。信息分享的主要目的就是要协调和满足各种需求。要做到信息分享，管理层必须清楚地知道顾客及供应商想知道哪些信息，以及这些信息是否已经准备好且能被有效管理，还要知道如何将这些资料、信息或知识，排出优先级，并且在一个电子商务环境中进行共享。

3. 日常物流知识化

在传统的供应链管理中，由于信息交流速度的限制，完成一项物流活动所需时间较长。同时传统的物资供应过程由多个业务流程组成，受人为因素影响很大。随着信息技术和知识管理的运用，客户任何一个需求、供应、配送的信息都会通过企业信息与知识网络选择最快的路径传递，这样企业可以实现敏捷供应和科学决策。例如，每一规格的商品都将被编码，不但编入品种、规格、材质及技术要求等信息，而且可根据企业的隐性知识提供近期货物送达的时间、路径、路况等。

4. 供应链变通与知识创新

由于供应链上各组成部分的需求随时可能发生变化，提高供应链效率的方法之一是

变通，并进行知识创新。供应商要能够适应不断变化的商业环境，提高应急能力，不使系统中断。同时基于信息技术和知识管理的企业强调员工的知识更新，定期进行员工培训、鼓励员工学习，不断深化企业的知识以利于企业人力资源开发。由于不断地吸收新信息和新知识，企业的供应链管理能站在时代的前端，随时调整其发展方向和市场适应能力，有利于企业增强对外部环境的适应能力。

5. 优化物流资源配置

传统的物流企业大多需要置备大规模的仓库设施，往往会出现很多组织松散、机构庞大、难以提高物流服务水平的问题。为了保证及时、准确、安全、经济地将商品送达需求者，需要对现有物流企业进行合理规划和技术改造。应用信息技术与知识网络，物流企业可以根据商品的需求特点与供应特点将散置在各地的、分属不同系统的物流设施资源通过虚拟企业连接起来，经过科学规划和重组，发挥物流设施和服务的最大化优势，扩大服务半径和货物集散空间，优化供应链管理，提高物流效率和完善服务功能。

6. 建立供应链的协作网络

供应链管理有助于企业在全球范围内与供应商和销售商建立合作伙伴关系，形成长期的战略联盟。信息技术和知识管理在供应链管理中的应用，可以对企业一般的业务信息和企业知识进行集成与共享，在完善的供应链知识网络环境下，实现供应链整体的效益最优。当所有供应链参与方都朝着相同的目标努力，那么其对最终市场的影响会达到最大，而较大的影响会带来较大的收益，所有的供应链参与方都可以通过合作而不仅仅是竞争得益。合作伙伴之间的协作，在共同的供应链目标指引下，也会使得物流管理变得更加简洁和高效。

三、信息技术对供应链的支撑

在供应链管理环境下，信息技术对供应链的支撑可分为以下两个层面。

（一）基础信息技术的构成

基础信息技术是由标识代码技术、自动识别与数据采集技术、电子数据交换技术、互联网技术、通信技术和射频技术构成。

1. 标识代码技术

统一的信息编码是实现供应链中各企业间的数据交换与共享的基础。没有它，自动识别技术与电子数据交换就不可能实现。通过将信息编码标准化技术应用到供应链管理系统中，实现供应链活动中数据采集的自动化和系统间的数据交换与资源共享，从而在实践中真正做到“货畅其流”，促进供应链各项活动的高效运转。

2. 自动识别与数据采集技术

自动识别与数据采集（automatic identification and data collection，AIDC）是供应链

管理过程中处理物流信息的理想技术。通过自动数据识别与数据采集，可保证供应链各环节高速、准确的数据获取及实时控制。目前，在供应链管理中，最常用的AIDC技术是条码技术。条码技术中的条形码是用一组数字来表示商品的信息，它是有关厂家、批发商、零售商、运输业等经济主体进行订货和接受订货、销售、运输、保管、出入库检验等活动的信息源。由于企业在活动发生时点能即时自动读取信息，因此便于及时捕捉消费者的需求，提高商品销售效果。

企业运用条码技术，并借助先进的扫描技术、POS系统和EDI技术，能够对产品进行跟踪，获得实时数据，做出快速、有效的反应，同时减少不确定性，去除缓冲库存，提高服务水平。条码技术同时也是实现ECR、QR、连续补充（CR）、自动化补充（AR）等供应链管理策略的前提和基础。目前条码技术在零售、生产领域中得到了广泛的应用，并取得了显著的经济效益。

3. 电子数据交换技术

电子数据交换（EDI）被确认为公司间计算机与计算机交换商业文件的标准形式。EDI技术是指不同的企业之间为了提高经营活动的效率在标准化的基础上通过计算机网络进行数据传输和交换的方法。EDI是实施快速响应、高效补货等必不可少的技术。国际标准化组织（ISO）将EDI定义为："将商业或行政事务处理，按照一个公认的标准，形成结构化的事务处理或信息数据格式，实现计算机到计算机的数据传输。"在供应链管理的应用中，EDI是实现供应链上下游信息交互的有效技术手段。

EDI的使用，能够提高企业内部的生产效率，降低运作成本，改善渠道关系，提高对客户的响应，缩短事务处理周期，减少订货周期以及不确定性，提高企业的国际竞争力。企业利用EDI相关数据，并借助某些ERP软件，能够对未来一段时期内的销售进行预测，从而控制库存水平，缩短订单周期，提高顾客满意度。

4. 互联网技术

互联网技术的蓬勃发展为供应链成员信息共享和交流提供了相对方便、快捷和廉价的方式。随着互联网技术的发展和成熟，供应链成员可以不受空间限制地从事商业活动。未来的供应链管理将充满无限的商机。

5. 通信技术

通信技术的发展也极大地提高了供应链管理的水平。由于供应链管理中各个环节都处于运动或松散的状态，因此，信息和方向常常随实际活动在空间和时间上转移，结果影响了信息的可得性、实时性及精确性。射频技术和卫星通信技术的应用，很好地克服了上述问题。

6. 射频技术

无线电射频技术（radio frequency identification，RFID）是利用无线电波对记录媒体进行读写，射频识别的距离可达几十厘米至几米，且根据读写的方式，可以输入数千字节的信息，同时还具有极高的保密性。

射频技术的应用范围相对较小。该技术一般在配送中心和仓库内被使用较为广泛，例如叉车驾驶员和订单选择员进行实时通信。射频技术可以使叉车驾驶员获得实时的指示，这样作业的灵活性增强，成本降低，服务的质量得到提升。

7. 卫星通信技术

卫星通信技术可以在一个广阔的地域范围内产生作用，从而弥补了射频技术的不足。利用卫星通信技术开发的全球定位系统（global positioning system，GPS）能够实现对货车的调度和货物的追踪管理。只要在货车的车顶上装一个通信盒，便能实现驾驶员和总部之间的实时通信，总部能够通过卫星知道货车的实时位置，并将这一信息更新到数据库中去，使得顾客能够随时通过网络或电话了解到货物目前所处的位置，提高对顾客的服务水平，同时利用 GPS 能够对货物需求和车辆拥挤的状况做出积极的反应。

（1）地理信息系统（geographical information system，GIS）是 20 世纪 60 年代开始迅速发展起来的地理学研究新成果，是多种学科交叉的产物。它以地理空间数据为基础，采用地理模型分析方法，适时地提供多种空间的和动态的地理信息，是一种为地理研究和地理决策服务的计算机技术系统。GIS 用于供应链和物流分析，主要是指利用 GIS 强大的地理数据功能来完善物流分析技术。

（2）全球卫星定位系统是 20 世纪 70 年代英国开始研制的，并于 1994 年 3 月完成。在供应链管理中利用 GPS 技术实现货物跟踪管理。货物跟踪是指在供应链上的企业利用现代信息技术及时获取有关货物运输状态的信息（如货物品种、数量、货物在途情况、交货期间、发货地和到达地、货物的货主、送货责任车辆和人员等），提高物流运输服务的方法。

目前，零售业也在应用卫星通信技术，迅速把每天的销量信息返回到总部，从而能够及时掌握销售动态，进行适当的库存补充。

（二）基于信息技术而开发的企业生产支持

在具体集成和应用这些系统时，不应仅仅将它们视为技术解决方案，而应深刻理解它们所折射出来的管理思想。

1. 销售时点信息系统（POS）

POS 是指通过自动读取设备（收银机）在销售商品时直接读取商品销售信息，并通过通信网络和计算机系统传送至有关部门进行分析加工，以提高经营效率的系统。

2. 电子自动订货系统（EOS）

EOS 是指企业间利用通信网络（VAN 或互联网）和终端设备以在线（on-line）方式进行订货作业和订货信息交换的系统。相对于传统的订货方式，EOS 系统可以缩短从接到订单到发出订货的时间，缩短订货商品的交货期，减少商品订单的出错率；有利于减少企业的库存水平，提高企业的库存管理效率；对于生产厂家和批发商来说，通过分析零售商的商品订货信息，能准确判断畅销商品和滞销商品，有利于调整商品生产和销售计划。

3. 计算机辅助设计（CAD）、计算机辅助工艺规划（CAPP）、计算机辅助工程（CAE）和计算机辅助制造（CAM）

CAD、CAPP、CAE、CAM 等计算机辅助技术主要用于支持新产品设计与制造。随着 PDM（产品数据管理）发展，企业有效地实现了 CAD、CAPP、CAE、CAM 之间的信息集成，使得供应链上的各企业之间可以正确而快速地进行数据交换，从而进一步加快产品开发时间，降低费用。

4. 企业资源计划（ERP）、制造资源计划（MRP Ⅱ）、准时制生产（JIT）

ERP、MRP Ⅱ、JIT 等主要被用于企业生产控制和库存控制。当然 ERP 的范围更广，已体现出了供应链管理的思想，其应用领域从传统制造业拓展到其他类型的行业。ERP、MRP Ⅱ、JIT 等技术的应用可以解决企业生产中出现的多种复杂问题，促进企业业务流程、信息流程和组织结构的变革，提高企业生产和整个供应链的柔性，保证生产及供应链的正常运行。

5. 客户关系管理（CRM）

CRM 是指在企业的运营过程中不断累积客户信息，并使用获得的客户信息来制定市场战略以满足客户个性化需求。CRM 最主要的功能模块是客户服务、市场营销、销售。通过将 CRM 应用于企业之间的信息共享，可以提升供应链上各企业之间的服务水平，提高客户满意度，维持较高的客户保留，对客户收益和潜在收益产生积极的影响等。

6. 电子商务

电子商务是各参与方之间以电子方式而不是通过物理交换或直接物理接触完成的任何形式的业务交易。这里的电子方式包括电子数据交换（EDI）、电子支付手段、电子订货系统、电子邮件、传真、网络、电子公告系统、条码、图像处理、智能卡等。在供应链管理中，电子商务一般为企业对企业（B2B）和企业对消费者（B2C）两种类型。电子商务在供货体系管理、库存管理、运输管理和信息流通等方面提高了企业供应链管理运作的效率。

实例阅读 9-1

基于 SCM 的企业信息系统集成的基础技术

1. XML 技术

XML 是一种可扩展性标记语言，其自描述性非常适用于不同应用间的数据交换，且这种交换不以预先规定一组数据结构定义为前提，具有很强的开放性。通过使用 XML 文档封装企业的信息数据，企业可以在不破坏原有信息内容的同时，自由定义、扩充、修正标记和文档结构，以满足不断变化的应用需求，也易于实现异构应用系统间的信息交换、数据共享和集成，容易被计算机识别，进行智能搜索和推理。

XML在3层架构上为数据处理提供了很好的方法，由于是开放的、基于文本的格式，它可以通过HTTP像HTML一样传送。桌面上的数据可用DOM（文档对象模式）处理，代理商将支持XML的更新功能，使得中间层或数据服务器的数据变化可以传递给客户，反之亦然，因此代理商能够从客户端得到更新的数据并将数据传送到数据库服务器中。

XML带来了一种完全可以移植的数据格式，为跨企业信息系统集成中异构信息系统间的信息交换带来了全新的解决方案。XML解析服务器，就仿佛是在企业信息系统之间设立的互动式信息交换中心，专门从事不同数据格式数据信息的交换翻译工作。它一方面将对方请求的数据资料翻译成事先约定好的XML格式，另一方面将收到的对方发送的数据资料解析还原，就好像两个信息系统之间进行通信一样，这样就不需要企业重新实施一个信息系统，在一定程度上减轻了企业负担。

2. Web服务技术

Web服务技术是新出现的一种分布式计算模式，是基于标准和松散耦合的结构，它主要解决在互联网环境下的资源共享和相互集成问题，建立在广泛接受的XML的标准之上，为不同厂商的应用系统提供了交互性。实现基于Web服务的管理信息系统，首先把管理信息系统要完成的各种功能分解，形成一定粒度的小功能模块，每个功能模块用一个Web服务来完成，所有的Web服务建立后，要将其注册到UDDI中，然后根据用户对界面和功能的需求，通过引用相关Web服务实现集成，从而形成能满足用户各种功能需求的信息系统。

由于供应链上合作企业和基于动态联盟企业的信息系统集成需要对业务敏捷反应，因此需要基于标准和松散耦合的构架，而基于Web服务的信息系统构架恰好满足了这种需求。因为Web服务具有松散耦合且与具体平台无关的特性，所以供应链上的企业不需要对自己原有的信息系统进行很大的改动，只要把所需供应链上其他企业的库存状态、生产计划、需求数据等信息利用Web服务包装起来就可以了。

无论供应链上其他企业的信息系统是基于何种平台，使用何种语言，只要遵循Web服务的标准就可以相互通信。通过Web服务把供应链上的企业连成一个虚拟的网络，信息传递的方式也由逐级传递转变成为发散式的传播。信息传递具有简单、方便、快速等优点，在一定程度上避免了牛鞭效应。同时，供应链上的企业可以随时发布自己的信息和从其他企业获取所需信息，形成一个信息共享的集成化供应链。这种基于Web服务所实现的集成化供应链有利于加强供应链上各企业的沟通、缩短订货周期和减少订货周期的不确定性，从而增强整个供应链的竞争力。

3. 多Agent技术

随着社会经济的发展和市场竞争的加剧，对市场变化反应的敏捷度、服务质量成为企业赢得市场和顾客的关键。传统企业正朝着高度集成化、高度柔性和灵活性的方向发展，供应链上企业信息系统的集成应该在企业组织机构、业务流程发生调整时不被废弃，强调“以人为中心”的管理，达到人与系统的高度融合。多 Agent 系统具有自主能力、社交能力、反应能力和行为理性等特点，能为企业应用集成平台提供一条崭新的途径。

首先，多 Agent 系统是一个既分布又协调的系统，非常适合构造具有高度开放性、分布性、重构性和伸缩性的信息集成框架，为集成“异质信息孤岛”提供新途径；其次，由于多 Agent 系统具有智能性、自适应性、自组织性和层次性等特点，能有效实现对企业流程重组的全面适应、协调技术与组织之间的相互依赖关系，并能极大地提高信息集成平台的通用性和适应性。

4. 物联网与 GIS 信息系统

物联网的概念，就是物物相连的互联网。我们可以对其理解为：第一，物联网是在互联网基础上延伸和扩展的网络；第二，其用户端延伸和扩展到任何物品与物品之间，进行信息交换和通信。

GIS 信息系统，是物联网概念下的管理工具，包括射频识别、红外感应器、全球定位系统、激光扫描器等信息传感设备，可按约定的协议，把任何物品与互联网相连接，进行信息交换和通信，以实现对物品的智能化识别、定位、跟踪、监控和管理。

资料来源：http://www.chinawuliu.com.cn/cflp/newss/content1/201001/802_31549.html.http://finance.sina.com.cn/leadership/mroll/20120913/092013127008.shtl.

第三节　供应链管理下的信息系统

在现代社会中，高科技迅速发展、市场竞争日益激烈、顾客需求不断变化，供应链管理逐渐由“纵向一体化”向“横向一体化”转变。企业采用的“横向一体化”管理模式可利用企业外部资源快速响应市场需求，提高供应链绩效，其前提就是要有相应信息系统的支持。

一、供应链管理信息系统的作用

信息系统是以客户为中心，以提高物流效率为目的，集供应链作业管理、供应链决策于一体，以满足不同用户的需求，为客户提供仓储、配送、库存、包装、采购和销售等服务。按照结构化系统分析方法，我们可以自上而下地把 SCM 信息系统设计为若干个子系统。

1. 订单管理子系统

该子系统根据客户输入的数据自动生成订单，完成订单的修改、确认、取消、打印及结算等功能；通过客户权限的设置，使授权客户可以查询多个订单，在执行期内跟踪订单处理，查询订单状态，并可对订单做适当调整；对某个时间段内的订单进行统计分析，为管理层和销售部门提供数据。

2. 库存管理子系统

该子系统由入库管理、出库管理、库存控制、库存查询、库存统计和分析及交接清单打印等模块组成；对物品的入、出库进行台账管理，对查询设置不同的访问权限和口令；根据物品的入库清单和储位安排，智能化地生成存储方案和拣货方案，通过指令自动分拣系统完成分货和拣货工作；分析各种物品的需求规律，预测安全库存量，对物品库存进行安全报警，启动自动补货程序；对库存物品进行统计分析，生成数据分析图和统计报表。

3. 运输管理子系统

该子系统管理车辆和人员，记录车辆的基本数据、车况（在修、在库还是在途）以及司机出勤情况，支持运输能力的查询；完成运输路线生成、运输单证处理及运费结算等工作。对于某些专业运输企业，该子系统还包括运输计划自动编制、运输调度和运输统计分析等模块。

4. 配送管理子系统

该子系统根据货物状况和车辆数据，自动生成配送单，生成、修改和撤销相关行车单证，并进行送货和退货管理等。

5. 货物跟踪管理子系统

该子系统通过与 GIS、GPS 的接口，完成货物动态信息查询，实时编辑在途货物信息，对货物运单进行动态编辑和查询。

6. 业务统计分析子系统

该子系统一是进行业务量统计，分货种、地区、客户以及供应商对企业的业务量进行统计；二是进行成本统计，对企业运营总成本的构成及变动进行分析，为企业决策提供依据。

7. 客户关系管理子系统

该子系统建立详细的客户档案，管理客户合同，通过计算机通话集成（CTI）技术增强与客户的交流，采集汇总意见、建议，受理客户投诉，反馈处理结果；实现与客户 MRP Ⅱ /ERP 系统的无缝连接，进行数据共享与交换，实现远程数据查询与统计。

8. 信息管理与系统维护子系统

该子系统管理客户订单、库存盘点信息、车辆状况和使用情况、物品配送单、各种统计分析报表等。各种数据定时汇集到数据库，由系统进行维护。

二、供应链管理信息系统的特征

一个理想的信息系统应该具备整个供应链中所有的职能和组织。随着互联网、局域网的发展，未来系统将具有以下特征：

（1）信息流动的协调一致。

（2）供应链内的物流管理——所有运输、订货和制造系统一体化。

（3）订单变更通知可迅速引发生产调度、物流计划和仓库运作的一系列变化。

（4）跨越国别界限的全球范围运输的可视性。

（5）全球化库存管理——具有跟踪和定位每种产品的能力。

（6）全球化采购——跨越组织界限的采购职能集中，跨越企业单位界限的零件标准化。

（7）企业间信息互通——整个价值链上中下游企业间生产和需求信息相互明了。

（8）数据交换——分支企业和非分支企业间通过标准的通信渠道交换数据。

（9）数据捕获——在供应链的起始点获得与订单相关的信息，以便追踪移动和变化过程中的产品。

（10）企业内部管理形成系统——管理人员能够看到“整体情况”，从而易于接受企业流程和系统的新组成。

（11）供应商客户评价。

三、供应链管理信息系统的功能

信息系统要以客户为中心、以提高物流效率为目的，集物流作业管理、物流决策于一体可以满足各种类型的制造业、商业流通企业和独立的第三方物流公司的需求。

（1）根据客户的要求，为客户提供仓储、配送、库存、包装、采购、销售等服务。

（2）提供各种单据的查询、跟踪，报表统计，成本结算，生成财务报表、数据分析图等。

（3）自动生成最为合理的配载方案，选择最佳运送路线，降低运输成本，通过与无线射频如 GPS 和 GIS 等系统的接口，监控运输过程和运送状态。

（4）订单自动跟踪，客户通过信息系统或者互联网随时可以查询并了解订单的运作情况，包括物品的储存情况、运送路线、产生的各项费用、各种相关单据的状态、成本的预算，同时可以对订单做适当调整和完成订单的结算。

（5）对物品进、存、出进行台账管理，根据客户或客户订单查询和统计库存情况，为客户的采购、生产、销售提供合理依据；依照各种物品的最小库存量、最大库存量、有效时间段等，对物品库存进行安全报警和安全控制，对各种非正常因素产生的库存差异进行调节。

（6）根据客户的实际情况和物品特性，智能生成储存计划，自动为客户提供最合理的仓库仓位安排；另外，系统跟踪在一定时间段内每个仓库的贮存情况，自动生成贮存计划，对各个仓库的贮存做出合理的规划，尽量提高仓库的贮存率，降低贮存成本。

（7）实现网上业务谈判、网上下订单，以取代传统的传真、EDI 或电子邮件的模式；客户可以通过互联网维护自己的资料，查询统计订单数据，实时监控物品贮存情况和物品去向，查询、统计某一类物品在全国范围内的库存情况，实现网上订单结算；对于涉及海外的业务，信息系统要提供网上报关功能。

（8）通过互联网与EDI的方式实现与客户的MRP Ⅱ/ERP系统无缝连接，进行数据共享与交换，实现远程数据查询与统计；对于没有相应管理系统的客户，系统要根据客户要求提供物料清单（bill of material，BOM），并根据物品库存情况，自动制订合理的采购、生产、包装、贮存、销售和配送计划。

随着世界经济一体化进程的不断加深，这要求系统支持多语言交易、支持多种货币结算方式，使用通用的数据交换格式，适合不同范围的应用。

四、企业内供应链管理信息系统结构

企业内供应链管理信息系统由供应链管理作业层、电子数据处理层和商业应用层构成。这只是一个逻辑概念上的层次划分，不存在实体性。它在构建企业供应链管理信息系统的过程中只是一种参考。

1. 供应链管理作业层

在这个层次上，供应链管理进行实质性的操作，包括物理管理、仓储管理、运输管理、订单管理、分销管理、制造管理、财务管理、电子化采购管理、关系管理等。这些具体的操作是根据“商业应用层”中的“商业决策、管理、控制”的信息进行的。

2. 电子数据处理层

电子数据处理层是将“供应链管理操作层”中实质性操作过程产生的数据和信息通过各种收集数据的子系统，如电子订货系统（EOS）、销售时点系统（POS）、电子数据交换系统等，收集到数据库中来。数据库管理系统对这些数据进行存储、管理和综合分析，也就是通过数据的挖掘过程形成特有的商业信息、商业知识、商业模型等。这些结构化的信息、知识和模型可供“商业应用层”调用，并在企业的决策、管理、控制过程中发挥作用。

3. 商业应用层

商业应用层包括决策支持系统（DSS）、执行管理系统（EIS）和报表系统（RS）等，它从电子数据处理层获取信息流和数据流之后经过分析综合得到决策支持信息，以对企业的整体运营、操作起到决策、管理和控制的作用，最后还为供应链管理作业层提供信息支持。它是整个信息系统的目的。

五、企业间供应链管理信息系统结构

（一）信息系统总体设计思路

供应链管理系统中信息的流动是跨企业进行的，因而系统必须实现跨地区的信息实时传输、远程数据访问、数据分布处理和集中处理的结合、多个异地局域网连接等技术。互联网的出现和 Web 技术为供应链管理技术的实现提供了一条新的途径，即采用基于互联网 / 内联网的 B/S 模式，客户端将不再需要应用程序，它们完全集中在服务器端，简化了实际应用。这意味着用户完全可以通过浏览器来执行应用程序，企业之间可以进行低成本数据传输、操作和共享处理，终端用户只需浏览器就可以轻松访问所有的应用系统。基于互联网的应用系统都采用 B/S 模式结构，在客户端中除 Web 浏览器外，要安装的便是一些插件和控件。这些插件被设计于服务器端，并通过网络下载到客户端；控件则是在第一时间浏览时下载并注册的。

制造商一般为供应链管理系统的核心，其内部设有 Web 服务器（互联网和内联网软件的主要部分）。对于供应商和零售商，根据规模大小可以对其系统进行进一步改造。小规模的供应商、零售商只需浏览器访问制造商的 Web 服务器，维护本企业在制造商服务器中存储的信息，由制造商的 Web 服务器统一进行数据管理。大规模的企业可以在内部建立供应链管理系统，这样制造商和供应商、零售商之间可以通过浏览器相互访问，传递信息。

（二）层次结构分析

1. 内部信息交换

企业在信息化的过程中将原来分散在各部门的信息系统连接起来，使不同部门的信息达到共享。内部处理的核心要以建立内联网为基础，企业的事务处理、信息共享、协同计算都建立在内联网上，要与外部交换信息也是以内联网组织的信息为基础的。其中，数据库服务器用于存储企业的基础数据、业务处理数据等；应用服务器则是 Web 服务器与数据库服务器的中间接口，负责完成二者的数据交换。企业建立了硬件框架之后的关键工作就是要解决在互联网上共享信息的组织形式问题。信息系统处理的信息是企业内部内联网共享的主要对象，该系统主要完成数据处理、状态统计、趋势分析等任务，以往大部分由企业部门内部独立的个人计算机应用系统组成，主要涉及企业内部各部门之间的业务流程。

2. 外部信息交换

通过互联网，实现对企业在不同地域的分销商、分支机构、合作伙伴的信息沟通与控制，实现对重要客户的及时访问与信息收集，以达到促进企业电子贸易，售前、售中、售后服务和金融交易开展的目的。这一层的工作主要是通过企业外部的互联网信息交换来完成。企业要建立一个 Web 服务器，主要对文档资料、数据库进行管理，它需要与交换对象签订协议，并规定信息交换的种类、格式和标准。

3. 信息系统的集成

在基于 Web 技术的集成供应链管理系统环境下，要实现供应链各链节的信息处理系统之间的信息交换，就需要设计系统之间信息交换的数据接口，即要进行信息系统的集成。设计系统之间信息交换的数据接口，是集成化供应链管理环境下，实现企业内部独立的信息处理系统之间信息交换的前提条件。以往企业各部门的信息系统之间往往由于系统结构、网络通信协议、文件标准等的不一致而出现分离的局面，现在通过互联网的“标准化”技术，内联网能够以方便、低成本的方式来集成各类信息系统，更容易达到数据库的无缝连接，使企业通过供应链软件将内外部信息环境集成为一个统一的平台整体。利用浏览器能成功地访问其他成员企业的信息系统，其他企业的信息系统也采用基于Web的体系结构。前端的表示层使用Web浏览器作为用户界面；中间的应用服务器运行业务逻辑和控制数据访问；数据库在后端，控制数据的存储和服务的传输。

(三) 管理信息系统中的信息处理

如图9-3所示的交互过程如下：在HTTP协议的支持下，客户端通过浏览器发出数据请求；由Web接受HTTP请求，处理相应的请求操作；将处理之后形成的数据库查询语言（structured query language，SQL）语句送交后台的数据库服务器（data base management system，DBMS），DBMS根据SQL语句返回结果数据；由Web将结果翻译成标准的超文本标志语言格式（hyper text markup language，HTML）和各种Script语言，传送回发出请求的浏览器；由浏览器根据HTML语言和各种Script语言生成可视化界面提供给用户；同样浏览器将更改、删除、新增数据记录的请求送至Web服务器，再由Web服务器与数据库服务器联系完成数据维护任务。

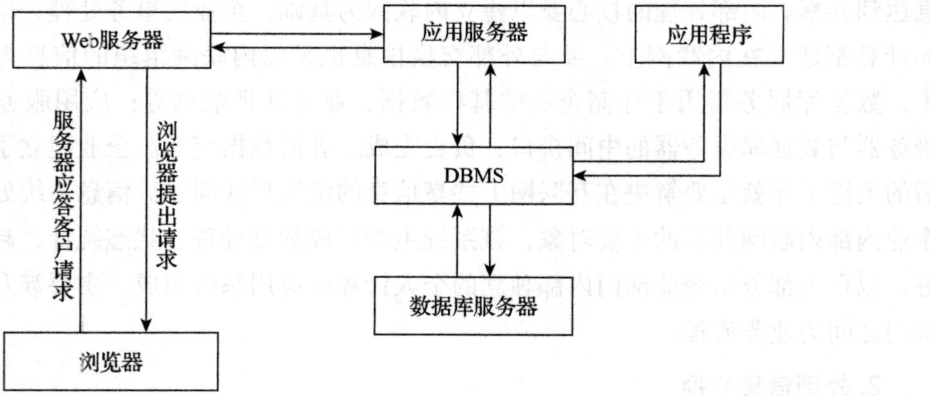

图9-3 交互过程

(四) 管理信息系统网络结构

各个节点企业建立自己的内联网，通过路由器、防火墙连接到互联网。供应链的核心企业通常只有一个。供应链管理信息系统制造商为核心企业。而供应商、销售商、分销商都属于供应链上的合作企业。在核心企业中建立管理中心，核心企业管理供应链中的所有信息，并实现辅助节点合作企业间的数据处理和传递。通过组建网络，实现跨地区的信息实时传输、远程数据访问、数据分布处理和集中处理。

本章小结

管理好信息流才能为其他物流、资金流等提供进行正确决策的依据，才能实现供应链管理目标，有效的信息管理是供应链管理成功的关键。供应链管理中信息的特征有：信息必须真实且准确、信息必须能及时被获取和利用、信息具有完整性、信息具有不完全性、信息量大面广、信息应该共享、信息处理难度大。供应链管理中的信息管理模式主要包括企业级分散式信息管理模式、企业级集中式信息管理模式、供应链级分散式管理模式、两级综合协调信息管理模式和供应链级集成式信息管理模式。

供应链管理中的信息技术应用对供应链的支撑可分为两个层面。第一个层面由标识代码技术、自动识别与数据采集技术、电子数据交换技术、互联网技术等基础信息技术构成；第二个层面是基于信息技术而开发的企业生产支持。

SCM 信息系统包括：订单管理子系统、库存管理子系统、运输管理子系统、配送管理子系统、货物跟踪管理子系统、业务统计分析子系统、客户关系管理子系统、信息管理与系统维护子系统。

企业内供应链管理信息系统结构包括：供应链管理作业层、电子数据处理层、商业应用层。企业间供应链管理信息系统结构包括：信息系统总体设计思路、层次结构分析、管理信息系统中的信息处理和管理信息系统网络结构。

复习思考

1. 供应链中信息的特征是什么？
2. 供应链管理信息系统的特征包括哪些？
3. 供应链管理采用的核心信息技术有哪些？
4. 你认为供应链管理中应该共享哪些信息？
5. 在供应链管理中，企业进行信息系统建设的重要性有哪些？

案例分析

京东方集团的供应链信息化建设

1. 企业简介

京东方科技集团股份有限公司（以下简称“BOE”）创立于 1993 年 4 月，是一家物联网技术、产品与服务提供商。核心业务包括显示器件、智慧系统和健康服务。产品被广泛应用于手机、平板电脑、笔记本电脑、显示器、电视、车载、数字信息显示、健康医疗、金融应用、可穿戴设备等领域。根据全球创新活动的领先指标——汤森路透《2016 全球创新报告》显示，BOE 已跻身半导体领域全球第二大创新公司。此外，BOE 显示器显示屏、电视显示屏市场占有率位列全球第二，智能手机液晶显示屏、平板电脑显示屏出货量市场占有率位列全球第一。

2. 信息化建设历程

BOE 团队通过推动备品备件管理提升、RMA、主数据标准化、MRP 项目等生产与运营业务流程优化，提升企业精益管理能力；推进集团OEP（程序的入口点）高效运营和信息化落地，通过集团ERP one instance、全面预算管理系统、BW系统等项目，完成业务流程标准化、集团化管理整合、信息系统的集成化，支撑集团业务扩张和产业布局；完成移动办公、合同管理系统、HRIS人力资源管理系统、ITSM（IT服务管理）系统等职能组织的信息化建设，提升了各组织的服务效率；完成B2C电子商务平台、GPM、SRM、客户服务、资金管理、MDM、客户EDI等系统建设，强化上下游供应链协同能力；推进集团云平台建设、互联网+应用，支撑智能制造业务模式实现，以及新业务的轻资产化运营。

近几年，通过信息化建设，BOE对内提升了各职能组织的服务效率，对外完成了电子商务平台、绿色产品管理平台、供应商关系管理系统、资金管理、客户EDI等系统建设，强化上下游供应链协同能力，推进集团云平台建设，深化+互联网应用，支撑智能制造业务模式实现。

（1）SRM供应链关系管理项目。BOE建立了供应商管理门户，通过实现供应商准入管理平台、采购寻源管理、采购协同，以及供应商绩效评价功能等，实现供应商全生命周期线上管理。

支撑采购过程集中管理，有助于确保整个集团的业务合规性，从而使成本节约最大化；建立了涵盖两大事业群的集团级供应商关系管理系统，帮助公司增进与供应商的协作并实现持续改进，建立合作共赢的“价值生态圈”；在企业信息化方面，通过SRM系统平台建设，推进供应商端+互联网建设。

（2）合同管理系统。BOE实现了集团合同管理系统建设，包含合同管理、相关方管理、知识库管理等功能模块，以及Portal、ERP等业务应用系统集成。

（3）建立合同全生命周期管理一体化平台。统一合同相关方管理、审查、审批、监管平台，实现合同全生命周期闭环管理。合同相关部门同平台协作，与业务平台有机集成，合同信息流与业务信息流交互顺畅；用户登录、操作便捷；满足批量化与个性化业务需求，提升法务支援效率，实现协同、便捷、高效的法务支援；提升公司法务流程化、标准化、信息化水平；固化合同管理流程最优实践，确保合同管理流程合规、统一；提升标准合同、操作指引等标准化成果精细化程度与可用度。

资料来源：http://www.sohu.com/a/167850148_505781.

| 案例思考 |

1. BOE是如何推进供应链信息系统建设的？

2. 请举例说明“互联网+”对企业供应链管理的影响。

第十章

CHAPTER 10

供应链契约管理

| 学习目标 |

1. 了解供应链契约的产生和目标。
2. 理解供应链契约的概念和种类。
3. 熟悉供应链契约的主要内容。
4. 了解供应链契约的主要作用。

| 案例导入 |

“企业 + 农户”型农产品供应链契约选择

目前，“企业 + 农户”型农产品供应链已经成为带动小农生产进入现代农业发展轨道的有效形式之一。然而，农户信任问题一直是我国“企业 + 农户”型农产品供应链发展的最大阻力。一方面，农产品生产由于前期生产资料投入很大、生产周期跨度较长，农户面临着巨大的市场风险，并且在和企业合作的过程中处于弱势地位，更加剧了农户对订单农业的不信任。另一方面，公司在与农户签订采购订单时，为了获得充足的供货保障，存在故意放大订单数量的动机。一旦后期销售行情处于下行状态，企业为了减少自身的经济损失，往往会选择减少采购数量。

2018 年《中国经营报》报道，山东临沂奶农与南京卫岗乳业公司签订了供应协议，但由于卫岗乳业突然单方面宣布缩减当月的原奶收购量，大批奶农的原奶因此滞销，损失惨重，农户对合作社比较信任的比例仅为 38.3%。

为了解决农户的信任问题，企业在实践中往往会创新性地设计互惠契约来实现双方利益的联结。目前，企业和农户的交易之间形成了两种典型的互惠契约：成本共担契约和收益共享契约，考虑到不同的交易特征和缔约环境，企业和农户会选择不同的契约。例如，2015 年，宁夏昊王米业与当地农户签订合作协议，农户通过土地流转入股公司，公司年加工水稻 12 万吨，农民享受分红增收 1 237 万元；2016 年，益海嘉里公司与黑龙江五常市的稻农签订了新季水稻合作协议，并提供 1 000 亩[⊖]农地的预付款；2016 年，浙江青莲食品与当地养殖户签订合作协议，养殖户以众筹的形式租赁牧场，获得一定比例的牧场运营利润分红；2016 年，阿里巴巴与安徽省定远县的农户签订合作协议，并提供种子、农药等物资支持；2018 年，广东温氏集团与黎平县大稼乡高枧村农民签订合作协议，生猪出栏农户人均分红约 6 000 元；2018 年，中粮糖业与 6 127 户农户签订合作协议，发放甜菜预付款 4 377.8 万元。

资料来源：浦徐进，岳振兴 . 考虑农户信任的“公司 + 农户”型农产品供应链契约选择 [J]. 软科学，2019，33（7）：0-46.

| 思考题 |

1. 在“企业 + 农户”型农产品供应链发展中，如何解决农户的信任问题？
2. 在不同的市场条件下，企业和农户分别会选择哪种契约？

第一节　供应链契约概述

供应链上的各成员企业或部门既相互关联又相互独立，如果各成员企业都追求自身利益最大化，供应链将出现所谓的“双重边际化”效应，供应链在分散决策下的收益低于集中决策下的收益，存在一定的改进空间。因此，决策者往往通过制定契约（contract）来使分散决策供应链的收益达到集中决策供应链的收益水平。

一、供应链契约的产生

由于供应链本身的复杂结构以及企业个体理性的原因，沟通信息不完整且不对称、牛鞭效应、逆向选择、道德风险等成为供应链运作的最大障碍，所以要使供应链达到整体增效、个体盈利的协调状态，就要对供应链实施有效的协调机制。

供应链契约（supply chain contract）是利用博弈论、运筹学、最优控制论等原理和模型，基于供应链成员间的物流、信息流和资金流，在一定的信息结构（对称信息和非对称信息）下对各成员的决策激励进行均衡，从而达到各成员的个体理性与供应链整体优化相一致的一种协调机制。供应链契约的产生，究其根本原因，主要来源于两个方面：

（1）信息不对称和牛鞭效应。供应链下游企业的采购决策依赖其上游企业的成本结构，

⊖ 1 亩＝666.7 平方米。

但通常这部分信息对于下游企业来说是缺乏的；此外，市场需求信息在从下游企业往上传递的过程中，由于添加了各企业自身的决策判断，会导致信息失真，且失真度逐级放大，最终导致库存投资过度、误导产能计划、利润降低等严重后果，这就是著名的牛鞭效应。

（2）双重边际效应。供应链双重边际效应是指当供应链上各节点企业都试图最优化自己的收益时，供应链整体的收益会不可避免地受到损害。供应链契约就是为了尽量减少这种损害而提出的一种解决办法。它通过一些激励措施以调整供应链成员关系来协调供应链，使分散控制下供应链的整体收益与集中控制下供应链的收益尽量相等。

例如，当处于供应链上游的制造商以高于成本的批发价将产品批发给供应链下游的销售商时，销售商向制造商发出的订货量将低于使供应链整体最优的订货量，销售商向最终消费者提供的销售价格将高于使供应链整体最优的销售价格，这样一来，供应链的整体利润将不会达到可能存在的最优利润。换言之，就是产品从供应链上游的制造商通过下游的销售商流向终端消费者的过程中，制造商通过边际化方法对产品进行了一次加价后批发给销售商；销售商之后又通过边际化方法对产品进行了一次加价，之后将其销售给供应链末端的消费者。此时，终端消费者买到的产品已经是经过两次加价的产品，即双重边际化。

正是由于以上现象的存在，才使得供应链契约这种协调机制得以迅速发展。企业间签订契约，不仅仅是一种承诺与保证，更应该具有整合供应链的功能。签订适当的契约，能够为双方带来各种收益，收到双赢甚至多赢的效果。

二、供应链契约的内涵

供应链管理的核心思想表现为“合作、双赢、集成”思想，这就要求供应链上的各节点企业之间建立一种相互协作的关系，从而使供应链整体的收益得到改善。然而，供应链中各节点企业都是独立的经济实体，没有组织机构和行政隶属关系作为支撑，所以只能以强调合作、签订契约的方式来协调、规范各方的行为。通过签订契约，可以使链上各节点企业在系统整体的利润框架内规范自己的决策行为，而且通过契约参数的调整可以使各企业共同承担市场风险，在利益各方共赢的前提下，促进企业间长期合作关系的建立。很多企业都已经认识到供应链整体绩效是可以通过有效契约的签订而得到明显改善的，供应链成员之间的合作伙伴关系也是需要通过供应链契约来保证的。

（一）供应链契约的定义

供应链契约，又称供应链合同、供应链合约，是由供应链上成员达成的具有法律效力的文件。其中一方（通常指供应商或制造商）承诺在一定的条件下（如数量、质量、价格、送达时间、采购时间和付款条件等）向另一方提供商品或服务，而另一方（通常指采购商或经销商、零售商）根据契约的协议（包括契约的激励和惩罚因素）向另一方支付一定数量的报酬、其他商品或服务。

从本质上来说，供应链契约是供应链成员关系的法律基础和重要维系因素。供应链契约的内涵可以理解为供应链上交易各方以价格、数量、付款条件以及售后服务等与各方利益相关的契约要素为决策变量，合理设计供应链契约条款，减少交易各方的机会行为，促进更紧密的合作，实现降低供应链成本、提高供应链绩效和客户满意度的目标。

（二）供应链契约的特征

1. 交易双方共担风险

供应链中的不确定因素包括市场需求、销售价格、成品率、交货期、兑换率等，契约是买卖双方共担不确定性带来的风险的重要手段。例如，零售商将需求预测传递给处于供应链上游的制造商，帮助其进行产能决策和物料采购决策。如果零售商没有对需求预测进行承诺，那么即使零售商夸大需求信息，当实际需求低于预测时也可能取消订货。然而，契约中的最低采购承诺和退回惩罚协议保证了零售商与制造商不仅共享需求预测信息，还共担因信息不准确而带来的风险。

2. 追求总体绩效改善

供应链契约追求整条供应链的系统绩效最优，并以此为前提条件，界定各成员之间的权利和义务，保证物流、信息流和资金流的整体性。供应链契约对每个成员企业不一定是最优的，但是对供应链整体应该是最优的。

3. 监督与激励的功能

供应链的本质是协同，但是由于涉及成员企业各自的利益，供应链在实施过程中会有很多障碍。供应链契约的特征之一就是能够激发和规范各参与企业的行为。供应链中协调与否取决于激励与制约机制，解决执行协作行为的激励不足问题是供应链契约研究的主要内容。

4. 长期、动态、柔性契约

供应链节点企业组成了一种动态联盟组织，通过共享信息实现交易双方之间长期、动态的合作关系。品种、数量和交期具有一定的可变性、柔性，是供应链契约的发展趋势之一。

（三）供应链契约的缔约环境

在全球化的竞争环境下，供应链契约的缔约环境呈现出以下特点。

1. 供应商分布广且差异大

很多企业的产品范围很广，其供应商也非常分散，甚至遍布全球，导致供应商管理难度增大。供应商之间的规模、资金、技术的差距也很大，实力雄厚的供应商愿意采取现代化的管理手段和方法；相反，实力较弱的供应商对大规模的管理技术投资则比较谨慎。

2. 供应商数量多且关系复杂

由于现代分工越来越细，一家企业可能有上千家供应商与之配合，涉及上万种零部件和半成品。供应商的数量庞大导致供应链契约的缔约环境比较复杂，数量众多的供应商与零售商之间的相互依赖程度不同，对契约条款的要求也因实际而异。

3. 信息沟通高效但难甄别

现代计算机和移动互联网技术的快速发展，一方面使得企业之间的信息沟通更及时和便捷，另一方面也使得市场的波动在全球化的信息时代下更加敏感和容易被放大。

4. 传统思维影响契约缔约

原有的不良关系或者效率低下的协调方式仍在产生影响，比如单向退货、库存风险完全由供应商承担等，这些传统思维定式影响了契约的制定与执行。

5. 矛盾处理机制尚不成熟

很多现实的原因造成供应商存在不满，物流供应链的运作没有带来相应资金供应链的配合，节点企业彼此不信任也是造成不满的主要原因。

三、供应链契约的目标

供应链契约是供应链协调机制实施的具体形式。供应链契约的目的就是协调和控制供应链各成员的决策行为，实现风险共担和收益共享，使供应链达到协调状态，即在分散式供应链中达到集中的协作效果，即使达不到最好的协作，至少存在帕累托最优解，保证每一方的利益不比原来差。正确设计并实施供应链契约，可以提高供应链的整体竞争力，实现以下目标。

1. 利益公平分配

各节点企业在供应链运作中都做出了自己的贡献，调整自己的经营模式和增加技术投入，使得合作后的供应链整体利润大于以前分散状态下的利润之和。每家企业都希望能从供应链的整体运作中获得更大的利益，从增加的利润中分得较大的一份。作为理性的决策者，供应链上的各节点企业在与外部竞争时都会表现出坚强的合作关系，目的是获取更多的整体利益。但是，在利润分配的时候，出于各节点企业的自利性，它们之间就会出现竞争。

如何分配获取的新增利益，是供应链节点企业间保持长期合作的稳定性的基础。为此，在建立供应链合作关系时，通过双方的协商谈判签订供应链契约，对契约条款和参数进行设定，协调买卖双方的利益，确定双方都能接受的利益分配机制。企业之间签署的契约恰恰体现了新增利益再分配的原则及实现方式。当然对于新增总收益的划分机制除了要满足供应链绩效最优的要求之外，还取决于零售商和供应商等供应链节点企业之间的讨价还价能力。

2. 风险共担

在供应链企业之间的合作过程中，存在着各种产生内生不确定性和外生不确定性的因素，即各种风险。委托与代理之间形成的契约是否恰当具有不确定性；合作双方相互讨价还价、协商的结果具有不确定性；供应商的交货状况其有不确定性；不断变化的市场需求也产生不确定性，等等。这些不确定性因素的存在，是导致供应链中出现各种风险的主要原因，尤其是道德风险的根源。风险和利益问题是挂钩的，企业承担风险必然希望得到相应的回报。实际上由于对利润分配的不确定性的考虑，许多企业不愿意承担无回报的风险，这就导致了供应链上许多对整体增值和竞争力产生作用的新技术、新方法不能得到应用，直接导致供应链上所有企业的利益受损。所以，从供应链合作一开始，就要签订供应链契约，建立紧密的合作伙伴关系，通过设计有效的契约结构和参数在成员之间合理、公平地分配期望收益，制定日后可能出现的风险共担机制，以防止日后出现问题时相互推诿。

3. 改进系统整体性能

设计合理的供应链契约，可以减弱或消除由于双重边际效应和牛鞭效应等造成的绩效损失，改善节点企业间的沟通交流，增强信息共享水平，减少库存，降低总成本，改善供应链绩效和优化供应链管理。

4. 维持长期合作伙伴关系

通过契约可以明确供应链上各企业的权利和责任，对非合作行为进行处罚，减少短期行为的高费用和成员之间的不信任，可以在实现双赢的前提下维持企业间的长期合作伙伴关系。

有效的供应链契约可以协调和控制供应链上各成员间的生产、运作、资金和库存管理，降低供应链的总成本，改善供应链绩效；实现利润共享和风险共担，有利于建立长期的供应链合作关系。

四、供应链契约的种类

正确的契约策略可以对决策者加以引导和激励，促使他们做出有利于全局的决策，使整个系统的性能得到改善。目前，比较常见的供应链契约有批发价契约、退货契约、弹性数量契约、收益共享契约、数量折扣契约、销售契约、备货契约和期权契约等。

（一）按契约协调对象分类

按照契约协调对象不同，我们可以将供应链契约分为供应商与制造商契约、制造商与经销商契约、经销商与零售商契约、零售商与最终客户契约等。

(二) 按契约的物流职能分类

按照企业物流的环节和职能不同，我们可以将供应链契约分为供应链契约、运输契约与仓储契约。供应链契约即订货 / 补货契约，属于购销契约，供方的基本义务是按时、按质、按量地在约定地点将产品交付需方。运输契约是指承运人将货物从起运地点运输到约定地点，托运人或者收货人支付运输费用的契约。仓储契约是保管人储存存货人交付的仓储物（交付保管的货物），存货人支付仓储费的契约。

(三) 按契约的时效分类

按照契约时效不同，我们可以将供应链契约分为长期契约和短期契约。长期契约确立企业间的长期合作，所涉及的产品具有某种程度的专用性，签约期限较长。短期契约由供应链成员根据自己一段时期内的具体需求签订一次或较短时间的交易性契约。长期契约又可以根据价格是否可变，分为固定价格契约和变动价格契约。

(四) 按契约的优化模式分类

按照契约制定模式与条款不同，我们将供应链契约三要分为全价契约、回购契约、收益共享契约、数量柔性契约、期权契约、返利契约、数量折扣契约等。

五、供应链契约的障碍

(一) 机会主义

在供应链契约实际履行过程中，各成员企业实施欺骗、不完全履约等机会主义行为的可能性是存在的，这种短期的、局部的利益行为会损害整个供应链的绩效，并导致合作关系的破裂。在信息不对称的情况下，信息弱势方的契约决策权更应该在契约中体现出来。如果契约决策权偏向具有信息优势的一方，将更容易产生机会行为，因为自私的行为可能难以被观测。

(二) 资产专用性

资产专用性（asset specificity）在契约执行中具有重要的意义，不同资产的性质影响契约执行的效率。当一种资产具有较高的转移成本且只能在特殊交易中才能产生效用时，这种资产就有了某种专用性。

当资产不具有专用性时，交易各方都可以无代价地将资产转用于其他方面。而当资产对于交易具有专用性时，如它被转作另外的用途，生产效率就会降低，资产的价值会因此而减少。在这种情况下，交易各方就会产生维持其合约关系的共同利益，并建立起某种保障机制来规制其契约关系。所以资产专用性存在与否及专用性程度如何都会影响供应链契约的效果。

（三）免责条款

免责条款是指当事人双方在契约中事先约定，旨在限制或免除双方当事人未来责任的条款。广义的免责条款不仅指责任的免除，还可以指债务的免除。作为一种规避契约风险的手段，过多的免责条款可能会损害供应链各成员企业的信任感，从而使契约成为实效很差的“一纸空文”。另外，如果各方都追求利己的免责条款，将使契约执行的条件苛刻，监控成本增加，导致合作失败。

（四）契约成本

契约成本是为实现某项供应链契约而发生的相关费用，包括从契约签订开始至契约完成止所发生的、与执行契约有关的所有直接费用和间接费用。在供应链环境下，各个企业对于执行与不执行契约所带来的成本差异都会进行核算。只有执行契约产生的收益大于其所付出的成本，企业才会愿意合作，否则供应链合作将会破裂。

六、供应链契约的协调

供应链协调是指通过一系列的管理方法和管理手段来加强供应链节点企业之间的沟通与合作，建立行之有效的利益共享和风险共担机制，实现由传统的“赢/损”型企业合作关系向双赢型合作关系的转变。

供应链协调作为供应链管理中的重要内容，备受各界人士的关注。因为在商业全球化等大形势下，越来越多的企业不可避免会成为某条供应链中的一员。为此，企业除了着眼于企业内部资源的优化外，更要重视与同一链上其他企业之间的协调和优化、不同链上产品相关企业间的竞争性协调。在这种情况下，企业就需要建立一种有效的协调机制，使供应链的各种流（信息流、物流、资金流）能无缝地、顺畅地在供应链中传递，减少因信息不对称造成的生产、供应和销售等环节的不确定性，提高供应链的整体绩效。供应链契约是实现供应链协调最常用的手段之一，成员企业之间的合作和贸易关系大多通过契约形式进行约束与体现。供应链契约协调的内容主要涉及以下几个方面。

（一）决策权分配机制

决策权是供应链契约中的主要问题之一，供应链中的决策权由各成员分散控制，因此，通过重新分配实体的决策权可以调整实体的决策激励，从而改善系统的性能。

传统供应链往往缺乏一个统一的决策者，系统目标常常与供应链中各个成员的目标发生冲突，在分散控制下供应链中的实体各自优化自己的目标，但是供应链效率不高。

供应链契约可以促使供应链成员合作，并约束每个成员在保证系统最优结果的前提下，在自己的决策权范围内寻求自身利益最大化，据此对合作收益进行适当分配，激发成员的积极性和凝聚力，同时满足一定的公平性条件。

（二）库存协调机制

供应链契约将直接影响企业的库存水平和生产需要。一方面，批量采购导致较高的库存，造成大量的库存成本，使资金周转速度减慢；另一方面，需求不确定又可能出现严重的缺货问题，影响生产和销售。通过与供应商签订契约，实现小批量、多批次准时交货，根据产品特点实施不同类型的供应链契约，有利于降低库存，减少缺货，提高服务水平。

（三）成本分摊机制

采购供应物流费用是企业成本的主要组成部分，美国制造业采购额占销售额的比例一般为40%～60%。另外，据统计，全球采购量最大的20家企业采购量占销售额的比例平均在45%以上。随着企业将更多的制造业务和非核心业务外包，交易物流费用占销售的比例将会进一步提高。

供应链契约具有成本杠杆效应，通过与供应商长期合作，使成本在供应链中适当分配，从而提高整条供应链的绩效，成为一个"利润之源"。反之，如果要通过提高销售额来达到同样的效果，则需要更大比例的销售增长。

（四）产品定价机制

影响产品定价的因素有很多，如竞争者的产品和价格、企业的信用和交易量以及信息通畅度等。当供应方和采购方都有一定的市场力量，而两者缺乏协调时，定价决策就会导致最终价格高于使双方总利润最大化的水平，即双重边际化问题。

双重边际化是引发渠道冲突、降低供应链效率的根源，是供应链上的企业各自追求其利润最大化而导致的一种结果。改变双重边际化的手段之一就是根据行业产品特性制定符合实际的供应链契约，把协调运营所增加的盈利在各阶段之间进行再分配，这种利益分配的比例只有通过强制的形式加以规定才能得到确认。但由于很难区分各阶段在协调管理中所付成本的大小，因而比例的确定是一件困难的事，唯一的办法就是各阶段之间采取妥协的供应链定价方式。

（五）信息共享机制

供应链要通过联合预测与规划来实现协调，前提是必须要信息共享，减少供应链上的波动，保证各阶段决策的基础数据，如销量、需求量和库存量等的一致性，通过制定契约要求各成员把自己掌握的数据与其他成员共享。供应链契约为供应链信息畅通提供了基本保证，而信息畅通是供应链有效运作的前提条件。

供应链契约有助于搜集系统中各成员的信息以寻求最优解。例如，零售商倾向于把零售价定得高一些，因为如果其采取对整个供应链最优的较低零售价时，本身并不能获得好处，其收益反而还会下降。同样，零售商选择不与供应商共享需求信息也是因为信息共享对其不是最好的。零售商和供应商之间的博弈结构决定了双方的均衡行为，供应链契约的作用就是改变这种博弈结构，达到帕累托改进的新均衡，这对整个供应链而言也是最优的。

第二节　供应链契约的定价策略

供应链上的合作企业利用集成的电子商务系统，实现数据共享。它们之间的产品或服务在传递时必须有一个合理的价格，才能满足顾客不断变化的需求，创造最大收益。

一、供应链定价的指导思想

供应链从根本上说也是一个市场，供应链上的产品传递价格理应以市场为基准。

（一）供应链定价过程

制造商率先给定零售商的产品批发价，各零售商根据批发价，从实现自身利益最优出发，制定零售价，确定对应此零售价的市场需求量，零售商将需求信息反馈给制造商，制造商再确定一个对其最优的批发价。这样便构成一个斯塔克尔伯格（Stackelberg）博弈模型，制造商作为博弈中的主导者，零售商作为跟随者。

当供应链形成纵向的企业联盟时，联盟企业共享产品的市场信息，共同创造更大的利润，并且共同分享这部分增值利润，供应链企业之间形成了动态联盟，也就形成了供应链合作成员之间的协同。合作博弈情况下的企业定价就是供应链在协同情况下的价格问题研究。此时，供应链中存在一个统一的决策者，决策者除了需要确定供应链上合作企业集团与非合作企业集团之间的交易价格以及对价格有重要影响的数量、质量以外，关键还要确定合作企业之间的转让价格问题、奖励与罚金问题、数量折扣问题、动态定价问题、协同问题等，使得由企业合作带来的超额收益能够在协作组织集团内部进行合理的分配，以使每个企业成员都能积极地维持这种联盟关系。

（二）供应链定价原则

供应链中的产品也是市场交易中的产品，因此它的价格也要遵守市场规律。价格由价值决定，受价值规律约束。因此，供应链中的产品价格形成也应遵循以下几个原则。

1. 成本基础原则

供应链中的不同企业在交易中发挥的作用不同，付出的成本也相应不同。企业作为独立的经济主体，如果想在市场中生存，首先要收回其所付出的成本。

2. 交易达成原则

在供应链中，买卖双方进行价格谈判时，大都是买方开最低价，卖方开最高价，只有当两个价格趋向一致时，才有可能达成交易，供应链才能持续下去。

3. 利润合理分配原则

供应链产品的价格不仅代表在供应链中流动的产品的价值，更代表对产品利润的分割。产品的价格要合理反映供应链企业间利润分配的合理性。因此，制定供应链产品价格的最重要原则是要体现利润合理分配原则。

4. 风险共担原则

供应链上的各个企业所承担的风险大小不一，而风险和收益是成正比的，风险高则收益高，反之亦然。风险的大小也要在供应链产品的价格中体现出来。

5. 长期合作原则

节点企业定价要有益于实现供应链的长远合作，所以在制定价格时要考虑到建立企业间的合作、加强企业间的联系。

二、供应链定价的影响因素

（一）竞争环境

市场竞争环境是价格制定的基础。市场供求态势、市场竞争格局、市场内外联系、市场规则等对价格有着直接的作用。

（二）产品特性

产品特性是指某产品除了具有同类产品最基本的功能外所具有的其他特征，如性能、外观、配件和品牌等方面的特点，以及供需的时效特性。有些产品的销售是连续平稳的，但供应是不连续的，农产品就是典型的例子；有些产品的供应是均匀的，但销售是季节性波动的，如某些家用电器。

产品价格随着销售和供应的波动而变化，因此，对市场价格相对稳定的供应链产品，可以采用供应链成本定价法和供应链产品生命周期定价法。供应链成本定价法的定价基础是供应链成本，包括各个企业的作业成本和企业间的交易成本，最终产品的价格由供应链成本和目标利润两部分组成，只有当供应链成本小于顾客成本时，供应链产品的价格才有竞争力。同时，企业应根据供应链产品的生命周期适时调整价格，并根据供应链产品的导入期、成长期、成熟期和衰退期四个阶段，采用不同的定价策略。供应链产品生命周期处于什么阶段是由市场决定的，这就决定了供应链产品生命周期定价是由需求驱动的链式反应。

对市场价格变化剧烈的供应链产品，要在长期合作和共赢思想的指导下，将定价决策权前移（往接近顾客方向移动），或成立供应链定价中心，以提高供应链定价对市场的响应性。

（三）客户分布

随着客户对于产品数量、品种、款式、销售时间等的要求越来越个性化，客户分布对于供应链的成本影响日趋加强。多品种、小批量的生产模式越来越受到欢迎，企业前端业务主要面向分布在不同地域的分销网络成员和终端客户。供应链的定价需要能够及时响应客户的个性化需求，并确保获得一定的利润。

（四）转移成本

转移定价问题是跨国公司全球供应链管理中最普遍的问题之一，是指供应链上参与价值增值的企业之间转移中间产品时下游对上游的支付模式，它决定了供应链的总收益在上下游企业之间的分配方式。转移定价模式作为供应链上下游企业间契约的重要组成部分，决定了双方的激励和努力方向，影响着供应链的效率。

转移成本就是在上述转移定价过程中，利益各方发生的相关费用等。可见，转移成本可以给供应链上各节点企业提供一个产品转移的价值尺度，如果运用得当，可以激励各节点企业在追求各自利润最大化的同时，为供应链的利益而相互合作，达到整体最优。

供应链管理强调的是战略管理和横向一体化，转移定价可以通过平衡利益相互冲突的不同经济实体的经营目标而保持整个供应链的协调运作，因此转移成本也日益成为影响供应链定价问题的重要因素之一。

三、供应链定价的基本模型

一般而言，产品售价与其生命周期之间存在长尾效应的价格曲线关系。适用于高端消费群体的新款产品，价格弹性低则定价要高；当创新型产品逐渐演化为功能性产品，满足低端或正常消费群体时，价格弹性大则定价要低。

（一）成本定价

成本定价就是根据产品的实际成本加企业的相关分摊费用、产品利润等确定产品的价格。实际成本包括产品生产直接消耗的人工、材料、水电等费用；相关分摊费用包括制造费用、管理费用、财务费用、营业费用等，产品利润根据产品的行业特点确定不同的比例。企业要确定产品的价格需要详细计算产品的各项成本、费用及企业根据产品特点和市场定位确定的利润率。

成本定价模型则更多地为生产型企业所关注，如研究形成产品成本的采购、生产、物流等供应链环节的成本控制，以及这些供应链环节的定价模型。

（二）需求定价

需求定价综合反映了产品的生产成本和产品的市场机会成本价值。为提高产品市场竞争力和产品利润，企业必须不断降低产品生产成本；为增加产品市场机会成本的价值，企业则必须不断提高产品品质，开发适销对路的新产品。通过企业品牌宣传、广告投入策略等提高产品的客户认知度。如家电类产品，新产品的利润往往是老产品的几倍；被市场淘汰的老产品的产品价格甚至会低于产品成本，因为此时老产品市场机会成本的价值为负值。需求定价方法通常为流通类供应链企业的市场部门所使用。

（三）差别定价

差别定价就是根据不同消费者对价格的敏感程度来制定不同的价格。

1. 基于群体差别定价

由于群体成员与价格敏感度相关联，因此许多行业对特定群体的消费者给予折扣是很常见的，如餐厅对学生的折扣、舞厅对女士的折扣。

2. 基于渠道差别定价

企业在不同的渠道销售相同的产品，可采取不同的价格。例如，同样的饮料在便利店和五星级酒店的价格会相差很大。这种策略适用于不同渠道的消费者具有不同的价格敏感度的情况。

3. 基于区域差别定价

基于区域差别定价，是指企业对于处于不同地点的同一商品收取不同的价格，即使在不同地点提供的商品成本是相同的。这种策略利用了不同场所内消费者的不同价格敏感度。例如，与酒吧相比，啤酒在棒球场等体育场馆里要贵得多，但是依然卖得很好。同样，超市在不同地区制定不同的价格，城郊大卖场的商品是相对比较便宜的。

4. 基于时间差别定价

基于时间差别定价，是指企业对于不同季节、不同时期甚至不同钟点的产品或服务分别制定不同的价格。对于相似的商品，企业可以根据时间来进行差别定价。例如，亚马逊公司根据不同的配送时间收取不同的价格，日本的ATM取款机根据取款时间的不同来收取服务费，拨打长途电话在夜间可以享受六折优惠，晚上11点以后手机移动网络收费更低。

第三节 供应链契约的典型模式

全价契约、回购契约、收益共享契约、数量柔性契约是四种基本的供应链契约。其中全价契约与回购契约是研究最早也是最为常见的契约模式，而收益共享契约与数量柔性契约则涉及供应链合作中的核心内容：成员收益和产品数量。另外，期权契约以及各种供应链契约的组合使用在实际应用中也较为常见。

4 种基本契约模式演变或组合形成数量折扣契约、数量承诺契约、期权契约、延迟补偿契约、预购契约、部分退款与惩罚契约等契约模式。例如，数量承诺契约可以由数量柔性契约衍生而来；期权契约和预购契约则可以由回购契约演变而成，或者由全价契约与数量柔性契约组合得到；在全价契约中增加激励和惩罚机制，则可以演变为数量折扣契约或部分退款与惩罚契约。

一、全价契约

全价契约（wholesale price contract）也称批发价契约、固定承诺契约，是供应链管理中最为广泛和最为简单的契约关系。全价契约是指制造商确定一个批发价，零售商根据市场需求和批发价来决定自身订货量，制造商根据零售商的订货量组织生产，零售商承担产品剩余的一切损失。可见，在批发价合同下，制造商不承担任何市场风险，其利润是确定的，而零售商则需承担全部的市场需求风险。

供应商产品的单位成本为 c，以一定的批发价 ω 将产量 q 分销给销售商，销售商再以某一零售价 p 将产品卖给最终消费者，单一供应商—单一零售商的两级供应链如图 10-1 所示。

图 10-1　全价契约模式

此时，供应商获得确定性的利润，而把市场需求不确定性风险全部转嫁给销售商。

全价契约执行简单、实施成本低，供应商因可获得无风险利润而对其倍加青睐。在备货式（make to stock，MTS）生产模式中，产品一般都是通过这种形式到达消费者手中的。为了更好地理解全价契约，请看以下实例。

例如，一家出售滑雪服的销售商，其销售滑雪服的季节是每年 11 月到次年的 2 月。采购员在销售季节到来之前，从滑雪服生产企业直接购进整个季节所需的滑雪服。如果订货过多，将导致销售季节结束时的积压滞销风险；相反，如果降低采购水平，则可能因为产品缺货而失去销售机会。

根据过去几年的需求情况，采购员分析得出某款滑雪服的需求分布，如表 10-1 所示。生产企业要求销售商以 100 的倍数为批量进行采购，在表 10-1 中，$f(x_i)$ 表示需求量等于 x_i 的概率，计算滑雪服的预期需求为 $\sum x_i f(x_i) = 1\,026$。

表 10-1　滑雪服的需求分布

需求 x_i	400	500	600	700	800	900	1 000	1 100	1 200	1 300	1 400	1 500	1 600	1 700
$f(x_i)$	0.01	0.02	0.04	0.08	0.09	0.11	0.16	0.2	0.11	0.1	0.04	0.02	0.01	0.01

已知滑雪服的成本 $c = 45$ 元/件，零售价 $p = 100$ 元/件，季末未售出滑雪服将以50元/件的价格打折销售，库存费用为10元/件。因此，季末未售出的滑雪服每件的残值 s 为40元，销售每件滑雪服的利润为 $p - c = 100 - 45 = 55$ 元，而未售完的滑雪服将使其损失 $c - s = 5$ 元。

假定销售商订购了1 000件滑雪服，而市场实际需求1 200件时，销售商利润等于销售收入减去成本，即1 000×（100 − 45）= 55 000元；如果实际市场需求只有800件，利润等于销售收入减去每件未售出滑雪服带来的损失，即800×（100 −45）−（1 000 − 800）×（45 − 40）= 43 000元。

从表10-1可知，需求为800件的概率为9%，而需求为1 200件的概率为11%，因此，订购1 000件产生43 000元利润的概率是9%，产生55 000元利润的概率是11%。同理，可以计算其他实际市场需求情况下的利润，因此，销售商订购1 000件滑雪服的期望利润为49 900元。

至此，采购员是否应该采购1 100件滑雪服，必须根据额外购买100件滑雪服的潜在收益确定。在订购1 100件的情况下，如果需求 $x \geqslant 1\ 100$ 件，那么额外的100件就能售出并获得5 500元的利润，否则会损失500元。从表10-1中可计算需求 $x \geqslant 1\ 100$ 件的概率为49%，需求 $x < 1\ 000$ 件的概率为51%。因此，额外100件的期望利润 = 5 500×0.49 − 500×0.51 = 2 440元，即订购1 100件滑雪服的期望总利润为49 900 + 2 440 = 52 340元，比订购量为1 000件时的期望利润高出5%。

同理，可以计算订购批量每增加100件的边际贡献，如表10-2所示。订购批量小于1 300件之前，期望边际贡献是正值，之后则为负值。因此，销售商最优订货批量为1 300件，即订购1 300件滑雪服的期望利润 = 49 900 + 2 440 + 1 240 + 580 = 54 160元。

表10-2 滑雪服每增加100件带来的边际贡献

滑雪服数量	期望边际收益	期望边际成本	期望边际贡献
1 100	5 500×0.49 = 2 695	500×0.51 = 255	2 695 − 255 = 2 440
1 200	5 500×0.29 = 1 595	500×0.71 = 355	1 595 − 355 = 1 240
1 300	5 500×0.18 = 990	500×0.82 = 410	990 − 410 = 580
1 400	5 500×0.08 = 440	500×0.92 = 460	440 −460 = −20
1 500	5 500×0.04 = 220	500×0.96 = 480	220 − 480 = −260
1 600	5 500×0.02 = 110	500×0.98 = 490	110 − 490 = −380
1 700	5 500×0.01 = 55	500×0.99 = 495	55 − 495 = −440

下面以 Q^* 为最优订购批量，$F(x)$ 表示销售季节中需求 $x \leqslant Q^*$ 的累计概率。如果订货批量从 Q^* 增加到 $Q^* + 1$，那么只有当需求量 $x > Q^*$ 时，额外的1单位产品才能被售出，发生概率为 $1 - F(x)$，带来的贡献是 $p - \omega$，即多订购1单位产品的期望收益 = $[1 - F(x)](p - \omega)$。反之，如果需求量 $x \leqslant Q^*$，额外订购的1单位产品就无法售出，带来的成

本是 $\omega - s$，即多订购 1 单位产品的期望成本 = $F(x)(\omega - s)$。因此，订货批量从 Q^* 增加到 Q^*+1 的期望边际贡献可表示为 $[1-F(x)](p-\omega)-F(x)(\omega-s)$。

由于在最佳订货批量下，期望边际贡献等于零，故 $F(x)=(p-\omega)/(p-s)$。

二、回购契约

回购契约（buy back contract）也称为退货契约（return contract），是指供应链在销售季节结束后，将销售商没有卖完的货物按一定价格收购，回购价格通常高于该商品的市场残值，但低于采购方订货的价格。其目的是给销售商一定的保护，引导销售商增大采购量，将需求不确定性产生的风险由供应商和销售商共同承担，平衡他们的边际收益和边际成本，从而协调供应链，如图 10-2 所示。目前回购契约被广泛地应用于短生命周期产品，在市场需求波动显著的外部环境中应用也较多，如电子产品、图书、服装市场等。

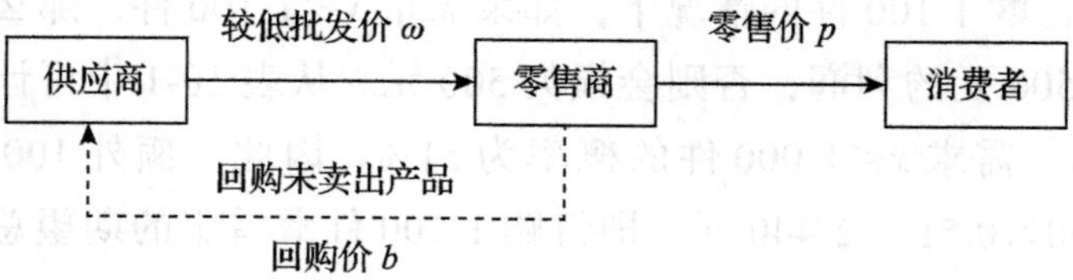

图 10-2　回购契约模式

例如，供应商制造 DVD 的成本 c = 1 元 / 张，以 5 元 / 张的价格销售给音像店，音像店以 10 元 / 张的价格卖给最终顾客，音像店单品利润为 $p-\omega$ = 5 元；残值 s = 0 元，没有售出的单品损失也是 5 元。在这个零售价格上，市场需求服从正态分布，均值是 1 000，标准差为 300。

在全价契约下，本例中 $F(x)=0.5$，再根据正态分布函数得到最优订购批量 Q^* 为 1 000 张。音像店的期望利润是 3 803 元，而供应商利润是 4 000 元。

但是从整个供应链来说，供应商和音像店共有利润 9 元 / 张，未卖出 DVD 仅损失 1 元 / 张。因此，对整条供应链而言，$F(x)=0.9$，即最优库存为 1 384 张。此时，供应链的期望利润是 8 474 元。可见，在全价契约下，音像店比较保守，所持的库存比整条供应链的最优库存少，因此，供应链总利润少了 671 元。

下面采用回购契约的方式协调供应链。

假设音像店的供应商同意以 3 元 / 张的价格回购未卖完的 DVD（供应商分担了 3 元 / 张的未售出损失），这将使销售商的库存积压损失从 5 元 / 张降至 2 元 / 张。回购条款使得 $F(x)=0.71$，音像店订购数量从 1 000 张增加到了 1 170 张，销售利润从 3 803 元增加到了 4 286 元，供应商利润从 4 000 元增加到了 4 009 元。

表 10-3 给出了供应商提供给音像店不同的回购契约的结果。为了方便，此时忽略退回产品的运输或其他成本。

表 10-3　不同回购契约下音像店供应链的订货数量和利润

批发价 ω（元）	回购价 b（元）	音像店的最优订购数量（张）	音像店的期望退货量（张）	音像店的期望利润（元）	供应商的期望利润（元）	供应链的期望利润（元）
5	0	1 000	120	3 803	4 000	7 803
5	2	1 096	174	4 090	4 035	8 125
5	3	1 170	223	4 286	4 009	8 295
6	0	924	86	2 841	4 620	7 461
6	2	1 000	120	3 043	4 761	7 804
6	4	1 129	195	3 346	4 865	8 211
7	0	843	57	1 957	5 056	7 013
7	4	1 000	120	2 282	5 521	7 803
7	6	1 202	247	2 619	5 732	8 351

从表 10-3 可以看出回购契约使供应商和音像店都提高了利润。比如当批发价为 7 元 / 张时，回购契约使总供应链利润增加了约 20%。当批发价上升时，制造商应该相应地提高回购价格以达到最优利润。对于固定的批发价，当回购价格上升时，零售商订货就会增多，从而利润也会增多。

在表 10-3 中，没有考虑到退货成本。当退货成本上升时，回购契约就不那么有吸引力了，因为退货成本会降低供应链的利润。如果退货成本非常大，回购契约会使得供应链的总利润大大降低，也就不存在回购契约了。

通过上例可以发现，对于固定的批发价，提高回购价格总会增加零售商的利润。存在一个正的回购价格，通过这个回购价格，制造商可以赚取比不提供回购时更多的利润。另外，制造商的毛利越大，回购给制造商带来的利润增加就越大，回购机制对此类制造商有利。

在有些行业中，制造商通过持有成本补贴或者价格支持来鼓励零售商订购更多的产品。持有成本补贴即制造商对超过一定期限的库存向零售商提供补贴。持有成本补贴在汽车供应链中非常普遍。而在高科技行业中，产品贬值很快，即知识折旧的速度很快，制造商通过向零售商提供价格支持来分担产品折旧带来的风险。许多制造商保证一旦产品降价，他们也会降低零售商目前持有的所有库存的价格。因此，零售商的超储成本只包括资金和空间的存储成本，而不包括折旧成本。持有成本补贴和价格支持都是回购形式的变形。

回购契约的缺点有：一是存在必须回收或处理的剩余库存，增加了供应链的成本。制造商可以给予零售商减价补助，允许低价出售滞销产品，从而消除退货成本。例如，出版社可以不要求图书零售商退回未售出的图书，而是给予降价补贴，大幅折扣销售滞销图书。二是回购契约条款可能使销售商不像没有回购契约时那么努力地销售产品。对此，制造商可以在回购契约中限定回购数量来应对销售努力的下降。三是回购契约使供应链响应的是零售商的订单，而非真正的市场需求。例如，供应商向多个零售商供货，供应商根据每个零售商所下订单来进行生产，每个零售商又根据自己的销售成本来确定订货量。实际销售时，未售出库存分别从每个零售商退回到供应商，此时的回购契约放大了零售商处的分散库存产生的信息扭曲。

三、收益共享契约

收益共享契约（revenue-sharing contract）规定期初零售商以一个较低的批发价从制造商处订购产品，期末零售商将收入的一定比例返还给制造商以实现利润共享。

在收益共享契约中，制造商给零售商一个较低的批发价 ω，并分享零售商收入的一部分 θ。即使不回购退货，较低的批发价也降低了零售商在未售出产品时的成本。因此，零售商会提高产品的可获得水平，从而提高制造商和零售商的利润。

假设制造商的生产成本为 c，零售价为 p，过剩库存的残值为 s，市场需求 x 符合正态分布（均值 μ，标准差 σ），我们可以估计零售商的最优订货数量 Q^*，其中零售商每销售 1 单位产品要支付给制造商零售价格的 θ 部分，即 θp（见图 10-3）。

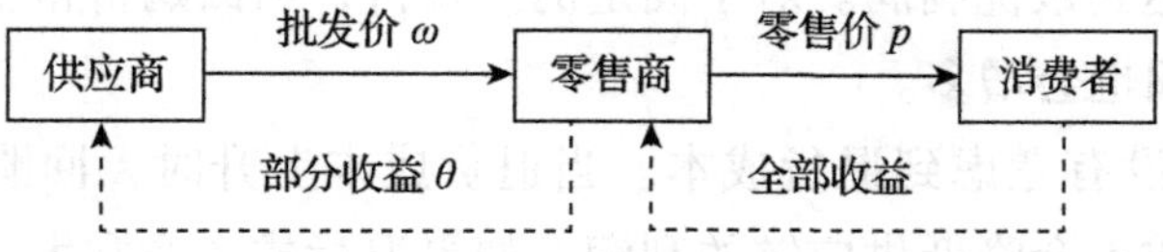

图 10-3 收益共享契约模式

零售商从制造商那里订货，批量为 Q，当需求 $x<Q$ 时，未售完产品出现超储，则零售商的期望超储量 $I=\int_{-\infty}^{Q}(Q-x)f(x)\mathrm{d}x$。

制造商批发价为 ω，则期望利润 $=(\omega-c)Q^*+\theta p(Q^*-I)$。

零售商售出单位产品获得收入 $(I-\theta)p$，未售完产品的残值为 s，因此，零售商的期望利润 $=(I-\theta)p(Q^*-I)+sI-\omega Q^*$。

仍以音像店为例，假设供应商愿意以 $\omega=1$ 元 / 张的价格批发给音像店，音像店则同意分享售出每张 DVD 45% 的收入。如果 DVD 的零售价为 10 元 / 张，那么出售一张 DVD 供应商获取 4.5 元，音像店保留 5.5 元。

表 10-4 给出了当 DVD 需求服从正态分布，均值 $\mu=1\ 000$、标准差 $\sigma=300$ 时不同收益共享系数 θ 下的结果。

表 10-4 不同收益共享契约下音像店供应链的订货数量和利润

批发价 ω（元）	收益共享系数 θ	音像店最优订购数量（张）	音像店期望超储量（张）	音像店期望利润（元）	供应商期望利润（元）	供应链期望利润（元）
1	0.30	1 320	342	5 526	2 934	8 460
1	0.45	1 273	302	4 064	4 367	8 431
1	0.60	1 202	247	2 619	5 732	8 350

（续）

批发价 ω（元）	收益共享系数 θ	音像店最优订购数量（张）	音像店期望超储量（张）	音像店期望利润（元）	供应商期望利润（元）	供应链期望利润（元）
2	0.30	1 170	223	4 286	4 009	8 395
2	0.45	1 105	179	5 269	5 269	8 150
2	0.60	1 000	120	6 282	6 282	7 803

与表 10-3 没有回购时的情况相比，即当批发价为 5 元时，供应商的利润是 4 000 元，音像店的利润是 3 803 元，但是在共享 45% 收入的情况下，如表 10-4 所示，批发价将为 1 元，供应商的利润变为 4 367 元，音像店的利润变为 4 064 元。由于存在收益共享契约，音像店将订货数量从 1 000 张提高到 1 273 张。

收益共享契约优于回购契约的一个方面就是它不需要退回产品，因此也就减少了退货成本。收益共享契约适用于可变成本低和退货成本高的产品。

收益共享机制也需要支持供应商监控零售商销量的信息系统，由于构建这样的信息系统比较代价高昂，所以对于众多中小企业来说，难以实现收益共享契约。

收益共享契约通过降低零售商的单位进货成本来应对双重边际化，并有效降低了超储成本。同回购契约一样，收益共享契约也加剧了信息扭曲，导致零售商在库存超储时产生懈怠。因为收益共享契约也会使供应商根据零售商的订单而不是实际顾客需求来进行生产，信息扭曲导致了供应链中过多的库存，以及供应和需求之间更大的不匹配。

四、数量柔性契约

数量柔性契约（quantity flexibility contract）是指生产商允许销售商在观察市场需求之后可以改变最初订购量的协议。通常销售商在销售季节前首先给供应商一个产品订购量，供应商根据这个订购量组织生产，当销售商知道了市场的实际需求量之后，可以根据实际的市场需求重新调整订购量。相对于退货政策注重退货价格调整，数量柔性契约注重产品的订购量调整。

在数量柔性契约下，制造商允许零售商根据市场的最新反馈信息修正其先前的预测后改变订货量。如果零售商订货量为 Q，那么制造商必须承诺提供 $(1+\alpha)Q$（零售商最多购买量），而零售商承诺至少购买 $(1-\beta)Q$，即零售商修正订货量 q 满足 $(1-\beta)Q \leqslant q \leqslant (1+\alpha)Q$，其中 α，$\beta \in (0, 1)$，如图 10-4 所示。

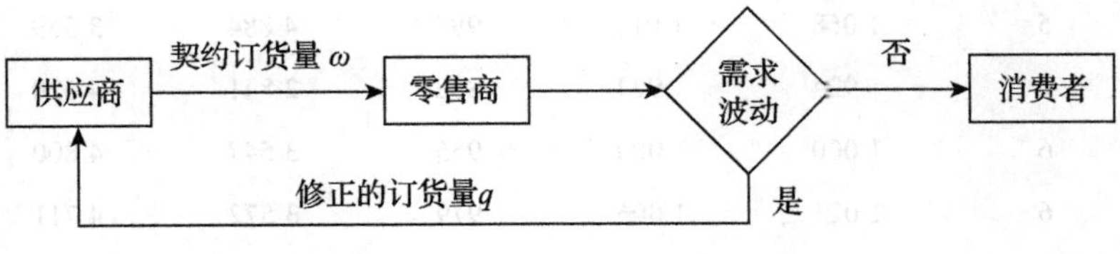

图 10-4 数量柔性契约模式

这种契约有点类似于回购契约，因为制造商现在承担着剩余库存的风险。由于不需要退回产品，所以当退货成本很高时，这类契约比回购契约更有效。数量柔性契约提高了零售商的平均订货量，从而可能提高供应链的总利润。

如果零售商的需求服从正态分布 $N(\mu, \sigma^2)$，零售商在面临实际需求 x 时，可以灵活改变订货量；如果需求 $x<(1-\beta)Q$，零售商订货 $(1-\beta)Q$，实际销量为 x，存在 $(1-\beta)Q-x$ 的库存积压；如果需求 x 介于 $(1-\beta)Q$ 与 $(1+\alpha)Q$ 之间，零售商订货量和销量均为 x；如果需求 $x>(1+\alpha)Q$，零售商订货量和销量均为 $(1+\alpha)Q$。

零售商订货量的数学期望各为这三种情况的期望值之和

$$Q_R=(1-\beta)Q\int_{-\infty}^{(1-\beta)Q} f(x)\mathrm{d}x+(1+\alpha)Q\left(1-\int_{-\infty}^{(1+\alpha)Q} f(x)\mathrm{d}x\right)\int_{(1-\beta)Q}^{(1+\alpha)Q}+xf(x)\mathrm{d}x$$

零售商销量的数学期望也各为这三种情况的期望值之和

$$D_R=(1+\alpha)Q\left(1-\int_{-\infty}^{(1+\alpha)Q} f(x)\mathrm{d}x\right)+\int_{(1-\beta)Q}^{(1+\alpha)Q} xf(x)\mathrm{d}x$$

零售商的期望超储量为 Q_R-D_R。

假设制造商的生产成本为 c 元 / 单位，提供给零售商的批发价为 ω 元 / 单位。而零售商销售给顾客的价格为 p 元 / 单位，剩余库存的残值为 S_R，制造商的剩余库存的残值为 S_M。

零售商的期望利润 $=D_R(p-s_R)+Q_R(s_R-c)$

制造商的期望利润 $=Q_R\,\omega+[(1+\alpha)Q-Q_R]s_M-(1+\alpha)Q\,c$

在此例中，音像店最初可能签订了 1 000 张 DVD 的契约，接近发行日期时，由于音像店对实际需求有了更好的估计，可以允许它在 950～1 050 张调整订货量。零售商的订货量与实际需求更加接近，因此提高了供应链的利润。对于供应商，只有当其在零售商做出调整决策后又以柔性产能来生产不确定部分的订单时，数量柔性契约才有意义。如果供应商向多个有着独立需求的零售商供货，数量柔性契约也非常有效。

假设批发价 $\omega=5$ 元 / 单位，零售价格 $p=10$ 元 / 单位，在所有考虑的契约中 $\alpha=\beta$，当需求服从正态分布 $N(\mu, \sigma^2)$（均值为 $\mu=1\ 000$，标准差为 $\sigma=300$）时，利用 Excel 计算得到表 10-5 所示的不同数量柔性契约对音像店供应链的影响。

表 10-5 不同数量柔性契约下音像店供应链的订货数量和利润

α, β	批发价 ω（元）	订货量 Q（张）	音像店期望订购量（张）	音像店期望销量（张）	音像店期望利润（元）	供应商期望利润（元）	供应链期望利润（元）
0.00	5	1 000	1 000	880	3 803	4 000	7 803
0.20	5	1 047	1 023	967	4 558	3 858	8 416
0.40	5	1 068	1 011	994	4 884	3 559	8 443
0.00	6	924	924	838	2 841	4 620	7 461
0.20	6	1 000	1 000	955	3 547	4 800	8 347
0.40	6	1 021	1 006	979	3 572	4 711	8 463
0.00	7	843	843	786	1 957	5 056	7 013

（续）

α, β	批发价 ω（元）	订货量 Q（张）	音像店期望订购量（张）	音像店期望销量（张）	音像店期望利润（元）	供应商期望利润（元）	供应链期望利润（元）
0.20	7	947	972	936	2 560	5 666	8 226
0.40	7	1 000	1 202	987	2 873	5 600	8 473

在表 10-5 中，对于批发价 6 元和 7 元，数量柔性契约同时提高了制造商和零售商的利润。可以看出，当制造商提高批发价时，最优策略是向零售商提供更大的数量柔性。

数量柔性契约在电子和计算机行业的零件采购中应月得非常普遍。如果供应商有柔性产能，数量柔性契约就可以提高整条供应链以及各方的利润。数量柔性契约要求供应商持有库存或剩余柔性产能，如果供应商有大量的柔性产能，库存可以进一步减少。对于高边际成本产品或者当存在剩余产能时，数量柔性契约更适用。为了提高有效性，数量柔性契约要求零售商善于搜集市场情报，随着销售季节的来临不断提高预测准确度。

相对于回购和收益共享契约，数量柔性契约的信息扭曲较少。在多个零售商存在的情况下，在数量柔性契约下，零售商在实际需求发生前只给出他们购买量的范围，当接近销售季节、需求更容易预测并稳定时，零售商再修改订单，不确定性需求的集中反而减少了信息扭曲的程度。然而，数量柔性契约也会导致零售商懈怠。实际上，任何通过不让零售商对超储完全负责来促使零售商提高产品库存量的契约，都会降低零售商在给定库存水平下的销售努力。

五、期权契约

期权契约（option contract）是指零售商向供应商先支付一小部分产品价格作为预订费用或预订价格（reservation price），并约定双方在将来某个时间零售商有权以一定执行价格（executive price）向供应商采购不高于契约事先约定数量的产品。如果买方没有行使期权，就会失去开始支付的费用。

可以看出，期权契约提供了一种由采购方根据真实需求调整订货量的柔性策略，帮助采购方降低了由于超额库存带来的风险，其效果与数量柔性契约类似。数量柔性契约以采购方承诺最大、最小采购量的方式实现柔性，库存风险由双方共同承担；期权契约则采用由供应方承诺供应的方式来达到柔性采购数量的效果，此时库存风险全部由供应方承担。与其他契约方式相比，期权契约的柔性范围更广，通常被应用在市场需求变化大、价格波动大、采购困难商品的采购领域中。

零售商可以使用期权工具管理需求的不确定性，降低需求风险，但降低需求风险是需要成本的，零售商需要支付期权契约的保证金作为风险管理成本。而供应商获得期权契约的保证金作为共担零售商风险的补偿，并通过共担风险方式促使零售商采购更多产品以增加销售额。

六、组合契约

采购方与多个供应方在同一时间签订多个契约，即组合契约（portfolio contract）。这些契约的价格、数量都各不相同，目的是使采购方可以对冲其超额库存、缺货和价格的风险，从而最大限度地优化其期望利润和降低风险。这种方式对于有着大量供应商的日用品市场也很有效，采购方可以针对不同的供应商分别签订不同类型的契约，通过签订多种形式的补充契约来减少订货和库存持有成本。

为了使采购更为有效，采购方可能需要在适当的低价、低柔性，或者适当的价格、较好的柔性，抑或不确定的价格和数量但没有供应承诺（实时的现货采购）的采购策略间进行适当的组合。特别是采购方必须在不同的契约间优化：在一个较长期限内承诺多大采购数量？购买多少期权？当出现高需求时，在现货市场上采购多少？例如，惠普公司为降低塑料和其他材料采购的综合风险，以及最大化采购收益，采用 50% 远期契约、35% 期权契约、15% 现货期权组合方案进行采购，如表 10-6 所示。

表 10-6 契约的组合

契 约	特 征
远期契约（定期契约）	事先确定的固定承诺
柔性或期权契约	预先支付购买的期权
现货契约	即时购买
组合契约	将前三种契约进行战略组合

组合契约对采购风险的影响在于，当需求大幅高于预测，即基本承诺量加上期权数量仍不能满足需求时，公司将通过现货市场进行采购。可见，只有在最差情况下，为了弥补短缺，企业才高价在现货市场上采购。因此，企业完全可以通过权衡价格风险、缺货风险及库存风险来确定长期契约的承诺数额和期权数额。例如，在相同的期权水平下，当价格风险大于库存风险时，企业可以选择加大长期契约的承诺数量策略。反之，当价格风险和缺货风险较小的时候，企业则可采取降低基础承诺的策略。同样，在相同基础承诺水平下，企业也可以通过调整期权的持有量和履行量来控制不同类型的风险程度，如图 10-5 所示。

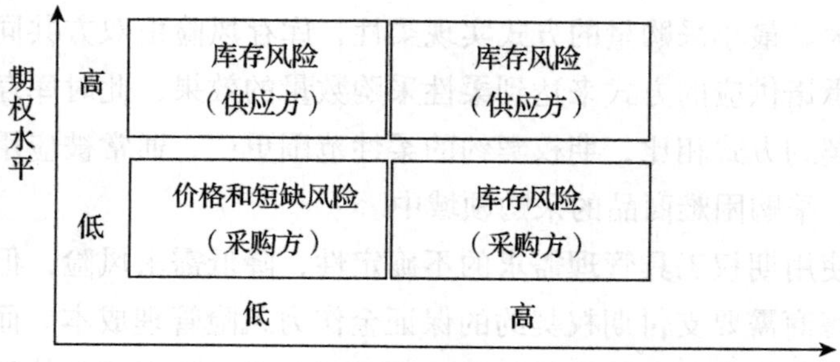

图 10-5 组合契约中的风险权衡

第四节　供应链契约的附加条款

供应链契约包含的条款可以涉及决策权确定、价格、最小购买承诺、数量柔性、退货政策、分配原则、提前期、质量等内容，并且根据谈判双方的博弈力量可以变化其中的若干条款。

一、数量折扣条款

产品的批发价是契约的重要组成部分，数量折扣则意味着批发价不是一个常数，而是随着订货量的大小而变化。制造商提出数量折扣方案诱使零售商确定订货量使供应链（制造商）的利润达到最优。一般我们可将数量折扣条款分成以下类型：

（1）联合卖方同时决定经济批量策略模型。

（2）买方卖方同时决定订货批量模型。

（3）订货批量非同时决定的整体模型。

（4）考虑市场营销决策的买方，即卖方协调模型。

数量折扣契约假设供应商选择批量对批量策略，并认为一个合理的打折方案能激励销售商增加订购量、提高供应商的收益。而且，新增利润并非只给供应商，买卖双方都能从中受益，从而实现供应链总体利润最大化。

二、延迟补偿条款

为了便于理解，首先考虑单周期内单供应商，即单制造商供货的情况。在一个生产周期内由于面临不确定的市场需求，在独立决策时，制造商按照自身收益最大化的订货量订货，并且要求供应商在期初供货。然而供应商的供货提前期存在一定的不确定性，如果供应商供货时间提前，则提前的这段时间的库存费用由供应商自己承担；如果供应商供货延迟导致制造商生产延误，制造商因此会失去部分市场需求，这时制造商的损失由供应商以价格折扣的方式来弥补。

延迟补偿契约可以解决上述问题，并使供需双方的收益合理分配，以实现整条供应链的最优化。

三、预付货款条款

预付货款条款是一种商业信用，指制造商为了体现自身的信用，在没有收到货物之前预付给供应商以总货款一定比例的款项。预付账款按实际付出的金额入账，如预付的材料、商品采购货款、定金等。对供应商来说，预付账款是一项流动资产。

四、分阶段定价条款

在通常情况下，零售商的努力水平会直接影响供应链销售业绩的好坏。因此，供应商可以采用分段定价条款对零售商的销售进行激励。

分段定价条款的一种形式是供应商向零售商收取一定数额的特许经营费（销售加盟费），然后再以一个较低的批发价向零售商提供商品。这样，零售商的销售利润将直接取决于其自身的销售业绩，从而起到激励作用。不过，由于采用特许经营条款的契约使供应商至少可以赚到预先收取的特许经营费用，市场的不确定性实质上由零售商承担，因此，如果特许经营费用定得过高反而会挫伤零售商的积极性，使其望而却步，进而损害供应链的整体利益。所以，对于采用特许经营形式的分段定价条款，应深入分析，制定合理的特许经营费及与之对应的批发价。

另一种常见的分段定价条款是当零售商订货达到一定数量时，提高零售商的利润。实践中通常采用固定批发价，然后由供应商制定分段阈值，当零售商的销售业绩达到某一阈值时，供应商向该零售商返还一定数额的利润（销售返点）。虽然这种返点条款可以激励零售商以更大的努力达到更高阈值，但同时也会加剧需求波动，从而造成市场需求信息的扭曲。

一种解决方案就是采用滚动周期的阈值激励，例如，可以基于过去 3 个月的业绩进行激励，每个月都成为过去 3 个月的最后一月，这样对于所有零售商，每个月的销售业绩都会影响他们能获得多少返利的评估标准，他们的努力就会更加均匀和真实。

五、违约惩罚条款

在研究违约惩罚条款的供应链契约的影响时，我们做出如下假设：

（1）供应商在未来时刻 T 交易商品的边际生产成本 c 元 / 单位，为一个随机变量，随市场变化而变化，其概率分布函数为 $F_c(x)$，概率密度函数为 $f_c(x)$。

（2）供应商和零售商具有合作关系，即零售商主要向合作伙伴采购自己需要的物品。零售商在时刻 T，将采购来的商品出售，可以取得的效益为 v 元 / 单位。

（3）在供应链契约中，交易商品的批发价为 ω 元 / 单位。当供应商发生违约时，他必须支付给零售商 K 元 / 单位，作为惩罚项。一般情况下，当 $c>K$ 时，供应商将发生违约行为。

（4）供应商在交易商品价格定价方面有优先权，而零售商在针对供应商违约时的惩罚项 K 方面有优先权。

根据上面的假设，我们可以对零售商有关 K 惩罚条款的决策做出分析。

零售商和供应商签订的契约应该给零售商带来两个方面的收益：当供应商违约时，零售商可以获得的单位利益为 $K-\omega$；当供应商履约时，零售商获得的单位收益为 $v-\omega$。

由此可得，在违约惩罚条款下，零售商获得的单位期望收益可以表达如下

$$EU = \max_{K,\omega}\{(K-\omega)[1-F_c(K)]\} + (v-\omega)F_c(K)$$

由一阶导数条件，可得 $(v-K)f_c(K)=0$。

一般情况下，$f_c(K)\neq 0$，则由此式可得 $K=v$。可知，当惩罚项 K 等于零售商的单位收益 v 时，零售商获得的期望收益最大。也就是说，在违约惩罚条款契约中，为减少自己的损失，零售商希望惩罚项的数值能尽量向单位收益 v 接近。

本章小结

信任是商业合作的基础。企业面对的全球化竞争环境和需求日益不确定与动态化。在供应链整合中，契约作为一种基本手段，保证了供应链的有效运作。

本章从契约的概念出发，重点阐述了供应链契约的内涵、种类、实施障碍及协调的主要内容；制定供应链契约时，价格因素是重要依据。具体定价过程受竞争环境、产品特性、客户分布、转移成本等影响。

本章最后详细介绍了常用的全价契约、回购契约、收益共享契约、数量柔性契约、期权契约以及组合契约，并对上述契约中的附加条款变化进行了阐述说明。

复习思考

1. 传统交易采购契约与供应链契约有什么区别？
2. 供应链契约的种类有哪些？请举例说明。
3. 回购契约和收益共享契约在什么情况下是等价的？
4. 供应链契约定价的影响因素有哪些？分别举例说明。
5. 供应链契约的障碍有哪些？你是否觉得契约的障碍增加了供应链契约的风险？
6. 简述供应链环境下信息共享对供应链契约的作用与影响。
7. 请结合企业实际，简述供应链契约的定价过程。

案例分析

百事达公司的收益共享契约

据统计，消费者对新发行的电影录像带的需求通常开始很高，随后迅速下降，需求峰值大约持续 10 周，而零售商无法确定购买的数量能否满足峰值需求。1998 年，20% 受调查的消费者声称他们租不到想看的电影。

实际上，电影公司和影像出租行业之间传统的安排是出租店购买录像带（大约每部影片 65 美元），出租店保留所有的出租收入（每次出租费用大约是 3 美元）。这就意味着一盘录像带需要借出 22 次才能盈利。所以对任何一部影片，影像商店都不情愿购买太多的电影复制盘也就不奇怪了。当然这也就意味着顾客很可能会发现影片已被出租，会因为常常没法租到最近发行的影片而不快，影像商店也会损失潜在的出租收入。

1998 年，百事达公司和主要的电影公司签订了收益共享契约。契约规定，电影公司把采购价格降到每盘录像带大约 8 美元，作为回报，出租收入的一部分（大约 40%）会被划归电影公司。出租公司保留 3 美元出租费中的 1.8 美元，这样大约 5 次出租就能让一盘录像带为出租店盈利。百事达公司将每部电影复制了很多盘保存下来，顾客更可能租到所需的影片，为公司带来更多的出租收入。由于销售的录像带数目增多，加上出租收入中获得的那部分收入，电影公司获得的利润也更高了。

由于有了新的收益共享契约，百事达公司开展了市场营销活动，口号包括“快乐离开”和“保证在那里”。市场测试结果显示出租收入有高达 75% 的增长。一年后，百事达公司把市场份额从 25% 提高到 31%，并且它的现金流也增加了 61%。增加的市场份额相当于它的头号竞争对手好莱坞娱乐所拥有的全部市场份额。

自 2009 年以来，为了应对网络媒体的挑战，百事达公司与好莱坞电影公司洽谈了新的寄售协议。许多电影公司已同意把百事达公司每出租或销售一张 DVD 的预付款由 18 美元降至 2～4 美元，百事达公司也给予电影公司 50% 的出租收入作为回报。现在百事达公司的连锁店能够享受到更大自由度的定价权，而且各个连锁店还可以和电影制片商达成各种收益共享契约，分成的比例可以根据情况调整到对双方都更有利的情形。

资料来源：谢家平，迟琳娜．供应链管理 [M]. 2 版．上海：上海财经大学出版社，2012.

| 案例思考 |

1. 百事达公司借助新的收益共享契约受益，该供应链契约属于什么形式？
2. 面对新的市场，你认为百事达公司的供应链契约中还可以加入哪些附加条款？

第十一章

CHAPTER 11

供应链金融管理

| 学习目标 |

1. 了解供应链金融产生的背景、主体关系。
2. 理解供应链金融的概念、内涵与特征。
3. 熟悉供应链金融模式及其适用性条件。
4. 了解供应链金融风险的类型、特征与管控策略。

| 案例导入 |

华为携手迪蒙科技共同开拓供应链金融解决方案市场

成立于2005年的迪蒙科技是首批国家级高新技术企业、国家省市重点扶持的软件开发企业，拥有ISO 9001质量管理体系认证、美国软件工程学会CMMI3认证等诸多国际顶级认证资质。迪蒙科技还是全球唯一一家提供系统安全赔付的互联网金融系统提供商，最高赔付达1亿元。2019年5月，中国互联网金融解决方案先行者——迪蒙科技与华为强强联合达成全面战略合作，在华为云市场上联合推出迪蒙网络小贷系统、迪蒙供应链金融系统等金融科技解决方案。双方将充分发挥各自服务领域的技术、资源优势，在技术升级迭代、优化解决方案、联合品牌营销、拓展生态边界等层面全面深化合作，共同开拓新时期金融科技蓝海市场，为客户提供最权威、最专业、最安全、最增值的互联网金融系统解决方案。

“因聚而生，智能进化”，2019年华为中国伙伴生态大会重磅发布“+智能”战略，携手生态伙伴共筑普惠AI，驱动全行业数字转型与智能升级。华为作为全球领先的信息与通信（ICT）基础设施和智能终端提供商，在大数据、云计算、人工智能等领域全球领先；在市场实践中，华为始终坚持开放合作的理念，汇聚产业链合作伙伴，搭建资源共享、合作共赢的服务平台。

华为云市场背靠华为生态圈系统，服务经验丰富、技术实力雄厚，双方强强联合，有利于发挥各自的技术和资源优势，打造新金融科技时代互联网金融系统解决方案“样本”。目前，金融科技市场大浪淘沙见真金，为适应新形势，抓住新机遇，双方达成共识，不仅实现了互联网金融系统解决方案的“全云化资源交付加秒级部署”模式，还将为客户提供更专业、更强大、更增值的“人工智能＋金融科技”解决方案极致体验。

目前，迪蒙科技已为海尔、山钢集团、中国万达、中航工业、新疆生产建设兵团、兴业银行等1 300多家，包括世界500强在内的大中型企业和金融机构，提供一站式互联网金融解决方案，市场占有率及品牌影响力遥遥领先。

资料来源：http://science.china.com.cn/2019-05/16/content_40753113.htm.

| 思考题 |

1. 什么是供应链金融？
2. 人工智能等科技会对供应链金融管理产生哪些影响？

第一节　供应链金融概述

传统供应链管理重点关注物流方面，核心企业处于强势地位，追求自身利润最大化，导致供应链协同效用差。核心企业一方面延迟向供应商支付货款，另一方面又加速对分销商转移库存，使得上下游资金积压，片面追求自身财务经济性，致使供应链融资成本高，没有体现供应链各企业的合作关系。

物流供应链视成员企业为利益博弈者，这不利于供应链长期发展。一方面，赊销是一种普遍的交易模式；另一方面，传统信贷方式下中小企业获得银行贷款很难。如何对供应链上下游诸多企业的资金筹措和现金流进行统筹安排，合理分配各节点的流动性，实现整个供应链资金成本最小化呢？

一、供应链金融产生的背景

相比部分西方国家，我国的供应链金融概念起步较晚，大约起步于20世纪80年代。在这近40年的时间里，供应链金融一路经历了线下、线下与线上相结合、电商供应链金融及多元供应链金融四个大的阶段。

传统供应链管理关注物流效应，核心企业将上下游企业作为利益博弈者，协同效用差，造成中小企业融资困难，不利于供应链长期发展。

(一) 中小企业融资现状

在我国现有的经济市场大环境下，中小企业融资渠道有限，主要依靠自身内部积累，因银行对融资企业有较高的要求，而中小企业由于自身规模小、自有资金不足、资信水平低等方面的限制，多数中小企业难以获得银行贷款批准或规模有限。所以，中小企业融资难、融资贵依然是老大难问题，成为阻碍其发展的一大障碍。

一方面，个体工商户、企业间建立在一定合作、信任基础上的赊账、赊销现象明显。或因流动资金确实不足，或因需要放大自身资金利月率等，使得被赊个体、企业资金压力增大，被迫需要融资。

另一方面，中小企业资金流十分脆弱。银行向企业放贷主要有抵押贷款和担保贷款两种模式，资产规模大、资产质量优良的企业容易获得贷款，而规模较小、不动产少的企业尤其是物流企业就很难得到银行的青睐。再加上信息的不对称、征信体系的缺失，造成银行及其他同梯队金融机构对于其资质的审核难度达到最大，审核周期长、授信低成为中小企业融资的“两座大山”。种种原因使得在中小企业融资途径中，亲友间借贷、内部集资和非正规融资占比较大，比如有些中小企业融资渠道被迫转向次级金融机构——民间借贷机构，融资成本居高不下，十分不利于中小企业良性发展。

无疑，这与我国“普惠金融”的民生政策期望相悖，而供应链金融因其独特的闭环特点，有效解决了部分中小企业的融资问题，因而近年来备受政策的关注与大力支持。此外，供应链金融以核心企业为中心、真实贸易为前提，加上对整体资金流、信息流、物流的控制与配合的特点，将单个企业的不可控风险转变成为供应链企业整体的可控性风险。相比传统的单个企业借款项目，供应链金融拥有诸多优势与便利。

参与者也愈发多元化，涉及银行、上市公司、大电商企业、P2P 平台等，市场前景广阔。在政策方面，中国人民银行、银保监会、发展改革委等八部委联合发布的《关于金融支持工业稳增长调结构增效益的若干意见》，力推供应链金融、应收账款融资，在金融圈引起了广泛关注。

(二) 中小企业融资难的原因

1. 中小企业的信用危机较为严重

中小企业存在着较为严重的信用危机。例如，浙江省玉环市地处浙江省东南部，全县共有各类工业企业 41 457 家，注册资本在 500 万元以上的企业仅 690 家，中小企业数量占全县企业总数的 98% 以上。据统计，2016 年，玉环市工商局共办理动产抵押登记 474 件，抵押物价值 63.24 亿元，帮助企业融资近 45 亿元，但这仅占全县金融机构贷款余额的一小部分。

中小企业产生信用危机的主要原因包括：

（1）企业规模小、抗风险能力差。一笔业务遭严重亏损将直接影响企业运行，最终导致违约风险发生。

（2）规章制度不完善，监控不力。中小企业往往缺乏完善的规模制度，对相应的事项监控不力。

（3）人员素质不高，人为违约率高。因员工职业操守方面的原因而导致信用危机的事件时有发生，贷款违约率居高不下。

（4）企业容易倒闭，偿债难度大。若企业倒闭，即使银行能通过诉讼的方式保全资产，但根据相关法律规定，在清产核算中要优先保障税收、职工权益后才能考虑银行的债权问题。中小企业资产少，偿债可能性不高。

（5）并购不规范、监管难度大。企业改制，有账无实，新老公司挂账问题突出。

2. 中小企业的担保和抵押有限

中小企业往往因为资产规模小、能够提供的抵押物中高质量的不动产较少等问题，而较难获得银行贷款。

（1）难以提供不动产做贷款抵押物。中小企业轻资产运营较多，很难提供房产、生产线等不动产做贷款抵押物。

（2）抵押品或设备的变现能力低。中小企业技术设备先进性不高，可提供抵押品或设备的变现能力低，登记和评估增加了融资成本。

（3）实力较弱，难找融资担保人。在现实社会经济生活中，如果企业不能提供令银行满意的抵押物，银行往往要求企业提供担保单位，而中小企业实力较弱，难以找到愿意为自己融资提供担保的单位。

3. 企业信用评级体系尚不完善

银行传统授信品质取决于评估借款人的信用，授信放款强调安全性、流动性和收益性，以防授信违约风险，主要对企业基本面和财务资料进行评估。我国企业信用评级体系还不够完善，中小企业融资审核成本高，企业与银行间信息不对称。

（1）企业信用审核成本高。中小企业每次融资，银行都要进行资质考察、评估工作，而中小企业的融资金额一般都不大，造成银行投入产出比较低。

（2）企业与银行间信息不对称。中小企业难以提供有力的担保物或担保单位，往往虚增收入，银行所见资料被注水或者修饰，难以客观判断应否发放贷款。银行不得不审慎对待中小企业的融资申请，殃及本身经营状况良好的中小企业。

（3）银行授信评估存在片面性。银行若依据企业上两个年度报表定量分析，则企业经营情况可能变化大；若依据企业上一年度经营规模核定授信额度，则规模增加时授信不足。

（4）银行授信过度依赖担保品。银行若以质押品价值决定授信额度，则容易忽视到期还款能力，导致缺乏对授信资金的有效控管，缺乏对企业日常交易的把控，难以跟踪授信资金的使用。

二、供应链金融的内涵和特征

供应链金融是商业银行信贷业务的一个专业领域，也是企业尤其是中小企业的一种融资渠道。供应链资金约束问题可以通过两类融资渠道解决：一是供应链内部融资，采购商通过采购合同以部分货款提取全部货物，延迟支付尾款；二是供应链外部融资，即获取第三方金融机构（银行）的行业贷款。

（一）供应链金融的基本概念

供应链金融是通过一家资信状况良好的核心企业，为其上下游中小企业提供相应的金融支持。通常，银行会系统地分析供应链内部交易结构和各节点企业的业务情况，并运用自偿性贸易融资的模式，引入核心大企业、第三方物流企业等风险控制变量，对供应链的不同环节提供包括封闭的授信支持、结算、理财等金融服务。

供应链融资是在贸易融资基础上发展而来的，是一种主要由商业银行或物流公司主导的新型融资模式。商业银行运用结构性的短期融资工具，针对贸易过程中的预付账款、存货以及应收账款等资产而发放融资，其实质体现为对传统流动资金贷款的升级和细化。

（二）供应链金融的运行特征

供应链融资能够将资金在供应链管理中进行有效整合，一方面为处于供应链各环节的企业提供资金，促进贸易活动发展；另一方面把这种新型贷款服务投向供应链中处于弱势地位的中小企业，实现有限资金整合和合理分配。供应链融资需信息中介、信用中介、风险中介等金融服务整合物流、信息流和资金流。

1. 对整个供应链进行授信评估

供应链战略从单家企业向多家企业协调集成，从市场反应型发展为客户导向型进行运作。因此，绩效评价也要从单方评价扩展到多方评价，从单纯的财务指标拓展到综合指标。

2. 依据合作关系进行授信分配

供应链金融从资金流角度上将供应链节点上的参与主体联系在一起，搭建新型的战略合作关系，利用成员企业之间的合作关系进行授信分配。

3. 主要受益对象是中小企业

供应链金融是针对缺乏固定资产、拥有较多流动资产的中小企业而设计的提升其信贷能力的新型金融工具。中小企业围绕核心企业进行生产经营，其现金压力在于应收账款、预付账款和库存占用。

4. 重点是资源配置和信息共享

供应链金融关注供应链交易过程，整合供应链节点企业的物流、信息流和资金流，整体把控授信风险，实现优化筹资，降低融资成本，提高资本利用率。

（三）供应链金融的授信特点

供应链融资不但为广大中小企业提供综合授信业务，还能化零为整，集结单一授信企业管控风险。这意味着对银行考察单体企业信用的这一传统授信模式进行了颠覆，使银行把供应链相关企业视作一个整体，并针对这一整体实施科学、有效的融资方案。

1. 将节点授信企业的信用评估和核心企业紧密联系

供应链金融站在供应链全局视角，对供应链某企业或上下游多企业授信，将供应链节点授信企业的信用评估和核心企业紧密联系，分析、评估授信企业的财务实力、经营状况和网链地位，分析、评估核心企业的财务实力、经营能力和行业地位，不再以单家企业的财务指标作为唯一授信标准，更多考虑整条供应链的抗风险能力。

2. 对授信融资严格限定于与核心企业的真实交易中

供应链金融借助核心企业信誉，拓展信贷范围；对授信企业融资严格限定于与核心企业的真实交易中；严格限制资金的用途转移，完善核心企业的担保机制。

3. 整合供应链“三流”的业务流程，从整体把控授信风险

供应链金融整合供应链物流、资金流和信息流，引导授信企业的销售收入用于偿还银行授信，即自偿性，建立新型战略合作关系。

（四）供应链金融的优势分析

供应链金融不但能有效缓解长期困扰中小企业的融资难问题，还能让有效资金在供应链企业中实现均衡分配，有效提升整个供应链群体企业的综合竞争实力。供应链节点企业真正的金融合作伙伴是谁？为了便于理解供应链金融的特征，可参见表 11-1 所示的三类不同融资模式的对比。

表 11-1 三类不同融资模式的对比

项　目	银行信贷	小额贷款	供应链融资
申请条件	严格考量贷款企业主体信用	主要考量贷款企业主体信用	主要考量交易双方
融资担保	要求抵押物、质押物或保证金	对足额抵押物、质押物或保证金的要求日益严格	仅需转让应收账款或存货债权，无须额外担保
授信审核	一般 1～2 个月	通常 2 周	首次 1 个月，后续循环信用审核
融资成本	低	高	略高于银行，远低于小额贷款
信贷额度	额度最高，但不接受小额业务	杠杆率低，额度较低，几万元到几十万元	额度较高，单笔信贷几十万元到几千万元
增值服务	无	无	资信调查、信用风险担保

推行供应链金融可以降低企业的贸易融资成本。供应商运营供应链金融的益处体现

在：降低生产成本，缩短应收账款回收天数，改善经营的连续性。买家（核心企业）运营供应链金融的益处体现在：降低采购单位成本，降低供应风险、减少供应中断，延长对供应商的账期、增加应收账款平均支付天数。

三、供应链金融的主体关系

供应链金融是基于供应链上的核心企业和上下游企业之间的长期贸易合作关系，其中存在商业银行等金融机构、中小企业、核心企业以及合作监管方（第三方物流企业）等主体，如图 11-1 所示。

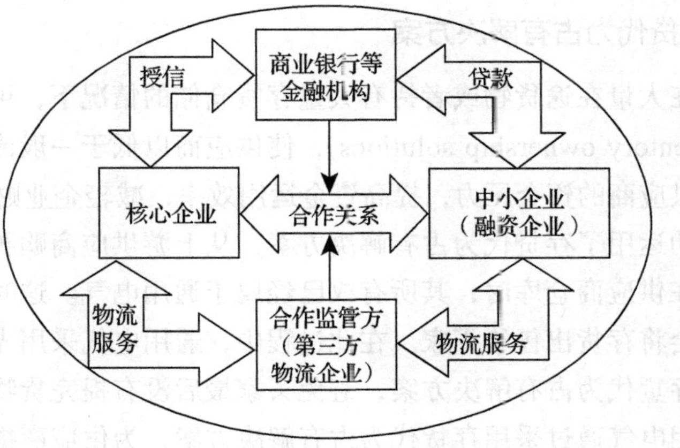

图 11-1　供应链金融的主体关系

(一) 商业银行

商业银行是供应链金融的供给主体，为中小企业提供贷款支持。当前供应链金融产品主要集中在汽车行业和钢铁等能源行业。

(二) 中小企业

中小企业是供应链金融的最直接受益者，可以降低成本取得银行融资。在过去，银行只关注单一申请贷款单位的一些指标，比如资产规模、不动产规模、负债和经营绩效等，而不会去关注其经营模式，以及与上下游企业的关系。通过供应链金融融资，基于供应链上核心大企业的雄厚实力以及中小企业和核心大企业之间确定的商业往来关系，结合一系列审查制度，往往会大大增加中小企业向银行申请融资的成功率。

(三) 核心企业

核心企业是在整条供应链上占据最核心地位、实力雄厚、足以影响供应链上其他成员的企业，主导着与其他成员企业的合作，以其强大的实力为供应链金融提供信用担保，也肩负着提高整条供应链运营绩效的重任。可以说，核心企业是供应链金融的关键角色，承担着信息交换功能和物流调配功能。

（四）合作监管方（第三方物流企业）

合作监管方一方面为中小企业提供物流、信用担保服务；另一方面搭建银行与企业间合作的桥梁，为银行等金融机构提供资产管理服务。物流企业在这一服务过程中，将获得两部分收益：一是物流运营收费，二是货物评估和质押监管收费。

四、供应链金融的典型案例

（一）通用电气存货代为占有解决方案

在供应商存在大量在途货物或者持有大量存货仓储的情况下，可以采用存货代为占有解决方案（inventory ownership solutions），使供应商以低于一般流动资金的贷款利率获得融资，减少供应商的资金压力，提高资金运用效率，减轻企业财务压力。

通用电气成功运用了存货代为占有解决方案，从上游供应商购买产品，这些产品在运输过程中或者在供应商仓库时，其所有权已经属于通用电气。这时如果下游买家需要提货，通用电气会将存货出售给买家。在此过程中，通用电气采用先进的在途数据信息管理系统，管理存货代为占有解决方案，避免买家最后没有提完货物而使通用电气沦为最终的货主。通用电气通过采用存货代为占有解决方案，为供应商提供了库存实时变现的途径，规避了存货积压产生的资金占用。

与通用电气相似，太平洋资产融资（Pacific Assets Funding，PAF）公司也已经采用了存货代为占有解决方案。除存货盘活服务以外，PAF 公司更像是一家贸易公司，其业务包括安排运输、储存和清关，但与通用电气的存货代为占有模式存在差异，通用电气提供的存货代为占有模式要求买家具备投资级别，而 PAF 公司只要买家能够合法取得对商品的所有权，便可以与买家进行合作。

（二）摩根大通银行供应链金融

全球著名的商业银行——摩根大通银行于 2005 年收购了 Vastera 公司这家物流企业，实现实体供应链和金融供应链的“联姻”，在亚洲组建了一个新的物流团队，为其供应链和分销商部门提供专门的金融服务与支持。

在为全球供应链中主要结算环节（包括收付货款、支付运费、支付保险费、支付关税等）提供服务的过程中，摩根大通银行可以较为方便地获得各类贸易相关数据，其资金清算部门在全球美元清算业务中拥有举足轻重的地位，而现金管理和供应链贸易融资是两项相辅相成的银行业务。新组建的 JP Morgan Chase Vastera 公司提出的价值宣言是：为进出口商提供一站式服务，妥善解决跨境货物运输中日益增加的各种风险和挑战，包括由于不充分的进出口信息和文件传递延迟引起的运输耽搁、违反国际贸易法规遭受的政府罚款，以及由于供应链运营缺陷导致的现金流问题等。

Vastera公司原有的流程和技术有力地支持了“实体货物”的跨境流动，提高了货物运输数据的可视度，为整条供应链运营监管提供了更高水平的金融工具和更多的融资机会。跨行业的并购打破了厂商、物流公司、银行通过互不关联的系统及流程分别参与供应链中物流和资金流的格局，通过整合不同的平台实现互补、创造合力。

与此相反，英国巴莱克银行与荷兰银行签订了一份协议，将其贸易服务的操作环节业务整体外包给荷兰银行处理，仅保留与客户联络、客户关系管理、客户数据分析等功能。巴克莱银行这么做并非忽视了贸易融资方面的巨大业务机会，与摩根大通银行相反，它只是通过后台操作外包给荷兰银行的方法来提高运营效率，降低操作差错，增加操作风险的可控性，从而可以集中更多精力构造贸易融资技术平台，提高在服务及客户关系管理方面的核心竞争力，以集中更多资源强化贸易融资业务中的核心部分。

第二节　供应链金融融资实践

供应链金融的融资模式以不同的融资客体作为划分依据。根据供应链物流的业务运行阶段，我们可以将供应链金融的融资模式划分为：采购阶段的装运前融资，如预付账款融资；运营阶段的在途物流融资，如存货质押融资；销售阶段的交货后融资，如应收账款融资。供应链金融相应地存在四大增值链：应收账款增值链、预付账款增值链、物流服务增值链、电子服务增值链。供应链融资经典实践模式如下所述。

一、预付账款融资模式

供应链下游企业采购物料周期或者付款期通常较短，而上游核心企业又要求先预付账款，短期面临资金周转难题的下游中小企业如何解决预付账款问题呢？

（一）预付账款融资的内涵特征

1. 预付账款融资的概念

从时间上来看，预付账款融资是融资人针对应该收取但未到期的账款向金融机构申请融资业务的行为，是对企业未来存货的一种融资。保兑仓业务是银行预付账款融资产品中最典型的一种业务。

保兑仓融资是指在供应商（核心企业）承诺回购的前提下，以供应商在银行指定仓库的既定仓单为质押（核定贷款额度），以控制购买商品的提货权为手段的授信融资业务。它为供应链上的中小节点企业提供了融资便利，缓解了融资难的困境，第三方物流企业负责对质押货物进行评估与仓储监管，通过物权担保和核心企业承诺回购责任保证等方式，降低了银行的金融风险。

2. 预付账款融资的特点

该融资模式由供应链中的供应商、融资企业、金融机构、仓储监管方共同参与，特别适合短期内面临资金周转困难的下游中小企业。

（1）参与主体职责。仓储监管方主要负责质押物的评估和监管。融资企业提高了资产周转率，核心企业实现了批量销售。

（2）实施的前提条件。在供应链中，上游核心企业承诺回购物料或产品，承诺为中小企业承担连带的担保责任，并以金融机构指定的仓库既定仓单为质押，以降低金融机构的信贷风险。

（二）预付账款融资的典型模式

预付账款融资模式是供应链金融中最典型的融资模式之一，主要是利用核心企业的信用引入来向核心企业的供应商或经销商提供授信。它可以分为以下两种模式。

1. 保兑仓融资模式

保兑仓融资目前主要被运用在汽车、钢铁等成员关系密切且供应链管理相对完善的行业。通过经销商保兑仓融资业务，融资企业可分批次支付货款，极大地缓解了融资压力，提高了资产周转率；核心企业通过参与该业务能够实现批量销售，提高盈利能力。同时，核心企业承诺回购和担保，并以金融机构指定的仓库既定仓单为质押，降低了金融机构信贷风险，其主要步骤如图 11-2 所示。

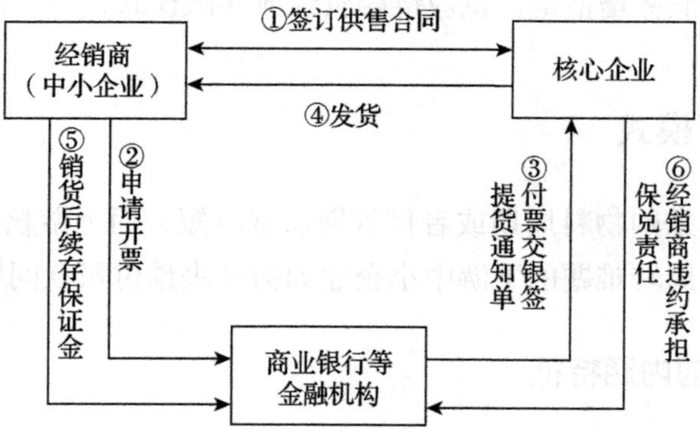

图 11-2　保兑仓融资模式

2. 先票（款）后货质押模式

先票（款）后货质押融资是指商品卖方按照银行等金融机构的指示向购买方交付货物，卖方对相当于尚未发货部分的授信额度承担支付责任的融资模式，如图 11-3 所示。商品买方从银行取得授信，支付货款；商品卖方按照购销合同以及合作协议书的约定发运货物，并以银行作为收货人，到货后企业直接赎货或转为现货质押，以作为银行授信的担保物。

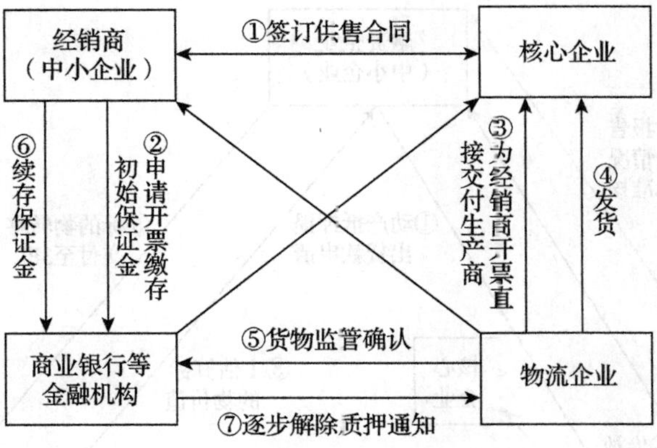

图 11-3 先票（款）后货质押模式

（三）预付账款融资的适用性

预付账款融资是以核心企业承诺回购为前提，以应该收取但未到期的账款为质押，以控制中小企业向核心企业购买的商品提货权为手段，由银行向中小企业提供融资的授信业务。该模式主要适用于需要向供应链上游企业采购商品的生产型和贸易型企业。

在该融资模式下，融资企业可以在没有其他抵押物、质押物或担保的情况下，从银行等金融机构获得授信支持，有效解决企业的资金压力，扩大生产经营规模；同时，融资企业可以利用银行等金融机构的授信实现商品的大规模采购，从而能获得较大的商品采购折扣以降低采购成本；另外，融资企业也可以运用该融资模式提前锁定商品采购价格，规避涨价风险。

二、存货质押融资模式

目前很多中小企业面临现金流不足的问题，需向银行申请贷款以维持其生产经营活动，当企业不动产、有价证券不足以进行抵押或者质押，且企业正处于需要支付现金而存货尚未卖出这段时期时，企业可以将拥有的存货等物料作为质押品，交给第三方物流企业保管，并质押给银行实现融资。

（一）存货质押融资的内涵特征

1. 存货质押融资的概念

存货质押融资是指融资企业以存货作为质押物向金融机构贷款，金融机构为实现对质押物的转移占有委托第三方物流企业代为监管融资企业的存货，其主体间关系如图 11-4 所示。

2. 存货质押融资的特点

这个融资方案签订的协议牵涉商业银行等金融机构、融资企业和第三方物流企业。

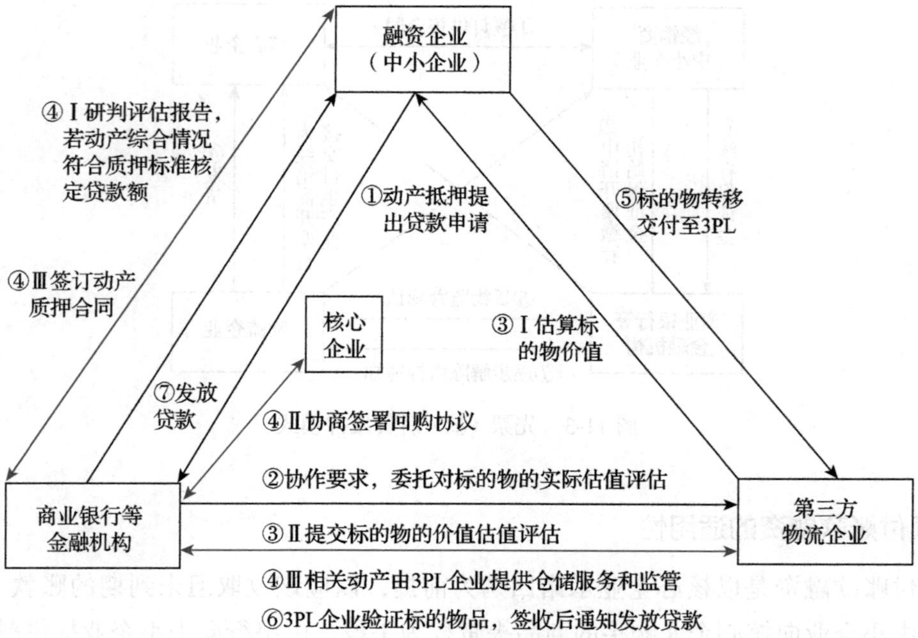

图 11-4 存货融资主体间关系

（1）银行物流合作融资

银行与第三方物流企业合作，通过物流监管提供授信的金融服务，或第三方物流企业基于货物监控为客户提供信用保证。

（2）借助专业物流监管

存货融资的核心在于银行借助第三方物流企业的专业能力评估质押品价值和监管物流流动，控制操作风险。

（3）银行物流合作形式

第三方物流企业提供自有库监管、在途监管、输出监管等服务，这是货权、动产质押授信业务中最基本的一种融资方式。一方面，授信企业必须以现款赎货；另一方面，质押物不允许以货易贷。

（二）存货质押融资的典型模式

存货质押融资按照监管地可分为存货质押授信和融通仓两种不同的融资模式。

1. 存货质押授信模式

在该模式下，存货监管地一般在借款企业的生产地。融资企业、商业银行、物流企业协商签署三方长期合作协议。其运作机理是：融资企业开设一个特殊银行账户，向银行提交贷款申请文件；第三方物流企业进行质押物的验收、估价和监管，并向银行提供证明文件；商业银行核实贷款申请和第三方物流企业估价报告，发放贷款给融资企业；融资企业使用和销售存货；第三方物流企业确认收款账户无误后准许融资企业发货；融资企业获取产品销售收入，并进行还款（见图 11-5）。

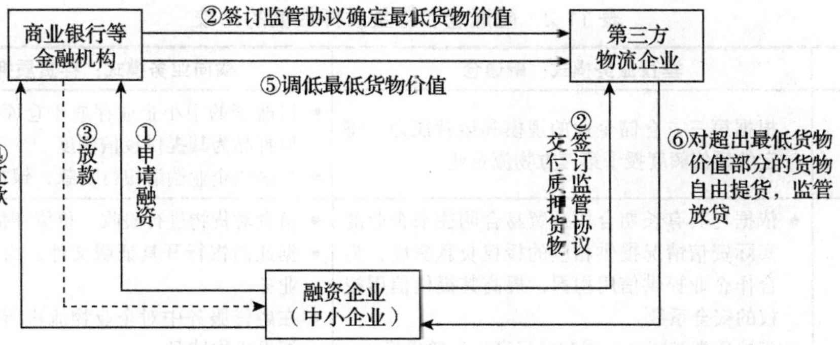

图 11-5　存货质押融资模式

2. 融通仓融资模式

融通仓是指专业的第三方物流企业向融资企业提供的既包含物流仓储服务，也包含金融服务的集成式创新服务模式（见图 11-6）。

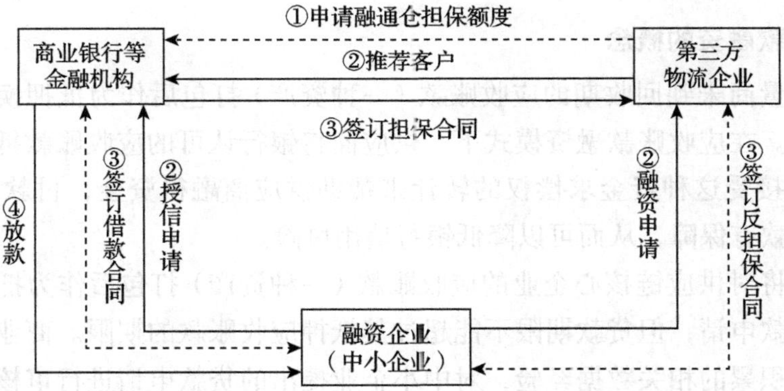

图 11-6　融通仓融资模式

融通仓融资模式下的货物监管地不在融资企业，而在第三方物流企业仓库。银行等金融机构根据第三方物流企业的规模、业绩、资产负债情况，给予其一定的授信额度。第三方物流企业对银行等金融机构的授信额度进行分割，进而对监管仓库内的融资企业进行授信。

该融资模式是依赖融资企业的信用状况来配置信贷配额，以融资企业质押在融通仓中的货品作为质押物或反担保品，以信用担保进行融资，从而简化贷款流程，降低交易费用。融通仓融资模式能为商业银行等金融机构提供新的贷款对象，为中小企业融资提供新的渠道，为第三方物流企业开辟新的物流增值服务内容，因此具有较大的应用前景。

（三）融通仓和存货质押授信的比较

融通仓和存货质押授信的比较如表 11-2 所示。

表 11-2 融通仓和存货质押授信的比较

主体	垂直业务模式：融通仓	横向业务模式：存货质押授信
金融机构	根据第三方仓储企业的规模和运营能力，将一定的授信额度授予第三方物流企业	• 以融资的中小企业存放于仓库内的商品作为质押品为其提供授信额度 • 待融资企业偿清银行贷款，银行归还仓单
物流企业	• 依据与其有长期合作及贸易合同往来企业的实际资信情况提供相应的授权贷款额度，为合作企业提供信用担保，提高其提供信用授权的安全系数 • 直接负责融资企业贷款的运营和风险管理	• 负责对货物进行验收、价值评估与监管 • 据此向银行开具证明文件，为其提供融通仓业务 • 在融资服务中对企业物流进行监管，向银行汇报货物情况
中小企业	以销售库存商品的货款归还融资款项	• 凭仓单提货，以销售库存商品的货款归还融资款项

三、应收账款融资模式

（一）应收账款融资的内涵特征

1. 应收账款融资的概念

企业把大量尚未到回收期的应收账款（一种资产）打包后作为抵押换取金融机构的短期信用贷款。在应收账款融资模式下，供应商将银行认可的应收账款抵押或让售给银行，银行通过接受这种资金求偿权的转让来帮助供应商融得资金，付款人（核心企业）信誉较高，回款有保障，从而可以降低银行信用风险。

中小企业将对供应链核心企业的应收账款（一种资产）打包后作为抵押换取金融机构提出短期贷款申请，但贷款期限不能超过其抵押应收账款的期限。商业银行等金融机构可利用之前积累的相关数据经验，对中小企业提出的贷款申请进行审核并借助企业历史经营数据对其应收账款质押进行评估。

2. 应收账款融资的特点

中小企业为债权方，核心企业为债务方，同时承担反向担保职责；金融机构为其债务关系提供流动性预支的服务。融资对象一般是供应链上游中小企业，特点是便捷、可操作性较强。应收账款融资的本质是抵押融资的行为。

（1）债务方的核心企业凭借其良好的历史资信记录以及与金融机构长期稳定的合作关系起着为债务方债务反向担保的作用，若核心企业出现问题或违约风险，其反向担保机制也会让其承担起偿付金融机构损失的相关责任。

（2）传统信贷业务尤为关注融资需求方的资产规模、资产负债表信息。应收账款融资模式引导金融机构更多关注整条供应链上相关企业之间签订的贸易合同，通过合同中所能反映的融资企业的主营业务在供应链中的地位、实际盈利状况等去评价企业的偿付能力及潜在风险因素，把风险评估的范围从单一企业延伸至了企业所在的整条供应链。

（3）在这样的相互约束和相关担保机制的共同作用下，身处供应链中的中小企业为了能够形成良好的信用记录、增加其融资申请的成功概率、降低其融资成本，会在其业务上与核心企业逐渐形成稳定的贸易往来以及良好的合作关系。对此，中小企业也要考虑到一旦出现违约等风险事件，会在今后很长的时间内对其融资造成困扰，大幅提高其违约成本。

（二）应收账款融资的典型模式

依据单据有无追索权，我们可将应收账款融资划分为应收账款质押融资和应收账款转让融资模式，这两种模式是目前国内商业银行开展的应收账款融资的主要形式。

1. 应收账款质押融资

应收账款质押融资是指卖方（应收账款债权人）将采用赊销方式向买方（应收账款债务人）销售货物时所产生的应收账款的相关权利质押给商业银行等金融机构，以获得授信融资。

其运作机理是中小企业以应收账款债权当作质押物向商业银行等金融机构提出贷款申请，以核心企业偿付的货款作为商业银行等金融机构的还款来源；商业银行等金融机构享有追索权，若被拒绝还款或中小企业无力还款，商业银行等金融机构则回收质押的应收账款（见图 11-7）。

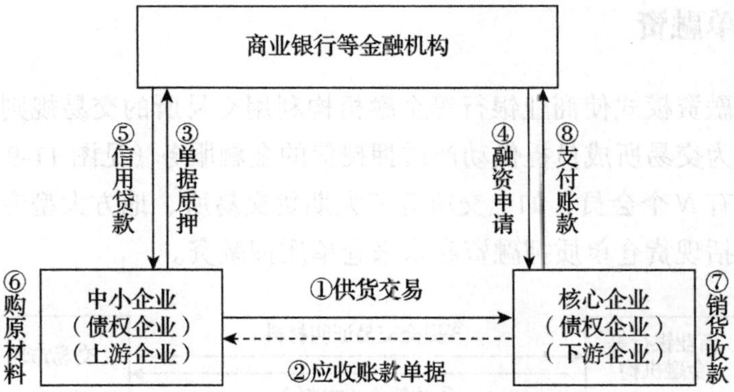

图 11-7　应收账款质押融资模式

应收账款质押融资的特点包括：融资企业负责应收账款的回收，并用收回的应收账款偿还商业银行等金融机构的贷款；商业银行等金融机构定期对融资企业进行实地检查，以确保信贷资金的安全。应收账款融资的前提是：①真实的应收账款存在，并由下游企业进行确认；②下游企业资质良好，信用可靠；③汇款账户具有唯一性和不可更改性。具备这三个前提和追索权，才能确保银行信贷资金安全。

2. 应收账款转让融资

应收账款转让融资即保理融资，是指融资企业将应收账款转让给金融机构以获取授信的融资方式。

其运作机理是中小企业通过将其应收账款打包出售给金融机构，并告知偿债人未来直接还款给金融机构；金融机构作为收款方承担收款过程中的相应风险，债权转让合同一经签订，金融机构便不具追索权（见图 11-8）。

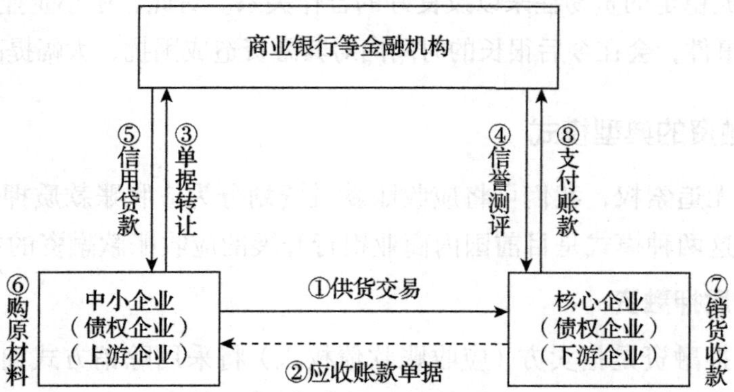

图 11-8　应收账款转让融资模式

应收账款转让融资的特点包括：账款回收主体是金融机构，负责回收转让的应收账款；银行接受融资的依据主要取决于融资企业转让的应收账款的可回收性，即取决于欠款客户的信誉。

四、交易所仓单融资

交易所仓单融资模式使商业银行等金融机构利用交易所的交易规则和交易所中立的动产监管职能，为交易所成员提供动产质押授信的金融服务（见图 11-9）。

一家交易所有 *N* 个会员，如上交所等三大期货交易所、地方大型专业交易市场。交易所仓单融资包括现货仓单质押融资和未来仓单质押融资。

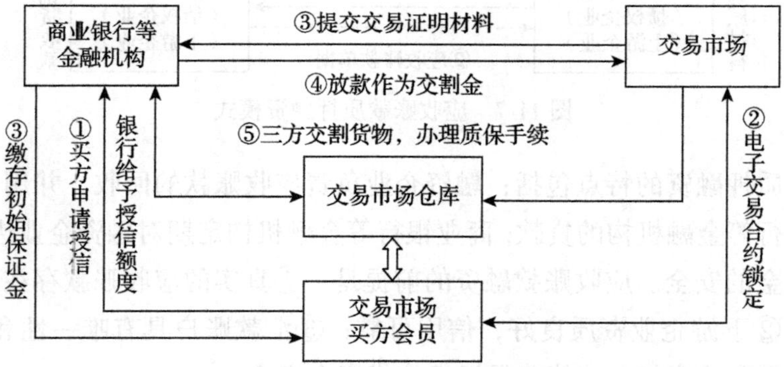

图 11-9　交易所仓单融资模式

五、订单封闭授信融资

订单封闭授信融资是指银行利用物流和资金流的封闭操作，采用预付账款融资和应收账款融资的组合模式为经销商提供授信。

该融资模式是两头大、中间小的“1 + *N* + 1”融资方式，如图 11-10 所示。

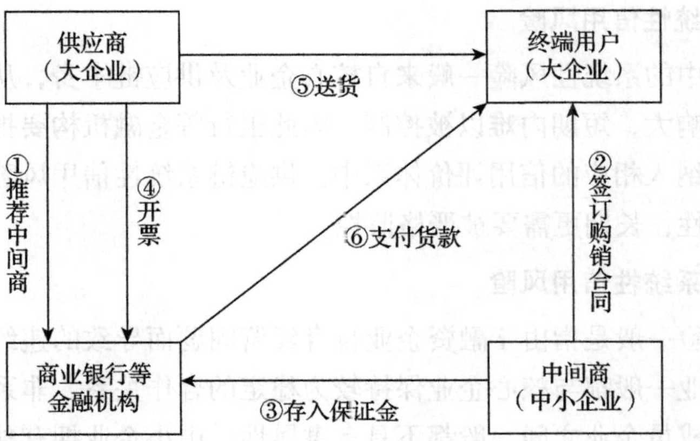

图 11-10　订单封闭授信融资模式

该融资模式适合于多个不同产业的中间商，如煤炭企业为上游、钢铁企业为下游的经销商，或者以办公设备生产企业为上游、政府采购平台为下游的经销商。

第三节　供应链金融风险管控

供应链金融风险是指银行等金融机构在对融资企业进行融资授信及其执行过程中，由于各种不确定因素的存在而使其实际收益与预期收益之间发生较大偏差（甚至授信本金都不能收回），从而遭受损失的可能性。金融管控的首要目标在于保证信贷资金的安全性，那么如何确保授信资金安全呢？

一、供应链金融风险类型识别

供应链金融参与主体实属委托—代理关系，即参与双方所能掌握的信息不对称的经济关系。一方面，融资企业的能力难以被观测，会出现事前投机行为，银行存在逆向选择风险；另一方面，融资企业的努力难以被观测，会出现事后投机行为，存在道德风险。

（一）供应链金融融资信用风险

这是指商业银行向中小企业授信时所存在的信用风险。经验数据表明，在大于 6 个月的逾期货款中，80% 将无法足额偿还。

供应链金融融资信用风险是指融资企业因各种原因不能依约偿还银行等金融机构借款的风险。如果买方破产、倒闭、丧失支付能力或恶意拖欠而不能按期付款，则会出现呆坏账，产生买方信用风险。进行买方信用风险担保，可部分化解买方信用风险，有助于卖方及时收回应收账款。

一般情况下，供应链金融融资信用风险又可分为供应链系统性信用风险、供应链非系统性信用风险和供应链成员不诚信风险。

1. 供应链系统性信用风险

供应链金融中的系统性风险一般来自核心企业及供应链本身，从而导致融资企业违约。系统风险影响大，短期内难以被控制，因此银行等金融机构要把核心企业及整条供应链的运行情况纳入相应的信用评价体系中。供应链系统性信用风险随着合作时间的延长具有动态变化性，长期更需要被严格监控。

2. 供应链非系统性信用风险

非系统性风险一般是指由于融资企业自身经营问题而导致的违约风险。虽然供应链环节中的中小企业一般都与核心企业保持较为稳定的合作关系，非系统性风险有下降的趋势，但供应链成员企业之间一般都不具有隶属性。中小企业拥有独立的决策权，决策失误或发生突发事件，都会导致还款能力的降低甚至丧失。

3. 供应链成员不诚信风险

道德风险也能够导致信用风险的发生。比如，融资企业以次充好，故意向商业银行等金融机构隐瞒抵（质）押物的真实品质情况；融资企业将所借款项挪用至风险较大的投资领域而非贸易领域；企业回收的贷款未流入商业银行等金融机构指定的监管账户，等等。

（二）供应链金融融资关系风险

供应链成员企业目标冲突、供应链节点企业信用不同步、供应链是一个动态变化的系统，这一切都决定了供应链合作关系的存续。

关系风险主要是指供应链成员企业之间合作关系紧张甚至破裂的风险。

1. 供应链关系的动态性风险

供应链合作的价值增值源于信息共享，但存在信息外泄风险，影响供应链合作的稳定性。基于增值性和实力的合作关系，呈现出供应链关系的动态性；合作关系的影响因素众多而复杂，强化了供应链关系的动态性。

2. 供应链断裂产生呆账风险

节点企业目标不协调，导致合作程度弱化、订单量减少；核心企业的强势地位也存在隐患，如果其经营困难，将殃及供应链成员企业。供应链节点企业（尤其是核心企业）自身经营不善，极有可能导致该链条出现断裂，供应链融资的偿还来源由此消失。对于银行而言，就会形成呆账或坏账。

3. 供应链关系管控滞后风险

供应链成员企业目标发生冲突、企业间信息缺失、信息传递不及时、业务衔接不流畅等都会带来合作关系变动，而商业银行等金融机构的信息系统发展水平有限，难以对供应链上企业的物流进行适时监控，难以有效处理供应链突发事件导致的违约损失。

4. 供应链牛鞭效应失真风险

消费需求信息在沿着供应链向上传递的过程中被不断曲解、放大，形成牛鞭效应，这将导致产品在供应链中大量积压而占用资金，使整条供应链运作效率低下，从而形成融资企业违约的可能性。发展供应链金融业务需要及时掌握整条供应链的运行情况，要求信息系统具备处理突发事件的功能，这些都对信息技术的发展提出了新的要求。

5. 供应链合作文化冲突风险

供应链金融关系风险还体现在成员企业间的文化差异，价值观、企业目标、道德标准、行为习惯及理解沟通等差异，都可能引发合作方之间的文化冲突，从而给供应链金融带来风险。

（三）供应链金融融资操作风险

较之于传统的信贷业务，加强对授信支持资产的审核与管理是防范供应链融资操作风险的重要环节，但仅仅采用一般的审贷分离制度，无法对来自各个环节的操作风险进行有效控制。供应链金融操作包括信用调查、融资审批、授信后续管理等业务操作环节，由于银行等金融机构不完善的内部控制、人为失误、系统故障以及外部事件等，可能会带来潜在损失，所以企业重点关注银行内部控制是否健全、业务流程是否合理、信息系统是否功能强大。按供应链金融业务操作成因不同，操作风险可被分为四类：信贷人员素质的审查风险、信贷操作流程的违规风险、信息反馈滞后的监管风险、外部事件引致的突发风险。

1. 信贷人员素质的审查风险

供应链金融操作环节多，涉及的业务背景复杂，对商业银行等金融机构的员工素质提出了较高的要求——其需要具有相应的专业知识，熟悉有关业务操作流程。银行在实际操作过程中，无论是在审核单据环节，还是在跟踪货物市场价格的环节，抑或是在监控贷款人回款的环节，其复杂程度远远高于一般流动资金的贷款业务。

（1）信贷人员的风险识别技能。信贷人员的风险识别技能不足会存在审查错误的风险。融资企业的经营状况及其发展前景受供应链复杂关系和行业环境的影响，其经营行为存在很大的不确定性；供应链的行业跨度大，也加大了人员分析难度。无论是在对授信企业所在行业发展前景进行判断方面，还是审查授信企业本身的运营能力方面，均存在很大的难度。

（2）协同融资模式选择不恰当。不同融资模式的风险类型、大小不同（见表 11-3），因此信贷人员需要具备模式风险识别能力。如果员工达不到相应的要求，就容易在业务实践过程中出差错，进而导致风险的产生。

表 11-3 不同融资模式的风险类型、大小

	信用风险			关系风险					操作风险			
	融资企业	核心企业	第三方物流企业	目标冲突	关系强度	核心企业实力	网络规模	订单变动	信息共享	担保责任	物流监管	资产管理
应收账款融资	2	6	2	6	8	4	6	2	2	4	2	6
预付账款融资	4	6	2	6	6	8	6	8	2	4	2	6
存货质押融资	8	8	10	8	8	6	2	2	8	6	8	4

注：10 分量表，分值越大代表风险越高。

（3）银行信贷人员的人品素质。银行员工的欺诈、越权、内外勾结等行为也会给银行等金融机构带来风险，工作人员的欺诈行为甚至越权行为同样也会加大操作风险。此外，银行工作人员是否具备充足的财务知识以及广泛的相关专业知识，同样也会影响操作风险的具体量值。

2. 信贷操作流程的违规风险

之所以产生中小企业借款人不按时付款的违约风险，不只是由于社会信用监督体系不完善，中小企业规模小、制度不健全、透明度差、资信不高，更是由于交易过程中信息不对称，而监管技术不力。信贷操作流程设计不合理会产生下述问题。

（1）调查流程不合理产生误判。在信用调查阶段，若银行未按照流程来操作，会出现误判的情况，可能会将信用低下的企业吸纳为客户。如果中小企业提供的财务资料不准确、不完整、不按流程逐项接受调查，那么银行就很难判断其真实信用和资金情况。

（2）融资审批违规合同失效。在融资审批过程中，合同设计不完善，有关条款对银行不利或是违反了法律的规定而不受法律的保护，授信审批流程不合理，导致信用度达不到标准或者能力不足的企业可能逃过银行审查。

（3）未按流程监控合同执行。在授信后续管理阶段，此种操作风险主要是指后续管理体系设计不合理给银行等金融机构带来的潜在风险。由于在授信合同执行中，授信企业贸易过程的信息不对称，如果银行未按规程即时监管贸易动态信息，会导致不能及时洞察授信企业的道德风险和市场风险。

3. 信息反馈滞后的监管风险

该操作风险主要是指银行等金融机构的后台信息系统出现故障甚至失灵，从而不能快速、有效地识别有关风险，以及提供及时的价格波动预警信息所形成的操作风险。其监管风险分为以下三种情况：

（1）未及时发现授信企业的道德风险，例如授信企业以次充好，隐瞒抵押物或质押物的品质问题；违反银行与企业间签订的贷款合同，未经允许私自改变资金用途；应收账款没按合同约定路径回到指定账户，并故意不披露；授信企业恶意贷款、无意还款、存心逃避银行债务，等等。

（2）委托—代理关系风险监管不到位，存在对物流企业的监管风险，如银行与物流公司间的委托—代理风险、银行与核心企业间的委托—代理风险。对此，银行应该进行信贷准入初筛和授信预警。

（3）核心企业的道德风险监管。刻意拖欠货款或延迟发货、不严格执行合同、以次充好等不道德行为，都将导致供应链金融的操作监管风险。

4. 外部事件引致的突发风险

该风险主要是指用于抵（质）押的货物的价格发生了剧烈波动或是监管货物发生了突发灾害而导致的操作风险。

商业银行在开展供应链融资业务时，出于风险转移以及风险规避的实际需要，一般会与诸如物流公司、保险公司以及仓储监管机构等众多第三方机构进行合作。为了能够满足自身与第三方机构开展信息共享与交流，商业银行会在实际操作中设立专门的台账，同时还会建立相应的管理系统，以此开展与第三方机构的操作和管理事项。由于外部环境事件的动态变化，自然加大了实际操作环节的业务工作量，操作风险也随之增大。

（四）供应链金融融资市场风险

1. 质押物市场价格风险

商业银行等金融机构在供应链金融中的市场风险主要针对抵（质）押物的保值能力，涉及抵（质）押物市场价格的剧烈波动、金融汇率变动等造成的存货变现能力发生改变等情况。供应链金融以真实的商品贸易为业务基础，因此，抵（质）押物的价格变化给商业银行等金融机构带来较大的风险。

2. 质押物价值贬值风险

行业中产品更新换代越来越频繁，更新换代将导致抵（质）押物的价值急剧下降。比如，在汽车贸易中，厂商推出新的替代车型将会导致原有车型价值的下降，进而会给开展汽车贸易供应链金融的银行及金融机构带来风险。

3. 市场误判的经营风险

由于供应链节点企业都是单独经济实体，存在固有的一套管理方法和经营模式，有效信息就很难在供应链中各节点企业之间进行有效传递，不同企业有时候还会对统一目标客户中的相应需求产生严重分歧。在这种情况下，银行就有可能从供应链中获得错误的信息，并由此做出错误的判断，加大了银行经营的市场风险。

（五）供应链金融融资法律风险

法律风险是指商业银行等金融机构在开展供应链金融业务时所处的法律环境发生变化、与供应链金融有关的法律条款不完善等因素造成的商业银行等金融机构供应链金融业务损失的可能性。

1. 物权归属变动的纠纷风险

在具体的供应链金融业务中，法律风险主要体现在质押物的所有权归属问题上。供应链金融涉及多个主体，质押物所有权会在多个主体间流动，因此发生质押物所有权纠纷的可能性很大。

2. 质押物优先受偿权丧失风险

法律风险还体现在商业银行等金融机构如何保障其对质押物的优先受偿权问题上。现有的与供应链金融有关的法律法规不健全，容易造成商业银行等金融机构丧失质押物优先受偿权，这一点应引起足够的重视。

二、供应链金融模式风险分析

（一）预付账款融资模式风险分析

1. 融资企业的资质不良风险

在预付款模式下，核心企业（供应商）处于强势地位，而融资企业（经销商）处于弱势地位。商业银行等金融机构在选取融资企业时应考虑那些与核心企业有长期良好合作关系、较强的销售能力、一定的市场开拓能力的企业，若融资企业不具有上述资质便会产生风险。

2. 虚假不实的贸易背景风险

预付款融资业务的开展应基于真实的贸易背景，当供应商与经销商合谋通过编造虚假的贸易资料、贸易合同来骗取商业银行等金融机构的融资款时，便会产生风险。

3. 贸易商品的性质差异风险

若用于融资的贸易商品不属于大宗商品，且在交易市场上存在价格波动剧烈、流动性差的特点，均会给开展融资业务的银行等金融机构带来风险。

4. 融资企业的经营情况风险

融资企业不能持续经营，经营情况不正常，市场占有率不能稳步提升，均会给商业银行等金融机构带来风险。

5. 核心企业的履约情况风险

核心企业不能依约按时、足量地供货且存在纠纷记录，会给商业银行等金融机构带来风险。

6. 第三方监管企业不力风险

选择了资质不良、信用不高的第三方监管企业，或监管企业操作不合规，均会给商业银行等金融机构带来风险。

（二）存货质押融资模式风险分析

1. 存货质押授信和融通仓的共同风险

两者的共同风险包括抵（质）押物的价值下降和货权不明确所带来的损失的可能性。不管是选择存货质押授信融资还是融通仓融资，商业银行等金融机构面对的都是同样的抵（质）押货物。若抵（质）押货物的价格发生剧烈波动从而导致其价值下降，会直接影响信贷资金的安全。另外，若抵（质）押物的货权不明晰，商业银行等金融机构同样会面临信贷资金的安全问题。

2. 存货质押授信和融通仓的单独风险

存货质押授信融资模式下的货物监管地一般为融资企业的生产地，融资企业的经营情况在此模式下显得更为重要。中小融资企业的经营稳定性一般都比供应链中的核心企业差，故商业银行等金融机构应重点关注融资企业的经营稳定性以及信贷资金是否存在不按规定用途使用等情况。

融通仓融资模式下的货物监管地在第三方物流企业，第三方物流企业的资质在融通仓模式下显得尤为重要，也是重要的风险来源。第三方物流企业要承担货物价值评估、货物监管等责任，其资质良好与否直接决定了商业银行等金融机构融资业务开展的成败。

（三）应收账款融资模式风险分析

在应收账款融资模式下，商业银行等金融机构主要向供应链中处于弱势地位的供应商提供融资服务，该业务的风险主要来自以下几个方面。

1. 供应商的资质

若商业银行等金融机构选择与不具有相应技术水平、生产设施、履约能力的供应商开展融资业务，便会存在较大的风险。

2. 贸易真实情况

若供应商在没有真实货运记录的情况下提供虚假贸易资料，而商业银行等金融机构在审查时没有发现，便会存在极大的安全隐患。

3. 应收账款性质

信贷业务期限是否超过应收账款的到期日，供应商与核心企业之间是否存在能够相互抵消的债权，应收账款是否来自企业的正常业务，都是商业银行等金融机构需要关注的问题。

三、供应链金融风险管控原则

管控供应链金融风险，应依据供应风险的类型和发生特点，注意风险回避和风险分散，重视过程控制和风险转移，推行风险补偿和损失控制，其主要原则有以下四个。

（一）预防原则

预防原则是指商业银行等金融机构在开展供应链金融业务时尽可能地预测潜在风险，采取相应的措施以防止信贷风险发生的风险管控原则。此原则要求商业银行等金融机构在信贷资金发放前要详细调查融资企业的生产经营情况、履约能力等，在授信后续管理阶段中要适时了解融资企业的生产经营现状，掌握企业的财务状况，监控信贷资金的使用。另外，供应链金融涉及供应链中的多个主体，商业银行等金融机构除了要了解整条供应链的运行情况之外，还要掌握第三方物流企业的资质情况。

商业银行等金融机构可以采取风险分散策略，选择将资产投放于行业类别、资产结构、融资方式等各不相同的供应链，以多样化来对冲和降低风险。商业银行等金融机构可以通过做好前期的准备工作和突发风险处置预案，有效预防风险的发生。

（二）转移原则

转移原则是指商业银行等金融机构可以利用有关政策和业务手段将自身的供应链金融风险转移给其他经济组织的原则。商业银行等金融机构可以通过购买保险的方式将风险转移给保险公司，保险公司设计合理的保险方案能够从该项业务中获利，因此保险公司在某种意义上愿意接受该项风险的转移。

商业银行等金融机构应严格执行过程控制，将贸易背景特定化，跟踪监控货物运销，把握物权，直接渗透进经营环节，动态控制物流、资金流，防止挪用、断裂；统计风险概率分布，进行风险预警，将风险损失转移给其他第三方主体承担。当前的供应链金融涉及大量的第三方物流企业，该类企业在供应链金融中承担了货物价值评估、货物运输、监管等责任，成为银行等金融机构转移风险的另一类对象。

（三）避让原则

避让原则是指银行等金融机构在开展供应链金融业务时，要根据自身风险承受能力避开甚至主动放弃高风险的项目，以降低或者规避这些潜在风险给自身带来的损失；在银行可承受的风险范围内开展业务活动，在风险和收益之间取得平衡。在实践中，商业银行等金融机构要在做好前期调查工作的基础上，避免和运行不稳定的供应链中的企业合作，主动避开资信差的融资企业。正是基于这样的考虑，目前供应链金融业务开展较多的行业领域是汽车销售和钢材贸易等。

（四）遏制原则

遏制原则是指商业银行等金融机构在意识到风险即将发生或正在发生时，要及时采取有效措施控制损失，以防风险进一步恶化，使所遭受的损失降至最小。在实际操作过程中，商业银行等金融机构如果发现融资企业出现信用状况急剧恶化的情况，要果断停止授信资金的进一步发放，并及时回收贷款，必要时运用法律手段维护自身的合法权益。

四、供应链金融风险管控重点

供应链金融评价要突出业务准入的债权评级，辅之以主体信用考察。供应链金融风险呈现出从信用风险向操作风险转移的特点，因此风险管控要关注贷前检查、贷中审查、贷后监控的全过程金融风险管理。管控技术的关键在于通过物流和资金流的过程管控，获得授信的自偿性，并对核心企业进行信用捆绑，借助核心企业的供应链关系进行“三流”（物流、资金流、信息流）监管。

（一）国外供应链金融风险管控启示

从国外实践看，提供供应链融资服务的金融机构一般都与大型跨国公司有着长久的合作关系。国际商业银行、国际金融公司和国际物流企业纷纷致力于开发各种供应链融资产品与相应的配套服务，供应链金融要更好地适应核心企业对资金管理的新标准和新要求，银行自身要更加深入地参与到供应链运营之中，更好地解决供应链中成员企业面临的融资困境。

1. 供应链低成本运作与自偿性贸易

从观念层面来看，国际商业银行持续关注在全球化外包安排的背景下，怎样消除供应链中各个成员的融资“瓶颈”对供应链稳定性和低成本运作的影响，实际上这也是降低银行金融风险的一种有效方式。

2. 对供应链关键节点加强风险管控

国际商业银行把供应链中的核心企业作为供应链融资的风险控制变量，核心企业是国际商业银行在供应链融资业务发展之初就密切关注的重点。

3. 重视电子商务平台的信息监管作用

精心打造和搭建运转良好、覆盖范围广的电子商务平台，并通过该平台为供应链中的大量现实或潜在企业客户及时提供订单、发票等数据信息，同时及时观测其动态变化，从而尽量降低多方的交易费用，是国际商业银行在供应链融资业务发展过程中普遍关注并长期坚持实施的基础工作。

（二）健全供应链金融风险预警机制

1. 供应链金融风险识别机制

由于整个供应链的风险具有相互传染的特征，这就会导致该业务在具体实施过程中潜藏的风险要远远大于一般的信贷风险，因此良好的风险识别机制就显得非常重要。核心企业在整个供应链中均处于强势的买方或卖方地位，其上下游的各个企业如果不具备较强的合作，核心企业的盈利能力就会被极大地压缩。基于此，有必要对整个供应链上的企业进行风险预警识别，从而有效防范风险在供应链上的进一步扩散。

2. 供应链金融风险管控机制

银行应该广泛收集和深入了解企业客户的信贷资料，并对其给出正确的风险评估。企业客户的信贷资料至少要包含：①供应链上各个企业客户诸如信誉等级、经营状况、借贷历史、以往的还款记录、贷款催收情况记录等的基础信息；②供应链上各个企业客户诸如借款人和保证人的资产负债表、现金流量表等的基础财务信息；③银行对其审贷过程中产生的诸如抵押合同、财务权属证明等各种审批证件，包括贷前调查报告；④各种贷款检查报告。银行以此构建风险预警指标体系，并由此根据自身的实际情况，设定适当的预警指标阈值，从而有效规避风险。

（1）明确的准入和退出制度。鼓励核心企业对供应链上下游企业建立明确的准入和退出制度，有助于银行在授信前进行授信主体筛选，在提供贷款后及时获得授信主体的诚信经营信息。

（2）提供合作激励优惠政策。银行为了便于实施信用捆绑，应鼓励核心企业为供应链上下游企业提供排他性的优惠措施，从而有效降低银行面临的信用风险。

（3）利用核心企业的行业地位。银行可充分利用核心企业的行业地位，引导核心企业对供应链上下游企业设定适当的奖惩机制，从而增加授信人的违约成本，使其规范运行。

（三）供应链金融主体准入条件审核

1. 掌握主体行业基本情况

（1）行业风险。行业风险是宏观性和全局性的，进行行业价值流图分析时，应向拥有核心专利技术的、发展潜力大的企业倾斜。

（2）存续时间。企业存续时间与抗风险能力呈正相关，供应链金融主体准入条件之一是企业生命周期阶段。

（3）经营能力。中小企业的行为方式及能力直接受管理者素质影响，包括员工认可程度、学历、经验、经营业绩。

（4）市场地位。银行应对上游中小企业重点关注其技术实力与研发能力，对下游经销商更要关心其市场占有情况、现金流量情况等。

2. 洞察供应链核心企业实力

核心企业在整个供应链中作为物流和资金流联系的枢纽而存在，因此能够在实际运行过程中发挥出信息集中平台作用。一旦核心企业出现了由于其信用捆绑而超出银行承受极限的债务的情况，或出现了道德风险和逆向选择情况，核心企业就会由原来的风险预警者迅速转变为风险发源者甚至风险制造者。例如，核心企业尽管在银行的预付账款类融资业务中与银行没有直接产生授信关系，但存在间接授信的状况，这导致银行面临着“结算占款融资”的道德风险。

（1）审慎选择核心企业。银行应具体评估核心企业所处行业的景气度和类别，考察核心企业的股权结构、主营业务、投资收益、税收政策、已有授信或负债、信用记录、行业地位、市场份额、发展前景等因素，按照往年采购成本或销售收入的一定比例合理设定授信限制；考察核心企业上下游伙伴的管理能力、合作意愿与合作能力。

（2）实施信用捆绑策略。鉴于核心企业与整个供应链上下游企业之间存在错综复杂的利益关联，银行可以通过信用捆绑策略，把核心企业和供应链上下游企业的信用有效捆绑，实现核心企业信用延伸。从核心企业的角度出发，由于自身同样对中小企业存在依赖，在信用捆绑后能产生收益的乘数效应，因此，核心企业一般愿意捆绑。而中小企业通过捆绑可以加强与核心企业的合作紧密程度，因此，一般也愿意捆绑。

3. 严格第三方监管实力审核

监管方准入应保持一定的独立性，避免选择与借款人有关联关系的物流企业作为合作监管方。监管方准入必须满足：拥有固定场所，具备一定规模，具有专业从事仓储监管的行业经验；商业信誉要符合要求，未发生过不良服务记录或其他道德风险；责任意识强，严格监管质押货物；沟通渠道、仓管制度、出入库管理制度和操作流程具有规范性。

（1）仓储监管方相应的资格要求：具备独立的法人资格和仓储经营资格，能够独立承担民事赔偿责任，并且要有固定的经营场所；具有良好的行业信誉度。

（2）仓储监管方软、硬件条件要求：要求仓储监管方拥有相对良好的储运条件和相对先进的硬件设施，同时在商品检验检测技术方面要具有良好的操作经验。

银行要加强对仓储监管方开展风险管控工作的审查，诸如定期检查督促监管方的风险预警机制和重大事项记录报告，并不定期抽查仓库监管方的巡库、核库等日常风险管控工作，从而防患于未然。

4. 供应链金融主体风险评估

银行不仅要对供应链融资的核心企业进行审慎选择，还应该有效解决供应链融资中节点企业的融资准入问题。相对于核心企业而言，中小企业生命周期短（平均寿命仅为 2.5 年，从出现经营危机到倒闭的周期非常短暂），稳定程度明显偏弱，使银行的授信风险大大增加。

上述供应链准入程序完成之后，银行将对授信企业进行准入评价，如表 11-4 所示。

表 11-4　供应链金融风险评估指标体系

评估对象	评价准则	评价指标
供应链整体评估	核心企业经营状况	核心企业在行业中的地位
		核心企业资产规模
	节点企业经营状况	企业数量
		企业规模
	供应链所处行业	供应链所处的行业领域
		行业发展前景
供应链运营能力	供应链信息化水平	企业信息系统构建情况
		企业间信息系统传递状况
	企业间合作状况	合作时间
		合作形式
	供应链库存水平	供应链库存分布情况
		供应链库存周转情况
授信企业能力	偿债能力	资产负债率
		流动比率
	盈利能力	资产净利润率
		资本收益率
市场竞争环境	微观环境分析	替代品威胁情况
		供应链间的竞争情况
	宏观环境分析	行业发展支持情况
		行业所处的生命周期阶段

（四）供应链金融的客体准入管理

1. 应收账款的可收回性

（1）真实性：交易活动真实可信，单证齐全；
（2）未被设定质权：不存在已转让或质押、不重复质押或转让；
（3）合同要素明确：债务人名称、还款额、支付方式、还款期；
（4）可转让：一旦违约，可以转让债券处置；
（5）时效性：未超过诉讼时效。

2. 存货融资考量违约变现

企业在进行存货融资时，银行需考虑违约变现的便利性和变现成本。
（1）所有权清晰：出示相关单据，如发票、提单、购销合同；
（2）价格稳定：波动剧烈的商品不适宜作为抵（质）押物；
（3）流动性强：便于违约拍卖处置；
（4）易于保存：存货仓储过程中存在费用支出，存货要便于保存和管理。

3. 预付账款融资考量存货抵押物

企业在进行预付账款融资时，银行需考虑存货抵押物的选择和责任承担。
（1）明晰在途责任：需要明确在途风险的承担方；
（2）上游责任捆绑：明确回购货销售、发货及时性责任及货物价格下跌补充等责任。

五、供应链金融风险管控策略

（一）预付账款融资模式风险管控

供应链预付款契约的核心条款为经销商需要预付一部分货款，这对融资方的要求较高，需要融资方资金力量雄厚，有较强的流动性。由于银行的还款来源主要依靠经销商的销售收入，因此还需要特别关注下游经销商的销售能力，确保其有较强的销售能力，能够偿还银行贷款。与存货融资模式、应收账款融资模式相比，预付账款融资模式更应该偏重关注核心企业的信用。

1. 物流公司的担保能力必须强大

银行应尽量选择规模较大、资金雄厚、信用状况良好的物流公司。综合能力过硬的第三方物流公司也能够承担起付款责任，从而可以降低银行的风险。

2. 遵循收益与风险相匹配原则

银行应尽量让收益覆盖风险，通过合理定价方式使预付款融资风险得到量化，动态调整融资利率与融资比例。一般来说，对于不确定性相对较高的订单阶段，银行可以采取适当提高利率或者降低贷款比例的方式；随着时间的推移，风险会随之降低，也就可以根据实际情况相对降低利率，或相应提高贷款比例。

3. 货物监管的实时性和有效性

为了确保被监管的货物处于完整和足值状态，银行应尽量选择那些诸如中海物流、中国远洋、中国五矿等实力较强、管理规范的国内大型仓储物流公司，从而降低银行面临的风险。

4. 质押货物信息能够顺畅传递

质押货物的质量状况以及价值变动是银行面临的主要风险之一。综合实力较强的物流企业较之银行，专业程度更高，实际经验更丰富。银行应提前与第三方物流监管企业加强沟通，建立信息共享机制，逐步形成良好的沟通渠道，建立定期的沟通反馈机制。

（二）存货融资模式风险管控

与预付款融资模式及应收账款融资模式相比，存货融资模式最大的特点就是商品质押以及引入了第三方物流企业。因此，在存货融资模式下，抵押物的相关问题成为存货融资模式风险所在。银行需要关注质押商品的保管、权属问题以及减值风险。此外，由于引入了第三方物流企业，银行还需要关注第三方物流企业的管理能力、信用水平及其违约成本，防止造成操作风险、道德风险以及其他不必要的损失。

1. 高度重视仓单的真实性

与银行合作的第三方物流企业开具的仓单将被直接作为抵押物足值和有效的凭证，因此抵押方物流开具的仓单是否具有真实性对银行而言至关重要。银行应当对第三方物流企业进行谨慎选择，一般应选择国有大型公司，因为它们具有丰富的监管经验，代偿能力较强。

2. 对质押动产实施有效监管

银行与核心企业在动产质押贷款业务活动中若没有签订回购协议，质押动产的质量就成为度量银行所面临的风险高低的唯一指标。因此，银行应根据市场行情的变化来正确选择质押物，具体可选取那些品牌知名度相对较高、市场需求相对较旺盛以及市场同类产品更新换代相对较慢的产品作为质押物，这就需要银行自身建立完善的市场价格监控体系，并对质押动产的市场数据进行前瞻性分析，从而规避动产质押价格波动的风险。

3. 物流公司的质押监管责任

换个角度来看，物流企业对质押物重要资料的了解程度更深，银行与物流公司做好沟通工作，能够降低信息不对称的劣势，有效地对质押动产实施监管。除了严格设定第三方物流企业的准入条件之外，银行还应该与地方物流公司签订详细的仓储监管合同或协议，并在合同协议中通过各种有效方式来降低潜在风险的发生概率，比如要求第三方物流企业提供一定比例的现金作为保证金，或对保证金缺口提供第三方担保，强化其监管责任意识，增强银行向监管方依法索赔的主动性，从而降低银行面临的风险。

4. 保持抵押动产的流动性

为了确保质押动产能够及时变现，银行应充分利用核心企业的信用，与其共同商定和签订物质回购代偿协议。这等于从法律上对核心企业回购质押物的义务进行了约束，销售质押存货的不良行为也能够由此从法律上被禁止；对抵押动产保持了充足的流动性，从而降低了银行今后无法收回中小企业贷款资金的风险程度。授信企业抵（质）押的动产应当具有价格及质量稳定、易保管、易变现的特点。

（三）应收账款融资模式风险管控

因为引入了应收账款，银行需要关注应收账款是否存在，以及应收账款债权是否真实、合法、有效。引入应收账款必然牵涉应收账款的债务人，与存货融资、预付账款融资等融资模式相比，应收账款融资多了应收账款的债务人这一主体，所以银行应当关注应收账款债务人的还款能力以及信用水平。

1. 供应链核心企业的信用度高

核心企业是供应链融资的交互中心，在实际运行中能够起到枢纽的重要作用。如果核心企业出现风险，就会迅速蔓延至整个供应链，最终导致整个融资链面临崩溃。银行要持续跟踪掌握核心企业的经营状况，并做出系统评价，从而确保核心企业的信用度一直能够稳定地处于良好状态。

2. 供应链核心企业要承兑票据

应收账款经由核心企业承兑之后，就等于获得了核心企业的信用保证，从而保障了票据的信用水平，降低了银行的风险。如果核心企业不同意在票据上承兑，则银行只能通过第三方物流对票据进行信用担保来提高票据的信用度。

本章小结

供应链金融是指通过一家资信状况良好的核心企业，为其上下游中小企业提供相应的金融支持。通常，银行会系统地分析供应链内部交易结构和各节点企业的业务情况，并运用自偿性贸易融资的模式，引入核心大企业、第三方物流企业等风险控制变量，对供应链的不同环节提供包括封闭的授信支持、结算、理财等金融服务。

本章主要讲述了供应链金融产生的背景，供应链金融的概念、内涵特征、主体关系，以及供应链金融模式类型和供应链金融风险等问题。本章首先论述了供应链金融5种常见的融资模式：预付账款融资、存货质押融资、应收账款融资、交易所仓单融资以及订单封闭授信融资，然后详细分析了供应链金融风险，指出供应链金融风险的主要类型，并提出相应的风险管控原则。

复习思考

1. 供应链金融产生的背景是什么？

2. 什么是供应链金融？简述供应链金融的内涵特征。
3. 供应链金融有哪些模式？简述各融资模式的特点。
4. 融通仓与存货质押授信的区别是什么？
5. 供应链金融的风险类型有哪些？
6. 供应链金融风险管控的原则有哪些？

案例分析

用友和怡亚通供应链金融模式

1. 用友供应链金融

早在2016年，用友网络就开始供应链金融的布局，2016年10月，用友网络成立了供应链金融事业部，并于2017年3月实现了大数据风控、供应链金融和融资咨询服务三大平台上线。

用友供应链金融是连通企业产业链，为核心企业以及其上下游企业提供综合性金融服务的云平台。用友供应链金融云平台的前端在操作过程中，对接核心企业的采购平台、财务系统、ERP系统、销售平台等，通过和它进行系统对接，获取真实的交易数据；后端对接资金方，包括信托、基金、商业银行、保理公司等，根据企业财务、存货、贸易等数据，经过多维度分析，为企业融资、授信、贷后监控提供数据支撑，实现资产端和资金端深度融合，为供应链上下游中小企业提供融资服务。

其中核心企业主要针对的是做供应链金融的意愿较强烈、信息化程度较高，并对上下游客户有一定的准入、退出和相应的激励与约束管理机制的中大型企业。当核心企业与资方正式开展供应链金融“深入接触”后，再从其上下游客户中选择一批较为优质的中小企业提供融资服务。

从供应链金融发展需求的角度来看，建立在ERP系统上的供应链金融的操作模式有着天然的优势：

（1）从企业本身运营的角度来看，基于ERP系统的供应链服务体系的搭建，可以为企业经营提供更多的方向，并有助于节约管理成本；

（2）从金融机构的角度来讲，目前市场上传统的融资产品趋同，竞争激烈，同时与企业之间的信息不对称难以打破，而通过ERP系统接入供应链金融服务，以企业真实的运营管理信息为基础，为金融机构设计定制化的融资产品提供了新的突破口；

（3）从供应链管理的角度来看，ERP系统可以整合供应链中多家企业的数据进行共同管理，加强了供应链中各企业的联系。

另外，很多软件公司提供的ERP软件理论上能够知晓公司的财务和运营情况，有助于了解公司信息。供应链上使用该软件的公司可以通过公司间的数据进行交叉验证，有助于供应链金融的扩展。因此，各类数据软件公司也参与到供应链金融中来，本质是通过掌握公司的运营数据，建立公司征信数据，对公司的信用情况进行评级，从而有利于控制放贷风险。

2. 怡亚通供应链金融

研究发现，怡亚通以一站式供应链管理服务为产业基础，开展存货融资业务及相关的外汇衍生交易等业务，将金融业务与物流主业有机融合，大大提高了企业的盈利能力。

（1）产业基础：一站式供应链管理服务。

相比本土传统的供应链管理服务商，怡亚通最大的特征在于其提供的一站式供应链管理服务。传统的供应链服务商，大多只是在供应链单个或多个环节上提供专业服务，如增值经销商、物流服务商和采购服务商等。其中，增值经销商主要提供代理销售，物流服务商主要提供物流运输服务，采购服务商主要提供代理采购，等等。

怡亚通通过整合供应链的各个环节，形成囊括采购、物流、分销于一体的一站式供应链管理服务，传统的增值经销商和采购商只在有限范围内为企业提供结算支持服务，采购商一般也不参与客户的营销支持活动。而怡亚通在提供物流配送服务的同时还提供采购、收款及相关结算服务。与传统的增值经销商和采购商相比，怡亚通一般不保有大量存货，避免了存货风险，降低了存货成本。一站式供应链管理服务代表了行业发展方向，在社会接受程度不断提高和分工不断细化的背景下，怡亚通近年来实现了快速增长。

（2）产融模式：开展存货融资及外汇衍生交易。

如果仅仅是一站式供应链管理服务模式，则怡亚通与传统供应链服务商的区别只是服务链的延伸，并没有实质性的突破。而研究发现，在一站式供应链管理服务的产业基础上开展金融业务的模式，才是公司的核心价值所在。怡亚通的产融运作模式，使其像一家小型银行，将银行借贷资金通过供应链管理服务方式投放给客户，并从中赚取“息差”，同时，针对外汇结算业务开展金融衍生交易以对冲外汇风险。

（3）不断提高应收款周转次数以获取更高的息差收益。

金融业务的开展，依托的载体是一站式供应链管理服务中的分销和采购两项核心业务。怡亚通获得采购商的委托合同后，即在其客户资源信息系统内选择合适的供应商，并通过信用证、电汇或保函方式代客户垫付货款，其后将货物运送至客户时收取货款。

对生产商（分销商）而言，当怡亚通为其承运货物时，怡亚通代采购商预付货款，使得生产商（分销商）能够及时收回资金，投入下一轮再生产。通过代付业务，采购商不仅可以及时、有效地获得生产所需物资，而且可以避免预付大量资金的风险，怡亚通的代付额度通常占总业务量的20%～30%。

怡亚通目前采用的是以交易额为基准的浮动收费法，即根据业务量（交易额/量）的一定比例收取服务费。这一模式使怡亚通与供货商、采购商从传统的客户关系发展成利益共同体，即其通过整合企业供应链环节，提高企业市场竞争力和供应链效率，从而提高企业业务量（交易额/量），同时提高本公司的服务收入。

因此，怡亚通与客户“不是此消彼长的关系（你的卖价高了，我的成本就高，利润就低），而是相互促进的关系”。

另外，怡亚通不受固定费率的限制的收费模式与固定收费法相比更具发展潜力，而与以企业效益为基准的浮动收费法相比，该收费模式风险更小，不承担企业的经营风险。

怡亚通通常与客户签订一定期限的供应链管理综合服务合同，根据合同提供量身打造的个性化服务，基于提供服务类型、业务发生额，按一定比例收取服务费。

由于业务的非标准化及多样化，怡亚通没有一个标准化的费率水平，但是一个基本的原则是，服务层次越多、涉及供应链链条越长，提取的服务费率就越高。

资料来源：http://info.10000link.com/newsdetail.aspx?doc=2018101190004.

| 案例思考 |

1. 用友和怡亚通分别采用了哪种供应链金融模式？

2. 请总结用友和怡亚通供应链金融模式的特点及不同。

第十二章

CHAPTER 12

供应链管理下的绩效管理

| 学习目标 |

1. 了解供应链绩效评价的概念、特点、作用和存在的问题。
2. 理解供应链绩效评价的内容及应遵循的原则。
3. 熟悉供应链绩效评价指标体系构建的原则和基本思路。
4. 掌握供应链绩效评价的构建、供应链绩效评价指标体系。

| 案例导入 |

EMS 供应链绩效控制

几年前，电子制造服务（electronic manufacturing services，EMS）提供商弗莱克斯特罗尼克斯国际公司，面临着一个既充满机遇又充满挑战的市场环境。该公司面临的境遇不是罕见的。事实上，许多其他行业的公司都在它们的供应链中面临着同样的问题。很多岌岌可危的问题存在于供应链的方方面面，比如采购、制造、物流、分销、设计、融资等。

1. 供应链绩效控制的传统方法

3COM、惠普、诺基亚等高科技原始设备制造商出现外包趋势，而来自电子制造服务业的订单却在减少，同时弗莱克斯特罗尼克斯国际公司面临直接材料成本和制造成本大幅缩减的压力。在此背景下，供应链绩效控制变得日益重要起来。

该公司与其他公司一样，第一个业务规则是改善交易流程和数据存储。通过安装交易性应用软件，企业同样能快速减少数据冗余和错误，比如能够通过订单获得产品数据，并且能够和库存状况及消费者账单信息保持一致。第二个规则是将诸如采购、仓库管理、车间控制和物流等操作流程规范化、流程化。这主要是通过供应链实施软件诸如仓库管理系统等实现的，分销中心能使用这些软件选取、接受和运送订单货物。

控制绩效的两种传统方法是指标项目和平衡计分卡。在指标项目中，功能性组织和工作小组建立与跟踪那些被认为与度量绩效最相关的指标。不幸的是，指标项目存在很多局限性。许多公司采取了平衡计分卡项目，试图克服某些局限性。虽然概念上具有强制性，但绝大多数平衡计分卡作为静态管理“操作面板”实施，不能驱动行为或绩效的改进。供应链绩效控制的缺陷也苦苦折磨着弗莱克斯特罗尼克斯国际公司。

2. 供应链绩效管理周期

弗莱克斯特罗尼克斯国际公司实施供应链绩效管理带给业界很多启示：供应链绩效管理有许多基本原则，可以避免传统方法的缺陷；交叉性功能平衡指标是必要但不充分的。供应链绩效管理应该是一个周期，它包括确定问题，明确根本原因，以正确的行动对问题做出反应，连续确认处于风险中的数据、流程和行动。

弗莱克斯特罗尼克斯国际公司认为，定义关键绩效指标、异常条件和当环境发生变化时更新这些定义的能力，是任何供应链绩效管理系统令人满意的一大特征。一旦异常情况被确认了，需要知道潜在的根本原因、可采取行动的选择路线，以及这种可选择行为的影响。以正确的行动对异常的绩效做出快速的响应是必要的。但是，只有无缝、及时地做出这些响应，公司才能改进绩效。这些响应应该有文件证明，系统根据数据和信息以及对异常情况的解决做出不断的更新和调整。响应性行动导致了对异常情况、企业规则、业务流程的重新定义。因此，连续地确认和更新流程是必要的。

在统计流程控制中，最大的挑战往往是对失控情形的根本原因的确认。当确认异常发生时，需要能确认这些异常产生的根本原因。供应链绩效管理应该也能在适当的位置上支持理解和诊断任务。这允许管理迅速重新得到相关的数据，合计或者分解数据，按时间或者空间将数据分类。

3. 成功之处

弗莱克斯特罗尼克斯国际公司的成功显示出供应链绩效管理的实践性和重要性。该公司使用供应链绩效管理方法确认邮政汇票的异常情况，了解根本原因和潜在选择，更换供应商，缩减过度成本，并利用谈判的力量。绩效管理方法包括实施基于Web的软件系统加速供应链绩效管理的周期。供应链绩效管理使该公司在8个月的“实施存活期”中节约了几百亿美元，最终在第一年产生了巨大的投资回报。

该公司的系统可以识别异常情况，根据邮政汇票信息连续比较合同条款和被认可的卖方名单。如果卖方的订单价格在合同价格之上，系统就提醒买方。另外，如果邮政汇票价格在合同价格之下，系统就提醒货物管理人员可能的成本解决机会，并向近 300 个使用者传递包含详细绩效信息的 Web 链接和异常情况的总结。

随后，公司管理人员使用系统了解问题和选择方案。他们评价异常情况并且决定是否重新对价格进行谈判，考虑备选资源或者调整基于业务需求的不一致之处。同样，采购经理分析市场状况、计算费用并确定成本解决的优先次序。在供应链绩效管理周期开始之前或者周期进行中，公司确认数据、流程和行动的有效性。公司在实施其绩效系统时，会建立指标和界限，并且保证数据的质量和及时性。公司使用绩效管理系统，节约成本并获得了竞争优势。

资料来源：https://zhidao.baidu.com/question/571745558.html.

| 思考题 |

1. EMS 的供应链绩效控制方法有哪些？
2. EMS 供应链绩效管理为什么会成功？

第一节　供应链绩效评价概述

在供应链管理实施过程中，企业需要耗费大量的人力、物力和财力，承受来自管理、组织和产品的风险，因此，必须进行严格的绩效评价，才能实现企业资源和社会资源的最大化应用。而有效的绩效评价与管理是企业经营管理程序中不可分割的重要组成部分，它通过定期或不定期地对企业的生产经营活动进行评估，以事实为依据，帮助发现企业经营管理中的薄弱环节，提出改进措施和目标，使企业得以长足进步。本章基于对传统绩效评价方法的分析，遵循简单、有效的构建原则，通过合理的方法，详细地讨论构建一个供应链绩效评价指标体系的原则及过程。

一、供应链绩效评价的概念

随着对供应链管理研究的深入，学界对供应链绩效评价的研究也有了一定积累，但由于对供应链的定义至今尚未统一，因而对供应链绩效评价的定义也未能统一，对供应链绩效评价的内容界定还很不完善、缺乏系统性。

"绩效"（performance）一词源自英语，单从语言学的角度，其含义是成绩和效益。现在人们将此词广泛地运用在科学评价方面，赋予了它更多的经济学意义，即在其本义的基础上，规定必须是由一定主体作用于一定客体之上、具有可度量性、能够体现投入与产出的对比关系、具有客观存在的成绩和效益。

所谓绩效评价（performance assessment），是指运用数量统计和运筹学等方法，采用特定的指标体系，对照统一的评价标准，按照一定的程序，通过定量、定性分析，对特定主体在一定期间内的效益和成绩，做出客观、公正和准确的综合评判。

根据上述绩效评价的定义，结合供应链本身所具有的特点，我们可将供应链绩效评价定义为：围绕供应链的目标，对供应链整体、各环节（尤其是核心企业）运营状况以及各环节之间的营运关系等所进行的事前、事中和事后分析评价。供应链的绩效评价，从着眼点来看，应服务于供应链的目标；从客体来看，应包括供应链整体及各组成成员；从空间来看，涉及内部绩效、外部绩效和供应链综合绩效；从内容来看，涉及反映运营状况和运营关系的各种指标；从时间来看，包括事前、事中和事后。

供应链绩效评价是供应链管理的重要内容，对确定供应链目标的实现程度和提高决策支持具有重要意义。

二、供应链绩效评价应遵循的原则

随着供应链管理理论的不断发展和供应链实践的不断深入，为了科学、客观地反映供应链的运营情况，企业应该考虑建立与之相适应的供应链绩效评价方法，并确定相应的绩效评价指标体系。反映供应链绩效的评价指标有其自身的特点，其内容比现行的企业评价指标更为广泛，它不仅仅代替会计数据，同时还提出一些方法来测定供应链的上游企业是否有能力及时满足下游企业或市场的需求。在实际操作上，为了建立能有效评价供应链绩效的指标体系，供应链绩效评价应遵循如下原则。

1. 强调供应链的整体绩效

根据系统论的观点，供应链上的每家企业可以被看作整个供应链系统中的一个子系统，子系统之间相互关联，因此，研究绩效指标如何实现优化，必须建立起供应链的个体企业与供应链总体目标之间的关联，确保整条供应链目标的统一。

2. 全面分析供应链绩效

供应链的各家企业之间存在联动关系，在进行供应链绩效评价时，需要从企业供应链管理的业务流模型入手，着重就供应链运作整体绩效的内外驱动力进行全面的分析。绩效既要能够反映出结果，也需要反映出结果的驱动指标。

3. 与企业战略保持一致

供应链绩效是战略执行的结果，因此，要求其与企业战略相一致，反馈战略的执行。绩效评价只是在有规划目标和期望结果的环境中才更加重要，所以，需要有明确的规划和所期望的结果来实现绩效的改善。

4. 多方评价供应链综合绩效指标

供应链战略从单家企业向多家企业协调集成，从市场反应型发展为客户导向型。因此，绩效评价也要从单方评价扩展到多方评价，从单纯的财务指标拓展到综合指标。

三、供应链绩效评价主要模型

1. 供应链运作参考模型

供应链运作参考模型（supply chain operation reference model，SCOR）是目前影响最大、应用最广的参考模型，能测评和改善企业内外部业务流程，使进行战略性的企业管理（strategic enterprise management，SEM）成为可能。

Bullinger 等用 SCOR 框架对供应链进行了“自底向上”的绩效评价。SCOR 模型中提出了度量供应链绩效的 11 项指标，它们分别是：交货情况、订货满足情况（包括满足率和满足订货的提前期）、完美的订货满足情况、供应链响应时间、生产柔性、总物流管理成本、附加价值生产率、担保成本、现金流周转时间、供应周转的库存天数和资产周转率。中国电子商务协会供应链管理委员会于 2003 年 10 月颁发的《中国企业供应链管理绩效水平评价参考模型（SCPR 1.0）构成方案》，给出了 5 个一级指标、15 个二级指标和 45 个三级指标，也与 SCOR 相似，从周转期（cycle time）、成本、服务 / 品质、资产等项目评估供应链管理绩效。目前，该委员会的 170 多个成员企业在使用该评价指标。在供应链建模方面，目前使用的绩效评价指标主要是成本和顾客满意度。

2. 平衡计分卡模型

平衡计分卡模型（balanced scorecard model，BSC）自诞生以来就获得企业界普遍认可，目前被应用在很多企业绩效的评价领域。平衡计分卡于 1992 年由罗伯特 · 卡普兰（Robert S. Kaplan）与大卫 · 诺顿（David Norton）等提出，可从财务、顾客、内部过程、学习和创新等 4 个角度，检视供应链管理的平衡度。其中，财务指标显示企业的战略及其实施和执行是否正在为供应链的改善做出贡献；顾客指标显示顾客的需求和满意程度；内部过程指标显示企业的内部效率；学习和创新显示企业未来成功的基础。

3. Roger 模型

Roger（1999）认为，客户服务质量是评价供应链管理应用绩效的最重要手段。具体来说，主要应从以下 7 个方面进行衡量：

（1）有形的（tangible）外在绩效，评价供应链管理的具体功能、易用性。

（2）可靠性（reliability）。

（3）响应速度（responsiveness），供应链管理本身的响应速度以及企业通过供应链管理对客户提供服务的迅捷性，时间是该指标的主要度量变量。

（4）能力（competence），要实现既定的服务水平，企业必须掌握的技能和知识。

（5）可信性（credibility），企业按时交货的能力。

（6）安全性（security）。

（7）可接近性（access），反映了供应链管理平台的信息共享和管控能力。

从上面 3 个模型中，我们可以看到对供应链绩效的评价主要集中在订单反应、客户服务质量、财务等几个方面的指标上。但是客户服务质量难以被量化考核，需要通过二级指标综合获得；财务指标由于信息系统效益的综合性、不确定性也很难明确被考核。

而作为供应和销售渠道来说，最重要的莫过于订单的反应，包括反应速度、反应质量、反应处理等；订单反应指标明显和客户服务质量和财务是正相关的；从评价理论说，指标之间的相关性要小，覆盖面要全，所以可以考虑用订单作为供应链的关键绩效管理（key performance indicators，KPI）来设计实际可用的而且有效的绩效评价指标体系。

四、供应链绩效评价的作用

供应链绩效评价指标应该能够恰当地反映供应链整体运营状况以及上下节点企业之间的运营关系，而不是单独地评价某一供应商的运营情况。供应链绩效评价指标是基于业务流程的绩效评价指标。

（1）用于对整个供应链的运行效果做出评价。该指标主要考虑供应链与供应链间的竞争，为供应链在市场中的存在（生存）、组建、运行和撤销的决策提供必要的客观依据。其目的是通过绩效评价而获得对整个供应链运行状况的了解，找出供应链运作方面的不足，及时采取措施予以纠正。

（2）用于对供应链上各个成员企业做出评价。该指标主要考虑供应链对其成员企业的激励，吸引企业加盟，剔除不良企业。

（3）用于对供应链内企业与企业之间的合作关系做出评价。该指标主要考察供应链的上游企业（如供应商）对下游企业（如制造商）提供的产品和服务的质量，从用户满足度的角度评价上下游企业之间的合作伙伴关系的好坏。

（4）除对供应链企业运作绩效的评价外，该指标还可起到对企业的激励作用，包括核心企业对非核心企业的激励，也包括供应商、制造商和销售商之间的相互激励。

五、供应链绩效评价中存在的问题

虽然国内外学者对供应链绩效评价进行了研究，并已经取得一定的成果，但还是存在以下不足：

（1）缺乏明确的定义。没有明确、统一的供应链整体绩效、供应链各子系统绩效的定义，造成了研究中的概念混乱问题。

（2）缺乏指标体系。供应链绩效评价是一个复杂的系统，由供应商绩效、制造商绩效、销售商绩效等子系统构成。目前已有研究或者评价整个供应链，或者评价各子系统，而不注重供应链整体绩效的衡量，忽视了供应链整体与各自系统之间的联系、影响和制约关系。面对复杂的集成化供应链，目前还缺乏能够综合考虑整体绩效和节点关系绩效的指标体系。

（3）难以准确反映供应链动态运营情况。传统的企业绩效评价指标数据往往来源于财务评价的结果，在时间上略为滞后，不能准确反映供应链动态运营情况。

（4）缺少定性评价指标。从评价指标的选取上来看，现有的研究对于定量指标的选取多种多样，但是由于有关评价方法的缺少，对定性指标的选取还不多。

（5）绩效评价指标的具体算法研究不够。许多学者包括供应链组织提出了数百个供应链绩效评价指标，但许多指标没有具体的计算方法。

（6）评价指标体系缺乏系统性。供应链绩效评价指标的研究大部分是以成本或顾客满意度作为基础的，而对产品质量和供应链的发展能力等重要方面却重视不够。

（7）评价指标体系缺乏针对性。目前学者对供应链绩效评价体系的研究主要集中在制造行业，研究领域和应用面比较狭窄；供应链可分为多种类型，但目前国内外学者提出的评价指标体系都是单一的，所建立的评价指标体系没有针对性。

目前，对供应链绩效评价所使用的方法和手段比较少，有些还很不完善，如何开发出适合供应链绩效评价的新方法、新手段也是迫切需要解决的问题。由于供应链各成员之间的协作建立在共同利益的基础上，并没有一个有特权的组织来领导建立供应链绩效评价体系，所以如何确定供应链绩效评价组织是一个有待研究的课题。

第二节 供应链绩效评价的内容

供应链的绩效评价一般应该从三个方面进行考虑：一是内部绩效度量；二是外部绩效度量；三是供应链综合绩效度量。

一、内部绩效度量

供应链内部绩效度量主要是对供应链上的企业内部绩效进行衡量。它着重将活动和过程同以前的作业与目标比较。内部绩效度量通常有如下指标：基础客户服务、成本管理、质量、生产率、资产管理等。

（一）基础客户服务

基础客户服务包括服务的可得性、运作绩效和服务可靠性。一个有效的基础服务平台需要特定的评估标准来评估每个方面的绩效。一般情况下，服务的可得性可以通过一个组织的操作完成比率得到反映，完成比率的衡量方法有多种。

订单完成比率＝完全交付给客户的订单数量／客户订单数量

价值完成比率＝完全交付给客户的总价值／客户订单的总价值

使用订单完成比率来衡量与产品可得性有关的绩效，是一种比较严格的方法。根据这种评价标准，如果在某个产品线上哪怕仅仅遗漏了一件货物，订单也被看作没有完成。因此，管理中也常常以某个时期内出现的缺货数目和延迟交货的数量作为服务可靠性的评价指标。运作绩效解决与时间有关的问题，一般可以通过平均订货周期时间或准时交货来衡量。

（二）成本管理

最直接反映内部绩效的是完成特定的运作目标而发生的实际成本。由于成本绩效经常是以每一项职能所花费的总额作为评价指标，因此，常常需要对具体的物流职能，如仓储、运输和订单处理等的成本数据进行监控。企业也常常需要对成本占销售额的百分比或每个单位产品的成本消耗进行监控。

（三）质量

评估质量绩效的方法有很多。比较典型的评估指标包括损坏频率，即计算损坏的货物数量占全部货物数量的比率。还有一些重要的质量绩效指标与信息有关。许多公司特别注重评估它们自己提供信息的能力，即当公司出现没有客户所需的信息情况时，公司自身是否具有提供相关信息的能力。另外，如果出现信息不准确的情况，企业也常会对这些情况进行跟踪。

（四）生产率

生产率是一种关系，通常会用一个比率或指数来表示，即货物产量、完成的工作或创造的服务，与用于生产该产品的投入或资源的数量之间的比率。在很多情况下，对生产率的评估会有很多困难，比如在一定的时间段内，产量难以被衡量，同时所用的投入与产量难以匹配，投入与产出相混淆或类型不断变化，数据难以被获得。

（五）资产管理

资产管理的重点是投资在设备和设施上的资本利用，同时还有投资在库存上的营运资本的利用。比如物流设施、设备和库存可以代表一家公司资产的很大一部分。设施与设备经常是以容量的利用，即总容量的利用比率来进行评估，这种评估方法表明资本资产投资的有效或无效利用。资产管理同时也关注库存。库存周转比率是最常见的绩效评估方式。

库存周转率 = 销售成本 / 平均存货

二、外部绩效度量

外部绩效度量主要是对供应链上的企业之间运行状况的评估，其指标主要有客户满意度、基准评估等。

（一）客户满意度

客户作为供应链市场导向和利润来源，成为供应链绩效的主要驱动力。客户不断变化的、加强的要求和消费偏好增加了供应链在运作成本上的压力。同时产品的质量、计划的柔性不能有丝毫的下降。客户对产品为自身带来的价值增值或成本节约愈发地关注，这使得供应链中的每个环节都要多注意对这方面的考量。

企业内部生成的关于基础服务的所有统计数据，都可以作为衡量客户满意度的内部指标，但是，要量化满意度就要对来自客户的信息进行监控、评估。典型的满意度评估方法要求企业对客户的期望、需求和客户对企业各方面运作绩效的印象与理解进行仔细的调查。例如，典型的调查会就客户的期望和绩效印象进行评估。客户的期望和绩效印象包括可用性、信息有效性、订单准确性、问题处理情况等方面。企业只有通过收集来自客户的数据信息，才能够真正地评估满意度。更进一步地说，企业必须从客户的角度去衡量那些为提升客户满意度而付出的努力。

（二）基准评估

基准同样是绩效评估的关键方面，它使管理者了解到一流的经营运作。关于基准的一个关键问题是选择基准评估的对象。许多公司会对企业内部设计相似运作的单元绩效，对不同地区的运作单元绩效进行比较，由于从事多种经营的大公司的运作单元经常不知道其他单元中所发生事情，因此内部基准提供了共享信息和改进绩效的渠道。此外，关于竞争者的绩效信息可以被用来判定哪些地方是最需要加以改进的。

三、供应链综合绩效度量

正如有人指出的那样，21 世纪的竞争是供应链与供应链之间的竞争，这引起人们对供应链总体绩效和效率的日益重视，要求企业提供能从总体上透视供应链运作绩效的度量方法。企业需要考虑的特定评估方法包括：供应链总运营成本指标、供应链响应时间、闲置时间等。

（一）供应链总运营成本

供应链总运营成本是供应链上所有公司成本的聚合，而不仅是单家公司的成本。这个观点对于有效地进行供应链管理至关重要。

$$\text{供应链总运营成本} = \text{原材料成本} + \text{基本产量的初始生产成本} + \text{制造商成本} + \text{分销商成本} + \text{零售商成本}$$

供应链总运营成本越低，反映在供应链产品中的成本也就越低，那么供应链产品的利润率就高，说明供应链的运营越有效率，从而在供应链之间的竞争中越具有竞争力。

（二）供应链响应时间

供应链响应时间即一家公司认识到市场需求的根本性变化，将这一发现内在化，然后重新计划和调整产量来满足该需求所需要的时间。例如，在汽车制造业中，当发现市场上对运动型汽车的需求较高时，汽车公司往往要花好几年的时间来开发充足的生产量和能力，重新安排供应商关系，并满足消费者的需求。当供应链管理人员考虑整个供应链（包括从原材料获取到最终分销）需要多长时间才能准备好，以面对产品需求波动比预期大很多的情况时，供应链响应时间就显得极为重要。

（三）闲置时间

闲置时间是另一个用来衡量整体供应链在资产管理方面绩效的指标。库存闲置时间是在供应链中库存闲置不用的天数与库存被有效利用或配置天数的比率。闲置时间同时也可以被用于对其他资产的计算中，特别是运输设备。

第三节　供应链绩效指标体系的构建

随着供应链管理理论的不断发展和供应链实践的不断深入，客观上要求建立与之相适应的供应链绩效评价方法，并确定相应的绩效评价指标。但现行的大多数企业绩效评价理论都侧重于对企业自身的评价，供应链绩效评价不但要对核心企业自身进行评价，还要对供应链上的所有关键业务成员所形成的整体绩效进行评价，其评价内容更为广泛，评价依据更为多样。所以，做好供应链绩效指标体系的构建至关重要。

一、供应链绩效评价指标体系构建的原则

供应链管理中存在大量的数据，企业在进行绩效评价时应该选取哪些或多少数据？对这些数据又如何进行加工组织？企业对于这些问题的解决都需要遵循一定的原则，也就是体系构建的原则，因此为了建立能有效地评价供应链绩效的指标体系，应遵循下述原则。

（一）成本与收益平衡原则

绩效评价将带来一定的收益，但是也要耗费一定的成本。如果企业无止境地要求绩效评价做到全面、准确，必然导致成本的上升，甚至超过收益，那么供应链的绩效评价就将失去意义。因此，要采用能反映供应链业务流程的绩效指标体系，而且评价体系除了能反映单个节点企业在供应链中的运营情况，还要能反映整条供应链的运营情况。

（二）简单且有效原则

构建的体系既要有可行性，又要有效。一味地追求简单，达不到了解绩效评价的反馈信息、查找问题的目的；同时，如果体系过于复杂不易执行，即使有效也不免被束之高阁。而且，企业在进行供应链绩效评价时应尽量采用实时性、动态性指标，由这种指标产生实时评价要比事后分析有价值。

（三）分析、选取关键指标原则

供应链管理纷繁复杂，涉及很多方面，既要坚持简单的原则，又要确保评价的有效性，就必须抓住重要的方面、选取关键指标，用最简单的体系反映最真实的状况。因此，应采用反映供应商、制造商及客户之间关系的指标体系，而且，应采用定量指标和定性指标相结合、绝对指标与相对指标相结合及财务指标和非财务指标相结合的评价体系。

（四）基于过程和活动原则

传统的评价有许多是基于职能进行的，对实际工作的指导意义不大。基于过程和活动的评价可以体现流程的绩效，对流程进行改善才能从根本上解决绩效问题。

二、供应链绩效评价指标体系构建的基本思路

供应链绩效评价体系构建的基本思路是在体系构建原则的指导下，划分层次、区分主体地进行体系构建。

（一）划分不同层次

整个绩效评价体系分为结果层、运作层、战略层。结果层侧重对已经发生的事情进行评价，是一种事后反馈；运作层侧重对供应链当前运作状况与能力进行评价，是一种事中控制；战略层侧重对供应链未来发展情况进行预测评价，是一种事前控制。

（二）区分不同主体

供应链的绩效评价涉及供应链的方方面面，到底应该衡量哪些内容呢？采取的方法是从所有者、经营者、消费者 3 个主体出发考虑关键指标。企业明确主体后就可以有的放矢地进行关键指标的选取。

三、供应链绩效评价指标体系的构建

供应链绩效评价指标体系的构建主要包括结果层体系构建、运作层体系构建和战略层体系构建。

（一）结果层体系构建

在结果层上，每个主体关注的问题并不相同：最终顾客作为产品和服务的接受者，比较关注顾客服务水平；所有者和经营者则比较关注财务状况（也关注顾客服务水平，但这种关注可以被看作间接的）。考虑到不同主体的关心事项，我们可以将结果层绩效分为顾客服务水平、财务状况两个方面。

（1）顾客服务水平。考虑到成本和可行性，我们将从供应链角度出发，选择那些顾客认为重要的指标进行评价，以保证评价不偏离顾客感受。总结众多学者的研究发现，虽然顾客对不同类型的产品有不同的要求，但是其关注的大部分指标或属性都是关于物流的。针对大多数供应链，从服务的可靠性和柔性两个方面进行评价；针对具体的供应链，可能需要增加其他重要指标。可靠性指标反映供应链履行承诺的能力，具体可采用失去销售百分比、准时交货比率、顾客抱怨比率3个指标。柔性指标反映对环境变化的响应能力，具体可采用产品柔性、时间柔性、数量柔性3个指标。

（2）财务状况。在结果层上，经营者和所有者更加关注财务状况。相应地，财务状况可以分为经营者角度和所有者角度。经营者角度可分为供应链的财务收益状况、资产运营状况和发展能力状况3个方面，具体指标选取可参照企业财务指标。所有者角度主要对供应链的净资产盈利状况进行评价，具体可采用净资产收益率、资本保值增值率两个指标。

（二）运作层体系构建

评价供应链的绩效，不但要对其以往的运作结果进行反馈，更应该重视对其当前运作状态和能力进行评价。目前，供应链运作的评价大多从投入和产出两方面入手，基本上是对结果的评价，缺少对具体运作过程的深入分析。自从迈克尔·哈默（Michael Hammer）在1990年提出业务流程再造的重要性之后，人们认识到了流程的重要性。对于少品种、大批量的标准化生产的供应链而言，流程决定了其运作的绩效，只有分析流程才能解决问题。基于流程分析的绩效评价是一种事中评价，相对于结果层得到的是更具体的、更有意义的指导数据。供应链的流程分析需要跨越企业界线来考虑业务流程是否有改进的空间，从而优化供应链整体上的资源配置：或是减少重复和无效劳动，缩短流程时间；或是降低成本，提高利润；或是提高顾客价值；或兼而有之。

我们可以用4个特征来衡量流程生产并运送相应产品特征的能力，即流程成本、流转时间、流程的灵活性、流程质量。通过适当的流程分析来反映供应链的运作状况，需要考虑体系的简单可行性，所以只选取前两个特征。企业流程绩效评价指标包括以下3个：平均流转时间、平均流转率、平均库存，企业将从价值角度、时间角度、产能角度对供应链的运作进行评价（如果需要也可以对平均库存进行分析，平均库存等于平均流转率与平均流转时间的乘积）。

（1）价值角度。从价值角度来看，供应链需要提供给最终用户增值率较高的产品。供应链运作中有些活动带来了产品价值的增值，有些活动却没有。对于顾客而言，只有那些产生了增值的成本，才是他们愿意为之支付的价值。如果能够降低那些不必要的、不能带来价值增值的成本付出，就可以提高供应链的附加价值。为了刻画供应链产生的价值与成本之间的关系，我们可以利用生产附加价值率这一指标。生产附加价值率是指供应链产生的增值价值占所付出的总成本的比率。

（2）时间角度。从时间角度来看，活动可以分为加工（处理）时间和等待（缓冲）

时间。大部分加工时间都会产生增值，而等待时间则一定不会产生增值。要说明的是理论流转时间中大部分是增值活动时间，但是有时也有不增值活动时间，比如返工加工时间。

对于时间角度的具体指标，可采用流转时间效率，它是理论流转时间与总流转时间的比值。供应链的流转时间是一个很有价值的绩效衡量指标。流转时间对配送反应时间、库存水平等都有影响，而且可以反映整体运作水平。理论流转时间是在理想状态下、不存在任何等待时，流程处理一个流程单元（流程处理的对象）所需要的时间。总流转时间是流程处理一个流程单元所需的平均时间，数值上等于理论流转时间加上等待时间。Blackburn 曾研究多种流程，发现流转时间效率这一指标十分低。采用这一指标有利于人们关注缩短等待时间。另外，这一指标对反应时间、库存水平等都有影响，可以反映供应链的整体运作水平。

（3）产能角度。从产能角度来看，流程单位时间内加工的流程单元越多（流转率越高），其产生收益的能力就越大。企业具体可以采用产能利用率这一指标，它是流程平均流转率与理论流转率的比值。平均流转率是指单位时间内通过流程的流程单元的平均数量，是流程生产和交付产品的平均速度。理论产能是在理想状态下，流程可支持的最大流转率，具体数值与资源配置情况有关。

可以看到，整个运作层给出的指标并不多，但是对于错综复杂的供应链，得到上述指标的数值并不是一项轻松的工作。企业首先需要进行正确的判断，确定流程分析的细化程度，即是把成员企业看作暗箱，还是对其内部的具体活动展开分析；其次需要采用一些方法并结合实际对指标进行量化工作；最后也是关键的一步，要对评价结果进行分析，找出流程需要改善的地方。另外，企业深入分析整个链的流程，还可以知晓每一项活动对其他活动的影响，进而初步掌握成员之间以及成员对供应链整体的影响。所以，这一层次的评价在整个评价体系中既是难度较高的部分，也是十分有意义的部分。

（三）战略层体系构建

供应链的发展能力和潜力是所有者与经营者共同关心的问题。这一层次的构建，可以分 3 个方面进行。

（1）信息共享。许多学者认为供应链管理就是一种平台管理。这也显示出信息共享的重要性。我们具体可以从 3 个方面进行评价：信息传递的速度、信息传递的质量、共享信息的深度。高速度才能保证信息的有效性，高质量才能减少牛鞭效应，深度共享才能以高效的可变性管理面对不确定的市场环境。

（2）组织学习与创新。组织学习与创新被认为是企业取得竞争优势的途径之一，也是平衡计分卡等关注的一个重要方面。我们可以用以下两个指标进行这方面的衡量：R&D 投入回报率、新产品销售收入百分比。

（3）稳定与活力。供应链的合作性质要求组成上具有稳定性，但同时需要有效的激励机制以保证供应链的活力。这可以用成员稳定性、激励机制的有效性来体现。

以上三个层次构建了一个供应链绩效评价体系，这是站在宏观层面进行分析、构建的，具体到操作层面上，还必须与实际情况结合，进一步细化某些指标，也可能需要增加一些指标。

四、供应链绩效评价指标体系

在指标选取方面，国内外学者都提出了自己的见解，比如供应链研究的权威机构 PRTM 提出了度量供应链绩效的 11 项指标，包括交货情况、订货满足情况、完美的订货满足情况、供应链响应时间、生产柔性、总物流管理成本、附加值生产率、担保成本、现金流周转时间、供应周转的库存天数和资产周转率等。Lummus 等在描述制订战略供应链计划的 7 个步骤的同时，从供应、过程管理、交货运送、需求管理 4 个方面列举了供应链绩效的主要考核指标。Roger 教授认为顾客服务质量是评价供应链整体绩效的最重要手段，他从有形体的外在绩效、可靠性、响应速度、能力、服务态度、可信性、安全性、可接近性、沟通能力和理解顾客能力 10 个方面进行评价。马士华教授则从内部绩效度量、外部绩效度量、供应链综合绩效度量 3 个方面评价供应链绩效，并提出了供应链绩效评价的一般性统计指标，包括客户服务、生产与质量、资产管理和成本 4 个方面。从上述指标的选取来看，大都是以成本和客户满意为基础，但同时还要考虑产品质量、发展潜力、环境保护以及社会责任等指标。

为了客观、全面地评价供应链的运营情况，我们将从以下几个方面来分析和讨论供应链绩效评价指标体系。

（一）反映整个供应链业务流程的绩效评价指标

整个供应链是指从最初供应商开始直至最终用户为止的整条供应链。对于反映整个供应链运营的绩效评价指标，目前国内外研究得很少，本书综合考虑了指标评价的客观性和实际可操作性，提出了如下反映整个供应链运营绩效的评价指标。

1. 产销率指标

产销率是指在一定时期内已销售出去的产品和已生产的产品数量的比值，又可分成如下 3 个具体的指标。

（1）供应链节点企业的产销率：该指标反映供应链节点企业在一定时间内的经营状况。

（2）供应链核心企业的产销率：该指标反映供应链核心企业在一定时间内的产销经营状况。

（3）供应链产销率：该指标反映供应链在一定时间内的产销经营状况，可反映供应链资源（包括人、财、物、信息等）有效利用程度和供应链库存水平。指标值越接近于 1，说明供应链节点的资源利用程度越高、成品库存越小。

2. 产需率指标

产需率是指在一定时期内，供应链各节点已生产的产品数（或提供的服务）与其下游节点（或用户）对该产品（或服务）的需求量的比值，即

产需率＝一定时期内某节点已生产的产品数（或提供的服务）/
一定时期内下游节点（或用户）对该产品（或服务）的需求量

该指标反映供应链各节点间的供需关系。产需率越接近于1，说明上下游节点间的供需关系越协调，准时交货率越高，反之则说明上下游节点间的准时交货率越低或综合管理水平越低。

3. 产品出产（或服务）循环期指标

供应链产品出产（或服务）循环期是指供应链各节点产品（或服务）的出产节拍或出产间隔时间，该指标可反映各节点对其下游节点需求的响应程度。循环期越短，说明该节点对其下游节点的快速响应性越好。在实际评价中，以各节点的循环期总值或循环期最长的节点指标值作为整个供应链的产品出产（或服务）循环期。

4. 供应链产品出产（或投产）循环期或节拍指标

当供应链节点企业生产的产品为单一品种时，供应链产品出产循环期是指产品的出产节拍；当供应链节点企业生产的产品品种较多时，供应链产品出产循环期是指混流生产线上同一种产品的出产间隔。由于供应链管理是在市场需求多样化经营环境中产生的一种新的管理模式，其节点企业（包括核心企业）生产的产品品种较多，因此，供应链产品出产循环期一般是指节点企业混流生产线上同一种产品的出产间隔期。它可分为以下两个具体的指标。

（1）供应链节点企业（或供应商）零部件出产循环期。该循环期指标反映了节点企业库存水平以及对其上层节点企业需求的响应程度。该循环期越短，说明该节点企业对其上层节点企业需求的快速响应性越好。

（2）供应链核心企业产品出产循环期。该循环期指标反映了整个供应链的在制品库存水平和成品库存水平，同时也反映了整个供应链对市场或用户需求的快速响应能力。核心企业产品出产循环期决定着各节点企业产品出产循环期，即各节点企业产品出产循环期必须与核心企业产品出产循环期合拍。该循环期越短，说明整个供应链的在制品库存量和成品库存量越少，总的库存费用越低；也说明供应链管理水平比较高，能快速响应市场需求，并具有较强的市场竞争能力。缩短核心企业产品出产循环期，应采取如下措施：

1）使供应链各节点企业产品出产循环期与核心企业产品出产循环期合拍，而核心企业产品出产循环期与用户需求合拍。

2）可采用优化产品投产计划或高效生产设备或加班加点来缩短核心企业（或节点企业）产品出产循环期。其中，优化产品投产顺序和计划来缩短核心企业（或节点企业）产品出产循环期是既不需要增加投资又不需要增加人力和物力的好方法，而且见效快，

值得推广。这种方法在一般生产与运作管理的书中都可以找到。

5. 供应链总运营成本指标

供应链总运营成本包括供应链通信成本、供应链库存费用及各节点企业外部运输总费用。

供应链总运营成本＝供应链通信成本＋供应链总库存费用
＋各节点企业外部运输总费用

该指标反映供应链运营的效率。供应链通信成本包括各节点企业之间的通信费用，如供应链信息系统开发和维护费；供应链总库存费用包括各节点企业在制品库存和成品库存费用、各节点之间的在途库存费用；各节点企业外部运输总费用等于供应链所有节点企业之间的运输费用总和。

6. 供应链核心企业产品成本指标

供应链核心企业的产品成本是供应链管理水平的综合体现。根据核心企业产品在市场上的价格确定该产品的目标成本，再向上游追溯到各供应商，确定相应的原材料、配套件的目标成本。只有当目标成本小于市场价格时，各个企业才能获得利润，供应链才能得到发展。

7. 供应链产品质量指标

供应链产品质量是指供应链各节点企业（包括核心企业）生产的产品或零部件的质量，主要包括合格率、废品率、退货率、破损率、破损物价值等指标。

（二）反映供应链上下节点企业之间关系的绩效评价指标

1. 供应链层次结构模型

反映供应链上下节点企业之间关系的绩效评价指标是以供应链层次结构模型为基础的。根据供应链层次结构模型，对每一层供应商逐个进行评价，从而发现问题，解决问题，以优化整个供应链的管理。在该结构模型中，供应链可看成是由不同层次供应商组成的递阶层次结构，上层供应商可看成是其下层供应商的用户。

2. 绩效评价指标

供应链是由若干个节点企业所组成的一种网络结构，如何选择供应商、如何评价供应商的绩效以及由谁来评价等问题是必须明确的。根据供应链层次结构模型，这里提出了相邻层供应商评价法，可以较好地解决这些问题。相邻层供应商评价法的基本原则是由上层供应商来评价下层供应商。由于上层供应商可以被看成下层供应商的用户，因此通过上层供应商来评价和选择与其业务相关的下层供应商更直接、更客观，以此递推，即可对整个供应链的绩效进行有效的评价。为了能综合反映供应链上下节点企业之间的关系，我们提出了满意度指标，其内容具体介绍如下。

满意度指标是反映供应链上下节点企业之间关系的绩效评价指标，即在一定时间内上层供应商对其相邻下层供应商的综合满意程度。满意度指标包括以下三个方面。

（1）准时交货率指标。准时交货率是指下层供应商在一定时间内准时交货的次数占其总交货次数的百分比。

准时交货率 =（下层供应商在一定时间内准时交货的次数 / 总交货次数）×100%

供应商的准时交货率低，说明其协作配套的生产能力达不到要求，或者是对生产过程的组织管理跟不上供应链运行的要求；反之，说明其生产能力强，生产管理水平高。

（2）成本利润率指标。成本利润率是指单位产品净利润占单位产品总成本的百分比。

成本利润率 =（单位产品净利润 / 单位产品总成本）×100%

在市场经济条件下，产品价格是由市场决定的，因此，在市场供需关系基本平衡的情况下，供应商生产的产品价格可以被看成一个不变的量。按成本加成定价的基本思想，产品价格等于成本加利润，因此产品成本利润率越高，说明供应商的盈利能力越强，企业的综合管理水平越高。在这种情况下，由于供应商在市场价格水平下能获得较大利润，其合作积极性必然增强，必然对企业的有关设施或设备进行投资和改造，以提高生产效率。

（3）产品质量合格率指标。该指标评价供应链各节点在销售产品或提供服务后，对用户所反映的产品的质量进行调查与评估。在竞争激烈的市场环境下，质量是留住客户、挖掘客户潜在需求的主要手段。质量评价指标主要有：客户售后服务响应时间、一定时期内客户访问次数、产品（服务）返修率、客户抱怨或投诉次数等。

在满意度指标中，权数的取值可以随着上层供应商的不同而不同。但是对于同一个上层供应商，在计算与其相邻的所有下层供应商的满意度指标时，其权数均取相同值，这样，通过满意度指标就能评价不同供应商的运营绩效以及这些不同的运营绩效对其上层供应商的影响。满意度指标值低，说明该供应商的运营绩效差，生产能力和管理水平都比较低，并且影响了其上层供应商的正常运营，从而影响整个供应链的正常运营，因此对满意度指标值较低的供应商的管理应作为管理的重点，要么进行全面整改，要么重新选择供应商。在整个供应链中，若每层供应商满意度指标的权数都取相同值，则得出的满意度指标可以反映整个上层供应商对其相邻的整个下层供应商的满意程度。同样，对于满意度指标值低的供应商就应当进行整改或更换。

供应链最后一层为最终用户层，最终用户对供应链产品的满意度指标是供应链绩效评价的一个最终标准，可按如下公式进行计算

满意度 = 零售商准时交货率 + 产品质量合格率
+（实际的产品价格 / 用户期望的产品价格）

（三）供应链创新与学习能力评价指标

在竞争越来越激烈的全球性经济环境中，对企业供应链创新与学习能力的评价显得越来越重要。企业在传统的经验和技术的基础上，应当进行创新，包括探索新产品、新

技术和新工艺等。企业的创新与学习能力可以通过新技术采用率、研究开发投资率和新产品收入比率来反映。

（1）新技术采用率。新技术采用率是指新技术产品产值与企业总产值之间的比率。该指标反映了新技术对企业产品总值的贡献，比值越高，新技术对企业的贡献越大，公式如下

新技术采用率 =（新技术产品产值 / 总产值）×100%

（2）研究开发投资率。研究开发投资率指的是企业研究开发费占总销售额的比率，该指标反映了企业对研究开发的投入程度，而资金的投入是企业创新能力提高的基础，公式如下

研究开发投资率 =（研究开发费 / 总销售额）×100%

（3）新产品收入比率。新产品收入比率是指企业在一定时期内由于提供新型产品或服务所获得的收入占总收入的百分比。该指标反映企业的产品研发创新能力，比率越大，说明企业的新产品设计开发能力越强，公式如下

新产品收入比率 =（新产品销售额 / 总销售额）×100%

（四）供应链各子系统的绩效评价

对一个供应链来讲，一般会经历组建期、运行期和解体期，以下仅对运行期进行分析。

（1）供应商子系统绩效评价体系（见图 12-1）。供应链运行期的绩效评价体系包括产品角度、组织角度和信息共享角度三个方面。

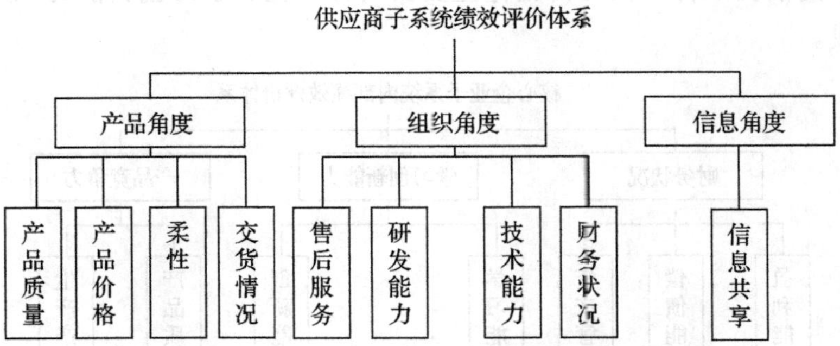

图 12-1　供应商子系统绩效评价体系

对于产品角度的产品质量分析可以从产品合格率和产品退货率两个方面进行。另外，产品的交货情况也较为重要，可以从订单完成率和准时交货率两个方面进行衡量。在组织角度，供应商的售后服务水平和技术及研发能力对于绩效的衡量都有很大的意义。同时还需要从信息共享的角度来研究，供应链中的信息之所以出现不能及时共享的现象，原因在于信息设备软硬件不完善，以及双方有意隐藏信息，企业可以通过以下四个指标衡量供应商的信息共享能力：信息的准确性、及时性、有效性及先进性。

（2）销售商子系统绩效评价体系（见图 12-2）。销售商子系统绩效评价体系包括内部绩效和外部服务绩效两个方面，其中内部绩效包括财务状况、柔性、交货可靠性和信息共享。对于交货可靠性，可以用交货准确率、交货及时率和交货有效率来衡量。

交货有效率 =（一定时期内该销售商有效交货次数 /
一定时期内该销售商总交货次数）×100%

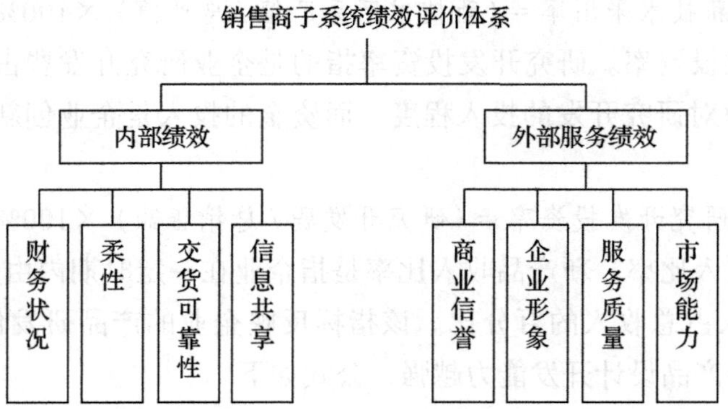

图 12-2　销售商子系统绩效评价体系

外部服务绩效包括商业信誉、企业形象、服务质量和市场能力。其中服务质量可以用顾客满意度和投诉率衡量，市场能力可以用市场占有率等指标度量。

市场占有率 =（一定时期内该销售商出售某产品的数量 /
一定时期内该产品的总销量）×100%

（3）核心企业子系统内部绩效评价体系（见图 12-3）。核心企业子系统内部绩效是企业持续发展的前提条件，其评价指标主要由财务状况、学习创新能力以及产品竞争力三个方面组成。

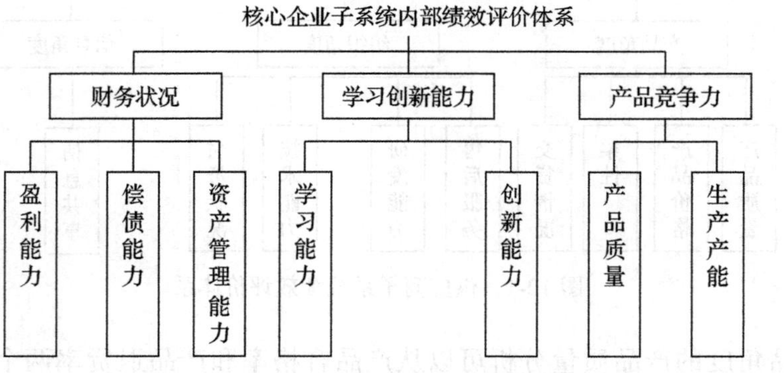

图 12-3　核心企业子系统内部绩效评价体系

财务状况可以通过盈利能力、偿债能力、资产管理能力来度量。其中衡量盈利能力的最重要指标是销售利润率，其公式如下

销售利润率 =（销售利润 / 总销售额）×100%

偿债能力反映了企业以资产偿还债务的能力，其最重要的指标是资产负债率，公式如下

资产负债率 =（负债总额 / 资产总额）×100%

对于学习创新能力，以上已做介绍。对于产品竞争力，我们可以从产品质量和生产产能两方面来评价。

实例阅读 12-1

供应链绩效评价指标的创新

任何事物的评价都要抓住关键点，明确主线。供应链绩效评价也是一样，VMI、SRM 只是供应链管理发展后出现的延伸，主线还是订单和计划。供应链管理作为一个多主体参与的协同业务管理系统，最大的实现难点在于供应链管理的覆盖面和渠道深入梯度。供应链的效益实现和网络经济学比较相似。网络外部的梅特卡夫法则，使得网络的效益和使用的人数成正比。网络的正反馈使得赢家更多地接纳它、使用它，形成强者愈强的特性。

供应链管理系统也符合这个原则，核心企业使用供应链系统，就会要求关系紧密的供应商和经销商也使用此类系统，而供应商的供应商、经销商的经销商等也会使用。这个效应会沿着供应链网络向上下游传递。

而 BS 结构、企业门户、MQ 消息工作流等技术的出现，使得上下游诸多小企业使用供应链协同系统，不用如 ERP 一样花巨资去独立实施，只要简单使用网络访问核心企业的供应链管理就可以完成订单任务。

因此，基于这样的业务模式，供应链绩效评价指标参考模型的制定原则是：

（1）基于并指导中国供应链实践。对于指标体系的设计，我们要充分考虑中国供应链实践的具体情况，同时遵循国际供应链绩效评价的一般原则。指标体系为政府了解供应链绩效状况和进行相关决策服务，为企业提高供应链管理水平服务，从领导、战略、应用、效益、人力资源、信息安全等多个方面，引导中国供应链管理的健康发展。

（2）指标体系要简约，尽量选取较少的指标反映较全面的情况。为此，所选指标要具有一定的综合性，指标之间的逻辑关联要强。

（3）指标体系要具有操作性。所选取的指标应该尽量与企业现有数据衔接，必要的新指标应定义明确，便于数据采集。

（4）指标体系要具有延续性。所设计的指标体系不仅可以在时间上延续，而且可以在内容上拓展。

五、供应链绩效评价指标体系的应用和实施

供应链管理是顺应全球经济一体化形势而产生的管理模式，对我国来说，既是机遇又是挑战，各个企业由于自身条件和供应链环境的差异，在供应链管理中不可能采用相同的模式，从而对于供应链管理中的绩效评价指标体系的具体应用也各有各的特色。一

般，各个企业分为三个阶段来实施绩效评价：准备阶段、实施评价和提交评价报告阶段、反馈阶段。

准备阶段是第一个也是非常关键的一个阶段。在此阶段中，企业要提出哪些部门、职能需要进行哪些方面的评价，都需要什么样的数据和信息来源等，应当集中精力找出解决问题所需要的方法，而不是追求某些数据指标。

实施评价和提交评价报告阶段主要是对评价对象进行数据和信息的收集与分析，并将其进行整合，建立企业的运作目标和操作目标。

反馈阶段便是根据评价的结果和报告，对企业的供应链运行绩效有所了解并采取相应的措施，比如采取一些激励措施，对于绩效有待提高的部门进行激励，从而提高运作绩效。

本章小结

供应链绩效评价是指围绕供应链的目标，对供应链整体、各环节（尤其是核心企业）的运营状况以及各环节之间的营运关系等所进行的事前、事中和事后分析评价。供应链绩效评价指标应该能够恰当地反映供应链整体运营状况以及上下节点企业之间的运营关系，而不是独立地评价某一供应商的运营情况。

供应链绩效评价应遵循的原则是：强调供应链的整体绩效，全面分析供应链绩效，与企业战略保持一致，多方评价供应链综合绩效指标。供应链的绩效评估一般从三个方面进行：一是内部绩效度量；二是外部绩效度量；三是供应链综合绩效度量。

供应链绩效评价指标体系构建的原则包括：成本与收益平衡原则，简单且有效原则，分析、选取关键指标原则，基于过程和活动原则。在构建原则的指导下，供应链绩效评价体系的构建划分层次、区分主体。

供应链绩效评价指标体系的构建主要包括结果层体系构建、运作层体系构建和战略层体系构建。供应链绩效评价指标体系包括反映整个供应链业务流程的绩效评价指标、反映供应链上下节点企业之间关系的绩效评价指标、供应链创新与学习能力评价指标和供应链各子系统的绩效评价。

复习思考

1. 为什么要对供应链进行绩效评价？绩效的优劣应如何定义？
2. 供应链绩效评价的原则是什么？请结合实际谈谈你自己的想法。
3. 企业绩效评价指标和供应链绩效评价指标有何区别？
4. 你认为企业常用的供应链绩效评价方法包括哪几种？
5. 供应链绩效评价的作用是什么？
6. 供应链绩效评价的内容包括哪些？
7. 应该从哪几个角度进行供应链绩效评价体系的构建？
8. 如何有效实施供应链绩效评价体系？

案例分析

麦当劳的供应链绩效评价

McDonald’s Plaza 麦当劳餐厅（McDonald’s Corporation）是一家大型连锁快餐集团，遍布在全世界六大洲百余个国家，在全世界大约拥有 3 万家分店，主要售卖汉堡包、炸鸡、薯条、汽水、冰品、水果和沙拉。

1. 麦当劳的交付绩效

（1）服务水平。启动“麦乐送”服务是麦当劳对传统餐厅经营模式的延伸，旨在为消费者提供更为便捷的就餐体验，令消费者无论是在家还是在办公场所都能随时享用到与麦当劳餐厅内同样高品质的食品。

（2）订单履行率。订单履行率 = 在 24 小时内履行的订单数 / 总订单数，即 50% 的订单在预计的时间交付，或者所订购的 80% 的货物在预计时间内交付等。该比率越高，表明对市场的供给越充分，但可能造成过高的库存持有成本。

自 2009 年开始，麦当劳在全国范围推广 24 小时送餐服务“麦乐送”。“麦乐送”高度集约及无缝连接的服务系统能够追踪每一份订单的进程，掌握从接到消费者的订餐电话直至食品送达消费者手中的每一步情况。物流系统的支持为“麦乐送”服务提供了强有力的保障，使麦当劳做到了 24 小时全天候送餐，即使在营业高峰时段也能实现 30 分钟内送达的承诺。

（3）准时交货率。准时交货率是指下层供应商在一定时间内准时交货的次数占其总交货次数的百分比。麦当劳将采购清单提供给供应商，就不用再考虑剩下的所有运输、储藏等工作。供应商的配送车队在每晚 11 点到凌晨 1 点必须完成送货，准点率在 98% 以上才算符合服务质量要求，麦当劳的员工是按小时付薪的，如果在这个时间段内不能将货送到，要有人承担员工的超时损失。

麦当劳也不允许缺货，要求在 60 秒之内完成从顾客开始点餐到最后将所有餐点交到顾客手中。麦当劳餐厅的每个环节都可用精确的数字来定义，鸡翅炸 6 分钟、牛肉饼煎制 38 秒起，全由电脑来控制并锁定，不多一秒也不少一秒，一旦完成，不给丝毫返锅再炸的机会，所以麦当劳对客户的准时交货率可以说是接近百分之百。

（4）预测准确性。1955 年 4 月 15 日，当雷·克罗克（Ray Kroc）成立他的第一家麦当劳餐厅时，一份果汁汽水只卖 10 美分，一个汉堡包只卖 15 美分。他在第一天一共卖了 316.12 美元。1958 年，麦当劳卖出了第 100 万个汉堡。

今天，麦当劳在全球 118 个国家有超过 31 000 家餐厅，每天就餐人数超过 5 800 万人。麦当劳的运营研究团队使用 JMP 专业分析软件获取历史数据，建立统计模型，预测未来市场趋势，并使用 JMP 软件作为向全球内部客户提供战略意见的业务报告平台。

事实证明，麦当劳的运营团队比较成功地为全球各地的餐厅提供本地市场的变化趋势，这提升了麦当劳的餐厅运营绩效。

2. 麦当劳的成本指标

（1）利润。营业收入净利润是指利润额与营业收入的比值，反映了单位营业收入创造利润的能力。随着中国经济的发展，麦当劳在中国内地的市场扩展迅猛。现在，麦当劳的670家餐厅遍布在跨越中国25个省市和直辖市的108个次级行政区域。麦当劳十分重视中国市场，在投资回报最大的基础上，继续扩展连锁餐厅。目前，员工人数超过5万人，其中99.97%是中国员工。在中国的供应商系统也拥有超过1.5万名员工，总投资达5亿美元。

麦当劳公司的收入主要来源于房地产营运收入、直营店的盈余和从加盟店收取的服务费三部分。由于加盟者一般都没有足够的资金支付3万美元的土地费用和4万美元的建筑费用，也常无力争取贷款，于是麦当劳公司就负责代加盟商寻找合适的开店地址，并长期承租或购进土地和房屋，然后将店面出租给各加盟店，获取其中的差额。至20世纪80年代中期，在麦当劳的近万家餐馆中，有40%是由总部出面向当地房地产主承租的，另外60%的房地产权属于麦当劳总部。由此，房地产收入成为麦当劳的主要收入。麦当劳收入的1/3来自直营店，其余来自加盟店，其中，房地产收入占这部分收入的90%。

（2）成本。成本较高是导致麦当劳净利润较低的原因之一，即使有再高的销售收入，如果成本还是很高，净利润也不会高。麦当劳应该解决不断上升的食品成本问题，比如面粉、油、肉类、蔬菜的成本，以及电价、房租和劳动力等成本问题。

（3）员工增值生产率。麦当劳建立了较完备的培训体系，非常重视员工培训。这为受许人成功经营麦当劳餐厅、塑造"麦当劳"品牌统一形象提供了可靠保障。麦当劳的培训体系包括脱产培训和在职培训。脱产培训主要是由位于芝加哥的汉堡大学（Hamburger University）完成。汉堡大学是分店经理和重要职员的培训基地。1992年在北京开办的中国第一家麦当劳餐馆的4名管理人员就毕业于汉堡大学。汉堡大学提供两种课程的培训：一种是基本操作讲座课程，目的是教授学员制作产品的方法、生产及质量管理、作业与资料管理、营销管理和利润管理等；另一种是高级操作讲习课程，主要用于培训高层管理人员，其内容包括提高利润的方式、法律知识、房地产知识、人际关系培养和财务分析等。

麦当劳要求员工洗手分"六步"走：第一，洗两遍；第二，用麦当劳的专业洗手液；第三，在60℃的温水里洗；第四，在手上揉搓消毒液的时间不少于60秒；第五，不要用纸或布擦手，要放在烘干机下烘干；第六，不要用手而要用肘部关水龙头，以避免交叉感染。

麦当劳对员工的要求严格，这保证了产品的质量，提高了人员的素质和技能，进而在无形中提高了生产率和潜在的顾客数量。

资料来源：http://ishare.iask.sina.com.cn/f/32B3v7HU0rT.html.

| 案例思考 |

1. 麦当劳的供应链绩效评价指标有哪些？

2. 根据供应链评价指标的考核，麦当劳需要在哪些方面进行改进？

参考文献

[1] 杨龙华，刘进平．供应链管理 [M]. 大连：东北财经大学出版社，2007.

[2] 雅各布斯，蔡斯．运营管理 [M]. 任建标，译．北京：机械工业出版社，2015.

[3] 钱芝网．供应链管理 [M]. 北京：中国时代经济出版社，2006.

[4] 王昭凤．供应链管理 [M]. 北京：电子工业出版社，2006.

[5] 施先亮．供应链管理原理及应用 [M]. 北京：清华大学出版社，2006.

[6] 胡军．供应链管理理论与实务 [M]. 北京：中国物资出版社，2006.

[7] 苏尼尔·乔普拉，等．供应链管理：战略、规划与运营 [M]. 吴秀云，等译．北京：清华大学出版社，2014.

[8] 约翰·科伊尔．企业物流管理：供应链视角 [M]. 宋华，译．北京：电子工业出版社，2003.

[9] 苏尼尔·乔普拉，彼得·迈因德尔．供应链管理 [M]. 陈荣秋，等译．北京：中国人民大学出版社，2017.

[10] 刘宝红，赵玲．供应链的三道防线：需求预测、库存计划、供应链执行 [M]. 北京：机械工业出版社，2018.

[11] 孙永军．基于委托—代理机制的供应链合作关系模型 [J]. 高技术通讯，2002（10）.

[12] 马士华，林勇．供应链管理 [M]. 5 版．北京：机械工业出版社，2003.

[13] 徐杰，鞠颂东．采购管理 [M]. 北京：机械工业出版社，2009.

[14] 王耀球，施先亮．供应链管理 [M]. 北京：机械工业出版社，2005.

[15] 谢家平，梁玲．供应链管理 [M]. 3 版．上海：上海财经大学出版社，2015.

[16] 傅培华．供应链管理 [M]. 杭州：浙江大学出版社，2009.

[17] 翟光明．采购与供应商管理 [M]. 北京：中国物资出版社，2009.

[18] 刘宝红．采购与供应链管理：一个实践者的角度 [M]. 3 版．北京：机械工业出版社，2019.

[19] 苏曼·沙克．供应链管理：新零售时代采购和物流的优化方案 [M]. 杨建玫，勒琼，赵会婷，译．杭州：浙江大学出版社，2019.

[20] 陈荣秋，马士华．生产运作管理 [M]. 5 版．北京：机械工业出版社，2017.

[21] 谢永健．供应链中的信息管理问题研究 [J]. 企业经济，2007.

[22] 施先亮，王耀球．供应链管理 [M]. 3 版．北京：机械工业出版社，2016.

[23] 邹辉霞，等．供应链协同管理：理论与方法 [M]. 北京：北京大学出版社，2007.

[24] 道格拉斯·兰伯特．供应链管理：流程、伙伴、业绩 [M]. 王平，译．北京：北京大学出版社，2007.

[25] 霍佳震．企业绩效及供应链绩效评价研究现状 [J]. 同济大学学报，2001，29（8）.

[26] 王夏阳 . 供应链库存管理：基于提前期不确定性的研究 [M]. 北京：经济管理出版社，2010.
[27] 李荧，陈铭，钱炳，等 . 供应链与物流管理 [M]. 北京：电子工业出版社，2010.
[28] 唐纳德 · 鲍尔索克斯 . 供应链物流管理 [M]. 马士华，黄爽，赵婷婷，译 . 北京：机械工业出版社，2010.
[29] 华莱士 · 霍普 . 供应链管理：获取竞争优势的科学方法 [M]. 徐捷，吴琼，译 . 北京：机械工业出版社，2009.
[30] 保罗 · 卡曾斯，等 . 战略供应管理：原则、理论与实践 [M]. 李玉民，刘会新，译 . 北京：电子工业出版社，2009.
[31] 倪卫红 . 物流及供应链管理 [M]. 北京：化学工业出版社，2009.
[32] 闫秀霞，殷秀清 . 供应链管理 [M]. 北京：经济科学出版社，2008.
[33] 林勋亮 . 物流与供应链管理 [M]. 北京：电子工业出版社，2009.
[34] 邓明荣，冯毅 . 采购组织与绩效管理 [M]. 北京：中国物资出版社，2009.
[35] 于彩虹 . 基于退货合同的两期销售易逝品供应链的协调研究 [D]. 哈尔滨：哈尔滨工业大学，2009.
[36] 胡本勇，彭其渊，王性玉 . 考虑采购资金约束的供应链期权柔性契约 [J]. 管理科学学报，2012，12（6）：62-70.
[37] 宋华 . 智慧供应链金融 [M]. 北京：中国人民大学出版社，2019.
[38] 刘迅 . 互联网供应链金融模式及风险管理研究 [M]. 北京：中国财政经济出版社，2019.
[39] CACHON G, LARIVIERE M A. Supply Chain Coordination with Revenue-Sharing Contracts: Strengths and Limitations [J]. Management Science, 2005, 51(1): 30-44.
[40] SUNIL C , PETER M. Supply Chain Management[M]. 2nd ed. New Jersey: Upper Saddle River, 2004.
[41] HARTMURT S, CHRISTOPH K. Supply Chain Management and Advanced Planning[M]. Berlin: Springer, 2004.
[42] JIE N, MATTHEW J S. Production and Capacity Management with Internal Financing[J]. Manufacturing & Service Operations Management, Articles in Advance, 2017: 1-14.
[43] HAU L L, PADMANABHAN V, SEUNGJIN W. Information Distortion in a Supply Chain: The Bull-whip Effect[J]. Management Science, 2004, 50(12): 1875-1886.
[44] PANOS K, WENHUI Z. Who Should Finance the Supply Chain? Impact of Credit Ratings on Supply Chain Decisions[J]. Manufacturing & Service Operations Management, Articles in Advance, 2017: 1-17.
[45] PANOS K, ZHAN P, QING D. Integrated Commodity Inventory Management and Financial Hedging: A Dynamic Mean-Variance Analysis[J]. Production and Operations Management, Accepted Manuscript, 2018.
[46] DIWAKAR G, YIBIN C. Retailer-Direct Financing Contracts Under Consignment[J]. Manufacturing & Service Operations Management , Articles in Advance, 2019: 1-17.